股票获利实战大全．4

股票交易
实战技法

栾振芳 ／编

中国华侨出版社

北 京

前言

PREFACE

股市风云变幻，跌涨无常，如何在市场中把握机会成为赢家，是股民关心的话题。事实上，在股市中，股民最大的风险不是市场风险，而是股民自身的知识和技术风险。许多股民经不住诱惑，在对股票知识一知半解甚至半知不解的情况下，仓促入市，风险从一开始就高悬在他们的头顶。因此，对于股民来说，通过练习掌握必要的股票知识，熟悉必要的操作技巧，是有效规避股市风险的重要前提。有了这个前提，任何时候都有赚钱的机会，既可以在牛市中轻松大笔赚钱，在熊市中同样也能如鱼得水。这就好比海上的惊涛骇浪在一般人看来是不可接近的，但熟习水性的弄潮儿可以在其中自由嬉戏。股民必须明白，在股市中赚钱有大势的因素，但更重要的是股民本身的素质，这既包括他所掌握的基本理论知识，也包括其在练习中积累的实战经验。这些理论和经验的组合才是股民驰骋股市最根本的保障。只有深刻地认识股市、认识自己，把交易看作一种修炼，提升自己，适应市场，才能在交易中获得真正的成功。

泡沫不可怕，政策的调整不可怕，熊市也不可怕，没有知识、没有理论、没有方法才最可怕。股市中不相信眼泪，只相信能力和技巧。

为了帮助广大股民通过一套系统、全面的练习切实提高自身的炒股素质，从而尽量避免投资失利，尽快成为股市赢家，我们特精心编写了这本融股市基本理论知识与股市强化训练为一体的《股市交易实战技法》，全面介绍了技术指标交易实战技法、趋势交易实战技法、均线交易实战技法、底部操作实战技法、顶部操作实战技法、上升通道操作实战技法、下跌通道操作实战技法、牛市赢利实战技法、熊市赢利实战技法、震荡行情赢利实战技法。

本书资料翔实、图文并茂，语言通俗易懂，方法简单实用，集启发性、操作性、实用性于一体，它既可以帮助新股民学习股市操作技巧，也可以帮助老股民通过强化训练来提高操盘水平，又可作为证券咨询公司培训员工、股民的重要参考资料，是一本不可多得的股票操练实用工具书，是一盏指引股民在茫茫股海中不断取得投资胜利的明灯。机会是无限的，资金却是有限的，做好充分的知识准备是入主股市前的必修功课。希望本书能够抛砖引玉，帮助投资者提高实战水平。

目录

CONTENTS

第一章　技术指标交易实战技法

第二章　趋势交易实战技法

第三章　均线交易实战技法

第四章　底部操作实战技法

第五章　顶部操作实战技法

第六章　上升通道操作实战技法

第七章　下跌通道操作实战技法

第八章　牛市赢利实战技法

第九章　熊市赢利实战技法

第十章　震荡行情赢利实战技法

第一章

技术指标交易实战技法

买入信号 1：BIAS 指标超卖

BIAS 即通常所说的乖离指标，乖离率是其衡量标准。乖离率分正乖离和负乖离。当股价在移动平均线价上时，其乖离率为正，反之则为负，当股价与移动平均价一致时，乖离率为零。正的乖离率越大，表明短期间多头获利回吐可能性也越大，为卖出信号；负乖离越大，表明空头回补的可能性也越大，为买入信号。但目前对于乖离率达到何种程度方为正确之买入点或卖出点并无定论，并且当股价暴涨或暴跌时往往使乖离率数值达到较高水平，使用者可凭借看图的经验对行情强弱的判断得出综合结论。在大势上升市场，如遇负乖离率，可以在顺跌价买进，在大势下跌的走势中如遇正乖离，可以待回升高价时，出脱持股。

由于股价相对于不同日数的移动平均线有不同的乖离率，除去暴涨或暴跌会使乖离率瞬间达到高百分比外，短、中、长线的乖离率一般均有规律可循。

根据国外参考数据，我们可以归纳举例出买入时机。6 日平均值乖离：-3% 是买进时机；12 日平均值乖离：-4.5% 是买进时机；24 日平均值乖离：-7% 是买进时机；72 日平均值乖离：-11% 是买进时机。

股票买入的时机可以通过乖离率的数值大小来判断。由于选用乖离率周期参数的不同，其对行情的研判标准也会随之变化，但大致的方法基本相似。以 5 日和 10 日乖离率为例，具体方法如下：

（1）一般而言，在弱势市场上，股价的 5 日乖离率达到 –5% 以上，表示股价超卖现象出现，可以考虑开始买入股票。

（2）在强势市场上，股价的 5 日乖离率达到 –10% 以上，表示股价超卖现象出现，为短线买入机会。

（3）结合我国沪深股市的实际，在一些暴涨暴跌的时机，对于综合指数而言，当 10 日乖离率小于 –5% 时，预示股价指数已经出现超卖现象，可开始逢低吸纳股票。而对个股而言，当 10

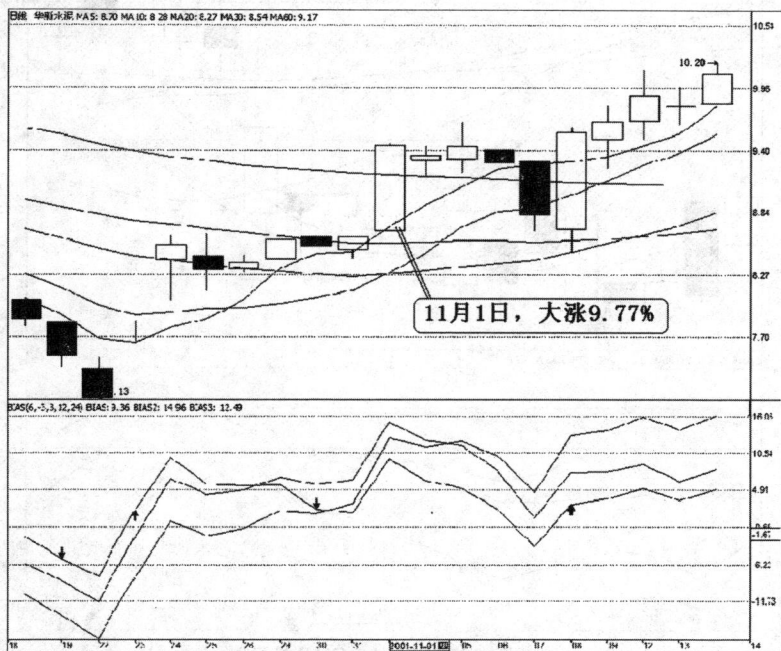

图 1–1　华新水泥 BIAS 指标图

日乖离率小于–10%时，为短线买入时机。

如图1–1所示，某年11月1日华新水泥（600801）大涨9.77%，6日乖离率由前一交易日1.42%上升为9.36%，强势振荡首个交易日后于11月7日破位下行，当日跌幅达5.07%，6日乖离率由前一交易日的1.87%下降至–3.8%，短线买点出现，次日涨幅达8.52%，此后出现较为可观的升幅。

如图1–2所示，岷江水电（600131）自某年10月17日起连

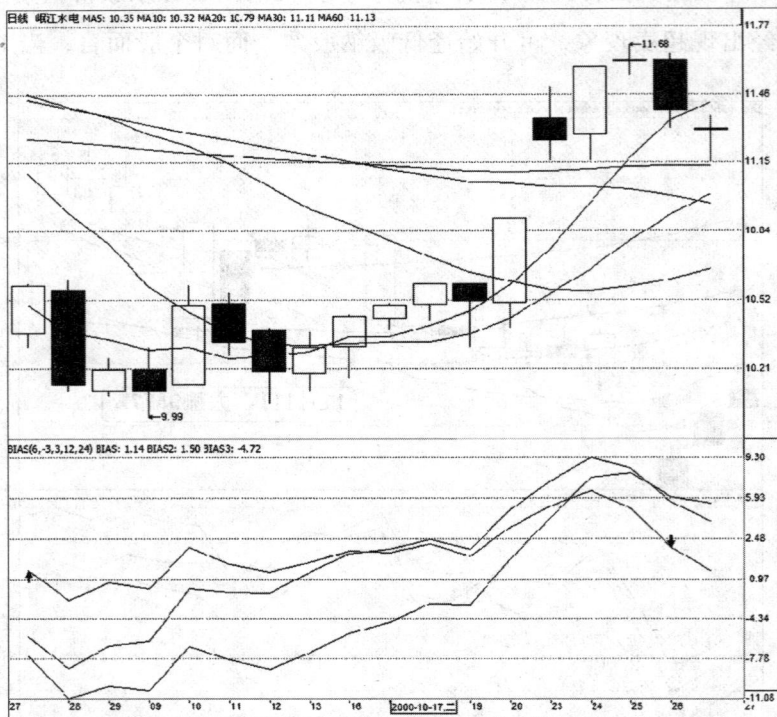

图1–2　岷江水电 BIAS 指标图

续三个交易日 6 日乖离率保持下降趋势，19 日达到 –12.09%，22日股价再创新低，但乖离率指标回升至 –11.9%，提示短线有反弹要求，随后股价出现大幅反弹。

买入信号 2：短期、中期、长期 BIAS 曲线的交叉

随着股价走势的强弱和升跌，乖离率周而复始地穿梭于 0 度线的上方和下方，其值的高低对未来走势有一定的测试功能。一

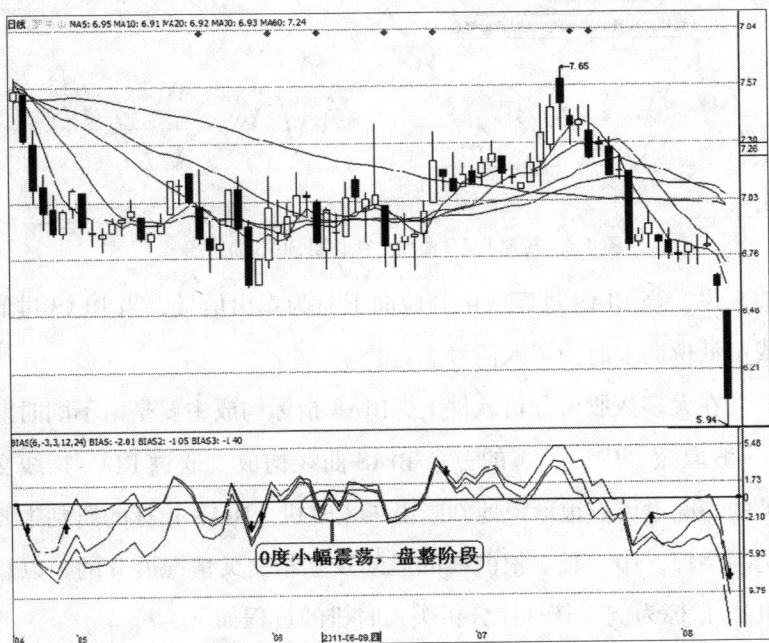

图 1-3　BIAS 曲线围绕 0 度线震荡图

图 1-4 短期 BIAS 曲线上突长期 BIAS 曲线图

般来说，当 BIAS 过高或由高位向下时为卖出信号，当 BIAS 过低或由低位向上时为买入信号。

在大多数股市分析软件上，BIAS 指标构成主要是由不同时期（一般取短、中、长）的三条 BIAS 曲线构成。通过 BIAS 三线交叉的情况也可以很形象地判断出买入时机。BIAS 指标的研判主要是围绕短、中、长 3 根曲线的运动及互相交叉情况展开的。以日 BIAS 指标为例，其具体分析买入时机的过程如下：

（1）当短、中、长期 BIAS 曲线始终围绕着 0 度线，并在一定的狭小范围内上下运动时，说明股价是处于盘整格局中，此时投资者应以观望为主，不宜介入，如图1-3所示。

（2）当短期 BIAS 曲线开始在底部向上突破长期 BIAS 曲线时，说明股价的弱势整理格局可能被打破，股价短期将向上运动，投资者可以考虑少量长线建仓。如图1-4所示。

（3）当短期 BIAS 曲线向上突破长期 BIAS 曲线并迅速向上运动，同时中期 BIAS 曲线也向上突破长期 BIAS 曲线，说明股价的

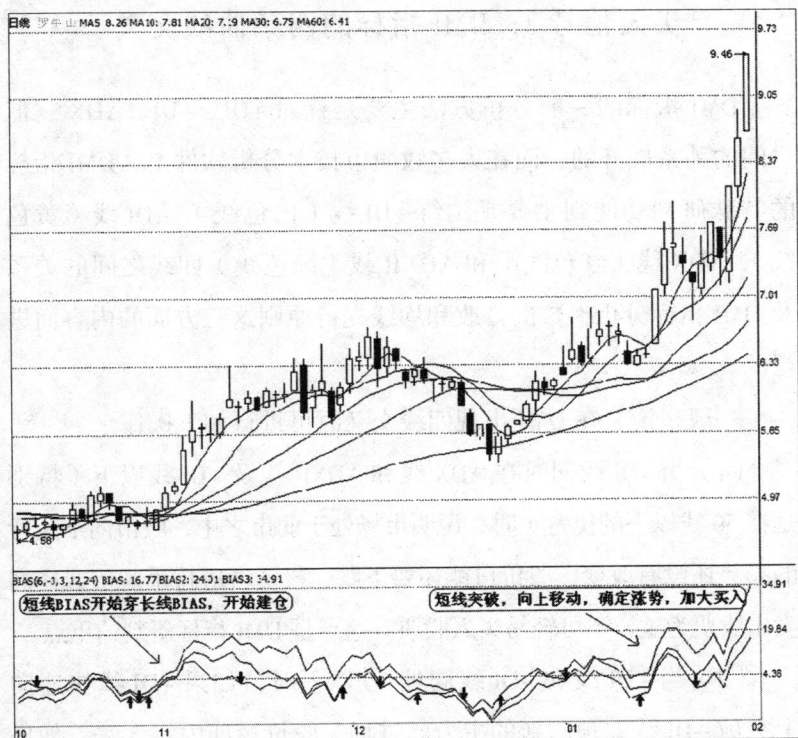

图 1-5　短期 BIAS 上突长期 BIAS 迅速上移图

中长期上涨行情已经开始，投资者可以加大买入股票的力度。如图 1-5 所示。

（4）当短、中、长期 BIAS 曲线开始摆脱前期窄幅盘整的区间并同时向上快速运动时，说明股价已经进入短线强势拉升行情，投资者应坚决持股待涨。

买入信号 3：DMI 指标的四条曲线交叉

DMI 指标的一般分析方法主要是针对 +DI、−DI、ADX 三值之间的关系展开的，而在大多数股市技术分析软件上，DMI 指标的特殊研判功能则主要是围绕 +DI 线（白色线）、−DI 线（黄色线）、ADX 线（红色线）和 ADXR 线（绿色线）四线之间的关系及 DMI 指标分析参数的修改和均线先行原则这三方面的内容而进行的。

一般来说，在 DMI 出现四线交叉时可进行如下操作：

（1）当 +DI 线同时在 ADX 线和 ADXR 线及 −DI 线以下（特别是在 50 线以下的位置）时，说明市场处于弱市之中，股市向下运行的趋势还没有改变，股价可能还要下跌，投资者应持币观望或逢高卖出股票为主，不可轻易买入股票。这点是 DMI 指标研判的重点。

（2）当 +DI 线和 −DI 线同处 50 以下时，如果 +DI 线快速向上突破 −DI 线，预示新的主力已进场，股价短期内将大涨。如果伴随大的成交量放出，更能确认行情将向上，投资者应迅速短线买入股票。

（3）当 +DI 线、ADX 线和 ADXR 线等三线同时在 50 线以下的位置，而此时三条线都快速向上发散，说明市场人气旺盛，股价处在上涨走势之中，投资者可逢低买入或持股待涨。（这点中因为 –DI 线是下降方向线，其对上涨走势反应不灵，故不予以考虑）

如图 1–6 所示，当 DMI 指标中的 PDI、MDI、ADX 和 ADXR 这四条曲线在 20 附近一段狭小的区域内作窄幅盘整，如果 PDI 曲线先后向上突破 MDI、ADX、ADXR 曲线，同时股价也带量向

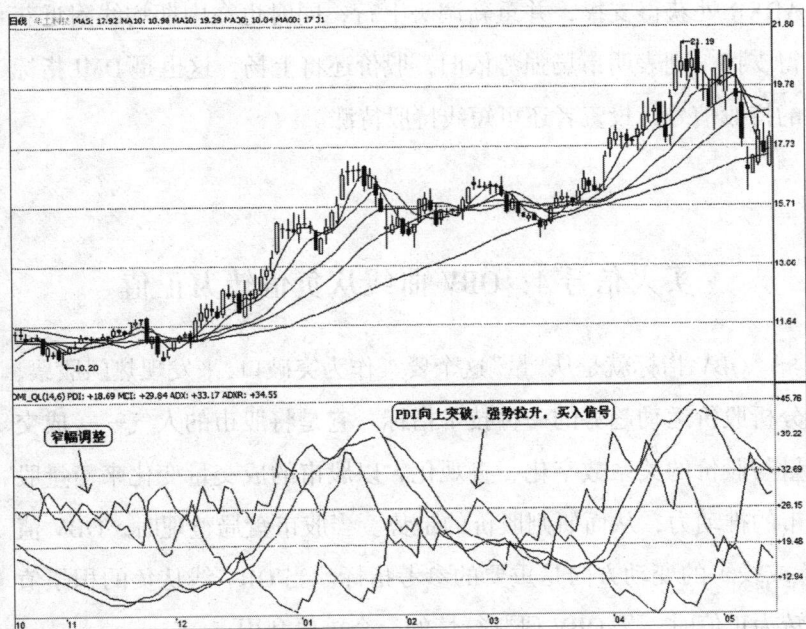

图 1–6　PDI 曲线上突走势

上突破中长期均线时，则意味着市场上多头主力比较强大，股价短期内将进入强势拉升阶段，这是 DMI 指标发出的买入信号。

当 DMI 指标中的 PDI 曲线分别向上突破 MDI、ADX、ADXR 后，一直在这三条曲线上运行，同时股价也依托中长期均线向上扬升，则意味着市场上多头力量依然占据优势，股价还将上涨，这是 DMI 指标比较明显的持股信号，只要 PDI 曲线没有向下跌破这三条曲线中的任何一条，投资者就可以坚决持股待涨。

当 DMI 指标中的 PDI 曲线分别向上突破 MDI、ADX、ADXR 后，如果经过一段时间的高位盘整，PDI 曲线向下跌破 ADX 曲线但在 ADXR 处获得支撑，并重新调头上行，同时也在中期均线附近获得支撑，则表明市场强势依旧，股价还将上扬。这也是 DMI 指标的持股信号，投资者还可短线持股待涨。

买入信号 4：OBV 曲线从负值转为正值

OBV 指标就是从"量"这个要素作为突破口，来发现热门股票、分析股价运动趋势的一种技术指标。它是将股市的人气——成交量与股价的关系数字化、直观化，以股市的成交量变化来衡量股市的推动力，从而研判股价的走势。当股市盘局整理时，OBV 值（或线）的变动方向是重要的参考指标。当 OBV 线从负的积累值转为正值时，是 OBV 研判行情的一个重要利用点。

对于市场内的不同类型股票，OBV 由负转正意义不同：

（1）对于上市两年内并从上市就开始下跌的次新股。一上市就下跌的股票，经过一段时间的下跌后，其 OBV 线（或值）就会变成负的，而且下跌时间越长、幅度越大，其负值将越大。然后经过一段时间的小幅上升行情后，当负值慢慢变小并向零靠拢时，说明买方力量越来越强，而当 OBV 线一旦从负的积累值转为正值时，代表买方开始掌握了股市的走势方向，已经取得了决定性的优势，股价有可能从此形成一段长期上升趋势，是最佳的长线买进信号。

（2）对于上市两年内但股价已经经过前期大幅炒作又跌回历史低位（或创历史新低）时的次新股。如果其 OBV 线从负的积累值转为正值时，也只能说明多空双方又暂时取得平衡，股价未来的运行方向还不明朗。投资者可进行短线买入，等待股价的反弹行情，或者持币观望，静待行情的发展。

（3）对于上市两年内但股价涨幅很小的次新股。如果其 OBV 线从负的积累转为正值时，说明多空双方经过一段时间的较量，多方渐渐占据优势，投资者可开始中短线建仓，一旦股价再次放量上升，OBV 线也开始从负值以下急速上升，是中线买进信号，投资者可及时买入股票，持股待涨。

（4）对于上市时间超过两年，而且股价经过前期大幅炒作，经过送股除权后，其股价又回到历史低位或创新低，但如果从整体来看，股价还是处于其相对的历史较高位。即使这时 OBV 线变成负值，然后再由负变正时，这时 OBV 指标由负变正的研判功能就不再适用，投资者应选择其他指标对其研判。

（5）对于一上市就上涨而股价没有大幅下跌的股票和上市时间超过两年的股票，OBV 指标由负变正的研判功能也不适用。

买入信号 5：MACD 指标黄金交叉

MACD 指标是实战中的重要指标，对提示中期趋势有很重要的参考意义。从实战来看，MACD 指标以提示长期趋势为主，制定简单的操作策略时，投资者可以以零轴上方金叉或者上零轴汇价回档作为买进的依据，而以死叉作为卖出依据。

具体操作中，黄金交叉是重要的买入时机。黄金交叉有两种形式。当 DIF 与 MACD 都在零线以上，而 DIF 向上突破 MACD 时，表明股市处于一种强势之中，股价将再次上涨，此时可以加码买进股票或持股待涨，这就是 MACD 指标"黄金交叉"的一种形式。

当 DIF 和 MACD 都在零度线以下，而 DIF 向上突破 MACD 时，表明股市即将转强，股价跌势已尽将止跌朝上，可以开始买进股票或持股，这是 MACD 指标"黄金交叉"的另一种形式。

下面分别就零度线以上、零度线附近以及零度线以上的"黄金交叉"作具体分析。

1. 零度线以下的弱势"黄金交叉"

在很长一段时间内，DIF 线和 MACD 线处在远离 0 度线以下区域运行，当 DIF 线开始进行横向运行或慢慢掉头向上靠近 MACD 线时，预示着黄金交叉即将到来。如果 DIF 线接着向上突破 MACD 线，这是 MACD 指标的第一种"黄金交叉"。它表示汇价经过很长一段时间的下跌，并在低位整理后，经过一轮比较大的跌势后，汇价将开始反弹，是短线买入信号。

这种"黄金交叉"，只是预示着反弹行情可能出现，并不表示该股的下跌趋势已经彻底结束，汇价还有可能出现短暂的反弹行情之后汇价重新下跌的情况，因此，此类情况需要谨慎对待，需要在设置好止损价位的前提下，少量买入，做短线反弹行情。不可操之过急。

2. 零度线附近的强势"黄金交叉"

另外一种情况，当 DIF 线和 MACD 线都运行在零度线附近区域时，如果 DIF 线处在 MACD 线下方并开始由下向上突破 MACD 线，这就出现了 MACD 指标的第二种"黄金交叉"。它表示汇价在经过一段时间的涨势、并在相对高位或低位整理后，汇价将开始一轮比较大的上涨行情，是中长线买入信号。它可能就预示着汇价的一轮升幅可观的上涨行情很快展开，这是买入货币的较好时机。此类金叉出现时，结合汇价可以判断买入时机，具体情形如下：

（1）当汇价是在底部小幅上升，并经过了一段短时间的横盘整理，然后汇价放量向上突破，同时 MACD 指标出现这种金叉时，是长线买入信号。此时可以长线逢低建仓。

（2）当汇价是从底部启动上升，并且已经出现一轮涨幅较大的上升行情，并经过上涨途中较长时间的中位缩量回档整理，然后汇价再次放量调头向上扬升，同时 MACD 指标出现这种金叉时，是中线买入信号。

3. 零度线以上区域的一般"黄金交叉"

当 DIF 线和 MACD 线都运行在零度线以上区域时，如果 DIF 线在 MACD 线下方调头由下向上穿越 MACD 线，这是 MACD 指标的第二种"黄金交叉"。它表示汇价经过一段时间的高位回档整理后，新的一轮涨势开始，是第二个买入信号。此时，投资者有两种选择，激进型的可以短线加码买入货币，稳健型的则可以继续持币待涨。

买入信号 6：RSI 指标底背离

RSI 指标又叫相对强弱指标或力度指标，是根据股票市场上供求关系平衡的原理，通过比较一段时期内单个股票价格的涨跌幅度或整个市场的指数的涨跌大小来分析判断市场上多空双方买卖力量的强弱程度，从而判断未来市场走势的一种技术指标。

在 RSI 指标的各种研判方法中，RSI 的背离形态有重要的参考价值。与反映中期股价趋势的 MACD 背离相比，RSI 背离在指

14

导短线交易时更具参考价值。一般来说，RSI 指标的背离有顶背离和底背离两种。下面就来介绍一下作为买入信号的 RSI 指标底背离形态。

股价在下跌中创出新低，同时 RSI 指标也随同创出新低。之后股价反弹，RSI 指标也随股价反弹。当股价短暂反弹后再度回落，并跌破前期低点，重新创出新低。RSI 虽然也有所回落，但没有跌破前期低点。这时就出现了指标与股价的底背离形态。

如图 1-7 所示，某年 10 月 11 日 -21 日，骆驼股份的 RSI 指标和股价形成底背离形态。此形态的出现说明在股价下跌过程中下跌动能越来越弱，股价即将见底回升。果然，从 10 月 24 日开始，

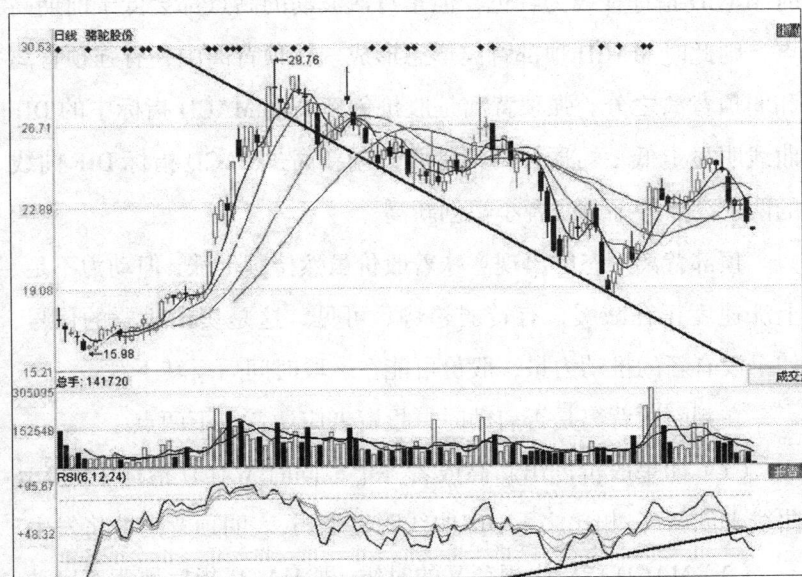

图 1-7　骆驼股份（601311）日线图

该股股价反弹回升，收一根中阳线，之后股价一路上升，并迎来了新的短线高点。

一般来说，出现底背离形态的次数越多，那么行情见底的可能性越大。一旦 6 日 RSI 成功突破 12 日 RSI 或者出现成交量放大的上涨行情就形成买入信号。

卖出信号1：MACD 指标顶背离

如果股价震荡上涨，每次上涨的顶点都高于前期顶点，而此时 MACD 指标柱线为红色，但是每次波动的高点都会低于前期高点，则此时 MACD 顶部背离形态形成。在顶背离中，有强顶背离和弱顶背离之分。强顶背离是股价创新高而 MACD 指标中的 DIF 曲线明显走低；弱顶背离则是股价创新高，MACD 指标 DIF 曲线的两个高点齐平，或者小幅创新高。

顶部背离形态的出现意味着股价虽然持续上涨，但动力不足，上涨速度正在减缓，有转弱趋势。可见，这是卖出股票的信号，如果没有新的推动力量，股价可能在一段时间后反转下跌。

在判断顶背离是否启动时，投资者应注意以下两点：

（1）如果股价创出新高或者齐平，同时 MACD 指标中的 DIF 曲线未创新高，相比之下 DIF 曲线明显走弱，表明顶背离即将发生。

（2）MACD 指标出现死叉的时候，即 MACD 指标顶背离启动，投资者在此时卖出股票，成功率会很高。

然而，投资者在观察 MACD 指标顶背离时不能单纯地看股价与 DIF 曲线的背离，还必须结合 DIF 曲线和 DEA 曲线的情况去判断，万一沽空了或者只沽了一部分，那么还可以在 MACD 指标顶背离消失后，在该股 60 分钟 K 线图的 8 小时线或者 5 日均线处再次介入。

卖出信号 2：ADR 指标顶背离

ADR 指标又叫涨跌比率指标或上升下降比指标，是专门研究指数走势的中长期技术分析工具。ADR 指标往往从侧面反映整个股票市场是否处于涨跌过度、超买超卖现象严重的情况之中，正因为 ADR 指标能作出预警反应，帮助投资者做出比较理性的买卖操作，从而深受投资者喜爱。

ADR 指标的主要作用是用来测控非常态行情。通常情况下，ADR 值常分布于 0.5-2，当 ADR 值低于 0.5 或高于 2 时都属于非常态行情。

以下三种情况均为见顶信号，利用 ADR 指标，投资者可以顺利逃顶成功，避免被套牢，遭受惨重损失。

（1）当 ADR 值下跌，大盘指数也下跌时，后市将看淡，为卖出信号。

（2）大盘指数上涨，ADR 值下跌时，为牛背离行情，宜看淡后市，卖出手中持股。

（3）ADR 值超过 2 时，超卖现象产生，是卖出时机。

卖出信号 3：RSI 指标顶背离

RSI 指标又叫相对强弱指标，强弱指标理论认为，任何股价的大涨或大跌，均在 0-100 之间波动。RSI 值在 30-70 之间的变动属于正常情况；RSI 值在 80-90 之间变动时，市场已达超买状态，至此市场价格自然面临回落调整；RSI 值在 10-20 之间变动时，市场已达超卖状态，至此市场价格面临企稳回升。

而 RSI 的顶背离是指在股价上涨趋势中创出新高，同时 RSI 指标也随之创出新高。之后股价回调，RSI 指标也随股价回调。股价短暂回调之后再度上涨，并突破前期高点。RSI 虽然也再度上涨，但没有突破前期高点。RSI 的顶背离形态的形成表明，虽然股价仍处于上升趋势，但在震荡过程中出现的阴线越来越多，上涨趋势正在减缓。在顶背离形态完成后，股价即使不下跌也将进入高位整理期。此时，投资者应尽早卖出股票。一旦 6 日 RSI 跌破，12 日 RSI 或者出现其他强烈的顶部形态，股价很可能会迅速下跌。

从图 1-8 中可以看出，该股持续上涨，接连出现新的短线高点，

股票交易 实战技法

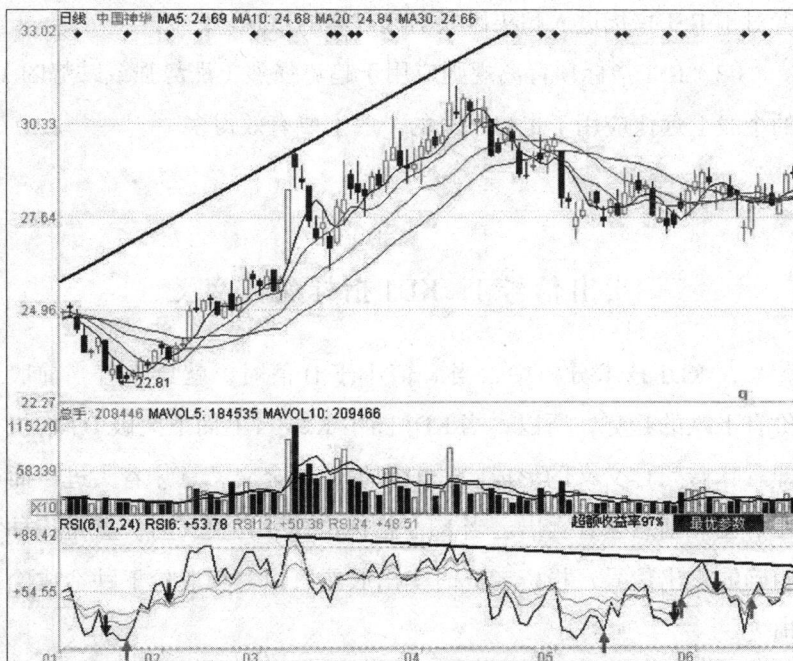

图1-8 中国神华（601088）日线图

而反映在 RSI 指标则表现为下调，与股价形成顶背离。这预示着股价达到新的高点，将会迎来新一轮下跌行情。投资者应立即卖出手中持股。

在操作过程中，投资者应注意以下几点：

（1）RSI 指标顶背离是股价见顶的信号。当出现 RSI 指标顶背离时，投资者应该警惕涨势将尽，要及早平仓了结。

（2）RSI 指标顶背离主要出现在超买区。从指标构造的角度来看，RSI 值在超买区的概率较 K、D 值要小得多。因此，投资者对于 RSI 指标进入超买区要引起足够的重视。

（3）RSI 指标顶背离规则应用于趋势强烈（涨势强或跌势凶）的个股上远比应用于走势平淡的个股上要有效得多。

卖出信号 4：KDJ 指标死亡交叉

在 KDJ 技术分析中，当 K 值小于 D 值时，就意味着当前股价有下跌的趋势，所以，当 KDJ 图中 K 线自上而下突破 D 线时，即意味着死亡交叉的形成。一般来说，黄金交叉意味着买进，而死亡交叉则意味着卖出。当 KDJ 指标出现死亡交叉时，就是一种明确的卖出信号，投资者此时卖出股票可以避免股价下跌造成的损失。

KDJ 指标死亡交叉通常表现为以下两种情况：

（1）股价经过一段很长时间的上涨行情后，在股价的涨幅已经很大的情况下，一旦 K 线和 J 线在高位（80 附近）同时向下突破 D 线，同时股价也向下突破中短期均线时，就表明股市即将由强势转化为弱势，股价将大跌。

（2）股价经过一段较长时间的下跌后，股价缺乏向上反弹的动力，而均线长期对股价上行产生较大的压力，KDJ 曲线经过短暂的反弹后，并没有重新返回 80 线之上。反而在 K 线和 J 线于50 线附近再次向下突破 D 线时，股价受中短期均线压制下行。这意味着股市进入极度弱势中，股价可能会继续下探。

卖出信号 5：DIF、DEA 线向下穿越 0 轴

MACD 图中的 0 轴是强势股与弱势股的分界线。投资者可以根据 0 轴来判断股价走势的强弱。当 DIF、DEA 线在 0 轴下方运行时，表明市场属于弱势，股价处于下跌趋势；而 DIF、DEA 线在 0 轴上方运行时，表明市场属于强势，股价正处于上升趋势。所以 DIF、DEA 线从 0 轴上方向下穿越 0 轴时，就说明该股由强势反转为弱势，并且很可能会有一段下跌行情。因此，当 DIF、DEA 线向下穿越 0 轴时就是一个较明确的卖出时机。

如图 1-9，某年 5 月 5 日至 11 日，该股 DIF、DEA 线下穿 0 轴，虽说此时卖出股票已相对较晚，但是总比套牢要好得多，因为该股转为弱势后会继续下跌。果然，该股由 5 月 5 日的 5.44 元左右跌至 8 月 8 日的 4.11 元，跌幅达 24%。

然而，作为一种中长线指标，MACD 指标的反应并不很灵敏，因此当 DIF、DEA 线自上而下穿越 0 轴时，股价可能已离顶部较远，此时股价已下跌了一定幅度，信号略有滞后，但股价下跌的势头仍将持续，下跌还未结束，因此，投资者仍应杀跌卖出，以避免更大的损失，DIF、DEA 线下穿 0 轴仍然是比较明确的卖出时机。

另外，对于波幅比较大的投机股来说，其走势会经常变换

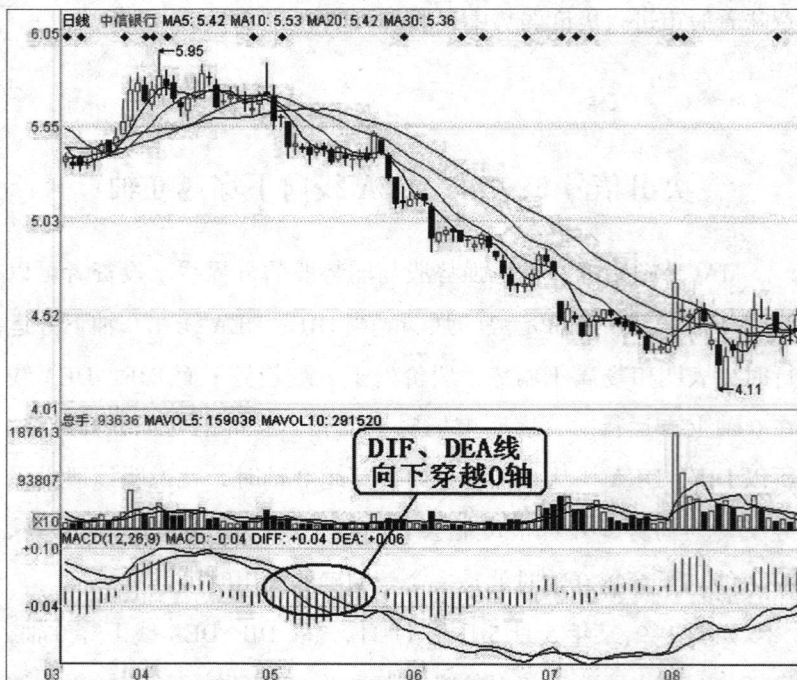

图 1-9　中信银行（601998）日线图

上升与下降的趋势，因此，在 MACD 图中，即表现为 DIF 线和
DEA 线会频繁地与 0 轴相交。由于 MACD 指标发出的信号有一定
的滞后性。因此，此类股票不适合用 MACD 指标中的 DIF、DEA
线下穿 0 轴的办法判断卖出时机，否则投资者买卖操作会过于频
繁并且很可能劳而无获。

第二章

趋势交易实战技法

买入信号1：短期下降趋势线向上突破

所谓短期趋势，一般是指由数日至 20 个交易日的股价波动所形成的趋势。因此，短期趋势线也就由数日至 20 个交易日的股价波动的明显高点或低点构成。我们在具体操作过程中，将下降趋势中的两个高点连成一条直线，就得到下降趋势线。

一般而言，短期下降趋势线对股指的短期运行有着支撑作用，把握短期趋势的转变用短期下降趋势线是否被突破是最为简单和有效的方法之一。下降趋势线是股价反弹的阻力位，一旦下降趋势线向上突破就会形成上涨信号。短期下降趋势线向上突破时正是短线买入时机。向上突破以超过 3% 为有效突破，否则为假突破。

短期下降趋势线在具体运用过程中，也有三种情况需要投资者灵活应对。在中期下降趋势中，当股市下跌一段时间后会产生反弹，如果把握得当，这种反弹也会有可观的收益，此时投资者就可以利用股价向上突破短期下降趋势线时做短线买入；在中期上升趋势中，股价在急速上升一段之后进入短期的下调整理，当股价向上突破这条短期下降趋势线时，说明短期的调整结束，这个时候是中期上升趋势中的一个新的买入时机；在中期横盘整理趋势中，短线操作者可以在股价突破短期下降趋势线时买入股票，在股价靠近箱顶时卖出股票，如图 2-1 所示。

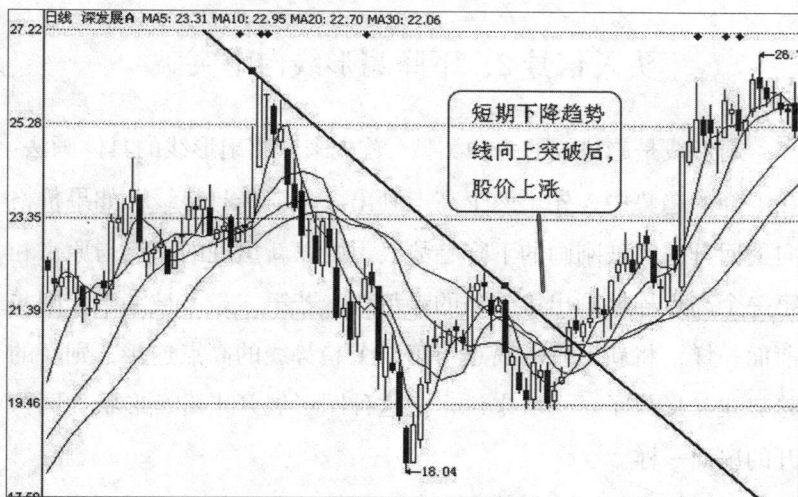

图 2-1　深发展 A（000001）日线图

投资者在实际操作中还需要注意以下几点：

（1）短期趋势的时间应该在 4 周以内。

（2）在短期下降趋势的末期，股价会出现加速上涨或加速下跌的现象，当市场情况反转时，顶点成底部，一般均远离趋势线。

（3）股价对趋势线的突破一般以收盘价为标准，股价向上突破短期下降趋势线时，必须有大成交量的支持，否则可能为假突破。理论上认为突破趋势线超过 3%或连续两天突破趋势线时属于有效突破。

（4）在中期上升趋势中，投资者应以持股为主，即使卖出也应是部分的或暂时的，当调整结束特别是股价向上突破短期下降趋势线时应及时补仓。

买入信号 2：下降扇形线向上突破

扇形线是趋势线的一种类型。首先来介绍扇形线的具体画法：在下降的趋势中，先于两个高点画出一条下降趋势线，如果价格向上回升，突破刚画的下降趋势线，则以新出现的高点与原来和第一个高点连接画出第二条的趋势线。若第二条又被突破，则与前面一样，将新出现的高点与第二个趋势线的高点连接，则新的趋势线又形成了。一般来说，把这种图形展开来看，形状如同打开的扇面一样。

扇形线丰富了趋势线的内容，明确给出了趋势反转（不是局部短暂的反弹）的信号。趋势如果要反转向上，必须突破多条压在头上的压力线；如果要反转向下，必须突破多条横在下面的支

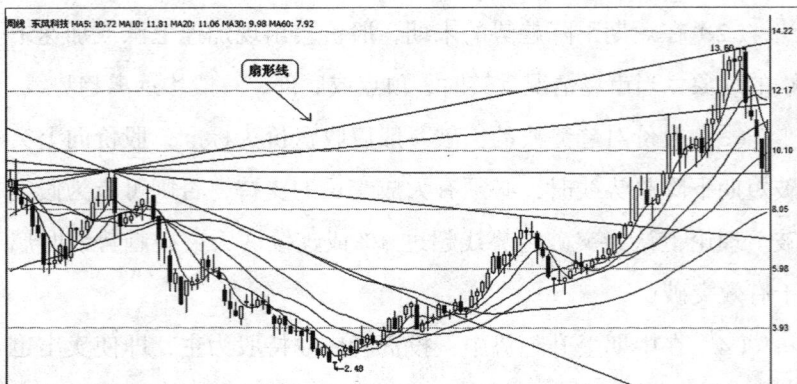

图 2-2　东风科技（600081）日线图

撑线。微弱的突破或短暂的突破都不能被认为是反转的开始，必须消除所有阻止反转的力量，反转才能得以最终确立。

从图2-2中画出的数条下降趋势线可以看出，东风科技在该段时间里始终呈上升趋势，因此，投资者应该善于利用扇形图，及时把握股市行情，作出正确的决定，获得最佳利润。

通常情况下，下降扇形线就是利用一个重要的高点作为原始点，以该点与其后的三个明显高点互相连线，组成一个类似于一把打开的折扇形状。等到下降扇形线完成，并确认股价已经走出底部，即将展开拉升行情，是最佳的买入时机。

投资者在运用下降扇形线的过程中应注意以下几点：

（1）当第二条扇形线形成时，便可预期第三条扇形线也将出现，这三条线之间的角度会十分匀称。因此当第二条扇形线突破时，不宜采取任何买卖行动，需要等待第三条扇形线的突破才做买卖决策。

（2）三条扇形线之间的角度十分接近，因此当第二条形成时，已可估计到第三条扇形线出现的位置，从而预测阻力（或支持）价位。

（3）技术分析的各种方法中，扇形原理只是从一个特殊的角度来分析反转问题。而且，扇形线的使用也并不方便，在画出三条线后并不能保证趋势反转。因此，在实际应用时，投资者应结合多种方法来判断反转是否来临。

买入信号 3：股价向上突破下降通道的上轨线

下降趋势线是由下降趋势的两个峰顶连成的直线，当下降趋势线确定以后，再选择居于组成下降趋势线的两个峰顶之间的谷并作一条平行于下降趋势线的直线，该平行直线与下降趋势线之间的范围就称为下降通道。下降通道实际上是下降趋势线分析的延续和补充，在实际操作中比下降趋势线具有更强烈的实用性和可靠性。下降趋势线则称为下降通道的上轨线，与下降趋势线平行的直线称为下降通道的下轨线。

在股价下跌过程中，跌至下降通道的下轨便会产生支撑而反弹，反弹至下降通道上轨时又会遇阻回落。当股价放量向上突破下降通道上轨时，又宣告了下降趋势的结束和上升趋势的开始，此时就是重要的买入时机。

如图 2-3，星期六（002291）股价在下降通道里逐步走低，成交量也萎缩到比较小的水平，股价在下探到下轨线，创出 4.91 元新低后，股价开始反弹，随后突破了下降通道的上轨线，成交量也逐渐放大，表明多方已经发动进攻，投资者可以介入。

投资者在操作此种方法时应注意以下几点：

（1）成交量是衡量突破是否有效的重要指标。股价向上突破下降通道时，成交量放大，否则突破的可靠性将降低或股价突破了下降通道后也难于上涨而横向运行。

（2）投资者应该把股价在下降通道中下跌碰到下轨线获得支

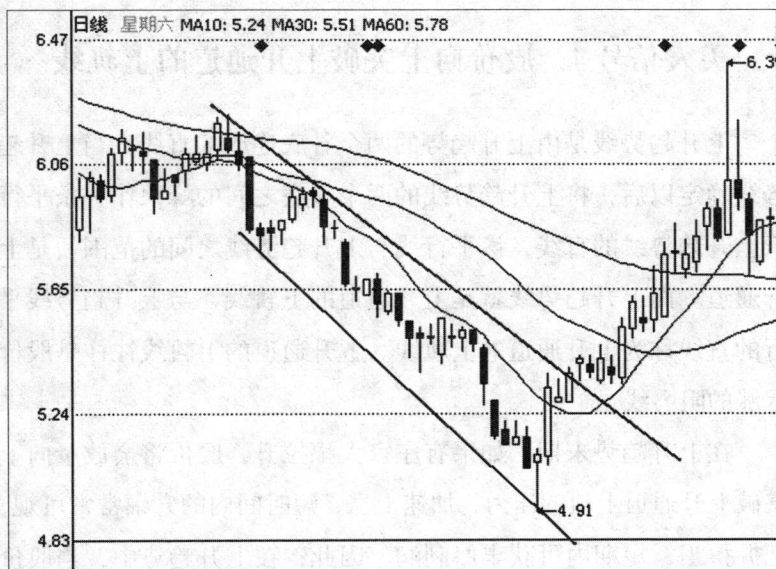

图 2-3　星期六（002291）日线图

撑当作买入时机。

（3）下降通道一般有大小之分，大的下降通道被突破后要比小的下降通道被突破后走势强得多。下降通道有效向上突破后的量度升幅至少是下降通道的垂直高度或其倍数。

（4）在实际操作中比下降趋势线具有更强的可靠性和实用性。

（5）股价突破下降通道后有时会形成缩量回抽确认，然而股价不应再跌回通道内，否则就是假突破，投资者应该修正先前的下降通道并且止损离场。

买入信号 4：股价向上突破上升通道的上轨线

上升趋势线是由上升趋势的两个谷底连成的直线，当上升趋势线确定以后，将上升趋势线的两个谷底之间的峰顶作一条平行于上升趋势线的直线，该平行线与上升趋势线之间的范围便是上升通道。而上升趋势线就是上升通道的下轨线，与上升趋势线平行的直线称为上升通道的上轨线。上升通道的上轨线往往是股价上涨的阻力线。

在上升趋势末期，如果有庄家大幅拉升，股价将会放量向上突破上升通道上轨的压力，加速上涨，短时间内的升幅常常可观，把握得当，短期内可获丰厚利润。因此，在上升趋势中，当股价放量突破上升通道上轨时是短线买入时机。如图 2-4 所示。

上升通道运行趋势改变与下降通道运行趋势改变的结果迥然不同，下降通道如果形成向上突破时往往会出现一轮有力度的涨升行情。而上升通道出现股指放量向上突破时则往往意味着头部即将来临，这是因为此前在上升通道中已经累计一定获利盘，投资者的心态在上升通道中也较为乐观，一旦向上突破，常常会引发投资者的跟风追涨，主力则往往乘机派发出货。因此，投资者需要把握快速上冲的机会获利了结。

投资者在利用此种方法操作时应注意以下几点：

（1）股价向上突破上升通道上轨线是股价加速上涨和上升趋势末期的信号，持续时间一般不会太长，迟早还会跌回通道之内甚至更低。

（2）股价向上突破上升通道上轨线时，注意成交量的变化。如果在股价突破上升通道上轨线时成交量配合放大，可视为有效突破，应大胆买入，后市会有较大涨幅。否则，应继续观望。

（3）股价向上突破上升通道上轨线时买入，如很快又跌回上轨线之内应止损出局，虽然突破后偶有回抽，也不应收盘在上轨线之下。

（4）在上升通道中，股价每次回落在下轨线获得支撑时也是短线买入时机。

（5）上升通道的向下破位，并不一定就是熊市的来临，有时也意味着新的市场机遇即将出现。因此，投资者在上升通道被突破或改变的过程中，一定要做到涨不喜、跌不忧，才能正确应对

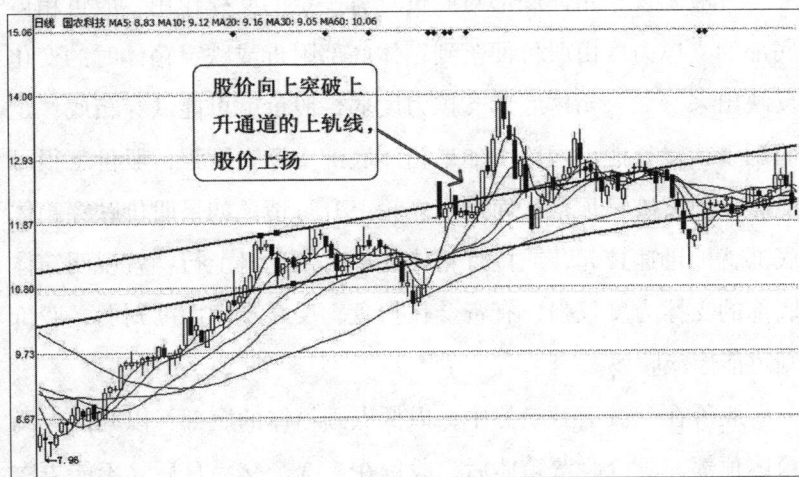

图 2-4　国农科技（000004）日线图

行情的变化。

买入信号 5：股价回落至箱底获得支撑

箱体是由水平趋势的两个平行谷底连成的水平趋势线与两个平行峰顶连成的水平压力线组成，介于水平趋势线与水平压力线之间的范围。水平趋势线称为箱体的箱底，水平压力线称为箱体的箱顶。一般来说，在水平趋势中，箱体的箱顶与箱底的距离不小并有相当的差价，短线操作者可以在箱体中抢反弹。当股票价格下跌碰到箱底时，由于水平趋势线的支撑作用，股票价格进一步下跌的可能性不大，短线操作者可于此时买入股票。

一般来说，箱体底部对股价具有一定的支撑作用。股价箱体底部的支撑力度由股价回落到箱体底部附近或跌穿箱体时的变化反映出来。如果箱体底部支撑力度弱，股价就可能跌穿箱底，走向调整或漫长熊市之路；如果箱体底部支撑力度强，股价就很可能有效地突破箱顶，从而走出一轮上升行情。如果股价跌穿箱体底部就被迅速拉起，或接近箱体底部时便返身上行，就说明箱体底部的支撑力度较强，有资金在护盘。反之支撑力度则弱，股价则可能惨淡收场。

股价在一波上升趋势中，以低点画箱体的底部，以其高点画箱体顶部，股价股票箱体后，股价在 2-3 个交易日后，不能再次站在箱体底部或顶部的股价位置，这样才算有效突破箱体。因此，投资者在实际操作的时候，当目标股在盘中反复下探箱体底部，如果跌不穿箱体底部，或者刚刚跌穿，就被大买单拉起，那么就说明股价受到箱体底部强有力的支撑，这时当股价返身上行，在其向上有效突破了当日盘中的前期高点的时候，投资者要果断买入。

投资者在运用此信号的时候应注意以下几点：

（1）股价在箱体中从箱顶往箱底回落时，成交量应逐渐缩小；股价再回升时，成交量应有所放大。

（2）短线操作者应快进快出，把箱底当作止损点，当股价跌破箱底时应及时止损。

买入信号6：上升趋势线回落股价上移

上升趋势线是指上涨行情中两个以上的低点的连线。上升趋势线的功能在于能够显示出股价上升的支撑位，一旦股价在波动过程中跌破上升趋势线，就意味着行情可能出现反转，由涨转跌。这一卖点的关键所在，是能够画出正确的趋势线。

通常情况下，上升趋势线一旦形成，上升趋势线凭借其对股价的支撑作用，使得股价在趋势线上方运行一段时间。根据这一原理，我们可选取在上升趋势线上方的个股。

如图 2-5 所示，广济药业股价开始进入一个上升波段。连接这个波段的最低点和第一个调整低点得到这个波段的上升趋势线。10 月 20 日，该股股价回调至该趋势线处，获得支撑并开始回升，趋势线的支撑作用得到验证。因此，此时投资者应该及时介入，抓住时机。

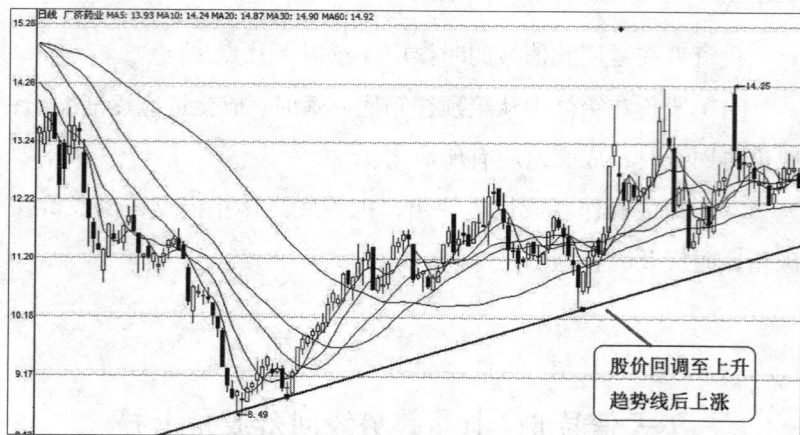

图 2-5　广济药业（000952）日线图

投资者根据上升趋势线买入后，可将趋势线设为止损线。这段趋势中，需要提醒投资者的是，股价落在趋势线上的低点越多，那么这条趋势线就越准确，支撑力度也就越长。

卖出信号1：上升趋势线遇阻力

在股市中，上升趋势线是上升趋势中的两个谷底的连线。它表明了此段时间内股价主要呈上升走势，中间往往会出现暂时的回调。当股票上涨到一定程度时，低位买进的多头此时将获利回吐，从而给股票价格的进一步上扬造成一定的压力，而这种压力就是阻力，此后股价开始下跌，我们就可以把这个最高点称为近期股价的阻力点。穿过阻力点画一条水平直线，这就是这段时间股价的阻力线。

上升趋势线遇到阻力是一个卖出信号，它预示着近一段时间股价不会突破该阻力点，上升趋势已经结束，新一轮下降趋势将要开始。

如图2-6，马钢股份自4.19元见顶回落后，跌至3.89元后展开反弹走势。从图中可以看出，连接两个最低点画出一条趋势线，这条上升趋势线对股价形成阻力，此时投资者应该进行卖出操作。

国内投资者常利用江恩角度线来研判股票卖点，它不仅可以找到股价的支撑位，还可以在股价反弹中找到重大阻力位。但是，并不是每条角度线都会对股价运行产生影响，因此，投资者需要密切关注走势，当出现明显止跌或者遇阻迹象时，方可进行相应的买进卖出操作。

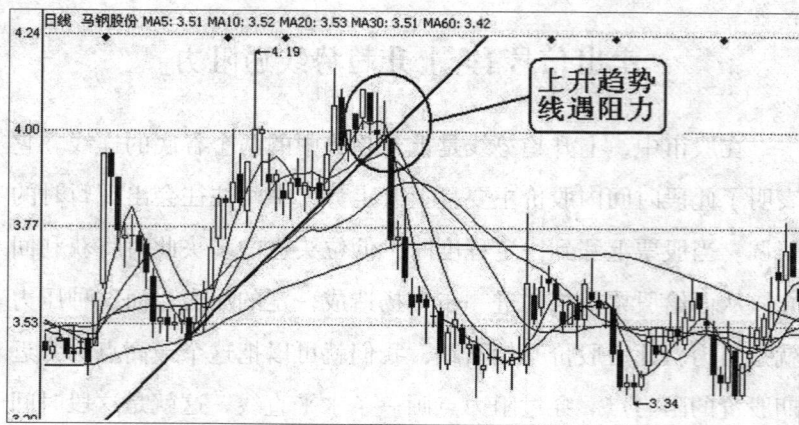

图 2-6 马钢股份（600808）日线图

卖出信号 2：支撑线反转为阻力线

支撑线，又叫抵抗线，是指由于多方大量买进，当股价跌到某个价位附近时，股价停止下跌，甚至有可能还有回升。支撑线起阻止股价继续下跌的作用，此时股价大多会止跌企稳，投资者此时可以买进股票。压力线又叫作阻力线，是指由于空方大量做空，当股价上涨到某价位附近时，股价会停止上涨，甚至回落。压力线起阻止股价继续上升的作用，此时投资者应该及时卖出股票获利。

阻力线和支撑线都是图形分析的重要方法。通常情况下，如果股价在某个区域内上下波动，并且在该区域内累积成交量极大，那么当股价冲过或跌破此区域时，就自然成为支撑线或阻力线。

人们往往认为只有在下跌行情中才有支撑线，只有在上升行情中才有压力线。其实，两者的角色是经常互相转换的，在下跌行情中也有压力线，在上升行情中也有支撑线。在实际操作中，阻力线一旦被冲破，便会成为下个跌势的支撑线；而支撑线一经跌破，将会成为下一个涨势的阻力线。支撑和阻力是相对而言的，支撑和阻力只在一定的时期内起作用。

如图2-7，该股出现了一个看跌顶部吞没形态，股价进入一个中期大幅调整。7月2日股价达到最低值9.86元，之后股市开始进入新一轮反弹。之后，该股一直没有跌破支撑线，处于上升趋势。10月11日该股向下突破，跌破支撑线。此时，支撑线转化为阻力线。之后该股处于震荡涨升途中，但受阻力线影响始终没有突破阻力线。当股价再次回调时，原来的阻力线则又会成为一条重要的支撑线。

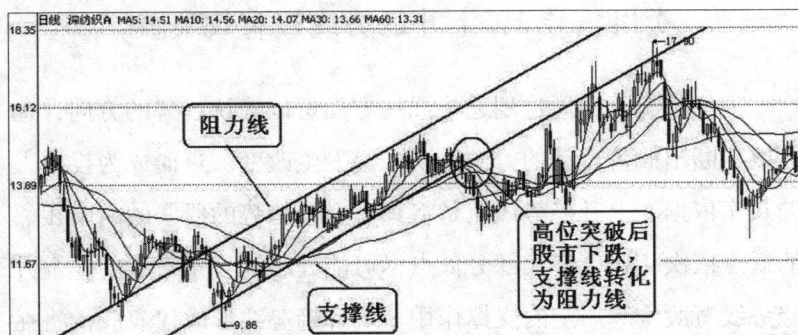

图2-7　深纺织A（000045）日线图

其实，支撑线和压力线两者的相互转化是从人的心理角度方面考虑的。支撑线和压力线之所以能起支撑和压力作用，很大程度是心理因素的原因，这就是支撑线和压力线理论上的依据。当然，心理因素不是唯一的依据，还可以找到别的依据，如历史会重复等，但心理因素是主要的理论依据。

股价在某一价位获得支撑后，停留一段时间开始向下移动，此时很多投资者认为股价可能下跌，做好了离场的准备。当股价反弹至支撑线附近，投资者便纷纷抛出离场，由于卖压过重，股价被压低，支撑线的支撑作用被空头击穿，于是支撑线就反转为阻力线。投资者应该好好地掌握这个卖出信号，抓住每一个离场的大好时机，以避免不必要的损失，获得最大的利润。

卖出信号 3：上升趋势线被有效突破

一般情况下，通过划趋势线一方面可以确认趋势的方向，也可以判断出股价运动的方向是否已经发生改变，进而成为投资人的买卖依据。上升趋势线就是将具有上升趋势的股票的两个相邻的低点依次相连，使大部分低点尽可能处于同一条直线上。上升趋势线对股价起一定的支撑作用；上升趋势线形成代表股价将在趋势线上方运行一段时间，一旦趋势线被突破后，就说明股价下一步的趋势将要反转。

根据股价上涨时间的长短，将上升趋势分为长期上升趋势、中期上升趋势和短期上升趋势。因此，在上升趋势线被有效突破在具体应用过程中，又可以分为以下四种情况：

一是跌破中期下跌趋势中股价反弹时形成的短期上升趋势线。在中期下跌趋势中，股价以下跌为主，股价下跌一段时间之后往往会突破阻力线产生反弹。这种反弹实际上是股价中期下跌途中出现的短期上升趋势，此时，股价虽然受到短期上升趋势线的支撑，但支撑线力度不够强大，随时都有向下跌破的可能。投资者应该保持警惕，把握住每一个卖出的机会。

二是跌破中期上升趋势线。在该阶段中，股价以上涨为主。庄家为了能够在低位吸纳廉价筹码，会使股价上升一段时间后往往会发生回调，投资者应及时卖出股票止损。

三是跌破中期横向趋势中出现的短期上升趋势线。对于短线操作者来说，应把短期上升趋势线被股价从上向下突破作为止损点。

四是跌破长期上升趋势线。在长期上升趋势中，股价一路上涨很少出现回调，但当利空消息出现或庄家打压吸筹时，股价将会以一根中阴线或大阴线从上向下跌破上升趋势线，股价从此可能出现反转。此时不论有无大成交量的支持，投资者均应离场。

从图 2-8 中可以看出，从某年 5 月 31 日开始，该股处于震荡上升过程中，连接两个低点作上升趋势线，8 月 3 日，股价突破上升趋势线，此后股价开始下跌，迎来新低。投资者应及时离

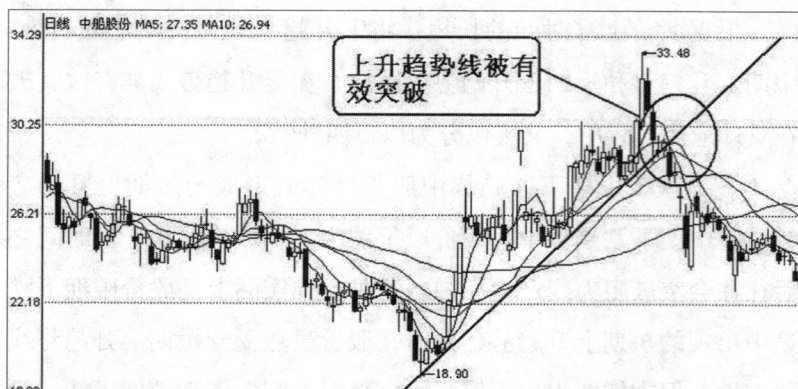

图 2-8　中船股份（600072）日线图

场观望。

　　股价向下跌破上升趋势线是典型的卖出信号。上升趋势线的时间跨度越长，跌破上升趋势线的意义就越大，跌破越为可靠，下跌的幅度就越大。在实际操作过程中，最关键的问题就在于，如何判断怎样才算是趋势线的突破：

　　（1）收盘价突破趋势线比日内的最高最低的突破趋势更重要。

　　（2）穿越趋势线后，股价离趋势线越远，突破越有效。一般认为突破幅度至少得超过突破点的 3% 以上。

　　（3）穿越上升趋势线后，股价在趋势线另一方停留的时间越长，突破越有效，如三天以上。

　　（4）向下突破上升趋势线与下降趋势线的向上突破有所不同，在突破过程中不一定放量。

卖出信号 4：股价跌破水平趋势线

水平趋势是指个股后面的波峰与波谷与前面的波峰和波谷基本持平，将这水平趋势的两个峰顶或两个谷底连成的直线。这条直线就是水平趋势线。水平趋势线是水平反映了股票价格在一段时间内的基本走向。水平趋势线既可以是股价上升途中回调时形成的水平支撑线，也可以是股价下跌途中形成的水平支撑线。

一般来说，趋势线越平，越靠近水平位置，它的技术性就越重要，从而任何跌破它的价格下降意义也就越重要。反而那些角度非常陡，很容易被一个横向的整理形态突破的趋势线对技术分析没有什么预测价值。

对于投资者来说，学会通过研究趋势线来确定趋势方向，是必不可少的一项技能。股价在水平趋势线之上运动时，一旦股价向下突破了水平趋势线，则可视为水平趋势转成下跌趋势，这是水平趋势线发出的卖出信号，投资者应及时止损。

如图 2-9，该股创出新高后开始下跌，将两个低点连接起来，形成一条水平趋势线。此后股价有效跌破水平趋势线，此时应该是卖出信号。股价由 5 元跌至 3.79 元，跌幅达 20%。

在这里还需要强调的是，利用此种方法操作时应注意以下几点：

（1）此水平趋势线既可以是股价上升途中回调时形成的水平支撑线，也可以是股价下跌途中形成的水平支撑线。

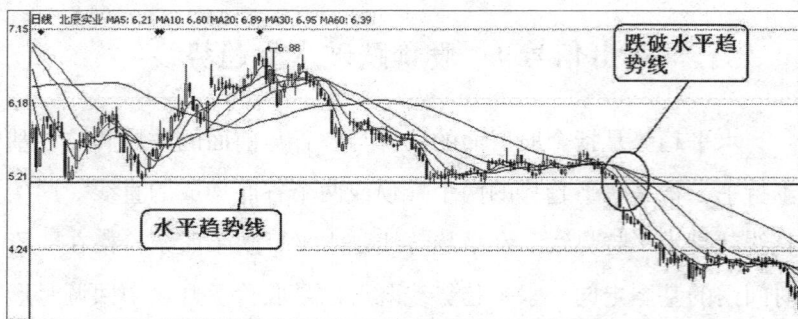

图 2-9　北辰实业（601588）日线图

（2）短线操作者应坚持破位即离场的原则。

（3）如果水平趋势中股价的峰顶与谷底之间有一定的空间，则当股票价格回调到谷底的趋势线时可以买进股票，当股票价格上涨到峰顶的趋势线时可以卖出股票。

卖出信号 5：股价接触到通道上轨线

由上升趋势线以及从构成上升趋势线的两个谷底之间的峰顶所作的一条平行于上升趋势线的直线所构成的空间，就叫作上升通道。上升趋势线称为上升通道的下轨线，而另一条所作的平行线则称为上升通道的上轨线。通常，上轨线是股价上涨的阻力线。

与下降通道运行趋势改变的结果不同，上升通道出现股指放量向上突破时往往意味着头部即将来临。这是因为在上升通道中已经累积了大量的获利盘，股票突破常常会引发投资者的跟风追涨行为，主力往往乘机派发出货。因此，投资者需要把握行情加速上冲的机会获利了结。

中期上升通道和下降通道，股价每次触到上轨线时都是卖出信号。

在上升趋势中，当上升通道形成后，股价在一定时间里上下波动。在下降趋势中，当下降通道形成之后，上轨线仍是股价上涨的阻力线。股价每次触到上轨线时，总会因受到上轨线的压力而降低继续攀升的动力。因此，对短线投资者来说，无论是在中期上升通道中还是在下跌通道中，要把股价触到上轨线时看作卖出信号。如果股价无力碰触上升通道上轨线，则说明股价上涨乏力，股价将会向下击穿下轨线。

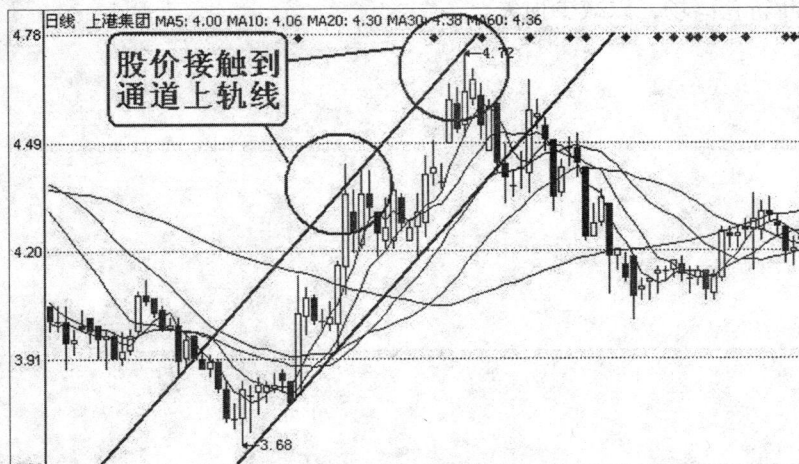

图 2-10　上港集团（600018）日线图

如图 2-10 中所示，作出该股的上升通道，该股两次接触上轨线后扭转向下。这两次也验证了股价接触上轨线下跌的准确性，因此，短线投资者在此时应及时卖出手中持股。

投资者在具体应用此种方法操作时应注意以下几点：

（1）短线投资者应把股价向下击穿上升通道下轨线当作明确的止损点，及时止损。

（2）短线投资者也应该把股价无力抵达上升通道的上轨线当作卖出信号。股价无力抵达上升通道的上轨线，说明股价上涨乏力，意味着股价将会向下击穿下轨线。

（3）在中期上升趋势的末期，股价上涨乏力，加上空方抛压越来越大，股价最终跌破上升通道的下轨线。一旦上升通道被股价突破，则股价将会继续下跌。因此，理智的投资者在此时应果断斩仓离场，以减少损失。

第三章

均线交易实战技法

买入信号 1：股价向上突破 5 日均线

均线指标实际上是移动平均线指标的简称。5 日均线也就是 5 天股票成交价格或指数的平均值，对应的是股价的 5 日均线（5MA）和指数的 5 日均线（5MA）。

在股票市场的操作中，5 日均线的主要功能有两个：一个是支撑作用，另一个是助涨作用。对于短线投资者来说，一定要充分运用 5 日均线。5 日均线向上运行并形成一定的趋势，此时是均线多头形态。如果有其他均线（如 10 日、20 日、30 日均线）也呈现向上的发散式形态，那就说明现在是很好的多头排列，预示未来股价指数依然有上涨动力，反之空头排列则是继续下跌的可能性加大。在实际操作中，一旦股价向上突破 5 日均线，此时投资者可考虑在下一个交易日的低位买入，否则就要耐心等待时机，在下一个低点出现时再买入。

如图 3-1，金岭矿业经过长期的横盘整理，在该年 5 月 26 日第一次稍微放量并站上 5 日平均线，27 日缩量回抽，6 月 1 日再次站上 5 日均线，后再次放量上攻，拉大了 5 日均线的上行角度，6 月 9 日 -16 日，经过连续 6 个交易日的回调，股价在 6 月 17 日第二次站上 5 日均线，18 日放量拉升，再次增大 5 日均线的上行角度，后虽经两日反抽，但上行趋势未改变，这两个交易日的回抽过程，是买家的介入良机。此后，股价沿 5 日均线一直上行，涨幅可观。

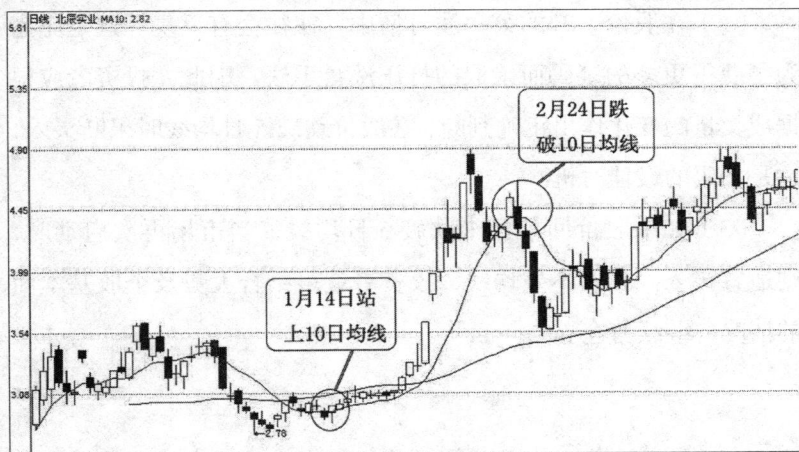

图 3-1　金岭矿业（000655）日线图

　　作为短线投资者，一旦发现股价由下向上突破并站上 5 日平均线，就要高度重视，但此时并不是跟进的最佳时机，胆大的投资者可以轻仓试探性介入，稳妥的投资者要耐心等待更佳的介入时机出现。一般情况下，在底部蓄势充分的股票，反弹站上 5 日平均线后再回抽的时间都很短，一般维持 1–3 个交易日。在其他技术指标的支持下，在回抽过程中介入是较好的时机，但最稳妥的介入时机就是当股价第二次站上 5 日平均线之时。

　　投资者在运用 5 日均线时，应注意以下几个方面：

　　（1）股价离开 5 日均线过远或高于 5 日均线太多，即 5 日乖离率太大属于短线卖出时机。投资者可根据个股强弱等因素来作出决定，如果股价高于 5 日均线 7%–15%，则适宜卖出。如果处于熊市，股价低于 5 日均线 7%–15%，则适宜短线买进。

（2）在股价上升的第一波行情中，往往会有反复。这是庄家为了获得更多的筹码而采取的打压洗盘手法。因此，投资者应根据成交量的变化作出正确判断，在股价跌破 5 日均线时果断买入，这是加码的最佳时机。

（3）如果股价回落且未跌破 5 日均线，当市场再次启动时，则适宜买入。只要不破均线，投资者就可结合大势及个股基本面的情况，继续持仓。

买入信号 2：股价向上突破 10 日均线

10 日均线是某只股票在市场上往前 10 天的平均收盘价格，其意义在于它反映了这只股票 10 天的平均成本。它是反映单边连续趋势的指标。一般情况下，10 日均线是职业套利者能够熟练掌握的最短均线，它是研判顶部与底部的第一个提示技术，在成交量能、主力习惯时间段、经典 K 线与长线指标的综合分析下，可以更精确地判断股市行情。

与 5 日均线一样，10 日均线最简单的应用方法也是当股价向上突破均线时买入，向下突破均线时卖出。在利用 10 日均线交易时，投资者应该按照下面的条件把握买卖点：

买入条件1：前一交易日收阳线，同时收盘价向上突破10日均线。

买入条件2：前一交易日成交量放大。

买入条件3：10日均线在50日均线上方，同时50日均线呈上升趋势。

投资者利用10日均线法虽然不能获得全部的利润，但却能回避大多数的投资风险。有经验的投资者可能会发现，利用10日均线突破买入、跌破卖出的方法实际上是获得10日均线上涨产生的利润。配合成交量、50日线等指标都是为了增加10日均线上涨的准确性。

如图3-2，北辰实业在该年1月14日站上10日均线，经过连续大涨之后，于2月24日跌破10日均线，如果投资者利用"突

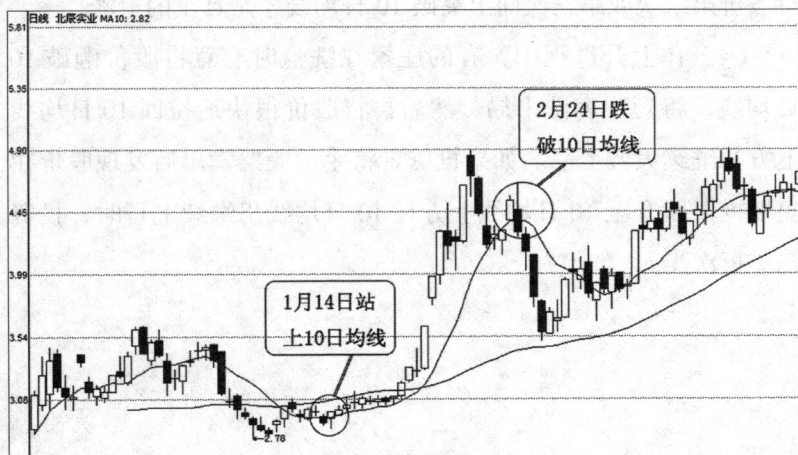

图3-2　北辰实业（601588）日线图

破 10 日均线买入、跌破卖出的方法"。可以获得图中所示的赢利幅度，基本相当于 10 日均线的上涨幅度。

投资者在实际操作中应注意以下几点：

（1）股价向上突破 10 日均线应有成交量的配合，否则可能只是下跌中途的反弹，很快又会跌回 10 日均线之下，投资者应保持一定的警惕。

（2）股价向上突破 10 日均线后，再买进股票。虽然离底部或与最低价相差一定价位，但此时股价的上升趋势已明确，即使被套也有 10 日均线作为明确的止损点，损失也不会大，所以视为买入时机。

（3）在持续较长时间的下跌趋势中，股价在下跌的中途产生反弹时向上突破了 10 日均线但又很快跌破 10 日均线而继续下跌，待股价第二次或第三次向上突破 10 日均线才是真正的上涨。

（4）在上升过程中，有的庄家在洗盘时有意将股价砸破 10 日均线，将短线客洗出局，然后再将股价很快地拉回 10 日均线上方并继续大幅上涨。如果投资者将手中股票卖出后发现股价在短期内又回升至 10 日均线上方且 10 日均线仍继续上行时，投资者应再次买入。

买入信号 3：上升趋势中股价回档不破 10 日均线

所谓上升趋势中股价回档不破 10 日均线，是指在上升趋势中，由于股价的快速上涨，致使短线客获利丰厚，获利回吐必然出现，使得股价调整，但只要股价不跌破 10 日均线且 10 日均线仍继续上行，说明是正常的短线强势调整，上升行情尚未结束，此时是逢低买入的再一次良机，特别是股价在 10 日均线获得支撑后又继续上涨时，说明调整结束，新的涨势开始，因而此时是投资者追涨买入的时机。

图 3-3 中所示均线为 10 日均线，8 月 12 日股价上涨，8 月 18 日开始调整，但是受 10 日均线的支撑，该股没有下跌，而是继续上涨，迎来新高。此后，10 月 11 日股价又开始上涨，10 月 18 日股价下调，但仍受 10 日均线支撑，股价继续上涨，最高价达到 11.7 元。短线投资者应该要很好地利用这一机会，获得良好

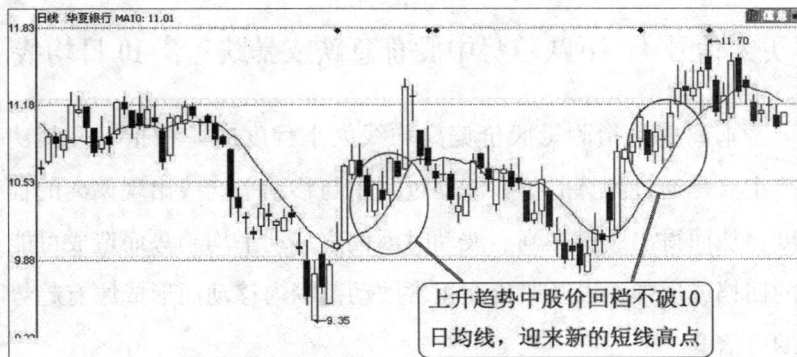

图 3-3　华夏银行（6000015）日线图

的收益。

10 日均线是波段操作的重要参考指标。在实际操作中，投资者还需要注意以下几个内容：

（1）在上升趋势中，股价回档至 10 日均线附近时成交量应明显萎缩，而再度上涨时成交量应放大，这样后市的上升空间才会更大。

（2）10 日均线在下跌行情中是重要的阻力线，在上升趋势中是强有力的支撑线，只要股价回调不破 10 日均线，则表明该股强势特征仍然明显，任何一次的回调都是买入时机，涨势还会继续。

（3）如果在股价回调至 10 日均线附近时买入，其后又很快跌破了 10 日线，还是应坚持止损原则，等到股价调整结束后重回 10 日均线之上时再买入。

买入信号 4：下跌趋势中股价急跌或暴跌远离 10 日均线

乖离率是指测量股价偏离均线大小程度的一种指标。其功能主要是通过测算股价在波动过程中与移动平均线出现偏离的程度，从而得出股价在剧烈波动时因偏离移动平均趋势而造成可能的回档或反弹，以及股价在正常波动范围内移动而形成原有趋势的可信度。

在下跌趋势中，股价在 10 日均线之下运行，一旦股价连续出现急跌或暴跌并远离 10 日均线，致使 10 日负乖离率过大，此时就是买入抢反弹的时机，甚至是中期买入良机。

股价急跌或暴跌远离 10 日均线，致使 10 日负乖离率过大，此时出现反弹是因为空方力量在短期内完全释放，以大幅下跌的空间换取了下跌的时间，而最近 10 个交易日卖出股票的投资者平均有 10%-15% 以上的亏损，存在摊低成本的需求。急跌或暴跌后先是报复性反弹，再经过一定时间的调整，股价才会发生较大幅度的上涨。

如图 3-4 所示，金钼股份于 8 月 11 日开始下跌，连续一周

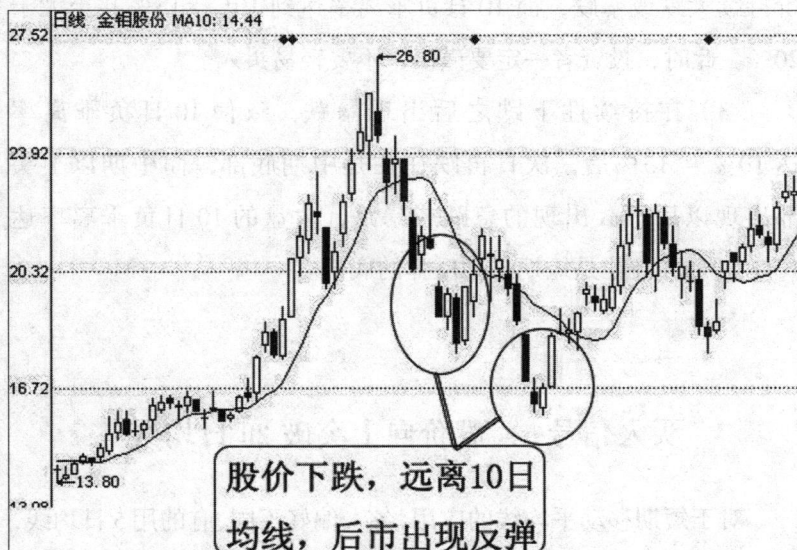

图 3-4　金钼股份（601958）日线图

的下跌使得股价远离 10 日均线，负乖离率增大，后出现反弹；小幅反弹后，8 月 28 日股价再次下跌，远离 10 日均线，后又出现反弹，迎来新的高点。

投资者在具体操作中还需要注意以下几点：

（1）10 日乖离收盘达到 10%-15%，次日再遇恐慌性抛盘而 10 日负乖离盘中达到 15%-20% 时是最佳的买入时机。回顾沪、深两市大盘，每年都会发生数次急跌或暴跌现象，而每次都是最佳的中短线买入时机。投资者不可以错过这个大好时机。

（2）如果大盘没有急跌或暴跌，但是个股由于涨幅太大，庄家获利非常丰厚而急于兑现，便会采取打压方式出货，致使股价持续大跌或暴跌，而 10 日负乖离率达到 10% -15% 甚至大于 20%。此时，投资者一定要谨慎，不要轻易买入。

（3）在持续性下跌之后出现暴跌，致使 10 日负乖离率达 10% ~ 15% 后，次日再跌往往是中期底部，而中期以上头部出现以后不久出现的急跌或暴跌，大盘的 10 日负乖离率达 10% ~ 15% 往往是短期强劲反弹的底部。

买入信号 5：股价向上突破 20 日均线

对于短期移动平均线的应用，各人偏好不同，有的用 5 日均线，有的用 10 日均线，有的用 30 均线，还有的用 60 日均线，各有利弊。

在短期均线系统中，20日均线是参数最大的一种移动平均线，与10日均线相比，20日均线比10日均线的时间周期间隔又要多10个交易日，故20日均线运行中的变动频率比10日均线来说，其注重趋势性变化的程度要大得多。

在实际操作中，一旦遇到股价向上突破20日均线，投资者就可以考虑买入。具体操作为：当20日均线在低位走平时关注，20日均线开始向上拐头、股价站上20日均线之上时买入，回调确认时加仓，均线向上移动一路持有，当20日均线在高位走平时要警惕，一旦收盘时股价跌破20日均线立即清仓，日后如果20日均线继续上移，股价再次站上20日均线时再买入，如此反复操作，直到股价不再创新高并跌破前低，而且20日均线调头向下时结束该股操作，在20日均线向下移动和横盘整理中，保持空仓观望，耐心等待新一轮上升趋势形成后再择机介入。

如图3-5，该年4月1日深发展A股日K线收一根中阳线，显示多方借助市场的做多人气继续上攻。此后，该股股价迅速上涨，最高价达到19元。5月4日该股开始跌破20日均线，行情下调。投资者抓住20日均线的支撑作用，在向上突破时买进，跌破时卖出，可赚取相当大的利润。

按20日均线操作是安全可靠的，它既能有效地控制风险，又能百分百的抓住主升段，抓住大涨，回避大跌。在牛市中，投资者可以选用更长周期的均线操作，控制冲动，减少操作，节省交易费用，争取利润的最大化。

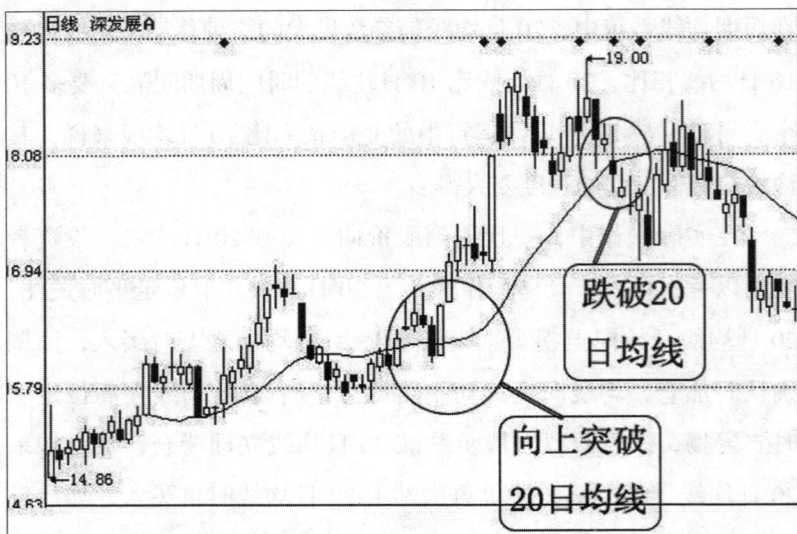

日线 深发展A

19.23

—19.00

18.08

跌破20
日均线

16.94

15.79

向上突破
20日均线

—14.86

14.63

图 3-5　深发展 A（000001）日线图

投资者在具体运用 20 日均线时，应注意以下几个条件：

（1）尽管 20 日均线仍属于短期均线的范畴，但其周期参数相对要大一些，已经接近中期均线了。因此，在实战中使用 20 日均线研判市场走势时，投资者应结合中短期走势分析，不能只考虑短期变化，否则将会出现操作上的失误。

（2）20 日均线的运用中，上升仍表示中短期趋势向上，下行则表示中短期趋势向下，所以在使用 20 日均线来分析走势时，投资者还可以用其来判断市场的支撑或压力的位置，但同时一定要关注 20 日均线作为支撑或压力的有效性，否则将导致错误性止损。

（3）20日均线在行情箱形运行过程中将会相对平稳，若行情的波动幅度不大，20日均线则可能出现接近水平的运行状态。

（4）股价真正意义上的止跌上涨，是指股价突破20日均线的压制时伴有成交量的放大，此时，投资者可以放心买入。需要提醒投资者注意的是，20日均线运行的前提条件是成交量的配合，否则，20日均线将失去意义。

买入信号6：股价自下而上突破均线并继续向上蛟龙出海

在市场的实际操作过程中，投资者一旦发现股价自下而上突破均线并继续向上的情况出现，可以视此为买入时机。概括来讲，前期图形走势为横盘震荡或小幅微调，突然一日量价齐涨在图行上留下两个高高耸起大阳线，在图形直观上看似龙抬头，因此被命名为蛟龙出海。当个股出现蛟龙出海的技术图形时，表明市场行情由跌转涨，是强烈的看涨信号。

"蛟龙出海"的特征表现为，股价长期下跌或长期横盘后，突然一根放量阳线向上同时突破5天、10天、30天均线，且收盘在30天均线上方。

在实战中，如果投资者是短线炒股，可选用10日均线与20日均线来操作。一般来说，在空头市场中，当股价相继突破10日均线和20日均线时，表明空头市场反弹力度较强，股票价格

也会有较大的上升空间，短线投资者可趁股价向上突破20日均
线时买进股票。如果是空头市场，而且此时的股价是自下而上依
次突破短期、中期均线的时候，在一阳穿三线图形出现的当天收
盘前买入，或者在一阳穿三线图形出现后回档受30天均线支撑
时买入，都是投资者应该抓住的买入时机。

　　如图3-6所示，该年1月13日，冠城大通出现一阳上穿三
线的蛟龙出海图形，以当天收市前的9.80元买入，2月3日以均
价16元卖出，每股赚6.20元，7个交易日获利63.2%。

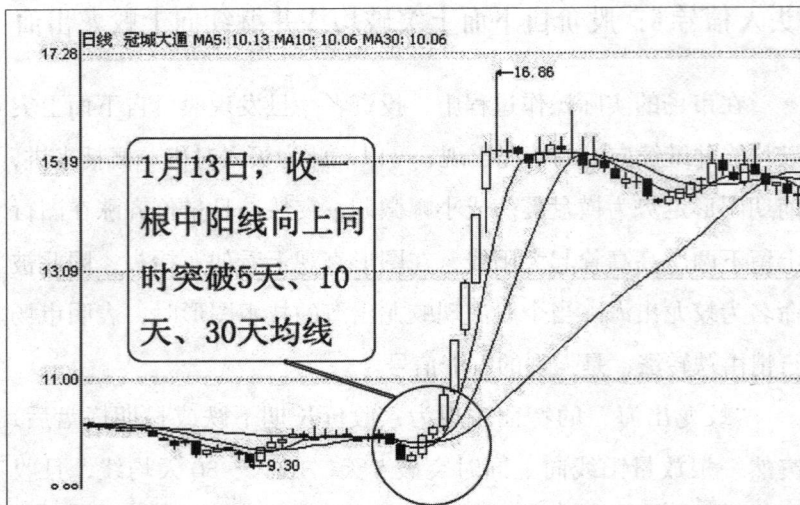

图3-6　冠城大通（600067）日线图

　　在这里需要提醒投资者注意的是：一阳穿三线买入法同样适
用于周线、月线。股价向上突破10日、20日均线时有成交量放
大的配合，这样的突破才有效。

买入信号 7：股价向上突破 30 日均线

30 日均线是沪、深股市大盘的中期生命线，每当一轮中期下跌结束指数向上突破 30 日均线，往往会有一轮中期上升。在股市实战中常常发挥着重要的作用。30 日均线从时间周期来看属于中长期指标，因此反映的是中期趋势和股价运行的中长线轨迹，无论其上升趋势还是下跌趋势一旦形成均很难改变。对于个股来说，30 日均线是判断有庄无庄、庄家出没出货以及其走势强弱的标准。如果投资者能有效掌握并利用它进行波段操作，那么一定能够获得可观的收益。

一般来说，股价反弹站上 5 日和 10 日均线而在 30 日均线受阻，往往仅是下跌中途的小反弹。如果股价再向上有效突破 30 日均线且 30 日均线下行速度减缓有走平甚至上翘的迹象时，往往是中期下跌趋势结束、一轮中期上升行情开始的标志，而成为中长线最佳的买入时机。

而对于短线投资者来说，当 30 日负乖离率过大时是买入时机，股价在 30 日均线之上运行的股票是属于强势股，在 30 日均线之下运行的股票是弱势股。强势股是由弱势股转变而来的，弱势股也是由于前期涨幅过大而下跌所形成的。因此，在下跌趋势中，股价在 30 日均线的反压下持续下跌，远离 30 日均线致使 30 日负乖离率过大时，必然会产生中级反弹而向 30 日均线靠近。一般来说，阴跌之后再急跌或暴跌，30 日均线负乖离率达 20% 左右特别是 25% 以上时，是较佳的中短线买入时机。

如图 3-7 所示，该年 9 月 29 日当天，格力电器收了一根阴线十字星，这是股价上涨突破 30 日均线后的第一次回抽确认，而且从图中我们能够发现，30 日均线已经开始拐头向上。这就为我们提供了一个绝好的买点。此后，格力电器的确走出了一波不错的行情。从 19 元多最高冲到 29 元多。

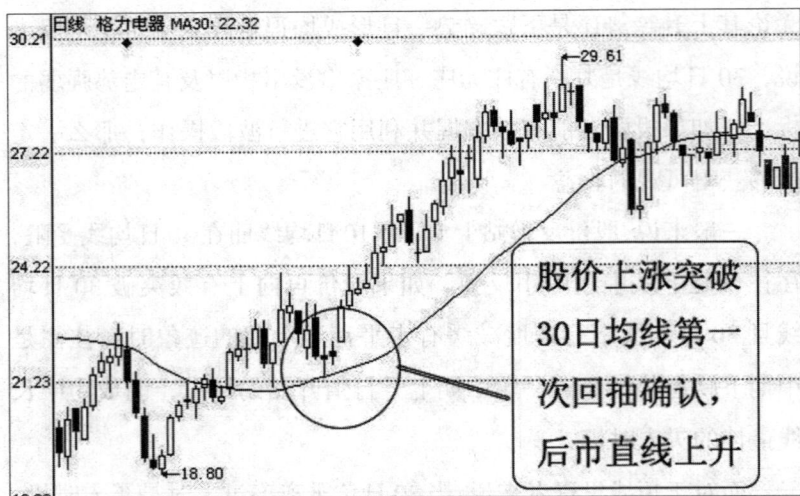

图 3-7　格力电器（000651）日线图

投资者在操作过程中应该关注的是：

（1）股价向上突破 30 日均线时必须要有成交量放大的配合。有时股价向上突破 30 日均线后又回抽确认，但不应再收盘在 30 日均线之下，且成交量必须较突破时显著萎缩，此时是最佳买入时机。

（2）在股价回落至 30 日均线附近买入后，如股价不涨反跌，有效向下跌破 30 日均线特别是放量破位时，应坚决止损离场，等待股价重回 30 日均线之上时再买入。

（3）30 日均线与 5 日、10 日均线等配合使用效果更好。

（4）股价的大涨和上升行情的产生都是在股价向上突破 30 日均线开始的，而且比较好的股票的产生一般也是由 30 日均线所呵护成长的。投资者应该好好把握它。

卖出信号1：10 日、20 日、30 日均线产生的卖点

1.10 日均线的卖点

10 日均线是反映单边连续趋势的指标，在大盘两极的情况下，会在一段时间，通常是连续两周沿 10 日均线连续运动，一直等到股价跌破 10 日均线为止。如果某一个交易日股价从 10 日均线的上方运动到 10 日均线的下方，表明卖方力量强于近 10 天以来的市场平均卖方力量，投资者应该卖出股票获利了结。即当 10 日均线从下向上穿越股价时，投资者宜卖出股票。

如图 3-8 所示，该股 9 月 9 日股价有效跌破 10 日均线，第一个卖点出现。之后股价虽有反弹，不过 9 月 16 日还是再次跌破 10 日均线，并且 MACD 指标出现死叉，短线投资者此时需要果断卖出。

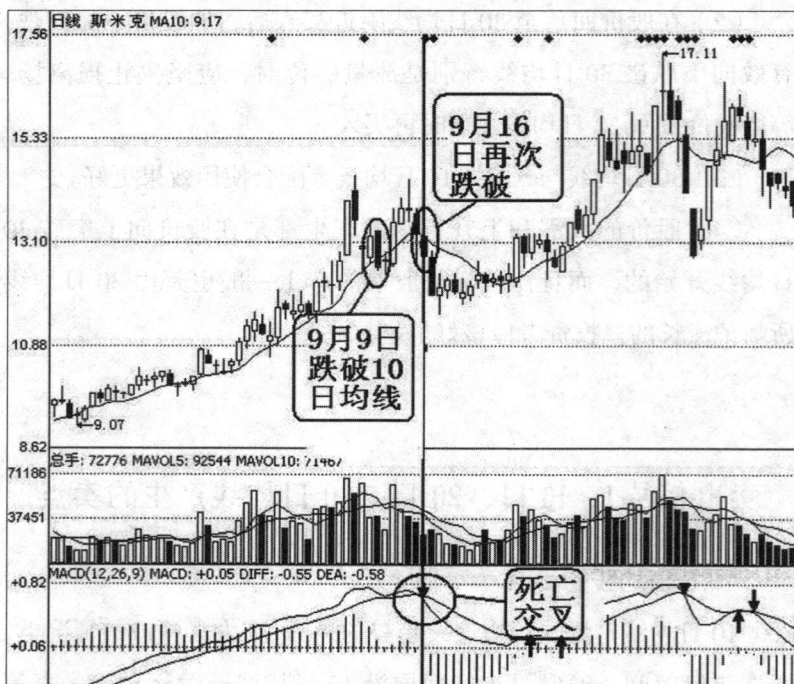

图 3-8　斯米克（002162）日线图

2. 20 日均线的卖点

20 日均线比 10 日均线的时间周期要长，它反映了近 20 天以来市场的买方力量和卖方力量的强弱状况。当 20 日均线从下向上穿越股价时，说明市场卖方力量强于近 20 天以来的市场平均卖方力量，投资者应该卖出股票。

如图 3-9 所示，当天该股跌破 20 日均线，且在当天附近 MACD 出现死亡交叉，进一步确认了下跌信号。此后，该股直线

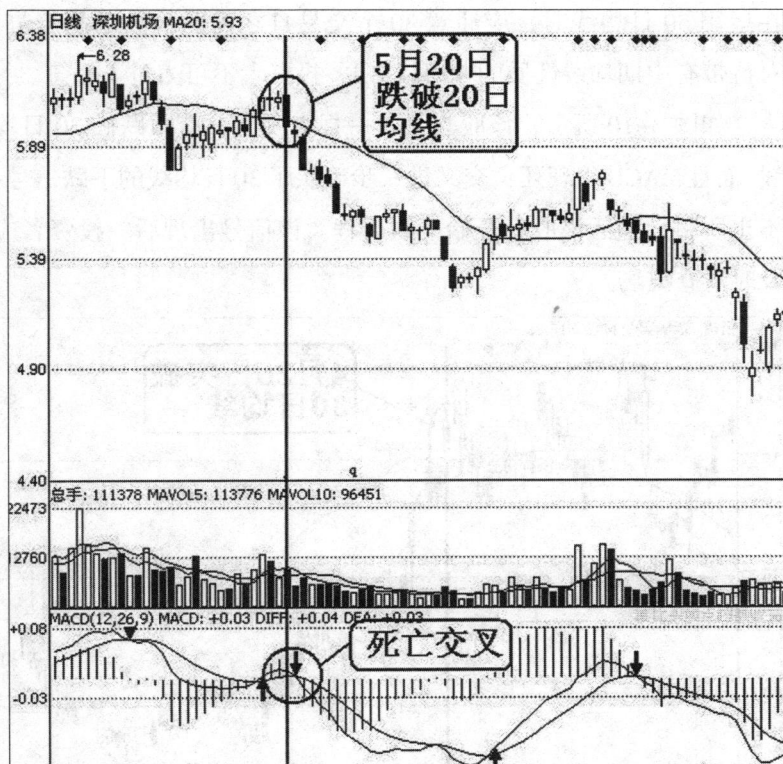

图3-9 深圳机场（000089）日均线

下跌，直到6月20日的5.25元后才有所反弹。

3.30日均线的卖点

30日均线应该归属于中期均线的范畴，具有研判中期市场走势的作用。如果某一交易日股价从30日均线的上方移动至30日均线的下方，说明市场卖方力量强于近30个交易日以来的市场平均卖方力量，投资者应准备卖出股票。还要强调一点，投资者在运用 30 日均线时，应注意 30 个交易日之内股价波动的趋势。对待带有中期均线性质的 30 日均线，投资者不可太过于心急。

如图 3-10 所示，该股当天收一根大阴线，有效跌破 30 日均线，而且 MACD 出现死亡交叉进一步确认了 30 日均线的下跌信号。不出所料，随后该股就开始下跌历程。该信号出现后，投资者应及时清仓离场。

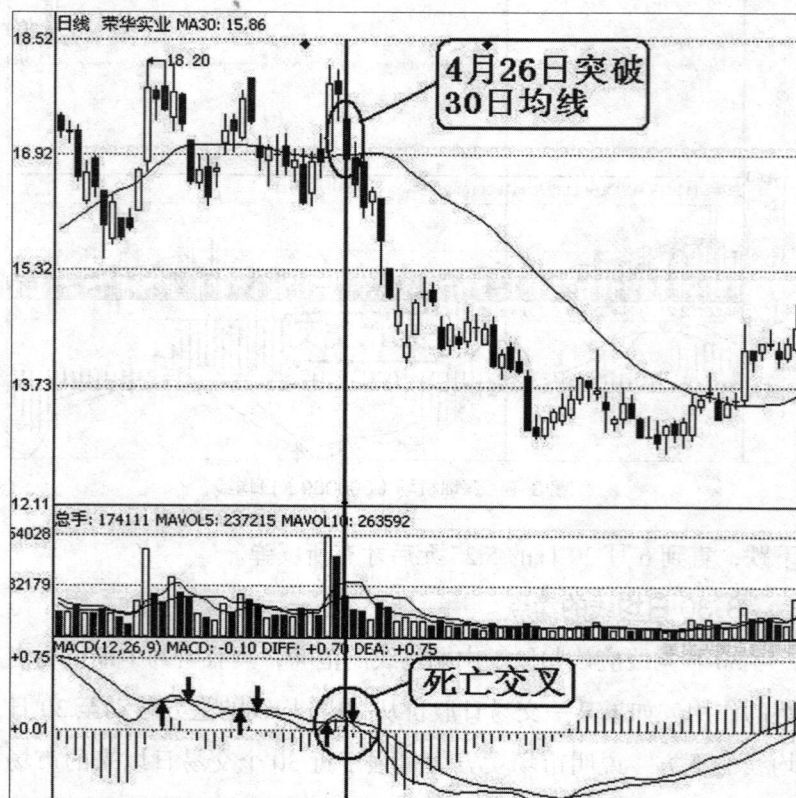

图 3-10 荣华实业（600311）日线图

卖出信号 2：5 日均量线向下突破 10 日均量线

5 日均量线和 10 日均量线，它们都能够比较准确地反映出成交量的变化，并在很多时候给出明确的卖出信号。在实际操作中，把 5 日均量线和 10 日均量线结合起来选择卖点的效果更佳。

按照 5 日均量线下插 10 日均量线进行卖出的操作方法，人们称为"5 日均量线下插 10 日均量线卖出法"，又叫 5 日均量线"死叉"10 日均量线。它是指伴随着股价的上升，成交量不断放大，利用此时 5 日均量线上升速度一般快于 10 日均量线的卖出方式。一般情况下，当股价上升到高位时，5 日均量线在上，10 日均量线在下。当行情进入尾声时，均量线提前向下滑落，通常也是 5 日均量线快于 10 日均量线；当 5 日均量线下插 10 日均量线时，预示下跌的趋势已经形成，应及时卖出股票。

5 日均量线"死叉"10 日均量线的应用，分上升行情的应用和下降行情的应用两种情况：

（1）在一段上升行情中会出现 5 日均量线 3 次"死叉"10 日均量线的走势。前两次"死叉"，显示买入信号，是短线介入的大好时机，第三次"死叉"，则显示卖出信号。这是因为很多股票在第三次"死叉"出现后，并未有反弹现象，而是继续下探。一些尚未出手的获利盘，对后市失去信心，只好杀价贱卖，导致股价大跌。因此，所以人们将第三次"死叉"日，视为逃命日。

（2）在下降行情中，5日均量线"死叉"10日均量线也以3次的形式出现，前两次"死叉"，显示卖出信号，第3次"死叉"，显示买入信号。

如图3-11所示，该年4月1日该股5日均量线上穿10日均量线，此后，该股开始持续上涨。4月27日，该股的5日均量线下穿10日均量线，形成死亡交叉，预示着下跌趋势即将到来。此后，股价由4月27日的16元跌至5月18日的12.25元，跌幅达20%。

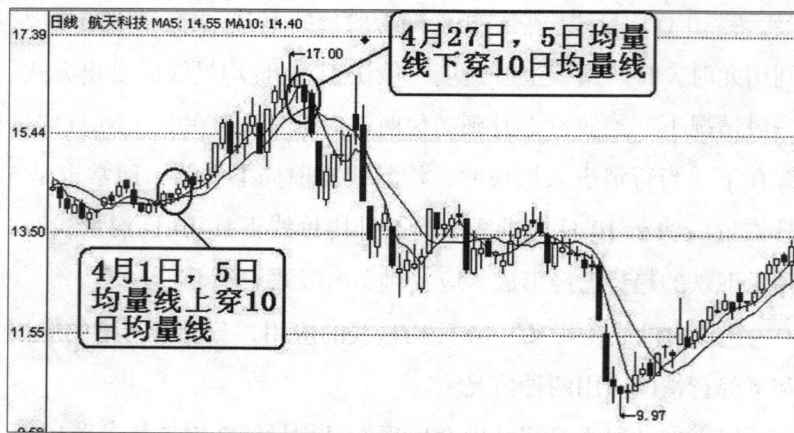

图3-11　航天科技（000901）日线图

在具体操作过程中，投资者应该注意以下几点：

（1）当股价连续上涨、成交量不能继续再创新高，反而低于5日均量线和10日均量线时，5日均量线和10日均量线在高位间距缩小，并进一步形成死亡交叉时，是较好的卖出时机。

（2）在上升行情或在下降行情中，个别股票的5日均量线与10日均量线的"死叉"，有时不足3次，有时超过3次，给判断带来困难。此时，应该放弃使用，再通过其他的技术指标来进行研判。

（3）5日均量线下插10日均量线发出的卖出信号一般来说是不容置疑的。但是，这种下插往往要比股价下跌的起始时间晚五六天，结合K线图的走势进行综合分析，可收到更好的效果。

（4）在一段上升行情中，5日均量线和10日均量线形成死亡交叉，并和之前5日均量线和10日均量线的死亡交叉产生背离时，出货信号将更为可靠。

卖出信号3：5日均线突破前低

无论大盘还是个股，5日均线对未来行情发展具有一定的预测作用，如果股价以阳线报收，并有效站住5日均均线之上，就可以跟进。即使以阴线报收，只要5日均线未被破坏，仍然可以持股待涨。

5日均线作为短期移动平均线的最主要构成部分。虽然其稳定性较差，但能灵敏地反映股价短线波动趋势，是股市高手进行短线操作最爱使用的技术参数之一。因此，判断5日均线何时出现拐点，对于短线炒家是十分重要的。

如图 3-12 所示，该股 9 月 9 日跳空高开，最终以涨停收盘，一举突破 8 月 16 日创下的高点。之后 4 个交易日股价在 5 日均线上方运行，从 9 月 10 日开始，5 日乖离率超过了 10%，预示着短线随时回调。在 9 月 15 日创下 8.37 元高点之后，次日股价一根大阴线击穿了 5 日均线，短线卖点出现。

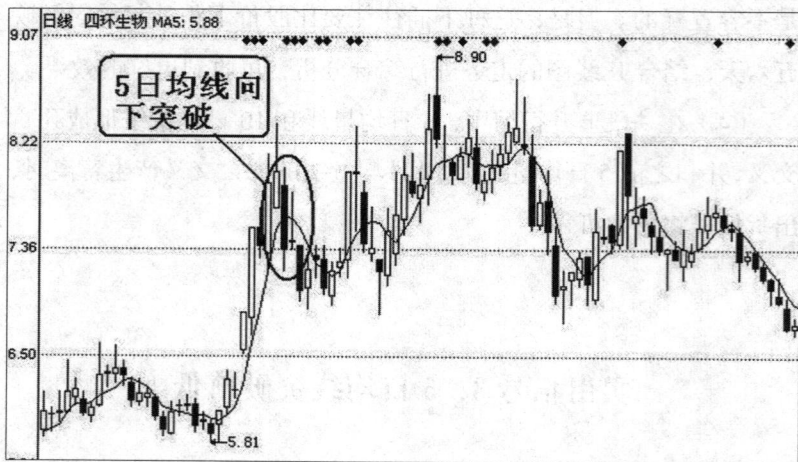

图 3-12　四环生物（000518）日线图

投资者在操作时应注意以下几点：

（1）投资者在根据 5 日均线卖出股票时，还应该综合利用其他指标。如果 5 日均线持续升势没有产生向下的转折点，但与均量线及大多数指标呈背离运动，则此时发出的是卖出信号。

（2）近 5 日股价是升势，若此时股价高于 5 日前股价，则 5 日均线将持续升势；若此时股价增幅比 5 日前减小，则 5 日均线上行将趋缓甚至走平；若此时股价低于 5 日前股价，则 5 日均线就要向下拐头。

（3）5日均线向下拐头预示着股价将不能保持上升势头，股价即将反转，是一个卖出信号。

（4）只有先分析5日内股价的演变情况，然后才能比较当前股价与5日前股价的情况，从而判定均线下一步的动向。

卖出信号 4：股价向下突破 10 日均线

10 日均线是短期内多空双方力量强弱的重要分界线，是研判顶部与底部的第一个提示技术。股价在出现向下突破 10 日均线的情况时，未来半个月内该股行情的走势也将继续走弱。

许多个股，特别是已经控盘的庄股，在主升段的走势往往也会沿着 10 日均线涨升，其结束的经典方式是大阳线的爆出。而当股价向下突破 10 日均线，市场属于弱势时，投资者应该依据股价突破 10 日均线及时卖出股票。

当股价突破中长期均线后，如果股价接着向下突破 10 日均线，表明股价短期内向下快速下跌的格局已经形成，这是一个极强的短线卖出信号，特别是对于那些前期涨幅过大而近期又已经突破所有短中长期均线的股票，投资者应及时卖出。而对于那些虽然股价已经突破了 10 日均线，但还在中长期均线（60 日、90 日、120 日均线等）上方的股票，则意味着股价还没有真正形成长期下跌趋势，这可能只是一个股价将短线回调整理的信号。对于近期涨幅过大的股票，短线投资者可适当获利了结；而对于近期没有多大涨幅的股票，投资者可暂时观望。

如图 3-13 所示，该股 1 月 29 日上穿 10 日均线，持续了一段上涨行情，到该年 4 月 28 日，该股向下突破 10 日均线，此后，该股股价又跌回 3 个月前的水平，跌幅达到 30%。

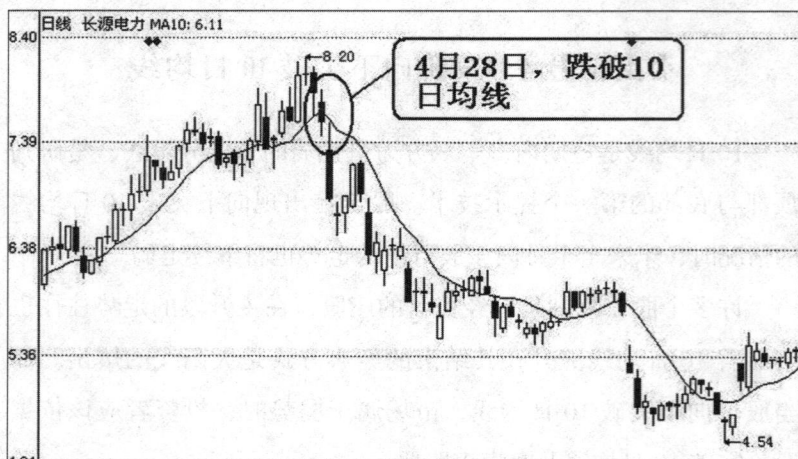

图 3-13　长源电力（000966）日线图

在这里需要提醒投资者的是，虽然股价向下突破 10 日均线是短线卖出的信号，但如果能与成交量能、主力习惯时间段、经典 K 线与长线指标等综合分析，那么结果将更加精确。

卖出信号 5：10 日均线与 20 日均线共同决定的卖点

如果 10 日均线下穿 20 日均线，且 20 日均线高位走平或向下，则将有一段下跌行情。而当 10 日均线与 20 日均线交叉时，如果 20 日均线由下向上穿过 10 日均线，形成 20 日均线在上，10 日均线在下时，则称为"死亡交叉"。"死亡交叉"顾名思义，也预示了股市即将下跌，此时是出场的最佳时机。

图 3-14 中所示的正是"死亡交叉"，该年 1 月 18 日，该股 20 日均线由下向上穿过 10 日均线，形成"死亡交叉"，此后股价直线下跌，一路低迷。投资者应抓住这个卖出信号，及时离场观望。

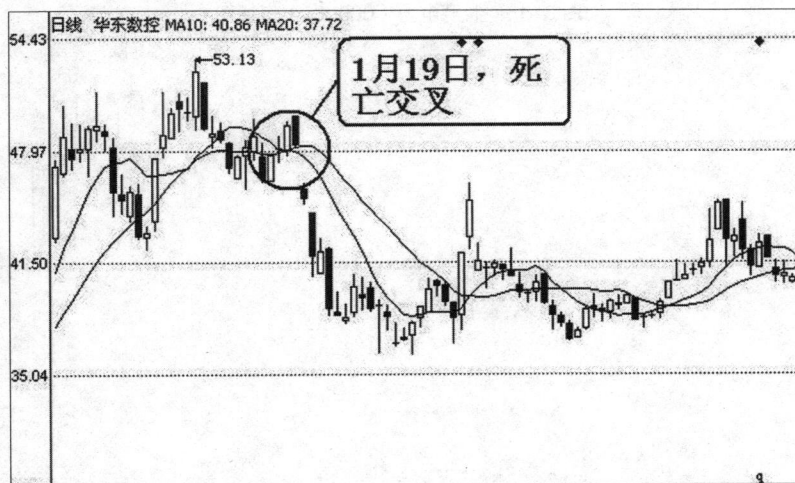

图 3-14　华东数控（002248）日线图

如图 3-15 所示，该股总共出现两次死亡交叉，第一次是在 5 月 25 日当天，20 日均线穿过 10 日均线，20 日均线在上，10 日均线在下，形成死亡均线，此后股价下跌。7 月 29 日，该股第二次出现死亡交叉，之后，股价再次下跌，最低价达到 3.91 元。

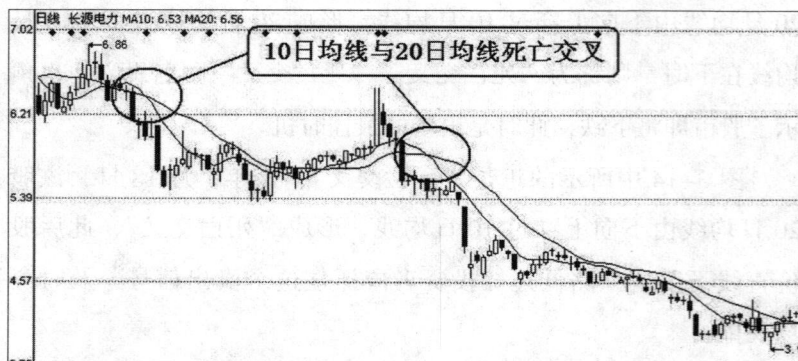

图 3-15　长源电力（000966）日线图

第四章

底部操作实战技法

价托

交叉点 a 是 5 日均价线从下向上穿越 20 日均价线所形成的结点；交叉点 b 是 10 日均价线从下向上穿越 20 日均价线所形成的结点；交叉点 c 是 5 日均价线从下向上穿越 10 日均价线所形成的结点。由这三个结点组成一个封闭的三角形，这个三角形就称为价托。图 4-1 就是一个标准的月价托系统。

以月平均系统形成的价托为例，说明价托的市场意义：

（1）当 5 日均线与 10 日均线黄金交叉时，意味着 5 日内的投资者愿意比 10 日内买入的平均价更高的价位追涨；也意味着 5 日内的股票需求量大于股票供应量；还意味着 10 日内以平均价买入的人已有赢利。此时股价下跌趋势减缓，人气开始转暖。

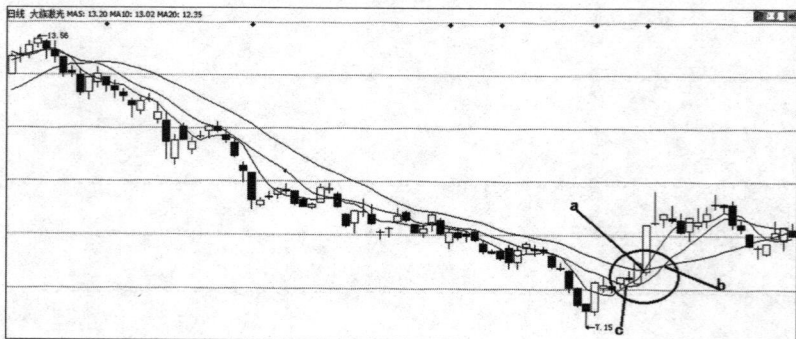

图 4-1　月价托系统图

（2）当5日均线与20日均线黄金交叉时，意味着5日内的投资者愿意比20日内买入的平均价更高的价位追涨，还意味着20日内以平均价买入的人已有赢利。此时股价下跌趋势进一步减缓，人气进一步转暖。

（3）当10日均线与20日均线黄金交叉时，意味着10日内的投资者愿意比20日内买入的平均价更高的价位追涨，10日内的股票需求量大于股票供应量，在20日内以平均价买入的人已经获得赢利。此时股价下跌趋势基本结束，开始进入上升通道。

（4）以上三个黄金交叉点和3条均线组成一个封闭的价托三角形，三角形的最高点和最低点之间的价位是最近人们买进该股的平均价格区间。既然人们愿意用这个平均价区间买入，那么总希望有利可图，以后股价在此区间会有一定的支撑。

除了月价托系统，还有由20日、40日、60日均线及其交点组成的季价托系统，5日、10日、60日均线及其交点组成的长短结合价托系统。

投资者在进行操作时主要注意以下两点：

（1）在三个黄金交叉点附近分批逢低买入。

（2）看清楚价托后在回档时逢低买入。

如图4-2所示，华升股份（600156）采用价格平均线参数5、10、20、40、60，在某年1月中旬由5、10、20日均线形成月价托的封闭三角形，尔后，3月初由20日、40日、60日构成季均线系统。股价在经历近两个月的震荡横盘后，稳步攀升。

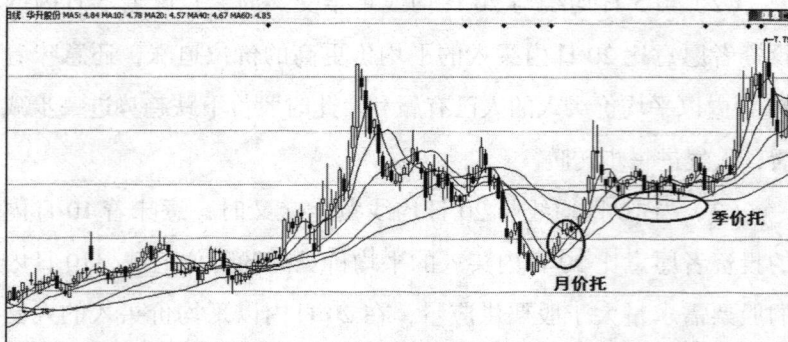

4-2　华升股份月价托图

量托

在讨论日 K 线的均价线的同时，投资者必须同时研究均量线，在某种意义上说，均量线的三角形托甚至比均价线的三角形托更加重要。量托是在成交量柱体图上，由三条量平均线自上而下然后扭转向上所形成的封闭三角形。

月量托是由月量均线系统自上而下然后扭转向上所形成的封闭三角形。它由 5 日、10 日、20 日量平均线及其组成的黄金交叉点封闭而成。季量托是由季量均线系统自上而下然后扭转向上所形成的封闭三角形。它由 20 日、40 日和 60 日量平均线和量平均线及其黄金交叉点封闭而成。

以月量托为例，说明量托的市场意义：

（1）当 5 日量平均线和 10 日量平均线黄金交叉时，说明 5

日内买进该股的成交量大于10日内买进该股的成交量，意味着该股在近期开始热门。

（2）当5日量平均线和20日量平均线黄金交叉时，说明5日内买进该股的成交量大于20日内买进该股的成交量，意味着该股在近期开始进一步热门。

（3）当10日量平均线和20日量平均线黄金交叉时，说明10日内买进该股的成交量大于20日内买进该股的成交量，意味着该股在近期越来越热门。

（4）在月量托形成后的一段时间内，成交量不会很快低于月量托以下的成交量柱体高度，意味着该股将惯性热门一段时间。

操作方法：

（1）在月量托出现后，应注意该日K线图，尽快逢低介入。如果价均线也能出现月价托，那么更应该积极入市。

（2）当月量托出现后，如果未能及时入市，可等待不久将出现的老鸭头走势，并在老鸭头嘴部区间，成交量出现芝麻点时逢低介入。

如图4-3所示，广发证券（000776）量柱体图上的量平均线采用5、10、20参数，该年3月下旬量平均线形成一个封闭三角形，说明有增量资金介入，是明显的买入信号。

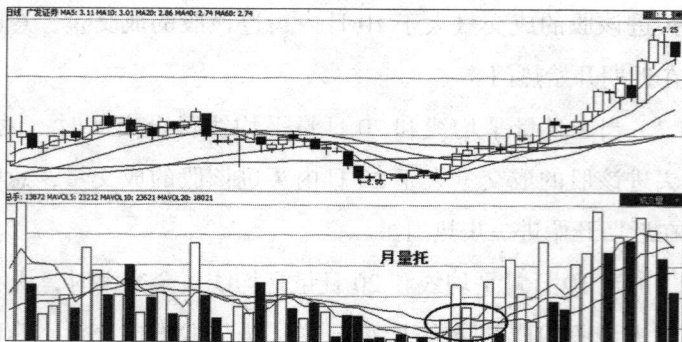

图 4-3　广发证券短线月量托图

托辐射

价托所示的三角形朝未来水平方向有辐射线，会阻碍未来股价下跌，这就是托辐射。它表示为一连串箭头向上的宽带，支持未来股价向上运行。托辐射的时间长度相当于价托前价格盘整时间长度，空间高度相当于价托三角形的最高点和最低点的空间高度。

托辐射的市场意义：

（1）由三个黄金交叉形成价托三角形时，意味着在三角形的时间和空间内所有买进的人都面临着赢利。

（2）当股价继续上升时，在价托三角形内买进已成为实际赢利。

（3）当这种赢利示范效应传播开后，会引起市场追风，从而进一步支持股价向上。

（4）上升一段时间后股价回档，当回档低点进入到托辐射带内时，在价托三角形内未满仓的人可能会继续买进，从而使回档在托辐射带内遇阻而重新回升。

投资者进行托辐射的操作方法：

（1）一旦看清楚价托后，应尽快逢低买入，且安心持股，不轻易卖出。

（2）如有踏空者可等待股价回落到托辐射带附近时买入。

如图4-4所示，南玻Ａ（000012）形成月价托，该价托对未来股价有支撑作用。

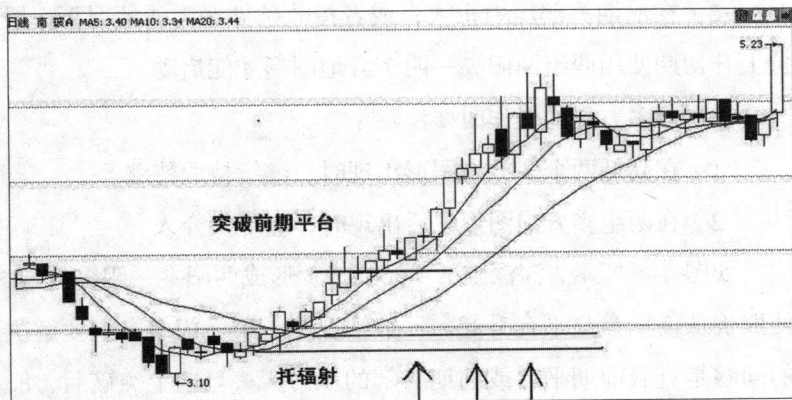

图4-4　南玻Ａ月价托图

两阳夹一阴：多方炮

股价上升初期出现一组两阳夹一阴多方炮图形，而后股价继续上升到一定高度时会出现获利盘压力，此时再次出现一组两阳夹一阴多方炮图形，清洗完浮动筹码后股价继续上升。有时为了克服前期头部的强大压力，会同时出现两组两阳夹一阴多方炮图形。

多方炮的市场意义为：

（1）在前期头部套牢盘压力不大，或者指数条件尚可的情况下，股价上升初期使用一组两阳夹一阴多方炮图形即可启动。在上升浪的中部由于获利盘压力较大，可能再使用一组两阳夹一阴多方炮牵引股价继续上升。

（2）在前期头部压力很大，或者指数条件恶劣的情况下，股价上升初期使用两组两阳夹一阴多方炮图形才能启动。

在进行多方炮的操作时要注意：

（1）在高低两个多方炮图形出现时，继续持股待涨。

（2）在两组多方炮图形先后出现时，应尽快介入。

如图 4-5 所示，深深宝 A（000019）形成两阳夹一阴多方炮，使股价从前期盘整平台升起。一般情况下，第一门多方炮要解决的问题是克服前期平台或前期头部的压力。一旦向上突破后，股价会以跳空形式向上开炮。经过一段时间上升，获利筹码增加，势必有短期套现盘涌出，于是股价会出现阴线。但是由于看好该股后市，庄家在第二天再拉阳线，于是在股价上升浪的中途又出现了两阳夹二阴多方炮。第二门多方炮要解决的问题是克服套现盘，重新获得上升动力。像这类在第一门多方炮后不久再出现第二门多方炮的图形，被称为多方叠叠炮。

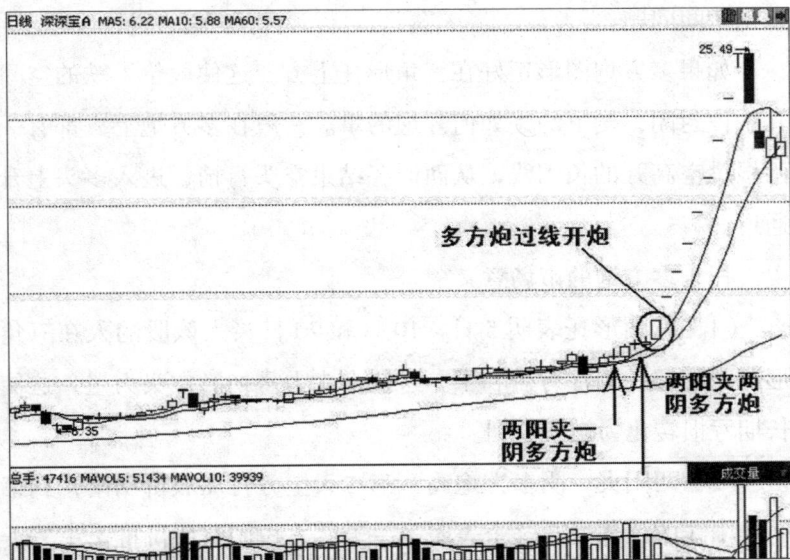

图 4-5　深深宝 A 多方炮图

托 + 多方炮

价托往往是重要的底部形态，一般它表示托的力量，使股价下跌趋势减缓，并形成一个底部平台。如果说托解决了股价不再下跌的问题，那么股价上升的问题需要另找动力。

两阳夹一阴多方炮经常出现在底部区间，它往往在托的基础上构筑向上攻击的图形，虽然此时攻击还未开始，但聚集力量承上启下，使多方在总攻前有一个喘息的机会。如果在价托上或价托旁出现两阳夹一阴多方炮，表明下档空间封闭，上升空间打开只是时间问题。

如果多方炮图形正好在三角形托上方，这使股价下跌的空间几乎被封闭，剩下的是如何开炮的事。一般在多方炮上方都有一两根跳空高开的长阳线，从而彻底结束空头行情，进入多头上升通道。

托＋多方炮的市场意义：

（1）三角形托表明5日、10日和20日买入该股的人在三角形封闭的那一天都有盈利了。这使多头力量初胜空头力量，这使长期亏损转化为初获盈利。

（2）两阳夹一阴多方炮高，第二天空方打压股价回落，到第一天阳线的顶部。在这个表明第一天多方拉阳线股价推至第三天多方继续买入将股价恢复涨一跌一涨的过程中，多方力量制服空方抛压，同时逼空翻多。第四天一般发生跳空高开其多方能量来自于多方的继续进攻和空方的回补筹码。

（3）在股票中出现托加多方炮的组合时，投资者可以继续持股待涨，尽快介入。

图4-6为深发展A（000001）在K线图上出现两阳夹一阴图形（见小圈内），多方炮将K线从三均线下上升到三均线上运行。几经震荡吸筹后，股价开始缓慢上升，形成一组三角形托和多方炮。

投资者可按照价托、多方炮，沿5日、10日均线一路跟踪，到达25元左右的高位。"托"高价也能轻松获得。

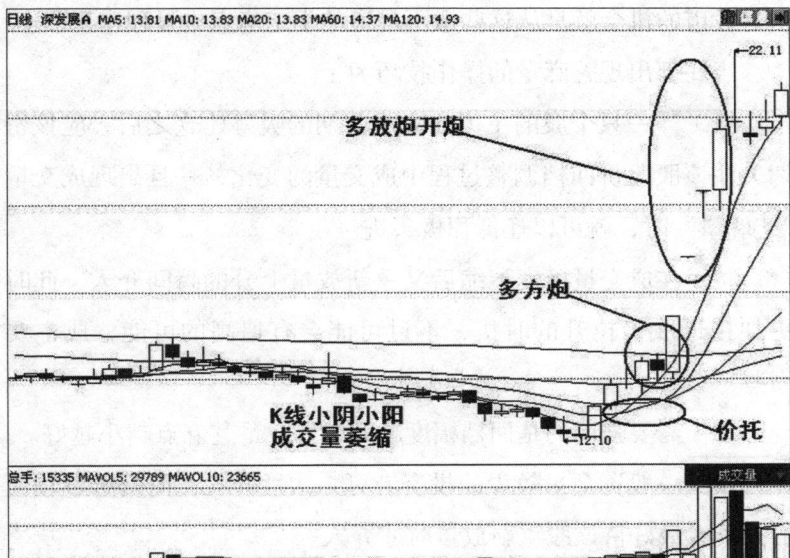

图 4-6　深发展 A "多方炮 + 托" 走势

底部芝麻量

当个股在阶段性放量过后，成交量便连续出现萎缩，萎缩到地量时，在量柱体图上只有很小实体，通常把这种现象叫作"芝麻量"。当个股的成交量连续出现萎缩之时，股价小阴小阳横盘运行，这种现象叫作"芝麻量价"。出现这种现象的主要原因是主力洗盘，洗盘完毕后，该类个股的量重新放大，股价就会同步回升。

有些人并不在意这些小芝麻点，因为它们实在太微不足道了。

但是股市的机会就是从这些微不足道的小芝麻点中显现出来的。

当底部出现芝麻量的操作技巧为：

（1）当一只个股的主力在完成前期的吸筹建仓之后，应该密切关注该股股价回档调整过程中成交量的变化，一旦出现成交量"芝麻量"时，就可以逢低积极买进。

（2）在成交量极度萎缩后又重新放量上升的瞬间介入，此时更加接近股价拉升的时机，不过可能会有追高的可能，成本要高些。

（3）需要强调的是回档幅度越低越好，量芝麻点越小越好。

（4）一般资金量较少的投资者可一次性介入，而资金量较大的投资者最好待该股重新放量时才介入。

如图4-7所示，川投能源（600674）该年3月前后成交量极其萎缩，成交量柱状图已成为扁平的小芝麻群，3月下旬有主力进场收集筹码，一根小阳线上穿30日均线，成交量柱状体升高，以后在成交量的推动下股价从5元上升到6元，继而发生上升行情。7月中旬股价冲高到11.70元，实现股价翻番。散户可根据股价回档时成交量极度萎缩时所产生的小芝麻点进行逢低吸纳。回档时成交量要越小越好，跌幅要越浅越好，来日才会有大行情。

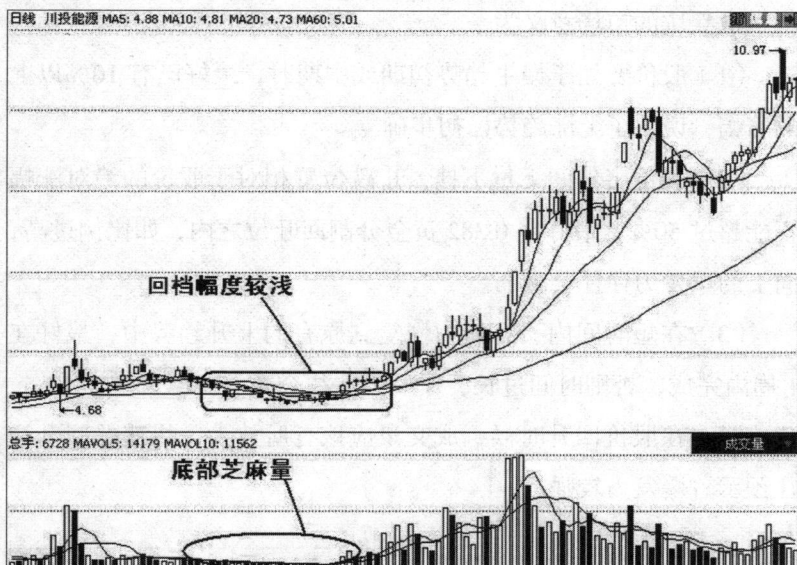

图 4-7　川投能源底部芝麻量图

散兵坑

散兵坑是指在股价缓慢上涨过程中，成交量也逐渐放大，但此时股价突然快速下挫，成交量萎缩，不过这种下挫不会持续很久，经过几个交易日或一周左右的时间，股价就会继续原来的上涨行情，而成交量也会再次放大。

散兵坑实际上是主力在拉升途中进行的凶悍洗盘，经过这样的洗盘，原本获利的大量浮动筹码会被震出来，散户的持股成本将被大大抬高。

散兵坑的市场意义为：

（1）股价要处于慢牛趋势初期或中期时，最好已有 10% 以上的涨幅，说明了上涨趋势已初步确立。

（2）股价突然间无量下挫，止跌位置相对于股价的绝对涨幅不能超过 50%，最好在 0.382 黄金分割回吐位之内，如比例过高，向上的爆发力往往会减弱。

（3）在短时间内又有能力恢复到原有的上升趋势中，最好在 1 周内完成，否则时间过长，爆发力往往会减弱。

（4）在股价回升时候，成交量应该有所放大，快速的回升往往预示着爆发力较强。

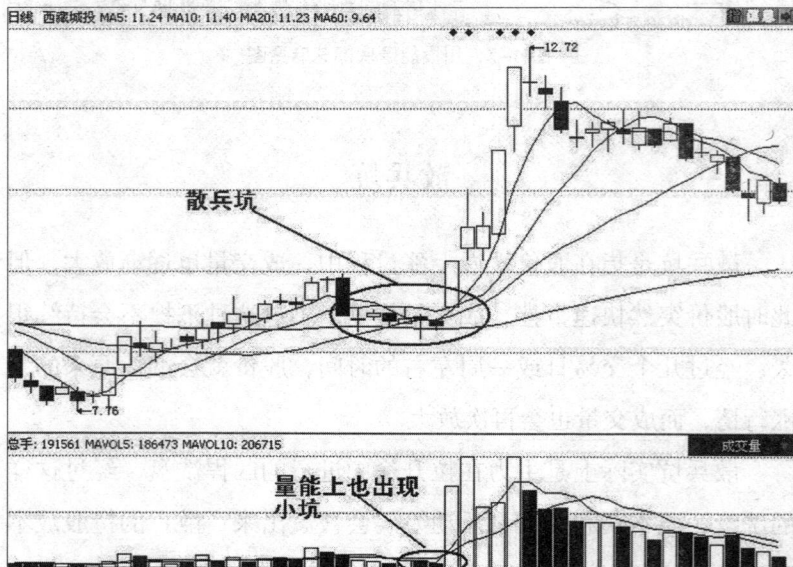

图 4-8　西藏城投散兵坑图

（5）重返上升趋势之际，是介入的好时机。

如图 4-8 所示，该年 3 月初，在西藏城投（600773）的日 K 线图中出现了散兵坑形态，这是主力在强力洗盘的标志。3 月 8 日，股价结束散兵坑形态后继续上涨行情，此时买点出现。

散兵坑 + 彩虹桥

散兵坑和彩虹桥都是主力的典型洗盘行为，两个洗盘先后发生，足见主力的处心积虑，其蓄势自然更为充分，后市理应更看好，若遇上这样好的机会我们自然不能错。"散兵坑 + 彩虹桥"就是一种比较常见的大牛股复合形态。当它们出现时，我们应该高度重视，把握启动时机，及时跟进，往往会有丰厚的回报。

出现这种形态，主力先是用散兵坑洗盘，然后迅速突破拉升，既清理了浮筹，又避免了散户的跟随。之后长时间的彩虹桥整理足以消耗持股者的耐心，为后市的第二波拉升奠定了基础。

如图 4-9 所示，杭萧钢构（600477）在该年 7 月 21 日见 2.40 元的历史低点后，构筑窄幅整理平台。之后，该股开始缩量洗盘，形成长达三个月的"散兵坑"。杭萧钢构的庄家的坐庄迹象很明显，此后不断放量振荡，以及盘口异样的表现形态，可以判断此股将在近期有突破的表现。随后，该股振荡走高，形成"彩虹桥"走势，随着"彩虹桥"形态的构筑完毕，股价迫近平台历史高点。

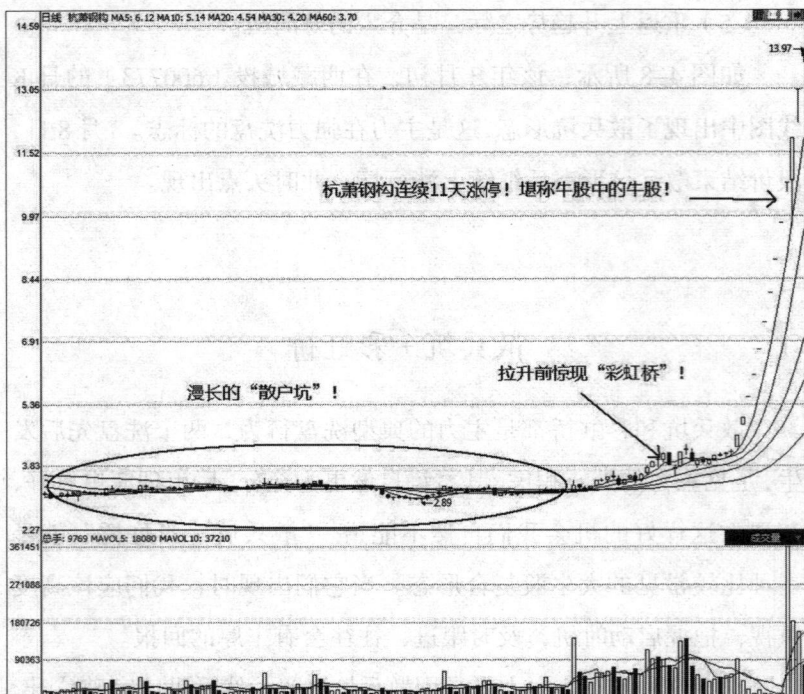

图 4-9　杭萧钢构 K 线走势

次日该股早盘高开后，便直接放量冲击涨停，突破长达一年的平台整理，短线进入主升之路。当天以 9.9% 的涨幅标志拉升的开始。随后的 11 天，杭萧钢构不仅开盘就涨停，而且连续跳空高开，走势让人惊叹！从漫长的散兵坑时期的每股不到 3 元，飞升到了将近 14 元。

东方红，大阳升

地图总是上北下南左西右东，这和日 K 线图有点相似：上高下低，左边是过去，右边才是未来：未来在东方。因此，人们特别注意日 K 线图东边的颜色。在日 K 线图上，东边的颜色发黑的时候，条条阴线让人胆战心惊；而东方露出大阳线时，让人感到未来有希望。东方红在日 K 线图上同样是喜气洋洋的。

特别是 5 日、10 日、20 日均线经过长期的空头排列后，指数跌无可跌。此时三条均线像浩瀚海洋的水平线，平静地等待着一轮红日升起。

当股价形成底部时，必然是庄家大量买进的区间。因此，在 60 分钟 K 线图上会连续出现阳线，有时会成片出现阳线，使图纸的东方呈现一片红色，称为东方红。在日 K 线图上也会出现多根阳线，也是东方红的图形。

东方红的市场意义是：

（1）东方红是庄家全力地、密集地建仓的特征。

（2）大阳升是庄家建仓后股价迅速上升的图形，标志着一段跌势的结束和一段涨势的开始。

投资者可以根据东方红的技术特征，进行如下操作：

（1）当出现东方红的成交量时应尽快买入。

（2）当出现大阳升时可在股价冲过前一平台或前一头部时迅速跟进。

如图4-10所示,新华百货(600785)从该年8月20日开始放量,冲过季均线系统,在以后交易日中成交量明显放大,成交量柱体图连成一片红色,大阳线已从前期盘整平台升起,是典型的东方红大阳升的图形;考虑到当时的底量比该年8月份的上一轮涨势中的顶量还要大,我们判断该股有一轮涨势。

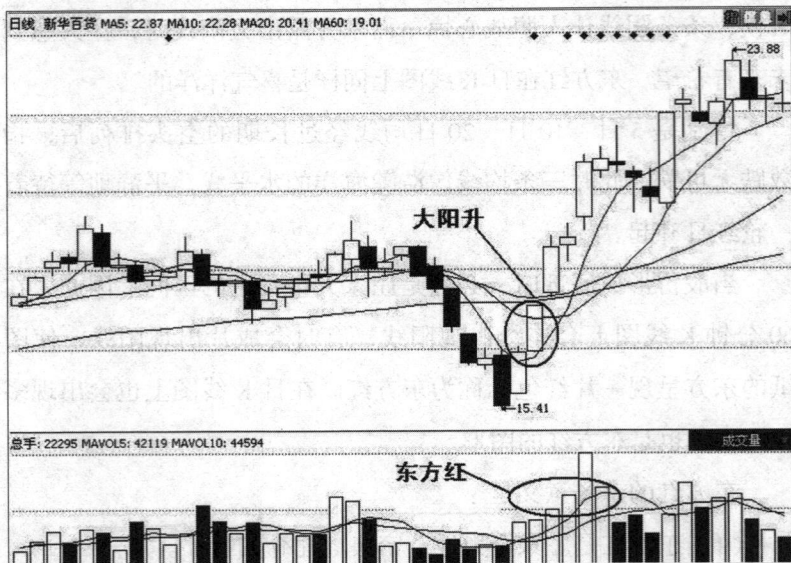

图4-10 新华百货K线走势

庄家咽喉部

庄家就像是一只肉质肥美而又十分凶猛的鳄鱼,每个投资者都渴望能够吃到鳄鱼的肉,却在多次的尝试中被鳄鱼所伤。

庄家在新兴股市中特别多，对市场影响特别大。庄家依靠雄厚的资金实力或是强有力的融资能力，通过高水平的操盘手在股市中兴风作浪，让股价日日拉出长阳线，也可以挥之即去，让股价天天拉出长阴线。散户们对庄家又爱又恨。

那么怎样才能够成功地抓住鳄鱼而又不被它咬伤呢？非洲壮汉在捕捉鳄鱼时并不施拳施脚，而是奋力扼住鳄鱼的咽喉部，直至鳄鱼趴下为止。非洲人捕捉鳄鱼的成功经验告诉我们：任何强大的对手都有其薄弱部位，扼住鳄鱼的咽喉部才是关键！而庄家的咽喉部在哪里呢？

如果你和庄家换位思考的话，你会发现：

（1）庄家必须在低价位区缓慢地买入股票，而且越多越好。

（2）庄家必须保证消息不外露，在吃饱大量筹码后伺机而动。

（3）大量吸筹后庄家已不能全身而退，拉高出货成了唯一的出路。这时候如果泄密的话，人们会在这时纷纷买入。

由此可见，当庄家吃饱喝足的时候才是他最薄弱的时候。

如图4-11所示，皖维高新（600063）在该年8月份主力开始建仓，冲高到4.34元以上后开始震仓回落，而后一路吸盘至10月份，股价底部抬高，呈缓慢上升状态。此时主力基本吸足筹码并有启动迹象，在众散户追风下主力不得不紧急拉高，11月份主力再次打压股价，下跌时成交量出现芝麻点，在3.42元附近做低位震荡，标志着盘整接近尾声，此时主力已吃饱喝足，已经全身介入无后退之路，这个位置是庄家的咽喉部。面对人们的逢低

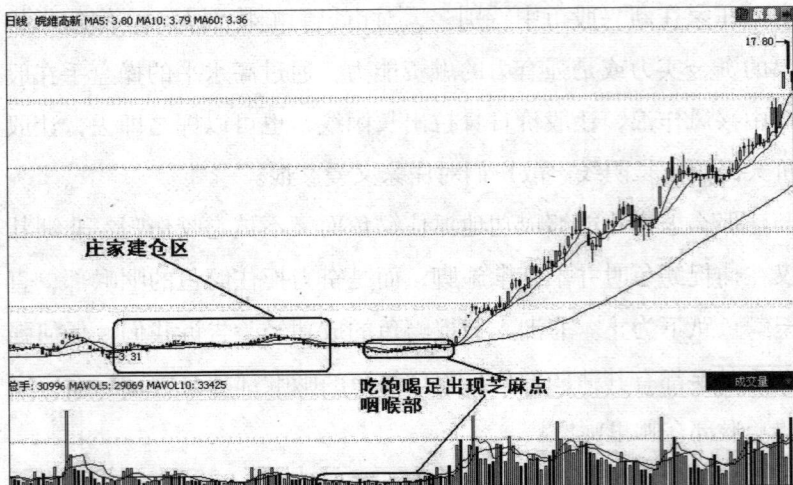

图 4-11 皖维高新 K 线走势

买入，庄家只好睁眼相看。12 月 14 日一根阳线上穿三均线，庄家不能容忍散户们跟风，开始拉高股价，而后该股价格直线上扬，一路上涨到 21.18 的高位，进入庄家派发区。

第五章

顶部操作实战技法

头部早知道

所谓"买股容易卖股难",股票投资者最头疼的就是卖股票了。卖早了心痛不已，卖晚了又亏得慌。那么有没有一种好方法能提前十几天知道头部在哪里呢？

庄家买进股票不是一天两天的事，大庄建仓起码有一个过程：时间的过程和量的过程。没有时间就不能充分建仓，庄家卖出股票、拉高股票都是需要一定时间的支持，这是一切庄家都不能回避的。庄家必须有一个炒作时间表，大概地计划买入的时间段、拉高的时间段和卖出的时间段，至于下跌的时间段只能听天由命了。

为了避免因为时间过长造成成本负荷，主力将尽快地完成建仓、拉高和派发的过程。这一点制约了庄家在坐庄过程中尽量少出花招。由此为先提条件，现在我们为庄家计划：

（1）从建仓的第一根阳线开始庄家将尽快完成建仓任务。我们不知道庄家要建多少仓，但我们可以找到上力建仓量最大的一天，而后一些日子成交量将逐步减少，这说明主力的钱用得差不多了，这等于建仓完毕。

（2）以后庄家将用少量资金维持股上升，在这时不再需要大量资金。这就像一列沉重的列车一旦启动加速出站后不必要多大的动力就能维持列车高速运行。股价向上爬行时成交量越来越小。我们用 5 日均量线和 40 日均量线来测量成交量变化，以该点为圆心以首日启动阳线为半径画成的圆：圆前切线为买入点，圆后切线为卖出点。

（3）庄家将在圆后切线点的时期完成派发任务。

图 5-1 为大有能源（600403）的 K 线走势图，以它为例说明如何寻找股票头部。用 5 日、40 日均量线死亡交叉点做圆心，以首日启动点为半径做圆。后圆切线所指的几乎是该股本轮行情的最后出货点。

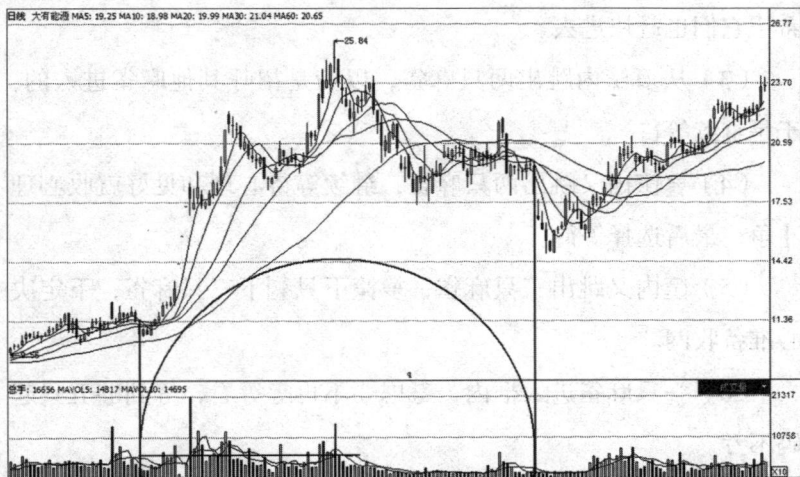

图 5-1 大有能源寻头图

麻雀是怎样逃光的

　　曾经在乡村待过的人大概都有过儿时捕捉麻雀的经历，但是有时候也会碰到进入箩筐的麻雀又全都逃光的情况。其实仔细琢磨，你会发现逃跑的麻雀跟你在股海中即将到手的利润极为相似。

　　那么我们先看一下，麻雀究竟是怎样逃光的：

　　（1）摆好箩筐，飞来一只麻雀。很快又吸引来十几只麻雀从屋檐下飞到雪地上，显然它们可能进入箩筐。

　　（2）十只麻雀进入箩筐，仅剩几只还在外面。此时捕麻雀的希望它们也赶快进去。

　　（3）从箩筐内跳出两只麻雀，以为是招呼其他麻雀进入的，于是继续等待。

　　（4）箩筐内又跳出两只麻雀，继续等待心理和见好就收心理斗争，最后选择等待。

　　（5）筐内又跳出三只麻雀，箩筐下只剩下三只麻雀，下定决心准备收网。

　　（6）一只麻雀进入框内，考虑要不再等等看，等到够五只起码不亏。

　　（7）箩筐下的谷子越来越少，四只麻雀突然一起飞走。剩下捕麻雀的懊悔不已。

　　在股市中，像这样麻雀到手又飞走的情况相当多。下面以凤凰股份（600716）为案例来说明股市中的麻雀是怎样逃光的，如图 5-2 所示。

（1）有投资者在 6.68 元买进凤凰股份一万股，几天后涨到 8.4 元，短线获利不错，捂住不放。

（2）几天后股价回到 7.2 元，投资者认为是回档，继续等待回档后的上升。

（3）几天后股价到了 6.68 元，正好与买进价相等，已经亏了手续费，却告诫自己问题不大，千万要沉着。

（4）几天后股价掉到 6.2 元，心存侥幸，期待反弹的出现。

（5）几天后股价到了 5.5 元，决定买股解套，觉得反弹即将

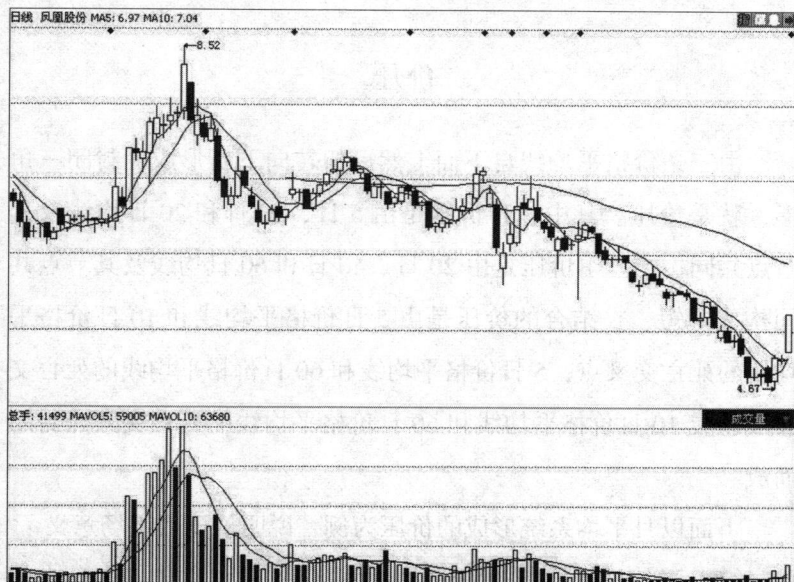

图 5-2　凤凰股份 K 线走势

出现。

（6）几天后股价跌到5元，前后两万股全线套牢，跌去那么多总有反弹，哪怕亏点手续费也要逢高清仓。

（7）再过几天股价跌到4.5元，据传说企业利润大减，看来下跌空间还很大，干脆割肉止损。

最后发现，自己买入股票赚的钱就像小时候本来到手的麻雀，却飞走了。自己不光没赚到还赔了不少。炒股切忌短线成长线，长线成无期。而且不要期待明天的时期，一旦跌破自己预期，就要见好就收赶紧卖出。

价压

由三条价格平均线自下而上然后扭转向下所形成的封闭三角形，就是价压。其中，月价压是由5日、10日和20日均线及其节点共同构成。季价压是由20日、40日和60日均线及其节点共同构成。短、长结合的价压是由5日价格平均线和10日价格平均线的死亡交叉点，5日价格平均线和60日价格平均线的死亡交叉点以及10日价格平均线和60日价格平均线的死亡交叉点封闭而成。

下面以月平均系统形成的价压为例，说明价压的市场意义：

（1）当5日均线与10日均线死亡交叉时，意味着5日内的投资者愿意比 10 日内买入的平均价更低的价位杀跌，也意味着 5 日内的股票供应量大于需求量，还意味着 10 日内以平均价买入的人已有亏损。此时股价上升趋势减缓，人气开始向淡。

（2）当 5 日均线与 20 日均线死亡交叉时，意味着 5 日内的投资者愿意比 20 日内买入的平均价更低的价位杀跌，也意味着 5 日内的股票供应量大于股票需求量，还意味着 20 日内以平均价买入的人已有亏损。此时股价上升趋势进一步减缓，人气进一步向淡。

（3）当 10 日均线与 20 日均线死亡交叉时，意味着 10 日内的投资者愿意比 20 日内买入的平均价更低的价位杀跌，也意味

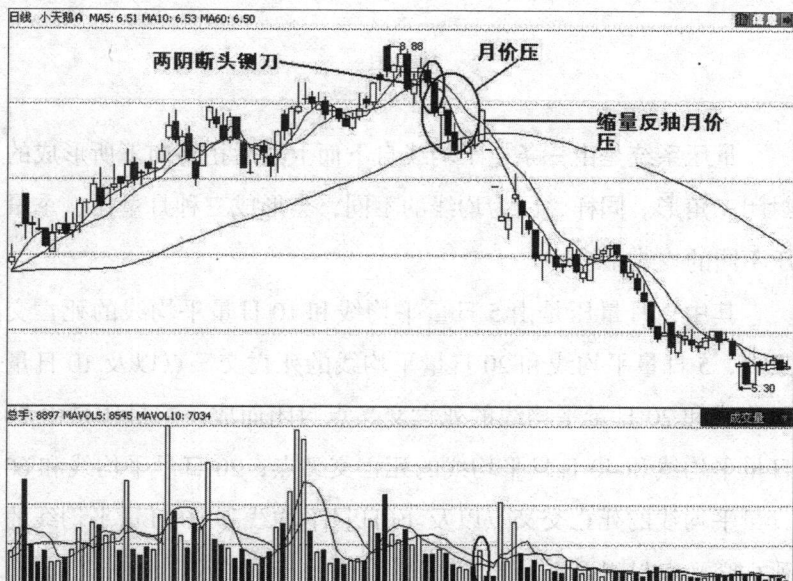

图 5-3　小天鹅 A 月价压图

着 10 日内的股票供应量大于股票需求量，在 20 日内以平均价买入的那部分投资者已经出现亏损。此时股价上升趋势基本结束，开始进入下跌通道。

在遇到价压时要在三个死亡交叉点附近逢高卖出或者是在看清楚价压后在反弹时逢高卖出。

如图 5-3 所示，小天鹅 A（000418）在破均线系统时已经形成了一个明显的价压，股价缩量回抽到月价压时，就应该及时止损，如果犹豫的话，后面的三个连续跌停会让持股的股民苦不堪言。

量压

量压系统是由三条量子均线自下而上然后扭转向下所形成的封闭三角形。同样，因为均线的不同，会形成三种月量压、季量压不同的均线系统。

其中，月量压是由 5 日量平均线和 10 日量平均线的死亡交叉点，5 日量平均线和 20 日量平均线的死亡交叉点以及 10 日量平均线和 20 日量平均线的死亡交叉点封闭而成。季量压是由 20 日量平均线和 40 日量平均线的死亡交叉点，20 日量平均线和 60 日量平均线的死亡交叉点以及 40 日量平均线和 60 日量平均线的死亡交叉点封闭而成。

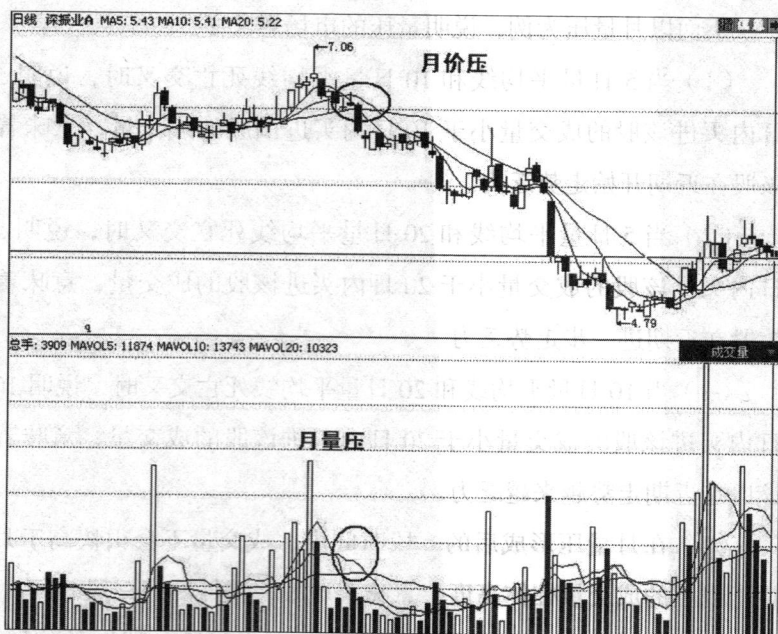

図5-4 深振業Ａ月量压图

压辐射

价压所示的三角形朝未来水平方向有辐射线，阻碍未来股价下跌，这就是所谓的"压辐射"。它表示为一连串箭头向上的宽带，支持股价在未来一段时间仍旧向上运行。

与托辐射类似，压辐射的时间和空间长度相当于价托前价格盘整时间长度。空间高度就是价托三角形的最高点和最低点的空间距离。

当股价形成头部下跌时，会形成月压辐射带，它会阻碍下一次反弹浪的上升。当下一波反弹失败后，股价继续下跌又会形成另一个新的月压辐射带，并会阻碍再下一次反弹浪的上升。如此逐浪下跌就形成双层或多层压辐射。这种跌势会延续到股价反弹减弱为止，俗称"反弹不是底，是底不反弹"。

当股价接近头部时会出现高位震荡，并多次出现15分钟价压，这些价压形成多层压辐射。当多层压辐射累积到一定厚度时，会形成较重的压力带，阻碍股价上升。一旦股价掉头向下，多层辐射带的压力有助跌作用。

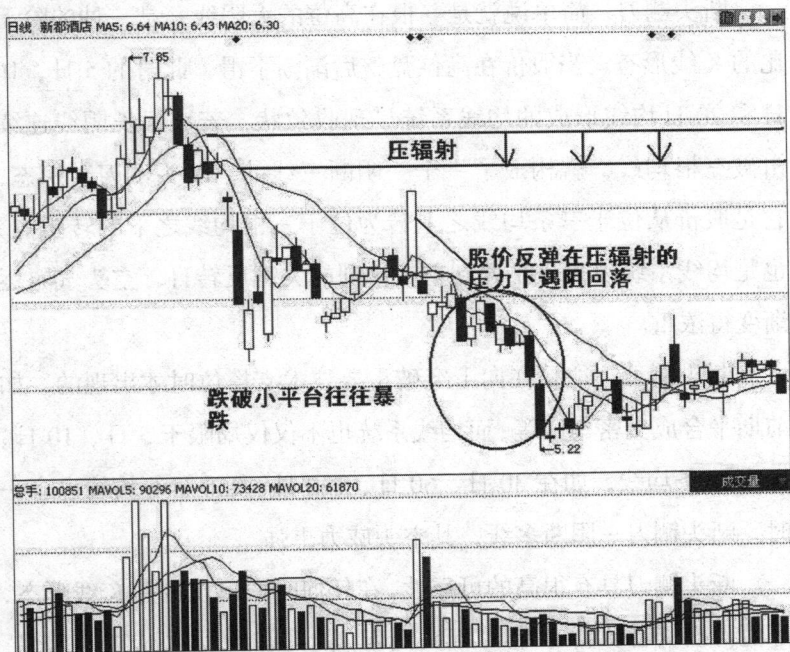

图5-5　新都酒店压辐射走势

一旦看清楚价压后，应尽快卖出。在压下不抢反弹。如有套牢筹码，应等待反弹高点出货，而反弹高点往往在压辐射带附近。

如图5-5所示，新都酒店（000033）的5日、10日和20日形成价压后，股价一路顺势向下。在中间阶段曾经出现一波小反弹，由于受到压辐射的威慑力，股价再度被压了下去。

断头铡刀

断头铡刀，简单说就是一根在高位的大阴线，是一种凶险无比的K线形态。当股价在高位盘整后渐渐下滑，此时的5日、10日和20日均线形成的均线系统呈现收敛状，若一根长阴线连续击破三根均线，就构成了一个一阴断三线的"断头铡刀"形态，它是股价从位于三条均线之上转为位于三根均线之下的转折点，也是均线系统由多头排列到空头排列的关键反转日，空头气氛逐渐变得浓重。

断头铡刀往往是在向下突破重要技术支撑位时才出现的，如前期平台成交密集区等；而均线系统也不仅仅局限于5日、10日、20日三条均线，如在30日、60日、120日、250日等均线也合一时，断头铡刀一阴断多线，其空头威力更强。

断头铡刀具有很高的可靠性，在任何时候出现这种K线形态，都值得投资者认真对待。"断头铡刀"的形态出现时，应提高警惕，此时的股市可能要有一轮跌势。断头铡刀的较佳逃命点是在一阴断多线之际，当然如果错过了这一逃命机会，断头铡刀之后的第二个交易日仍继续为出局时机；如果第三日出现向下跳空缺口时，其中线离场的信号则更有效。

如图 5-6 所示，中纺投资（600061）的日 K 图上出现了断头铡刀的形态，在反转时期出现的这个断头铡刀形态一举扭转了均线系统的排列方式，此后指数虽然偶尔反弹到 20 日均线之上，但已经无力改变均线的空头排列，随后股市开始由慢跌到暴跌，

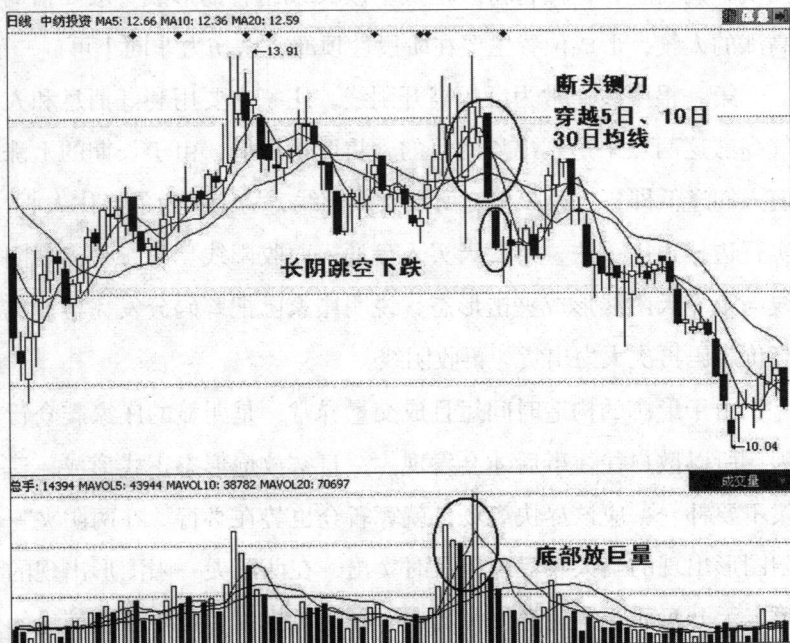

图 5-6　中纺投资断头铡刀图

走势相当恶劣。这主要就是顶部的断头铡刀在发挥作用。

两阴夹一阳：空方炮

空方炮，就是两阴夹一阳的K线组合，它是一种常见的短线见顶信号、看空信号。通常发生在某只个股即将要见顶、未来会处于下跌时。股价下跌中会遇到小阳线的抵抗，但是仍然不能抵挡卖方的力量，仍然将持续走低。该K线组合的形成一般要借助高涨的人气，形成位置主要在阶段性顶部，杀伤力非同小可。

第一根阴线通常为巨幅高开阴线，庄家主要用利好消息和人气高涨这两点来达到出货的目的，将股价压低，由于长期的上涨使人们逢低即买。第二根之所以收成阳线，是庄家为了稳住人心，实行边拉边出手法，第二天买入盘涌入而收阳线。第三天出现阴线与第一天阴线形成夹击形态，说明庄家已把筹码分发完毕。见高价筹码再次大力出货，再收阴线。

由于形态的构造时间短且成交量异常，是明显的庄家震仓行为，所以散户往往事后才会发现。一旦空放炮形态正式形成，建议不要补仓，应该尽快离场，就算斩仓也势在必行。在两阴夹一阳图形出现的当天收盘前应及时卖出，在两阴夹一阳图形出现的第二天开盘后不久应遇反弹卖出。同时，投资者也要结合其他的技术指标来进行操作。

图 5-7　中信证券（600030）空方炮图

图 5-7 所示是中信证券（600030）的空方炮图，该年 1 月 11 日，在股价顶部出现一根巨阴见顶信号。尔后，股价稍有反弹收阳线。13 日，一根长阴线切断 5 日、10 日均线，以此后两天出现的一阳一阴形成两阴夹一阳的空头炮的图形。需要强调的是空头炮图形切断均线系统，实际上是两个断头铡刀，这比单个断头铡刀具有更大的杀伤力。在股市高位时如出现这种情况，应尽快卖出，空仓看跌。

压 + 空方炮

头部三角形"压"往往是一轮行情的头部形态。而两阴夹一阳"空方炮"也经常出现在头部区间。如果两者同时出现，将使头部形态更加巩固。

三角形的价压表明 5 日、10 日和 20 日买入该股的人在三角形封闭的那一天都有亏损了。这使空头力量初胜多头力量，这使长期赢利转化为初获亏损。

如果空方炮图形正好在三角形"压"下方，这使股价上升的空间几乎被封闭，剩下的是空方炮如何开炮的事。一般在空方炮

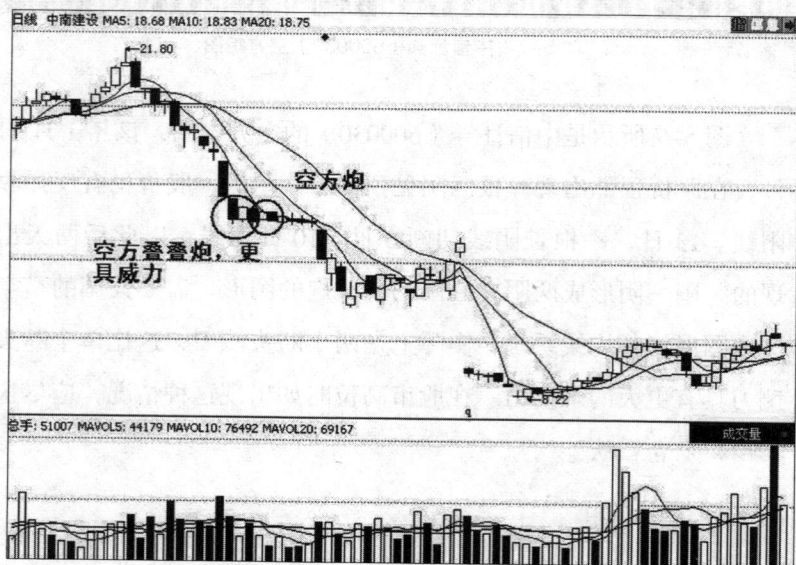

图 5-8 中南建设（000961）空方炮图

下方都有一两根跳空低开的长阴线，从而彻底结束多头行情，进入空头下跌通道。

在出现压下空方炮时，投资者要在当日收盘前卖出。出现压力空方炮时，可以在次日开盘时卖出。

图 5-8 是中南建设（000961）在某年 4 月份的空方炮图。在股票盘面上可以看出，在 4 月 9 日起，该股形成了 5 日、10 日和 20 日均线交织的三角形短线价压系统。随后，在股价下跌途中出现了阴阳线夹杂的空方叠叠炮。价压和空方炮的组合，使股价一路走低，从 21.80 元跌到 8.20 元，下跌幅度超过 60%。

压 + 断头铡刀 + 空方炮

空方炮表示日 K 线由阴线、阳线、阴线组成的两阴夹一阳图形，如果此图形出现在断头铡刀的位置，实际上是两把断头铡刀和一个小反弹。如果阴线的成交量大，阳线的成交量小，更说明多方反扑力量小，空方力量强盛。空方炮本身具有强大的向下攻击力量，第二天一般会"放炮"出连续的阴线或长阴线。

压、断头铡刀和空方炮三种状态都有较强的向下攻击力，如同时出现的话，可确认本次上升行情已接近尾声，一轮新的下跌行情开始形成，此时应坚决离场。

如图 5-9 所示，该年 2 月，中国铁建（601186）的股价在最高时涨至 8.35 元后开始回落。2 月下旬，该股的 5 日均线先后死叉 10 日均线和 20 日均线。在 2 月 18 日开始，一根中阴线接连拉出阳线和长阴线的空头炮组合，而空头炮里的第二根阴线是长阴，向下突破 5 日、10 日均线形成断头铡刀。3 月 2 日，5 日、10 日和 30 日均线形成月价压系统。在三重打压下，股价狂跌不止。

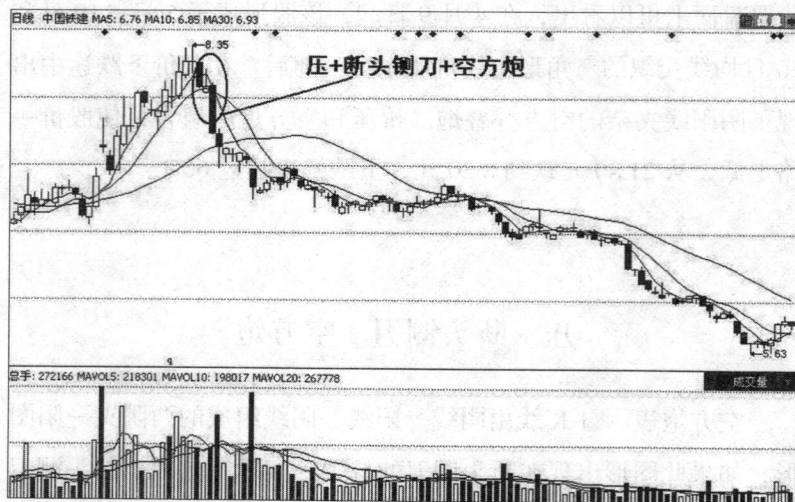

图 5-9　中国铁建（601186）K 线图

第六章

上升通道操作实战技法

巧妙辨别庄家震仓还是出货

在一轮上升行情中股价会在某一位置上升减缓，而后开始下跌，形成回档。有时经过一段时间下跌后股价见底回升，而后继续向上运行，冲过前期高点，走出更强的上升行情，显然这种走势是主力震仓后的继续上扬。有时候股价一跌就没完没了，屡创新低，反弹是出货的机会。

同样一个头部，是庄家震仓还是庄家出货关系到继续捂股还是及时卖出。虽然震仓和出货在买卖行为中都表现为连续卖出，但仔细辨别震仓和出货是有区别的。

1. 动机不同

震仓是为了吓出跟风盘，庄家用少量的筹码把股价打低到一定的位置，使跟风者失去跟风的信心。而庄家出货是为了把筹码尽快地派发出去，希望出货量越大越好，时间越短越好。震仓是假戏真做，假出货真回购；出货是真戏假做，真出货假回购。

2. 出货量深度不同

震仓的出货量深度有一定的分寸，打压股价下破 5 日均线其震仓力度属于一般，但打压股价下破 10 日均线其震仓力度就偏大了，假如打压至 20 日均线，庄家就不得不考虑震仓风险。而出货并不介意跌破多少条均线，庄家关心的是筹码能不能尽快卖出。要说照顾股价也只能是庄家想卖个好价或拖延出货时间，一旦出货完毕股价下破 5 日、10 日和 20 日均线都不加考虑。

3. 走势不同

震仓下跌时成交量并不大，下跌斜率不陡，而拉升时成交量放大，上升斜率较陡。通常震仓走势的大卖出盘往往放在卖一、卖二、卖三上，大接盘能在买一、买二、买三上停留较长时间。出货的走势为大手笔卖出，下跌斜率陡，任何大接盘一出现在几十秒钟内就被抛盘打掉。

在日 K 线图上震仓使得阴线成交量往往比前几天上升时的阳线成交量要少得多，即下跌无量。而出货时留下的阴线成交量往往比前几天上升的阳线成交量要多得多，即下跌有量。

4. 打压价位不同

震仓所在的价格位置并不高，往往发生在第一轮涨势后的回调，其跌幅表现为第一浪上升总高度的 1/5 或 1/3，超过 1/2 就应该怀疑有出货迹象。出货所在的价格位置较高，往往发生在第二轮涨势后或第三轮涨势后。

图 6-1 是中国服装（000902）的 K 线走势，从图中可以看出股价在震荡后期出现一个仙人指路看跌信号，随后股价出现三连跌。在出现跌停后成交量极为弱小，为无量下跌，在下跌终止后随即出现大量买单，因此可以断定这是庄家的一次震仓活动而非出货。果不其然，股票在止跌后就出现一根中阳线，连穿两线开

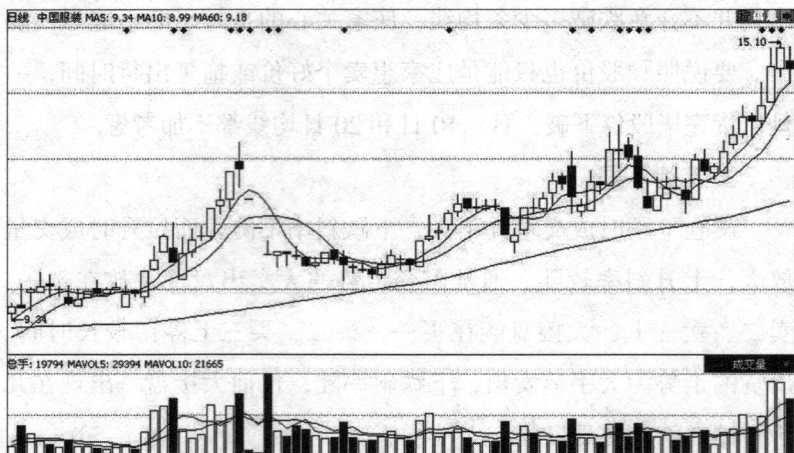

图 6-1　中国服装（000902）K线走势

始一路上涨。

庄家为什么震仓

　　散户最痛恨的是庄家震仓。好好在涨的股票突然跳水向下，刚才账面上还是赢利多多，几分钟后已成了亏损户。

　　当庄家建完仓后如果遇到泄密，此时会引来大量散户跟风。骤然放大的成交量表明散户每股要向庄家提款。为了掩盖庄家拉高股价的真实动机，为了使散户对该股失去信心，有的庄家采取打压股价的办法。每天巨量对倒低开盘，使散户首先吓一跳，紧跟着在收盘前巨量对倒杀尾盘。连续几天阴线后追风盘开始消失，随之而来的是割肉盘纷纷涌出。此时庄家只要少量震仓筹码就可以引起散户多杀多，引诱股价进一步下滑，等其中的跟风盘已彻底洗尽，主力又将收集大量廉价的筹码。

庄家建仓完毕后股价总有些上升，此时已有一定的获利盘存在其中，如果一鼓作气拉高股价，这些获利盘会有惊无险地寄生在庄家身上。一旦股价上下波动，大部分获利盘会见好就收，草草卖出股票，从而失去以后一大段好行情。

庄家希望有众多的追风盘，这对股价上升有好处。但庄家不希望追风盘有盈利，任何盈利都会导致巨大的获利盘涌出。庄家希望跟风者在冲高时买进，在杀跌时卖出，从而把肉片割在盘中成为庄家的盘中小餐。如果当股价从 10 元开始启动到 20 元价位时，许多买进卖出的散户几乎没有盈利，其成本也许正好是 20 元。

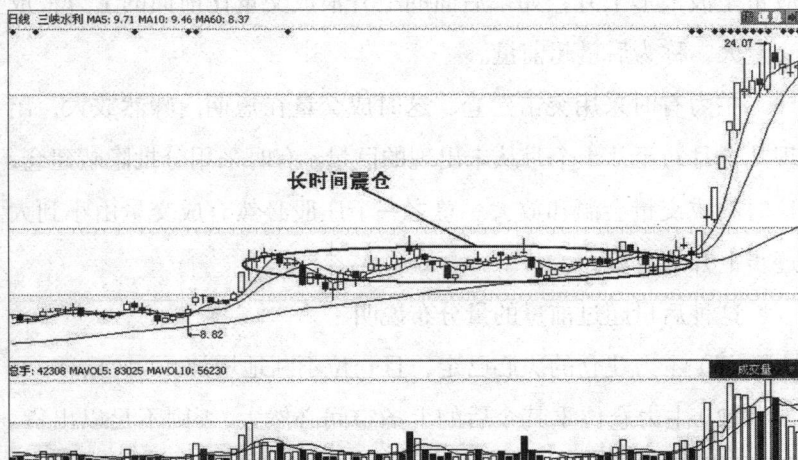

图 6-2　三峡水利（600116）K 线走势

如图 6-2 所示，三峡水利（600116）的主力开始建仓，股价缓慢爬高，而后主力开始震荡，当散户失去信心的时候庄家再连续拉出小阴线，此图形难看得无以复加。正在这时一根巨量阳线上穿 5 日、10 日均线，假如你不赶紧追进的话又连续拉出小阳线，如果你再不追进再拉三根长阳线，以后股价一路上扬，地板价上被震仓割肉的散户能怪谁呢？

后量超前量，一浪高一浪

成交量是股价上升的根本动力，短线炒手应十分注重成交量的变化，一般来说有主力建仓的个股其成交量会有明显的放大。股价呈波浪形上升，如果后面的上升浪成交量比前面的上升浪成交量大，称为后量超前量。

主力有时采用突击建仓，这时成交量在短期内骤然放大，出现几个月乃至几十个月从未出现的巨量。有时采用分批隐蔽建仓，这时的成交量会温和放大。总之一个庄股必然有成交量由小到大逐步上升的过程。

这种后量超过前量的量分布说明：

（1）主力建仓的决心已定，且仓位不断地增加。

（2）主力仓位重其今后的上扬空间必然大，否则不足以出货。

（3）随着股价的缓慢上升，后面的成交量实际支持的股价已超过了前面成交量所支持的股价。或者说，前面股价成交的量已被后面更高价的成交量所消化，已消除套牢盘，只剩下稳定的获利盘，这为今后股价上升减少了阻力。

（4）随着股价的继续上升和成交量的继续放大，股价连续突破前颈线位，拓宽了上升空间。从此股价将一浪高一浪，开始为小阴小阳的推高浪，然后进入主升浪。

投资者在操作时可以在两浪之间的量极度萎缩区介入。在后浪放量时并且股价冲过前一头部的瞬间介入。

图 6-3 是五矿发展（600058）该年 9 月成交量逐步放大的过程。图中显示 10 月下旬主力开始建仓，成交量稍有放大。11 月主力连续建仓，成交量呈阶梯式上升。12 月上旬主力再次建仓时成交量继续放大。在四个月中成交量的高点形成一条向上倾的斜线。

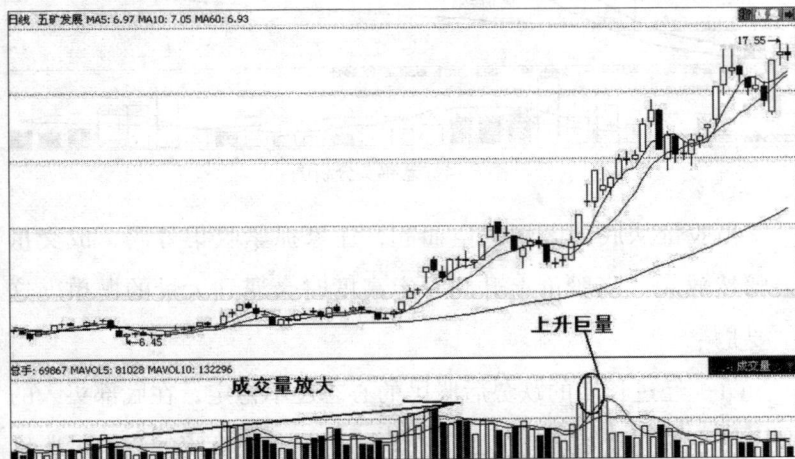

图 6-3　五矿发展后量超前量图

千金难买老鸭头

老鸭头是采用5、10和60参数的价格平均线组成的走势形态。当5日、10日均线放量上穿60日平均线后，形成鸭颈部。股价回落时的高点形成鸭头顶。当股价回落不久，5日、10日均线再次交叉向上形成鸭嘴部。鸭鼻孔指的是5日均线死叉10日均线后两线再度交叉时所形成的孔，如图6-4所示。

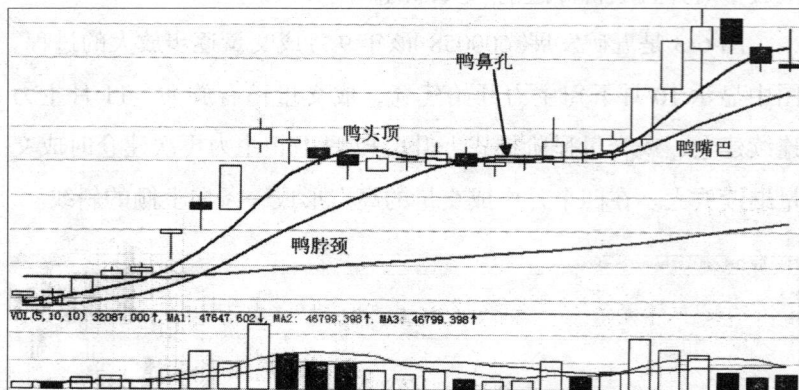

图6-4　老鸭头分析图

当股价从底部区间腾空而起，庄家抓紧收集筹码，成交量会骤然放大。当股价上升到一定高度时会遇到大量的抛单。这主要是：

（1）经过长期的跌势后股民的心态还不稳定，在底部买入的股民见有盈利开始逢高减仓；在原下跌通道中套牢的股民见股价停止上升并有滑跌的趋势，也开始解套出局。巨大的获利盘和解套盘同时夹攻，往往在第一浪上升浪顶部做头。

（2）庄家在经过紧急建仓后，完成了大部分建仓任务。见股价上升乏力，也有打压股价，清洗浮动筹码的动机。

于是股价开始回落，做出小头部。但不久庄家对低价筹码又发生兴趣，反手做多，继续买进，使股价下跌趋缓。根据小头部处股价回落的幅度，会形成不同的K线形态。如果回落幅度在1/3附近，K线形态会形成老鸭头，这是常见的强势回调形态。不久股价继续缓慢上升。当均线出现以上形态时，投资者可以果断短线买入。

如图6-5，该年7月—8月，东方金钰（600086）的日K图上形成了老鸭头形态，这个形态说明市场上涨动能逐渐积累，是

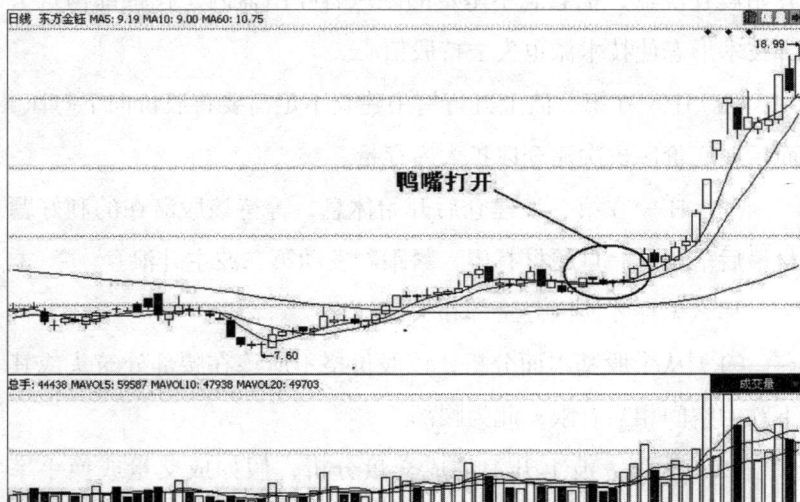

图6-5 东方金钰（600086）K线走势

股价会持续上涨的信号。8月24日，股价放量上涨，此时老鸭头形态的嘴巴张开，买点出现。

涨势中莫把腰部当头部

股价在经过一段时间的上升后，上升速度减缓，出现回落。此时5日均线、10日均线和20日均线可能出现三角形"压"，均线呈空头排列，向下延伸。在这里最容易误解为头部形成。

上升通道中腰部的市场意义：

（1）从底部到腰部为庄家大规模收集筹码的过程，而后庄家开始震仓洗盘，把意志不坚定的跟风者吓出盘内。在腰部构筑头部技术形态使技术派也失去持股信心。

（2）庄家在第一波上升行情中建仓不足需要将股价向下打压，而后在底价区再次建仓以扩大库存量。

（3）庄家在第一波建仓后开始休息，等待该股潜在的利好题材最后落实。一旦题材有望，紧跟着发动第二波主升浪。

那么怎样才能区分腰部和头部？

（1）从个股基本面分析，该股价格不应该在腰部处筑头或其下跌的空间相当有限，此为腰部。

（2）从第一波上升浪的成交量分析，假如成交量或换手率较大，则此处不应是头部。

（3）从腰部下跌的成交量分析，下跌中如成交量萎缩或下跌幅度有限，则此处不是头部。

（4）从下跌中的分时走势图看，如刻意打压痕迹较重可怀疑为震仓。

如图6-6所示，东方明珠（600832）在该年6月形成"小头部"，股价从12元滑落到9元附近，而后一根长阳线上穿三条均线，此时研判7月份上升浪中的成交量无法释放出来；8月初下跌成交量严重萎缩；9月份出现一根长阳线一个半小时几乎涨停板，成交量未见放大，足见主力已基本控盘。由此可以判断此处不是头部而是腰部，该股可能有更大的上升空间。

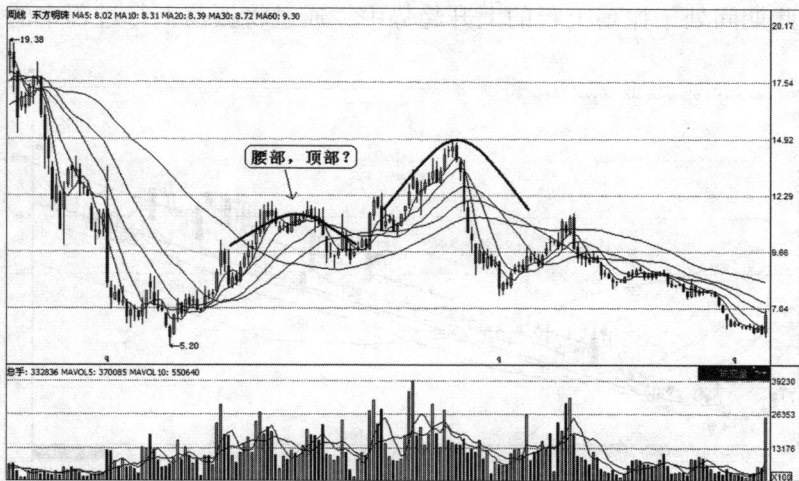

图6-6　东方明珠小头部图

升势中关注支撑点

上升趋势线也可以称为支撑线。上升趋势线所连接的点数越多，则它对个股回调时所具有的支撑作用就越强。当个股回调至上升趋势线附近时，也是我们在升势中遇到回调后低点买股的时机。

在上升趋势中，由于买盘力量的不断增强、多方攻势的加速，个股在整体上行过程中并不是匀速前进的，往往会经历由缓到急、由慢到快的过程。这时，上升趋势线的角度会逐渐变陡，此时我们应及时调整上升趋势线，以此来反映个股最新的运行情况。

图 6-7 所示为华东科技（000727）的上升通道图。此股在此期间处于振荡上行的上升趋势中，通过将振荡上行过程中的

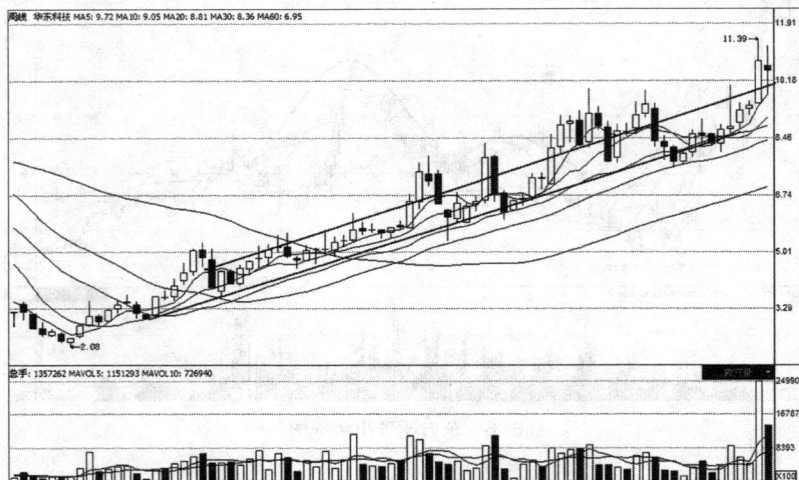

图 6-7　华车科技（000727）上升通道图

波段低点进行连接即可以得到一条反映个股整体走向的上升趋势线。从图中可以看到，上升趋势线较为准确地体现了个股回调时的支撑点位，是我们把握趋势运行状态、展开实盘操作的重要指导工具。

勇于在"空中加油"时介入

如果一只股票走牛而你没有来得及骑上，那么还有一个机会，就是在这只黑马奔跑途中加料喝水休整的时候套住它。从技术上，就是在第一波上涨后的二浪调整阶段，趁机介入，也就是在人们常说的"空中加油"时买入，吃它的第二段行情。

图 6-8　申通地铁空中加油图

如图 6-8 所示，申通地铁（600834）该年 12 月 21 日结束回调反转上行，股价快速拉高。12 月 30 日该股开始横盘震荡，即进行所谓的空中加油。当股价结束横盘后再度突破的时候，我们可以快速进场，收获第二段上涨。该股后市的涨幅比较大，足见空中加油的魅力。

　　但是在进行空中加油的时候，判断空中加油能否成立还需要看后市能否向上突破，如果根本没有往上突破，则无所谓空中加油。空中加油有两个条件需要明确：一是该股前期刚进行过一段快速拉升，缓慢上行的股票无所谓空中加油；二是空中加油末端必须是大阳线突破横盘整理区间，此后才可能有第二段拉升。

第七章

下跌通道操作实战技法

乌云飞刀不可伸手

何谓"乌云飞刀"？乌云说明是股价已经到高位，上升乏力了，这时候往往抛压加重，犹如乌云压顶！如果此时出现跌破均线系统或头部底边线的第一根长阴线时，这第一根长阴线就称为"乌云飞刀"。

股价经过初涨、大涨和末涨后到达了头部区间，在这里庄家要完成派发的过程。通过主力将股票分批小量地逐步派发，此时股价还能维持小涨或盘整的格局。而后主力加大力度，成交量开始逐步放大，股价开始下滑，带上影线的小阴小阳线形成一个头部区间，这说明上档的压力越来越大，当主力库存大部分派发完毕后股价已到了跳水的边缘，出现一根长阴线。

股民以为在连续的上升过程中，股价大幅回落会有新高出现。入市不久的股民纷纷填单买入，殊不知犯了买入中的最大的错误。对于短线炒手来说，云中落刀去伸手是相当危险的。它不但使你的资金卡也拉出长阴线，而且使你未来的短线操作无法进行。乌云飞刀一般会有连续下跌的几根长阴线，伸手接刀者多数断指断手，稳健者不可为。

如图 7–1 所示，深南电 A（000037）的股价经历初涨、大涨和末涨之后在该年 5 月 29 日迎来了股价的最高潮。在股价破位后

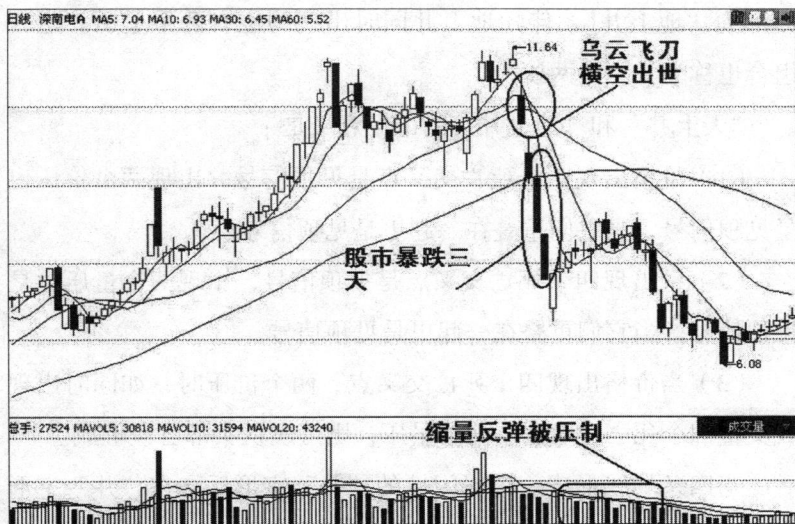

图 7-1　深南电 A（000037）乌云飞刀图

的第二天就连续暴跌三天，跌破头部底边线。即便中间出现反弹，也被无情压制回去。这一切都说明顶部乌云飞刀的威力，接者即断手。

天上井，地上井

当 5 日、10 日价格平均线跌破 20 日、30 日价格平均线时，自然形成一个井字形。仔细观察井字形是由四根价格平均线、四个死亡交叉点和两个价压组成，这是"天上井"。成交量均量线同理，也由四个死亡交叉点组成一个"井"字形，这个"井"字形称为"地上井"，伴随地上井同时出现的也有两个量压。这个组合也称为"一井两压"。

"天上井"和"地上井"的市场意义是：

（1）价格出现四个死亡交叉点是见顶信号，出现两个价压也是见顶信号，当它们重叠在一起更是见顶信号。

（2）量出现四个死亡交叉点是见顶信号，出现两个量压也是见顶信号，当它们重叠在一起更是见顶信号。

（3）当价格出现四个死亡交叉点、两个价压时，如同时出现成交量四个死亡交叉点、两个量压，则可确认头部已经形成。

当四条均线形成一个封闭性的"井"字形后，在"井"字形下方运行的日K线将在不久向下滑行。一般情况下会越滑越快，直至暴跌。形成"井"字形后四条均线将以空头排列向下运行，

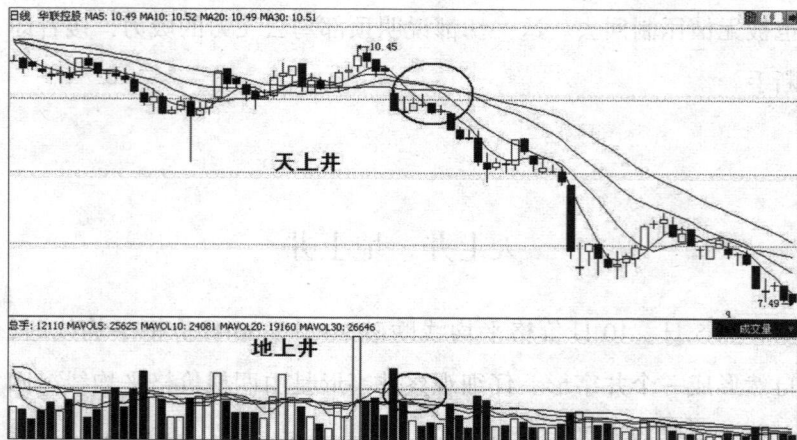

图7-2 华联控股井线图

并压迫股价下行。日 K 线图很难向四条均线反抗，即使反抗顶多是瞬间反弹，此乃出货良机。

如图 7-2 所示，华联控股（000036）在该年 7 月上旬形成成交量四均线"井"字，这时已预警头部将要形成，不久之后股价四均线形成"井"字，头部正式形成。

一江春水向东流

当第一根长阴线向下突破颈线位，以后可能出现几根长阴线，这在大陆股市的下跌初期是常见的。而后股价震荡经过一个下跌通道，从日 K 线图上观察 K 线和 5 日、10 日、20 日均线犹如一江春水向东流。

当主力将库存全部清仓后该股价格就靠散户的力量支撑着。而散户的力量是涣散的、无序的，当第一批抢反弹失败的散户意识到要割肉退出时，很难在同价位找到接盘者，于是不得不低价而沽，形成价格位置下移。

当跌势进入无量阶段时，下跌速度将会减缓。未来看中该股的庄家并不甘心把时间浪费在缩量减速过程中，而采取打压的手法，利用低开盘、杀尾盘来加速股价下跌。这样的话股价仍能维持原有速率下跌，甚至加速下滑。

短线高手应回避一江春水向东流的走势，在任何价格买入顶多抢一个微小反弹，而更多的是在"一江春水"中受潮。如果大盘指数也出现一江春水向东流的跌势，可以挖掘一些逆势而上的绩优股和强势股进行操作。

如图7-3所示，五矿发展（600058）该年6月份先后出现地上井和天上井，此为较可靠的头部形态，以后股价连续下跌，价均线和量均线呈一江春水向东流，不可阻挡。8月初曾有一次放量反弹，但挡不住水流湍急，终于跳空而下。

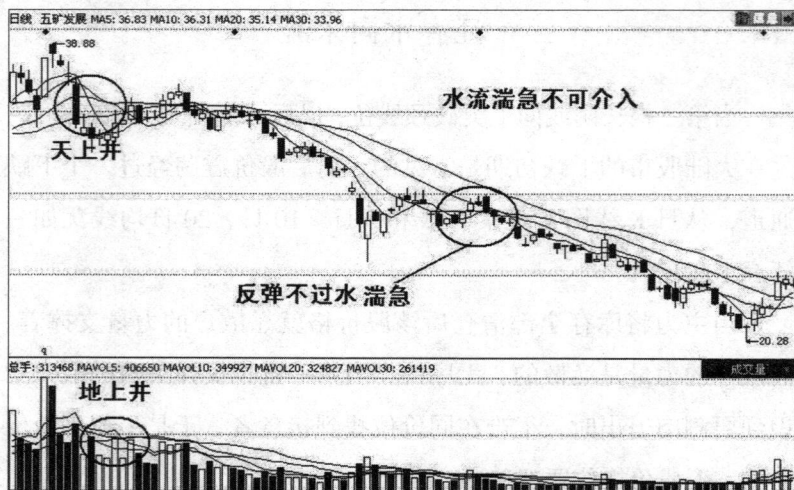

图7-3　五矿发展（600058）井线图

倒挂老鸭头

在股市下跌通道中经常会存在一种倒挂老鸭头的形态。采用5、10和60参数的价格平均线。当5日、10日均线跌破60日平均线后，形成鸭颈部。在股价反弹的低点形成鸭头顶。股价反弹不久，5日、10日均线再度死叉向下形成鸭嘴部。

股市中出现倒挂老鸭头的市场意义是：

（1）形成鸭颈部，说明庄家开始卖出筹码，股价缓慢下跌。

（2）形成鸭头顶，说明庄家开始拉高股价制造反弹。

（3）当庄家再度卖出筹码时，股价再度下跌，形成鸭嘴部。

当盘面出现倒挂老鸭头形态时，投资者要主动卖股。主要选择三个卖点：5日、10日均线跌破60日平均线形成鸭颈部时；在鸭嘴附近5日、10日均线死亡交叉时；当股价跌破鸭头顶瞬间时。

如图7-4所示，新都酒店（000033）在该年3月2日出现

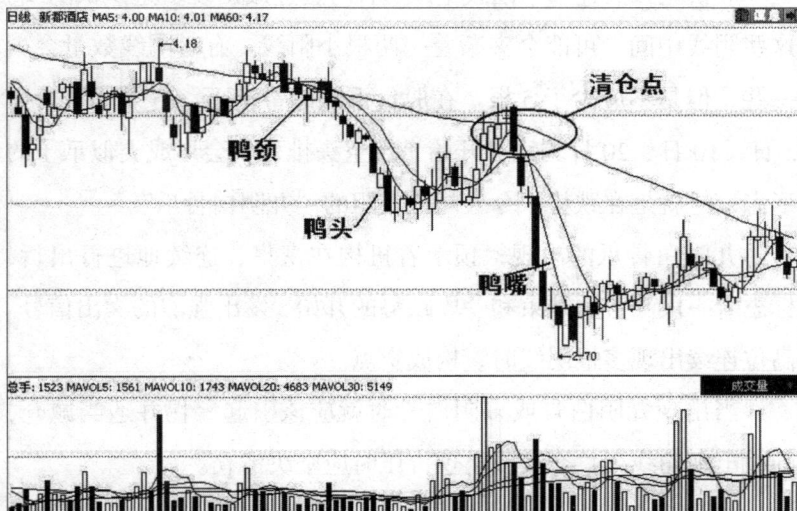

图 7-4　新都酒店（000033）倒挂老鸭头图

断头铡刀，然后短期均线与长期均线同方向向下，形成鸭颈部。3 月 23 日到达 3.34 元，形成鸭头顶，而后反弹。3 月 29 日形成两阴夹一阳空方炮，继续向下运行，5 日均线和 10 日均线方向朝下，形成鸭嘴，这是一幅倒挂的老鸭头图形。在圆圈内我们将图形反过来印刷，就能看清楚一个顺的老鸭头。出现这种图形时，短线客应在倒挂老鸭头的鸭嘴处开始清仓出局，否则会有较大的损失。

九阴白骨爪

　　股价见顶后连续小阴线下跌，有时会连续出现多达 9 根阴线。这些阴线中间，可能会夹杂着一两根小阳线。有时阴线数量会少一些，但是不应少于 5 根。在股价下跌的带动下，各条均线（如 5 日、10 日、20 日均线）开始呈现空头排列，会形成类似爪子的形态，这就是在跌势中令人闻风丧胆的"九阴白骨爪"。

　　九阴白骨爪的出现，预示着机构在密集、连续地进行出货，标志着一段涨势的结束和一段跌势的开始，发出强烈的卖出信号。高位连续出现多根阴线时，构成卖点。

　　当出现九阴白骨或多阴白骨时就应该引起警惕并适当减仓，同时出现均线死亡交叉或出现价压时应坚决清仓。

　　如图 7-5 所示，经过一段上涨趋势后，该年 8 月初，马钢股

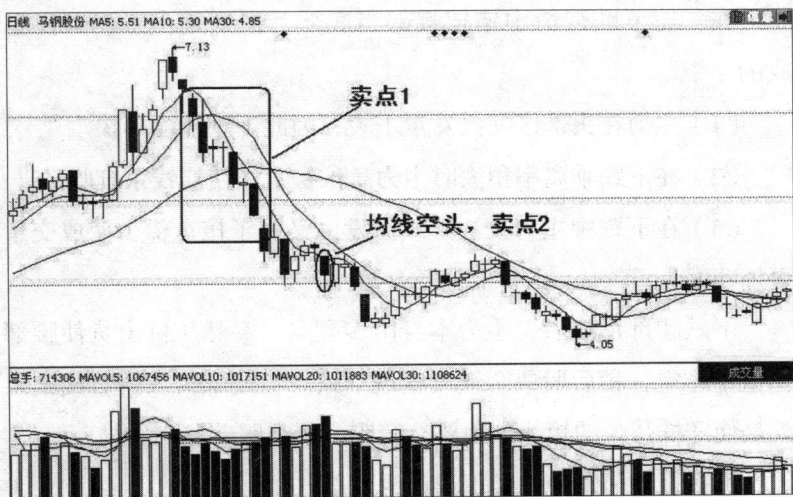

图 7-5 马钢股份 K 线走势

份（600808）股价开始连续下跌，构成卖点。8月17日，该股的
5日、10日和20日均线开始呈现空头排列，九阴白骨爪形态成立，
卖点2出现。

跌势中莫把腰部当底部

很多个股在下跌的过程中会出现无量盘整，其下跌速度减缓、
成交量萎缩以及均线系统的收敛都会使操作者误认为个股底部正
在形成。短线客在寻找个股机会时有可能在缩量盘整区逢低买入
以等待均线走好后的放量上行，这种错误也是常见的。

在一轮下跌行情中错把腰部当底部，主要是由下面几点造成的：

（1）主力在头部区间派发量不大，因此下跌速度不快。

（2）在下跌乖离率稍大时主力急忙护盘，使均线系统收敛。

（3）在下跌中主力无法继续派发，又由于接盘稀少使成交量更加萎缩。

下跌腰部形成后，主力本身由多翻空，突然压价出货使腰部盘整带悬空，稍后股票会继续呈现下跌。在腰部买入的直接结果就是使守株待兔的短线炒手要么套牢，要么跟着翻空出局。

那么，如何避免把腰部误认为底部？

（1）当均线簇收敛后必须等待黄金交叉，而这种黄金交叉又必须有成交量的确认。

（2）成交量萎缩并不意味短线买入机会，只有当成交量萎缩到极点后又出现连续的成交量放大时，才可以考虑买入。

（3）在下跌空间不充分的条件下，往往反弹的空间也十分有限。因此在腰部炒作中最重要的是度量反弹空间，一般情况下没有 20%-30% 的下跌空间都很难形成局部短炒机会。一旦发现腰部向下突破时应及时卖出，以减少损失。

第八章

牛市赢利实战技法

找准牛市的介入时机

找准牛市最佳介入时机，是投资获利中必须解决的重要问题。

大体上，大牛市的入市时机无非五种，但是每种入市时机都有各自的优点、缺点和适用范围。

1. 熊市的最后一跌中入市

在熊市末期最有可能在最低位买到股票，捕捉到大牛市触底性大反弹的全部升势，获得理论上的最大利润。

中国股市有一个规律，底部都在远远低于市场估计的低位，因此直接在熊市寻底的难度和风险都很大。

2. 低位盘整期中介入

相对于在熊市中找底而言，低位盘整期的底部的特点更明显。在最低价格区域买入，有可能赢得最大的利润。

但是，一方面不排除大市盘整后，再度急跌的可能性；另一方面，在大市未被确认为是大牛市之前，变数仍然很多。因而还是存在较大风险。

3. 牛市的第一浪中介入

回避了寻底的风险，在升势相对明朗的情况下入市，获胜的把握相对较大。

在第一浪行情刚启动的时候介入，不确定的因素仍然很大，大牛市的特征尚未完全显示出来。当牛市的特征比较明显时，可能已接近大反弹的顶部。

第一浪行情中的选股原则是买低价超跌股，而捕捉历史性大牛市主升段的选股原则是买入高价绩优股。两种不同的追求目标，导致操作上比较复杂。

4. 第二调整浪阶段入市

牛市孕育期已经完成，大转折趋势相当明朗，入市决策所需要的事实依据基本具备，入市风险较小；追求的目标单一，就是捕捉大牛市主升浪。由于新一轮大牛市的特征初步暴露，入市的针对性更强，操作的成功率更高。

损失触底性大反弹这一波大行情，以牺牲部分机会来换取更大的把握和更高的成功率。

5. 大牛市主升浪正式发动之后再入市

大牛市已成事实，没有任何不明朗因数，投资的风险相对较小。

此前错过了不少机会，而且错过了最大升幅的龙头股入市时机。牛市的五大入市时机各有利弊，对于投资者来说，最重要的是选择适合自己的入市时机。不同的投资者应根据自己的特点和需要，选择最适合自己的入市时机。一般来说，第一、二个入市时机，风险比较大，对底部没有深刻研究的投资者最好不要采用，一般建议选择第四个入市时机，对于比较谨慎的投资者，建议选择第五个入市时机。

在强势股中选牛股

牛市存在周期性。有很多时候，整体市场呈现周期性的热点板块轮动现象。一个板块一旦受到市场追捧，就会成为当前市场上的强势板块。

强势股是人人都希望找到的，那么，实战中如何判断和寻找主流热点的强势个股呢？

有时候，在其他股票还在探底的时候，一起股票已经开始了新一轮的震荡上升。敢于逆势长时间运作这种股票的，必然是市场中的主力资金，同时也将是牛市的主导资金。

一旦气候转暖，最先发力的必是这些最早萌芽的股票。这些股票的行情，将贯穿牛市始终。实际操作中，要想把握好这些主流品种，需要注意以下几项要点：

第一，寻找不跟随大盘创新低的品种。在大盘又一次创出新低的时候，寻找没有跌破上次低点的股票。

第二，是否有板块共性。这些逆势的股票，是否属于同一板块？如果属于同一板块，是否对市场具有足够影响力？如果在市场中的地位比较重要，那么，投资者就可以将这个逆势板块，作为重点关注的对象。

第三，重点关注。关注点主要有两个：

（1）在大盘继续下跌的过程中，该板块是否能延续之前的逆势表现，始终不创新低？

（2）在大盘突然启动大涨的时候，该板块表现是否强劲？

如果答案都是肯定的，那么该板块就很可能是本次行情的主流板块。单就短线而言，这个板块将是后面行情中重点操作板块，里面的龙头品种更是首选。

寻找进入主升浪牛股

短期内涨幅巨大的牛股，在进入主升浪阶段以前大多表现出一些相同的市场特征，投资者如果能够熟练掌握相应的投资技巧，并及时发现这类股票的市场特征，还是有一定机会在短期内获取高额收益的。

股票的走势大致可以分为筑底、上升、筑顶、下跌4个阶段。在投资者最为关注的上升阶段，按照出现的先后顺序又可以分为缓慢攀升段、调整段、主升段。

其中，主升段是上涨行情中上涨速度最快、涨势最凌厉、幅度最大的阶段。一只股票的总体上涨过程至少包含一个主升段，有些牛股甚至包含了两三个主升段。对于短线投资者而言，如果能买在主升段的初始，就可以有机会获得这一波升势的所有利润。这也是所有短线投资者的最大目标。那么如何识别主升段呢？

主升段具有以下几个特征：

（1）5日均线和10日均线平行或呈现多头分布。周 MACD

在零轴上方刚刚发生"黄金交叉"或即将发生"黄金交叉"。

（2）总体涨幅不大，但开始突破底部区域。只有真正脱离底部区域的上涨阶段，才是真正的主升段。

如果一只股票能够摆脱下滑趋势并步入上升通道，则往往意味着这家公司的基本面可能已出现好转，并资金量较大的投资者已先行一步介入，此时散户投资者择机跟风买入，风险并不大。

如图 8-1 所示，某年 12 月 23 日，中信证券（600030）周MACD 发生黄金交叉，从图形上来看，公司股价已基本摆脱前期形成的下降趋势，并进入持续上升阶段。在随后的三周内中信证券股价涨幅超过 20%，公司此后也发布年度业绩预增 50% 以上的利好公告。

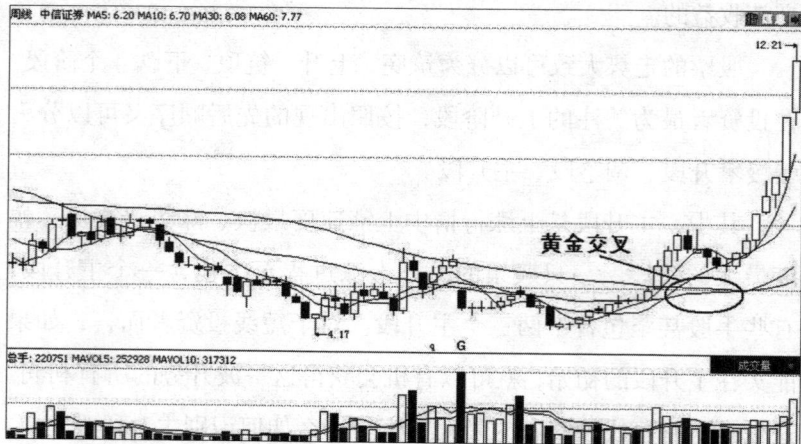

图 8-1　中信证券（600030）周均线黄金交叉图

（3）成交量放大。在主升段中，成交量逐渐放大，而且整体放量程度要大于上一波放量程度。

在主升段中，投资者可以利用不同股票、不同板块的轮动效应，积极进行短线炒作，将极大地提高资金收益率。

学会巧妙区分真、假上涨

在牛市行情中，股票出现上涨迹象后，一些投资者却不敢直接下手买入，原因就在于他们拿不准那到底是反弹还是庄家设的反转陷阱：

1. 超跌反弹一般属于"假上涨"

熊市中的超跌反弹或者破位后反抽，出现的概率较大，大多发生在下列技术背景下：均线空头排列，股指或者股价处于下降通道，股指或者股价的运行，处于阶段性下跌的中段、后段。

一般此时，股价同均线比较乖离率大或者较大。其上涨终结，大多在某个重要均线附近，如20日均线、30日均线。在那附近过不去，或者过去但是站不住，就继续会展开新一波下跌。超跌反弹的抄底者，如果不善于快进快出，就会被套。

这种"假上涨"之所以"假"，是由于空头排列的均线，股指或者股价上面存在层层套牢盘。在阻力位附近买入，每次都属于中了别人圈套的"牺牲品"。若某一时期的领涨股也是"假上涨"

的股票居多，则谨防股指的上涨也是"假上涨"。

2. 破位后回抽也属于"假上涨"

破位后回抽也是一种假上涨，它的真正目的只是主力为了更好地出货。至于双顶、三重顶的颈线破位之后，或某个重要技术位破位之后，或某个重要整数关破位之后，一般有反抽，重点在于验证反抽的有效性。这种上涨，时间、空间更有限。一旦介入这种上涨，极容易招致套牢割肉盘、解套盘的打压，从而被套。针对这种情况，短线投资者同样需要注意快进快出。

3. 主升浪才是"真上涨""大丰收"

不论牛市还是熊市，只有"主升浪"才是最大的"蛋糕"。

首先，寻找出现具有多头排列痕迹的股票。均线多头排列的所有股票不都是走主升浪，但是走主升浪的股票其均线必定多头排列。而走主升浪的股票，必然存在下列特征：均线多头排列。不论牛市还是熊市，在均线多头排列的股票中选择都是选择大牛股的技术面的首要条件。

其次，要看股价、股指所处的浪形，是第一浪，还是第三浪，抑或第五浪。要选主升浪的话，选择第三浪才有较好的成功率。这是选择大牛股的技术面的第二个条件和思路。

最后，一般说，双底形态、头肩底形态的股票，一旦完成形态的突破以及完成形态突破之后的回抽确认，展开主升浪、第三浪的概率较高。这是选择大牛股的技术面的第三个条件和思路。

走主升浪的股票，其上涨之所以称为"真上涨"，是因为其涨升力度强劲、比较可靠。一路持有能获大利乃至翻番。

千金难买牛回头

在熊市当中，股价并非只跌不涨，在大趋势向下的同时，也存在着不少的短线反弹机会。对于这种熊市中的短期反弹底部，虽然可以借助一些因素，比如根据指标是否超卖、距离平均线是否较远等进行判断，但是难度非常大，而且缺乏准确率。熊市中的反弹具有高难度、高危险系数。

所谓的"熊市不找底"，在熊市中判断短期底部没有太大的实质意义。而在牛市中则截然不同。"千金难买牛回头"，在牛市中，判断股价是否回调到位，有着重大的实质意义。牛市中的每次回调，都提供了绝佳的买入机会，把握得当往往意味着丰厚的利润。牛市中，个股的短期底部判断有两种方法：

1. 缩量

在牛市中，上涨放量、下跌缩量是正常的表现。当股价经过一定的上涨之后开始回调，此时成交量基本上是逐渐缩减的，当缩量到一定程度不再缩小时，往往就是短期底部出现的重要标志。

2. 支撑位

支撑位包括移动平均线、黄金分割点位、已经成功突破的前期阻力位（被突破后由阻力位转为支撑位）、前期高点、缺口位置等。如果股价出现缩量止跌，同时正好位于某个支撑位时，短期底部的概率极大。当然，还有一些技术指标也可以作为支撑，比如布林线的中轨和下轨的支撑等。

同时具备以上两点，短期底部基本探明，短线投资者就可以开始择机入场。但是值得注意的是，牛市的短期底部并非像熊市中一样，大多数都是因为超卖形成的，因此很多技术指标的用法是不一样的，比如 KDJ 指标，熊市中 J 值是负数才说明超卖，可能形成底部，而牛市中则不一样，J 值为正时仍可能是底部。

跨越小双头，慢牛变快马

对于中国经济出现的高增长、高通胀的局面，股市表现得并不乐观。但是鉴于股市中的周期性特点，投资者怀疑股市在 2000 点到 3000 点左右的持续徘徊是牛市出现的前兆。

反正牛市总会出现，只是早晚的问题。但是，对于投资者个人来讲，讲究"低吸高抛"的重要一点，就是在慢牛启动前发现牛股迹象，及时把握住机会，低价买入。

那么如何能够有效地寻得见牛头呢？

双头形态是一个不错的寻找慢牛的信号。在经典理论中，双头形态是一个准确度较高的 K 线形态，一旦出现说明后市向淡，宜速速撤离。当然，狡猾的投资高手们绝对不会放过如此好的下饵机会。实战中经常发现部分主力在某些个股上刻意构筑双头形态，让技术派人士认为该股大势已去而另寻他股，其实这"双头"仅仅是上升途中的小山丘，一旦将跟风盘清洗出局之后主力便会继续"造山运动"，当股价站上高高的山峰之后，你会发现原来的"双头"仅仅是主力爬山途中的歇息之地。

如图 8-2 所示，绿景控股（000502，原来的琼能源），在该年 5 月 18 日创出一个显著低点 5.33 元后便进入上升阶段，经过反复震荡盘升，当年 12 月初股价接近翻番，此时已遇到较大的获利抛压，为了让股价再攀高峰，洗盘势在必行，主力便精心构筑一个小双头形态。

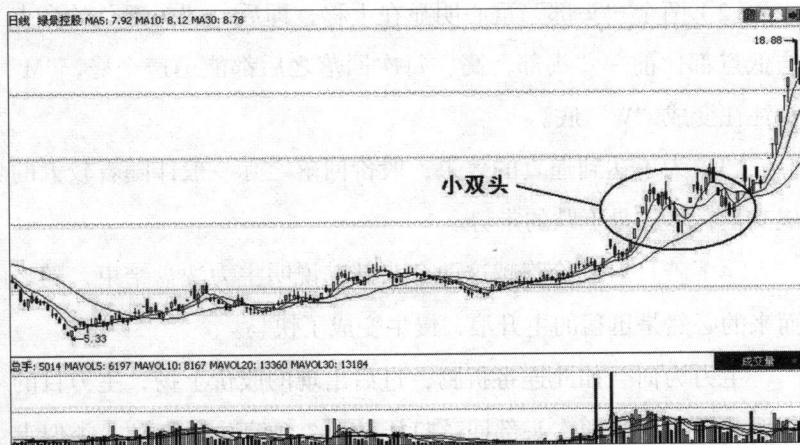

图 8-2　绿景控股（000502）K 线走势图

自该年 12 月 8 日开始，该股连收 8 阳，留下数个跳空缺口，16 日冲高至 12.25 元，主力先"诱敌深入"再迎头痛击，17 日股价便一头栽下，连收了数根放量阴线，28 日探至 10 元附近，第一个头部筑成。进而主力又故技重演，连续 4 天涨停后，在次年 1 月 12 日冲高回落形成了第二个头部。

两次拉升与打压手法如出一辙，股价被打至相对低位后略加震荡，自 2 月份开始该股展开主升段，股价震荡盘升至 25 元附近，较小双头的位置再翻一番。

观察该股的走势，我们可总结出小双头形态洗盘的共同特征：

（1）出现双头形态前，股价明显处于上升趋势中，且一般已有较大的涨幅。

（2）两个"头部"重心明显在上移，即后一"头部"的高点与低点都比前一"头部"高，每次回落之后都能迅速企稳，"M"头往往变成"W"底。

（3）为了达到逼真的效果，股价回落之际一般伴随着较大的成交量，呈放量下跌的走势。

（4）若日后股价跨越这两个头部，说明主力洗盘结束，随之而来的必然是迅猛的主升浪，慢牛变成了快马。

主力为何会如此连番折腾，过后出现的股价上扬，主力目的昭然若揭：通过两次头部回落打压散户，独享牛股红利。类似走势在两市中举目可见，同样的手法不断被各种主力"克隆"，操作上不妨等待股价跨越两个山头时再跟进。

在牛市中提高赢利速度

股市行情转暖以后，赚钱的机会又来了。如果只解决赚与不赚的问题很容易，因为绝大多数股票都在上涨，只要具备一点常识，买进股票都可能赚钱。然而我们到股市来，是想使自己的资金收益超过银行的利息或投资基金的收益，虽然操作股票很有乐趣，但尽快使资金增值幅度大一点是每个人都无法回避的问题。牛市中如何加快赢利速度，说起来容易做起来难，因为其中有很多因素。最明显的因素有以下几个：

1.选择品种

品种问题实际上是能否跟上热点的问题，这个问题非常重要，比如前期炒低价股，如果你还耽在指标股里，不仅不赚钱，可能还会亏钱，这就是没有紧跟热点的缘故。所以，在股市上投资或投机必须要学会跟热点。

每天对两市涨幅排名在前60名内的股票进行统计分类，找出其共同行业属性或者概念，可通过这种方法发现市场热点。一旦发现了热点，可以及时介入这类股票，短期内往往能获得最大的收益。

2.介入时机

（1）日K线在短期构筑了双底或三重底形态，目前股价离20日均线不远或前期上涨后回调，刚好在20日均线处止跌，可以考虑买进。

（2）如果从周 K 线上看，20 日均线朝上，而周 K 线收阴或十字星，这些股票下周往往容易有行情。如果买进的价格较低，就是比较合理的介入点，这样买进比追高更为安全。上述买进方法的一个前提就是股票必须是在走上升通道，不符合这个原则的股票坚决不能介入。

另外需要强调的是技术分析指标要活学活用，把眼光放远一点，不要把眼光盯在什么日 MACD、KDJ 的金叉、死叉上，如果老是把自己拴在这上面，想在股票交易中取得比较好的成绩是很难的。

3. 建立个人股票池

投资者要选择一批自己非常熟悉的投资品种，对这些品种的基本面、技术面、主力运作特点、盘面特征等要了解。平时要有守株待兔的耐心，一旦出现机会要及时买进。

4. 建立个人交易系统

投资者要有自己的行之有效的科学的实战交易系统，要有一套完整的选股、分析、买进、止损、机会评价、持股、卖出、交易后评价机制，并且树立科学合理的投资观。

5. 弱化对基本面的关注

短线投资者要弱化对于公司基本面的关注。公司基本面的问题并不是我们短线所能解决的。既然主力敢于做这只股票，他们应该是进行了调研的。只要有了过硬的识别庄家的本领，坐庄家的轿子赚钱就可以了。

第九章

熊市赢利实战技法

不做高股价高溢价新股

处于熊市的市场大环境中，指数会持续下跌，在这种市场环境中除超跌股和强势股以外，还有一种好的赢利机会，只是这种机会出现得比较少，并且需要较长的时间等待，这就是新股的机会。

由于指数环境比较弱，所以总会有一些新股上市时受外部环境影响而被"错杀"，一旦技术形态符合要求，就会为投资者带来一次难得的赢利机会。所以要想成为一名成功的短线投资者，大家一定要熟练地掌握在熊市中买卖新股的秘诀。

在熊市指数走弱时期发行的新股，十有八九都会下跌，可以给投资者带来赢利机会的新股非常少。其中，最常见形成下跌的情况就是：个股发行后的股价太高，远远高于整个市场的平均股价，也有可能是发行后溢价太高，比如一级市场发行价是5元，二级市场上市股价变成20元，中签的投资者毫不费力资金翻了几倍，谁还会在此时持股？一旦巨额获利的抛盘集中出现，股价不跌才怪。

如图9-1所示，该年9月，东方雨虹（002271）在上市首日，股价便出现了短线连续下跌的现象，而且连跌三日，股价从21.8元跌到15.95元。如果投资者在股票上市时买入，资金将会出现

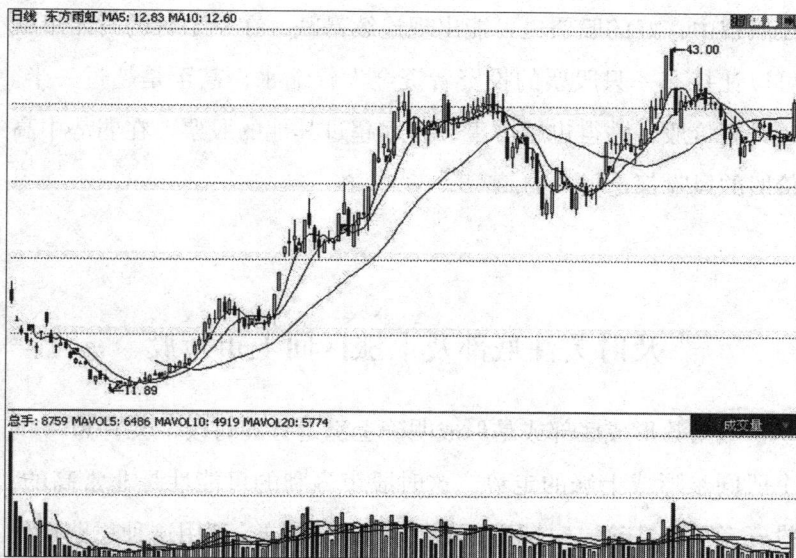

图 9-1 东方雨虹 K 线走势

较为严重的亏损。

为何股价会下跌？主要就是因为股票上市的第一天价格太高，市场上有大量便宜的股票，不会允许它一上市就二十几元。短时间维持尚可，长时间绝对不可能。对于股价上市是高是低，要看市场的平均价格，如果市场中存在大量二三十元的股票，那么它的价格便不高，反之就一定要注意，这样高价格的新股。

弱市买新股，投资者需要谨记回避"三高"股票：上市首日绝对价格高、上市首日溢价高、发行价高。新股上市一定要看市场的整体环境，根据市场平均股价谨慎选择，弱市操作切忌冲动，否则容易吃亏。在弱市，越是好东西反而就越不是那么回事儿，在熊市中，好的股票也可能出现连续暴跌，在一个月的时间里就可以让持有一只股票的投资者资金大幅缩水，甚至是超过一半。越是高价股，跌得也越厉害，远远超过其他的股票。在弱势中高价股的风险都是很大的。

及时关注底部及上涨区间上市新股

当指数形成底部或是形成明确上涨走势的时候，会有 80% 的个股同步形成上涨的走势，这时股市赢利的可能性是非常高的，投资者可以在这一时期进行做多操作。同样，利用这种思路操作新股也是非常有效的。

在弱势市场中的底部是指指数形成阶段性反弹底部时，而弱市中的上涨是指形成反弹底以后指数出现反弹上涨走势时。在这些位置出现的新股往往会给投资者带来赢利的机会。股票在上市后出现了连续上涨的走势，能够上涨的原因之一就是股票上市时的价格相对较低，低价股的上涨空间在多数情况下都要比高价股要大。

股价上涨更主要的原因是上市在股市底部区间，如果大盘指数在此期间有明确的筑底现象，那么会加大配合支持股价在后期的上涨。新股上方没有压力位，所以一旦出现上涨态势必然会得到资金积极的追捧，新股的到来刚好为这些资金提供了目标。

即使在开始出现阴线，但如果恰逢股价上市时间是大盘出现调整刚创新高的时候，大盘指数上涨趋势明确，那么这只股票就很有可能形成上涨趋势。

图9-3是工商银行（601398）在某年10月的K线走势。作为行业中的老大哥，工商银行在上市时的价格非常低，3元多的股票是市场同期价位中明显的低价股。较低的上市股价使这只股票具备了上涨的潜力。

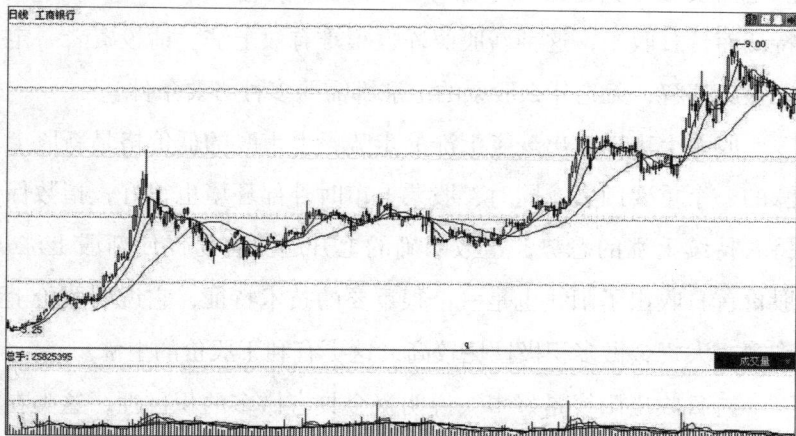

图9-3　工商银行（601398）K线走势

股价上市首日收出一根阴线，这种走势可能让一些投资者产生厌恶情绪，但是就像前面所说的，首日开盘收阴并不代表后期会继续下跌。对于那些上市价格低，被外部环境普遍看好的股票，首日收阴并不那么可怕。

适当关注首日阳线新股

相比而言，首日收出阳线的股票投资者要轻松一些，但是也要对自己的股票加强关注。

首日收阳的新股上涨的概率比首日收阴的新股大一些，但并非绝对。并非所有首日收出阳线的股票后期都能涨上去，能否上涨还需要很多其他的技术条件。假如说一只新股具备了"三高"特征而首日收阳，这种新股照样也很难有效上涨。请投资者一定要正确理解，无论什么股票的上涨都需要多种必要条件。

股票上市以后出现了上涨的走势，上市时的低价格是新股上涨的一个重要因素。同时，股票上市时外部环境也很好，指数保持着持续上涨的态势，指数明确的上升趋势容易促使新股上涨。股价首日收出了阳线也是一个很重要的技术特征，它说明股价上市第一大资金做多积极性比较高，这更有利于股价的上涨。

首日收出阳线是好事，说明资金具有做多的积极性，这类在指数上涨时首日收阳的新股要重点关注。不过首日阳线的实体却不能过大，如果首日阳线实体过大，当大开盘介入的资金在一天内实现巨幅赢利后，很容易使主力在后期出货，从而引发股价下跌。

乾照光电（300102）是国内仅有的几家初步具备 LED 外延片和芯片工业化生产能力的企业之一，上市前即被市场普遍看好，但上市当日该股表现远远超出市场预期。

如图 9-4 所示，当天该股以 90 元、100% 的涨幅开盘，而这成为全日的最高价，其后股价逐级走低，尾盘最低跌至 78.78 元，收盘报 79.68 元，涨幅 77.07%，全日换手 81.21%。日线为近乎光头光脚的大阴线，当日买进的投资者几乎全线被套。

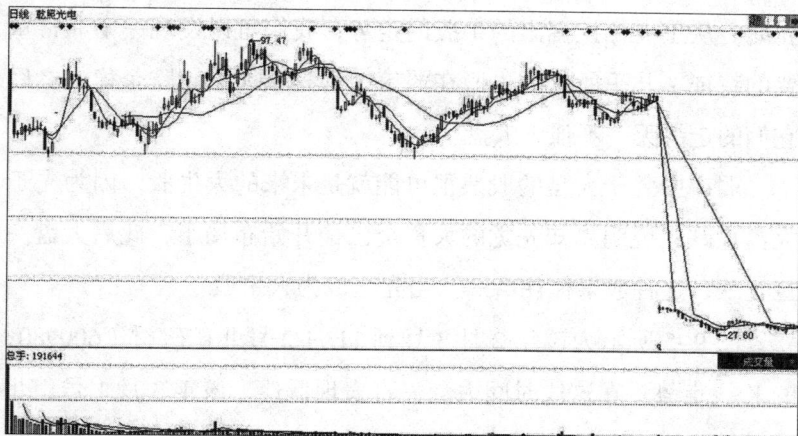

图 9-4　乾照光电（300102）K 线走势

　　股价上市后指数处于短线上涨状态，外部环境对新股涨跌的影响很大。新股具备了上涨的基本特征以后，投资者要以短线的态度进行关注或操作，大多数操作新股的资金都是短线游资，他们的特点就是有所赢利以后离场的速度快，故此，对于新股切不可恋战。

把握强势新股脉搏

在股市中，往往那"万绿丛中一点红"和逆市中涨停的个股留给市场的不光是惊奇，更是一种成为今后强势股的非常重要的先兆。从王亚伟挖掘出的牛股的走势，我们可以发现一个非常重要的特征：几乎所有的牛股在弱市中都先于大盘止跌企稳，之后它们的走势无一不强于大盘。

弱市中强于大盘的股票很可能就是未来的大牛股，因为先于大盘止跌，说明先知先觉的大资金已经开始布局了，此后大盘一旦止跌，这种股票往往会一马当先，成为大牛股。

图9-5所示为该年2月3号到11月2号北矿磁材（600980）的K线走势。在这段时间大盘一直表现低迷，该年3月1号，北矿磁材涨停，第二天跳空高开，到4月27号一直处于横盘整理期，期间北矿磁材虽然没有大幅上涨，在4月28号到5月5号也走出了一个小高潮。5月6号开始，北矿磁材和大盘一起震荡整理，到7月2日大盘下探至阶段性低点，北矿磁材也完成了自己上涨前的蓄势，先是在低迷的大盘中小步慢跑，在8月30号突然拉出一根涨停，接下来的5天都拉出了大阳线，经过9月6号到10月20号的高位震荡后，10月21号到11月1号走出了在低迷的大盘中惊人的急速上升走势。

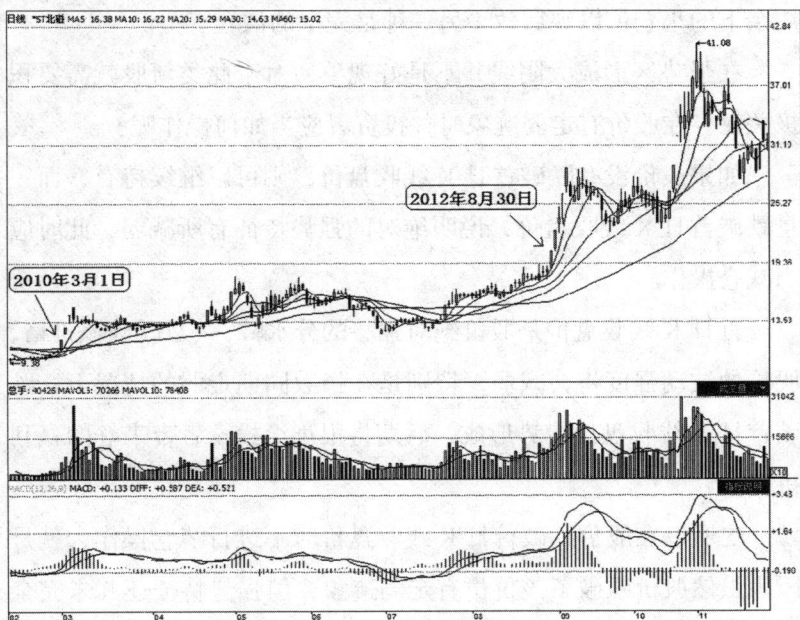

图 9-5　北矿磁材（600980）K 线走势

跌破首日收盘价需减仓

很多投资者在熊市操作新股时经常面临这样的问题：在实现赢利后，随着指数走弱新股价格产生下跌，进而产生了亏损。

在熊市操作新股，重要的是选择合适的卖出时机。那么究竟如何选择？

熊市股票买入时价位就很低，这就意味着持股成本低，就更应该选择在好的位置卖出。新股的卖出方法有两种：一种是减仓，用余下的小仓位以观后效；另一种是完全的清仓。

在强势区形成大阴线并不是好现象，对于此类新股就需要积极关注。在股价有走弱迹象时，投资者应当如何操作呢？

如果股价没有跌破首日 K 线收盘价，则可以继续持有，而一旦跌破首日 K 线收盘价，说明绝对的强势特征有所减弱，此时应当减仓操作。

首日 K 线收盘价是股价绝对强势的分水岭，一旦跌破该价格，股价的波动强度将会减弱，特别是在指数同期走弱的情况下，跌破首日 K 线收盘价走势形成，后期将很难给投资者带来好的赢利机会。

之所以在股价跌破首日 K 线收盘价时不进行清仓操作，就是因为虽然股价跌破了该价位有走弱迹象，但强势特征还并未完全消除。因此，还可以暂且持股以观后效。同时，绝对强势特征的消失，也要求着投资者必须要减掉一些仓位，以避免大风险出现。

如图 9-6 所示，恒邦股份（002237）在该年 5 月 20 日上市后的第一天就收出了阳线，并且股价继续大幅上涨，从首发开盘的 51 元涨到了最高时的 65 元。无可否认，这种走势非常具有吸引性。但是，由于大盘指数同期走弱，过高的上市价格却提示投资者股价上涨空间并不会很大。股价未来几天继续保持着强势特征，如果投资者已经买入，此时可以继续持股，在强势特征没有消失的情况下没有必要卖出。

股价随着指数进一步走弱，在回落过程中，一旦股价跌破首

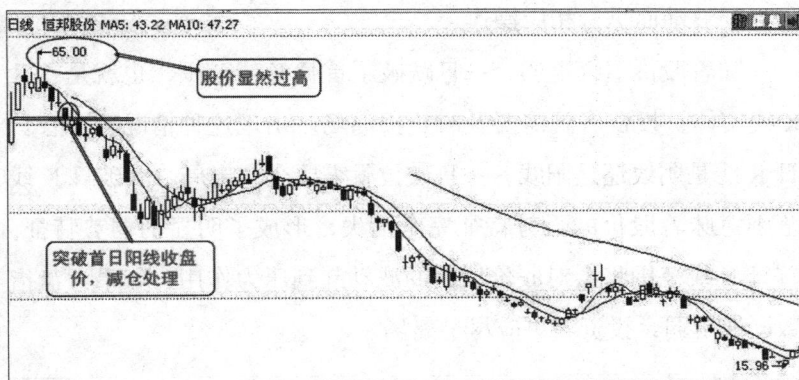

股价显然过高

─65.00

突破首日阳线收盘
价，减仓处理

15.96

图9-6 恒邦股份（002237）K线走势

日K线收盘价，必须要注意及时减仓。与上面的恒邦股份一样，投资者要在股票突破首日收盘价格时及时减仓处理。

对于买入成本较高的投资者也可以使用其他方法辅助卖出，对于中签投资者这种卖出方法非常有效。

跌破首日K线需清仓

在熊市可以根据不同的K线状况进行仓位控制操作。

针对首日K线为阳线而言，首日为阴线则为跌破开盘价，投资者需要减仓操作。之所以不必清仓，是因为股价虽然失去了最强势的特征。但由于依然位于首日K线实体之内，所以相对的强势特征仍然确立。因此，可以用部分仓位持股，以进一步明确股价后期波动而进行相应操作。

　　随着股价继续走弱，一旦跌破了首日 K 线范围，也就是首日 K 线实体，投资者就需要及时止损离场。出现这种情况，不管首日 K 线是阴线还是阳线，一旦破位就需要全仓出局。跌破日 K 线范围意味着股价的强势特征完全消失，形成了明显的弱势特征，首日 K 线范围将会对股价后期的波动起到压力作用，如果大盘指数同期走弱，投资者更应尽早离场。

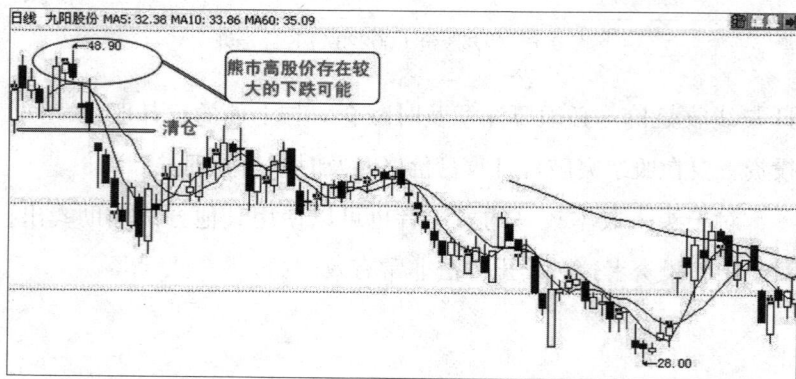

图 9-7　九阳股份 K 线走势

　　如图 9-7 所示，该年 6 月，九阳股份（002242）在大盘指数处于弱势状态下，首日股价的上涨价格非常高，虽然这类个股不排除有短线上冲可能，但在大背景走弱的情况下，这类高价股中线下跌的可能性极大。

　　股价位于首日 K 线上方震荡的时候，投资者可以暂时持股，但要做好双重减仓与清仓打算。一旦股价跌破首日 K 线，投资者必须要清仓出局，首日 K 线最主要的标志为阳线的开盘价以及首日阴线的收盘价，股价破位意味着选择创新低，这种股票不能继续持有。

经过几大波动，股价跌破首日 K 线范围，破位的形成标志着股价弱势状态的形成，投资者应当及时出局回避，高价股新低一旦出现，后期将会连续下跌，指数不止跌，这些新股也不会结束下降趋势。

首日 K 线形成时，成交量非常大，如果有资金建仓，那么，这一根 K 线将会是资金的主要成本区，如果资金有心做多，绝不会允许出现破位，让其他资金有更低的买入价格。如果这根 K 线不是资金建仓 K 线，而是资金的出货 K 线，那么，跌破首日 K 线标志着资金已彻底完成了出货操作。无论哪种性质，跌破首日 K 线都意味着风险的到来，所以，投资者必须要注意回避。

小心应对巨量突破

在熊市中，大盘指数总是处于弱势状态，但是也会有一些强势状态的个股，并随之展开突破向上的走势，从而形成一轮弱势大幅上涨的行情。在牛市市场操作形成突破走势的个股，可以很轻松地获利，但是在熊市市场中，操作突破走势的个股，投资者十有八九会被套牢。这主要是由于在股价突破向上的时候，并没有得到外部环境的配合，也就是没有得到指数上涨的配合，很容易产生亏损。

股市持续走弱，什么样的突破才是完美的突破呢？

温和放量突破或是缩量突破堪称个中完美典型。温和放量突破说明资金入场有序，在股价创出新高的时候，资金没有过于混乱地操作。而缩量突破则说明当前区间已没有抛盘，股价可以很轻松地上下穿越，没有抛盘也就意味着股价上涨压力轻，所以突破后会继续上涨。

股票一般会经历多次突破，股价第一次完成突破的时候，成交量温和放大，这说明有资金入场操作，而且场中操作的资金比较稳定。股价第二次形成突破的时候，成交量明显放大，并创下了近期最大量。对于异常放量走势，投资者一定要小心，量能的不稳定也会导致股价的不稳定；第二次的突破属于是日内突破，股价于盘中完成新高的突破，买盘马上入场做空，从而导致股价在盘中完成了突破，但收盘后突破并未有效形成。

如图 9-8 所示，该年 7 月，中粮地产（000031）股价连续下跌构成反弹底以后开始上涨，股价反弹过程中，上涨放量调整缩量，量价配合比较完美。股价第二波上涨时形成了温和放量突破走势，温和的量能说明资金进出没有混乱现象。

第二次突破前期高点时，成交量急剧放大，量能出现异常，这种突破形态说明有资金在盘中借助突破吸引来的人气进行出货操作，对于弱势中的放量突破，投资者需要多加小心。

图 9-8 中粮地产（000031）K 线走势

　　并不是说成交量稳定的突破就一定会上涨，股价形成突破时能不能涨除了量能方面的因素外，还有其他因素，量能并不是唯一的决定性因素，只是形成异常放量的个股上涨的概率是最小的。

冲高回落式突破多为假突破

　　在股价形成突破走势的时候，除了对成交量的变化有严格要求以外，对 K 线形态的要求也很多。成功的突破，在量能配合的基础上，股价在突破时形成坚决且较大幅度的上涨，这样的突破才有利于股价后期继续的上涨。如果在突破的时候，股价盘中完成了创新高的走势，但盘后却形成了回落，形成日内突破但收盘未突破的走势，这种冲高回落式突破往往是假突破，后期容易导致股价产生下跌，投资者需要小心。

常见的突破走势有对近期高点的突破、对新高的突破、对短线横盘区间或箱体区间的突破以及一些主要形态的突破等，共性就是股价要创出近期的新高。

股价经过一段时间横盘震荡开始向上突破，但是 K 线形成了冲高回落走势，同时成交量也明显放大，量价配合说明资金借助高点出货，所以，这种形态的突破是虚假的，不仅不会促使股价上涨，还很容易引发下跌的出现。

第十章

震荡行情赢利实战技法

板块轮动巧潜伏

　　震荡行情一般总伴随着板块的轮番动作，跌的股票因为震荡跌不下去，涨的股票因为震荡难持久上涨。板块轮动是一种在股市上经常出现的情况，尤其是在震荡市中。经常出现板块与板块之间轮动，轮番推动大盘震荡上扬。可能在一段时间内，金融板块率领大盘上涨，短期涨幅不会维持太久就开始调整，热点可能就转到地产板块。这就叫作金融板块与地产板块出现了板块轮动。

　　在大多数时候，市场都在上演着交替轮换的轮动现象。震荡行情中，一个主要特征就是各板块依据涨幅大小、消息刺激先后轮番表演，只要是前一段时间滞涨的品种，后面总有表现的机会。

　　作为股市当中非常重要的一种现象，短线投资者必须学会把握好板块轮动的节奏和时机。如果是短线高手，可以紧跟热点操作，高抛低吸，在板块热点轮动中操作得顺风顺水。对于没有大块时间看盘的投资者来说，寻找滞涨品种，逢低逐渐潜伏进去，等待风水轮流转的补涨时刻的到来，在震荡市中是一个比较稳妥可行的交易选择。

具体操作如下：

1. 具有足够的耐心

既然是潜伏，投资者对于启动时间就没有太大的把握，可能很快，也可能要较长时间，因此耐心是本技巧必需的素质。应该耐心持股，等到手中股票所处的板块开始炒热。

2. 对各板块了如指掌

既然是在板块里搞"潜伏"，就必须知道市场中的不同行业板块类型。投资者经过一段时间的积累后，应该对市场上的板块有一个大致的了解。

同时，投资者也需要知晓当下的板块热点以及涉及行业的政策变化。

3. 潜伏下来等时机

如果前面都是准备工作，那么这一步就是实施的关键。

对于短线投资者来说，股票没有好坏之分，只有正在涨、即将涨和涨过了的差别，时机的选择最重要，短线就是要投"机"，具体操作如下：

（1）寻找相对大盘和其他板块涨幅比较滞后的品种。

（2）选择那些经营稳健、行业地位较重要的公司股票，避免踏上个股地雷。

（3）当大盘回落时，往往意味着热点即将切换，此时是介入时机。

（4）其股价波动区间应该逐渐收敛（最好是底部在逐渐抬高），

在每次的回落中可以逐步分批买入。

如图 10-1 所示，丰乐种业（000713）在该年 2 月底，上涨至 13 元区域后，开始震荡下跌，涨幅严重落后于同期大盘。大盘在 9 月份进入震荡走势后，该股开始不断攀升，并突破了此前的下降通道。投资者可以在攀升过程中逢低介入，或在对下降通道上轨突破后的回踩中积极介入。这样就可以把握该股后续的大涨行情。

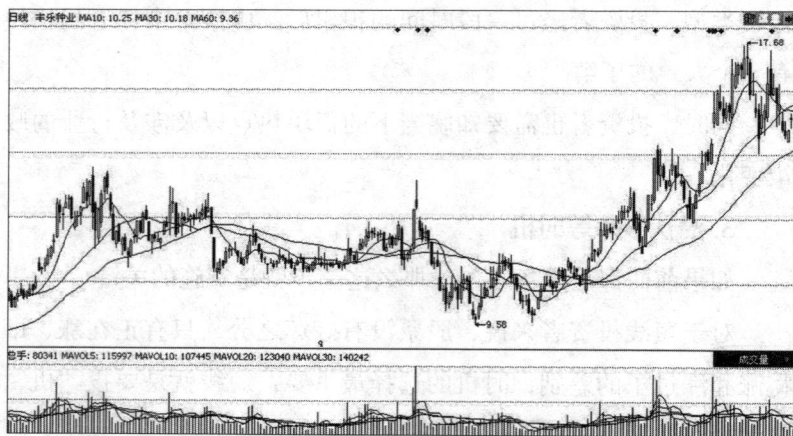

图 10-1　丰乐种业（000713）K 线走势

在板块轮动中进行潜伏的投资者首先需要观察市场板块动向，看是否存在板块轮动现象。另外还需要有一定的耐心去等待板块启动，所以时间长短不太好把握，此方法已经不太属于严格意义上的短线投资了，更多的是一种利用板块轮动的稳健型波段投资。

波段操作逐波浪

震荡就意味着股市的上下波动。在震荡市中的每一次起伏，都为投资者提供了一次波段操作的绝佳机会。

如果投资者能够尽可能地把握住这些波动，做到波峰出、波谷进，然后再波峰出，不断地做一些高抛低吸的波段操作，那么将可以大大提高资金收益，降低持仓成本，甚至有的高手可以做到零成本、负成本。

要想成功进行高抛低吸的波段交易，需要明确两个问题：

（1）自己是不是适合做这种交易？

（2）是不是能够很及时地发现市场热点？

前者需要付出足够的时间和精力，且对心态和执行力存在较高要求；后者则需要通过对一只股票反复做，增加对于该股的走势的感觉，这样可以增加波段交易的成功概率。如果能够及时发现和跟进阶段性的市场热点，那么可以在波段操作中不断换股，卖出老的热点，跟进新的热点，这样将极大地提高短线收益率。

波段利润是绝大多数投资人都想把握的，但是需要大量的模拟练习和实战锻炼才能够做到。不论哪只股票，并非任何时候都可以进行波段交易。最适合做波段交易的走势是震荡走势，不论是震荡横盘，还是震荡上升或是下跌，都是波段交易的乐土。

那么，怎么把握震荡行情中的高低点呢？下面以两个实战案例来说明。

1. 缩量买，放量卖

随便观察一只股票逐波上涨的走势和成交量变化，就可以发现在绝大多数情况下，波峰时对应的成交量大，而波谷时对应的成交量小。往往是成交量缩小到一定程度不再缩时，同时价格也不再跌了，就到了波谷；成交量大到一定程度无法再放大时，就到了一个波段的顶部。

在成交量缩小时买入，在成交量放大时卖出。根据成交量变化来判断波段高低点，只能判断一个大致的范围，无法精确衡量。但该技巧的成功率较高。

2. 判断好趋势线

波段操作，投资者也应注意股价运行的趋势。在震荡市中，投资者最应该注意的趋势线主要有两条，一是支撑线，一是压力线。

几乎所有股票在震荡走势当中，都会出现或多或少的规律性的区间走势：碰到压力线就回调；碰到支撑线就回升。投资者可以利用已经成型的趋势线的支撑和压力来进行波段交易。

投资者如果将成交量的增减变化和趋势线相结合进行分析，那么波段交易的成功率会提高很多。

速战速决快离场

在震荡市中，行情转折得比较激烈，此时进行短线交易，需要注意的就是速战速决。速战速决在于能够在震荡中找准卖点：

1. 三日原则找卖点

短线强势股的上涨讲究的是一个气势，要一鼓作气。如果一旦连续 3 天没能继续向上开拓空间，则多方气势转弱，股价很可能将进入一个调整周期。3 日原则就是通过对 3 日内的股价进行观察，确定卖点。

随后 3 个交易日内连续上涨，则强势仍在延续，短线继续持股；随后 3 个交易日无法继续上涨，则短期行情转向弱势的可能性较大，短线应卖出；或者股价收盘跌破 3 日均线，卖出。

2. 有章可循轻松卖

在震荡行情中，投资者不知道什么时候会涨，也不知道什么时候会跌。最后眼看着股价的确有些走弱，就是不敢卖，错失了又一次的投资机会。

为了避免出现这样的问题，投资者需要制订一定的计划。一旦交易计划制订完毕，就严格按照计划执行。

如图 10-2 所示，在该年 8 月出现大跌后，东风汽车（600006）在 8 月下旬进入了一个震荡走势。经历 8 月 24 日涨停之后，连续三天均没有创出新高，震荡行情的短线卖点出现。

此后该股快速回落后，于 9 月 1 日开始了小幅攀升行情。其

图 10-2　东风汽车（600006）K 线走势

中在 9 月 10 日、11 日虽然出现小幅调整，但是在第三天即创出新高，不构成卖出条件。在 9 月 18 日开始的三个交易日内，该股始终没有再创新高，此时构成短线卖点。

5 日均线在震荡市的短线操作中，占据着非常重要的地位。股价一旦跌破 5 日均线，短线投资者应立即卖出，不需等待"三日原则"的确认。

强势调整选股绝招

股市中也没有一帆风顺的上涨，那些出现强势调整是正常现象。强势调整分为被动性强势调整和主动性强势调整。

当股指接近超买区，见顶信号不明显，利空消息尚未完全显露时出现的调整为主动性强势调整；当股指抵达严重超买区，并出现明显见顶信号，或已经遭遇某种利空消息后出现的调整为被动性强势调整。被动性强势调整，投资者已经无能为力，但是投资者可以积极参与股市的主动性调整。

通常情况下，市场走势中的主动性强势调整，往往不是一件坏事，是一种以退为进的策略性步骤，这种主动性调整往往能够给投资者带来买入的机会。但是这种强势调整的持续时间一般不长，需要及时把握。

主动性强势调整的技术特征主要有：

（1）成交量在上涨时会有效持续放大，一旦出现调整时，成交量会迅速萎缩下来。

（2）股指的下跌不会有效击穿其上升趋势线和5日均线。

主动性强势调整中，投资者的选股方向重点是要选择蓄势较充分的个股，这类蓄势充分的潜力股常常能在上升行情中跑得比指数和其他个股快。

具体的选股方法有以下5种：

1. 选择底部形态构筑得比较坚实可靠的个股。

要求底部形态的构筑时间较长，形态上以圆弧底、头肩底和多重底为主。

2. 选择股价前期调整较为充分的个股，调整较充分的个股表现为：

（1）股价已经严重超跌。

（2）市场平均成本基本集中在现价附近。

（3）股价下跌动能已经完全释放。

（4）在某一重要支撑位探底走稳的个股可以重点关注。

3. 选择当前股价涨幅不大，绝对股价不高，但蕴含一定的投资价值和投机价值，后市具有一定的上升空间和潜力的个股。

4. 选择有明显新增资金介入的个股。特别注意成交量有所放大，但并没有过度放大，尚处于一种温和放量状态中，显示主流资金正在有计划、有步骤地积极建仓的股票。

5. 通过对上市公司近期的年报、中报和季报的综合对比，选择业绩优良的上市公司，作为重点关注对象。

在选择潜力股过程中，要结合当前市场主流热点的动向，选择和市场热点相近的板块和个股。而且，尽量选择具有多重概念的个股，以便在热点行情的转换中左右逢源，争取获得最大化的利润。

可能在数天之内即结束调整，继续运行在原有的上升趋势中，如果强势调整时间持续过长，则需要注意市场趋势转弱。

调整行情操作纪律

股市操作需要遵循一定的纪律，在调整市道中，股市起伏波荡不定，股价随时面临很多变数，所以更加应该遵循一定的操作纪律，具体显示如下：

1. 切忌逆市操作

调整市道中无论是股价、指数，还是趋势都是跌多涨少，都为投资者在研判行情和实际参与炒作等方面增加了不小的难度。

通常除了极少数的一些职业散户或短线高手，凭借其丰的经验、快捷的应变能力、长时间的准备和适时盯盘，才能够在调整市中虎口拔牙。而对于大多数不具备条件的短线投资者而言，如果逆市操作，贸然地在调整市中大举炒作，简直无异于虎口夺食，其投资命运自然是凶多吉少。

2. 谨慎冷静，多看少动

调整市中最重要的投资策略就是要保持谨慎冷静、多看少动。股市中赢利虽然是最终目的，但是，控制风险比赢利更加重要。投资者在下降趋势没有彻底见底之前，在对后市发展方向没有清晰的认识之前，应该暂时停止盲目的操作。在将风险控制在最低限度的情况下，耐心等待下一轮机会的到来。

调整市中市场缺乏明显的上升空间，个股缺乏明显的获利空间，投资者暂时停止操作是不存在踏空风险的。

相反，如果散户为了追逐调整市的一点蝇头小利，而盲目地频繁操作，不但会影响自己的投资心态，还极容易造成亏损和套牢，给自己在未来行情中的操作带来不利因素。

3. 积极备战，多选少做

股市中的每一轮调整都孕育着新的一轮行情，只有在调整市里积极选股，才能在趋势转好时及时买入，才能避免在牛市中追涨杀跌，疲于奔命。调整市中虽然需要多看少动，耐心等待。但是，这种等待不是一种消极的坐井观天式的等待，而是需要一种积极进取的等待，要把握时机、积极选股。

调整市选股时要根据调整市的特点选择一些绩优蓝筹股，因为有许多投资价值和投机价值俱佳的个股在牛市中往往是高处不胜寒，而在调整市中却常常有非常低廉的价格出现，投资者不应忽视该机会。

调整行情投资策略

在股市出现震荡波动时，总会有那么几次调整行情出现。调整行情是指股指或个股股价在上涨过程中，出现上涨回落的行情，它与熊市中的下跌行情有明显区别。

熊市中的跌市是市场整体趋势向下发展的行情，而调整行情是处于市场整体趋势向上发展过程中，由于受到意外消息或技术面等原因影响出现的暂时性的同调走势，当调整结束以后，股市仍然会继续向上拓展空间。

在调整行情中，投资者要采取正确的操作策略，以下几种方法值得考虑：

1. 调整行情，谨慎持股

在调整市中炒股，要把安全放在第一位。发现操作失误或个股基本面发生重大变化时，应及时果断止损。资金是有限的，而机会是无限的。调整市及弱市中缺乏的是资金，在调整市持股要尽量规避市值过大的个股，首选那些缺乏资金的市场大市值股。

对于那些市场大市值股在选择上要以超跌股、题材股为主。超跌必然出现反弹是市场规律也是个股走向规律。题材则是盘中做多机构制造局部行情的动力，调整市中题材不能太多而导致"分兵"，单一题材往往会因众星捧月而致炒作成功率高。在择股上无论超跌股还是题材股，一定要看其"出身"，系出自"中小盘"，才是首选。

调整行情最适合短线持股，对于持有的股票，要随时保持警惕，谨慎对待，不能持有时间过长。

2. 做空回补

该策略适应于调整开始时，具体操作有三种方法：

（1）将所持的股票果断地斩仓卖出，再在跌得更低的价位里买入同量的股票。

这样做的好处是，权当仍持有同样品种、同样数量的股票没有抛，但却获得了差价，成为空头行情的赢家。

（2）用斩仓的资金在低位买进更多的原来股票，虽然账面上没有赢钱，却赚了股票，一旦回调结束，开始反弹，便可率先解套或赢利，这是一种主动性"生产自救"。

（3）适当空仓。在回调开始时，将手中的有赢利的股票先抛掉一些，腾出一些仓位，多留一些钱。即便是好股票，同样也不要死捂不放。

3. 在调整市中要早作准备

股市中的每一轮调整都孕育着新的一轮行情，只有在弱市里积极选股，择机买入，才可以避免在强市中追涨杀跌，疲于奔命。

在获利少的时期，也充分利用，积极寻找机会。一方面我们可以以静制动，耐心学习和选股，另一方面也要细心观察，把握市场运行的脉搏，关注某些强势股的走势和主流资金的动向。

调整市为散户提供了逢低买进的机会，但是从有效控制风险的角度出发，对于以下几类股票，散户不宜参与：缩量阴跌的股票、放巨量逆势逞强股票、跌势未尽的股票、股评集中推荐的股票。

总之，在调整市中散户要顺应趋势的发展，戒急戒躁。用平和的心态选择适当的投资策略，捕捉弱市中的投资机遇，等待曙光的最终来临。

图书在版编目 (CIP) 数据

股票获利实战大全 . 4, 股票交易实战技法 / 栾振芳
编 . –– 北京 : 中国华侨出版社 , 2021.1
　ISBN 978–7–5113–8360–0

　Ⅰ . ①股… Ⅱ . ①栾… Ⅲ . ①股票投资—基本知识
Ⅳ . ① F830.91

　中国版本图书馆 CIP 数据核字 (2020) 第 216471 号

股票获利实战大全 . 4, 股票交易实战技法

编　　者：栾振芳
责任编辑：江　冰
封面设计：冬　凡
文字编辑：胡宝林
美术编辑：刘欣梅
经　　销：新华书店
开　　本：880mm×1230mm　1/32　印张：24　字数：560 千字
印　　刷：三河市新新艺印刷有限公司
版　　次：2021 年 1 月第 1 版　2022 年 2 月第 4 次印刷
书　　号：ISBN 978–7–5113–8360–0
定　　价：138.00 元（全 4 册）

中国华侨出版社　北京市朝阳区西坝河东里 77 号楼底商 5 号　邮编：100028
发 行 部：（010）88893001　　　传　　真：（010）62707370
网　　址：www.oveaschin.com　　E－m a i l：oveaschin@sina.com

如果发现印装质量问题，影响阅读，请与印刷厂联系调换。

股票获利实战大全．1

一本书读懂
K线图

江河 / 编

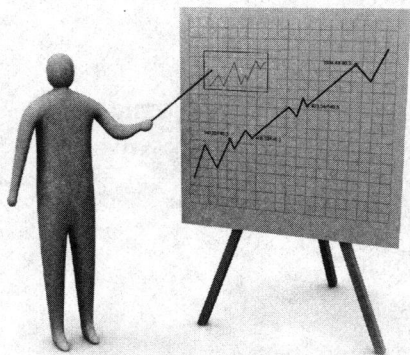

中国华侨出版社
北 京

前言

PREFACE

　　每个进入股市的投资者，都离不开K线图，也都对之情有独钟，深深被它的魔力所吸引，有人为之狂喜，有人为之痛哭，有人用它赚到了千万之金，也有人散尽亿万家财。各路投资者不管是技术面的、基本面的都想从K线图上看出来股价涨跌的奥秘，进而掌握财富的钥匙，打开通往财务自由的大门。

　　K线中大有学问，你可以从这些图线预知大盘和个股的走势。K线图实际上为考察当前市场心理提供了一种可视化的分析方法，它简洁而直观，虽不具备严格的逻辑推理性，却有相当可信的统计意义，真实、完整地记录了市场价格的变化，反映了价格的变化轨迹。比之西方的线性图，K线图技术要早100年左右，且其信号更丰富、更直观、更灵活、更提前。经过近300年的演化，特别是经过西方社会近20年的推广，K线图技术被广泛应用于全世界的证券市场、期货市场、外汇市场等领域，成为技术分析中的最基本的方法之一。K线作为一种力量巨大的技术分析工具，是我们行走股市的指示灯。

1

K线是对股市过往的记载，股市中的酸甜苦辣、涨涨跌跌都凝聚成阴阳交错的K线了。它直观、立体感强、携带信息量大，能充分显示股价趋势的强弱、买卖双方力量平衡的变化。根据K线的形态，我们可以获知一定的投资依据，分析预测股价的未来走势，指导投资方向，从而赚取巨额的投资回报。

　　K线是一种特殊的市场语言，不同的形态有不同的含义。对于投资者而言，要掌握所有的K线形态是比较困难的事情。事实上，我们只要掌握几种常见的、实战性高的形态就足够了，当然掌握得越多越好，这就要求投资者不断努力地学习。本书从K线入门知识出发，详细讲述了阳线、阴线、十字线、锤头线等各种K线，重点介绍了K线的经典组合、K线整理形态、K线反转形态以及K线缺口形态等。为了帮助投资者在实战中更好地利用K线进行买卖操作，本书对K线的起涨起跌信号、K线技术指标、K线趋势、K线与成交量的综合运用、主力坐庄的K线形态以及常见K线陷阱等都做了讲解。本书内容翔实、通俗易懂、简明实用，可以作为初入股市和有一定经验投资者的参考用书。

目录

CONTENTS

1

第三章　经典 K 线组合上涨形态和见底形态

第四章 经典K线组合下跌形态和滞涨形态

第五章 经典 K 线组合反转形态

第六章　经典 K 线组合整理形态

第七章　分析 K 线图的关键技术指标

第八章　透过 K 线一眼看穿主力底牌

第一章

K线基础知识

认识 K 线图

K线图也叫蜡烛图或阴阳线，起源于日本，它是日本德川幕府时代大阪的米商用来记录一天、一周或一月中米价涨跌行情的图示法，后因其细腻独到的标画方式而被引入股市及期货市场。目前，这种图标分析法在我国以及整个东南亚地区都较为流行。

K线图具有直观、立体感强、携带信息量大等特点，蕴含着丰富的东方哲学思想，能充分显示股价趋势的强弱、买卖双方力量平衡的变化，预测后市走向较准确，是现今应用较广泛的技术分析手段之一。

K线最大的优点是简单易懂而且运用起来十分灵活，最大的特点在于忽略了股价在变动过程中的各种纷繁复杂的因素，而将其基本特征展现在人们面前（图1-1）。

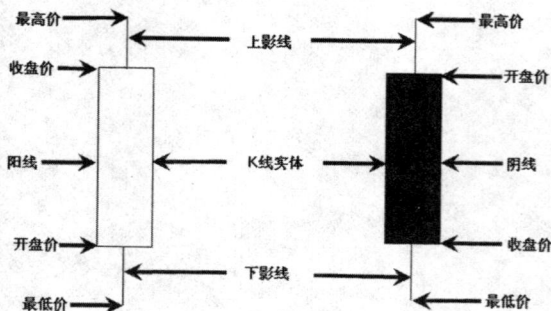

图 1-1

K 线的种类划分

1.K 线的形态划分

（1）阴线。

阴线是指收盘价低于开盘价的 K 线，阴线按其实体大小也可分为大阴线、中阴线和小阴线（图 1-2）。

（2）阳线。

阳线是指收盘价高于开盘价的 K 线，阳线按其实体大小可分为大阳线、中阳线和小阳线（图 1-3）。

（3）同价线。

同价线是指收盘价等于开盘价，两者处于同一个价位的一种特殊形式的 K 线，同价线常以"十"字形和"T"字形表现出来，故又称十字线、T 字线。同价线按上、下影线的长短、有无，又可分为长十字线、十字线和 T 字线、倒 T 字线、一字线等（图 1-4）。

大阴线　中阴线　小阴线

图 1-2

大阳线　中阳线　小阳线

图 1-3

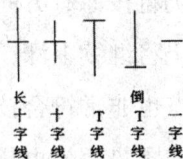

长十字线　十字线　T 字线　倒 T 字线　一字线

图 1-4

2.K 线的周期划分

根据 K 线的计算周期可将其分为 5 分钟 K 线、15 分钟 K 线、30 分钟 K 线、60 分钟 K 线、日 K 线、周 K 线、月 K 线和年 K 线。

这些 K 线都有不同的作用。例如，5 分钟 K 线、15 分钟 K 线、30 分钟 K 线、60 分钟 K 线反映的是股价超短期走势；日 K 线反映的是股价短期走势；周 K 线、月 K 线、年 K 线反映的是股价中长期走势。

K 线图分析技巧

在实践中，我们可以发现 K 线的形态数量繁多，有时候，还会碰到形态相似后市却截然相反的 K 线形态。那么，究竟该如何更准确地看懂 K 线图呢？以下介绍三种分析技巧：

1. 看阴阳线

阴阳线代表趋势方向，阳线表示将继续上涨，阴线表示将继续下跌。以阳线为例，在经过一段时间的多空搏斗，收盘高于开盘表明多头占据上风，根据牛顿力学定理，在没有外力作用下价格仍将按原有方向与速度运行，因此，阳线预示着股价在下一阶段仍将继续上涨，最起码在下一阶段初期能够保持惯性上冲。这一点也非常符合技术分析中三大假设之一：股价沿趋势波动，而这种顺势而为也是技术分析最核心的思想。同理，阴线代表着股价将继续下跌。

2. 看实体大小

实体大小代表内在动力，实体越大，上涨或下跌的趋势越明显；反之，趋势则不明显。以阳线为例，其实体就是收盘高于开盘的那部分，阳线实体越大，说明了上涨的动力越足，就如质量越大与速度越快的物体，其惯性冲力也越大的物理学原理一样，阳线实体越大，代表其内在的上涨动力也越大，其上涨的动力将大于实体小的阳线。同理可知，阴线实体越大，其下跌动力也越足。

3.看影线长短

影线代表转折信号，向一个方向的影线越长，越不利于股价向这个方向变动，即上影线越长，越不利于股价上涨，下影线越长，越不利于股价下跌。以上影线为例，在经过一段时间的多空争斗之后，多头终于败下阵来。不论 K 线是阴还是阳，上影线的部分已构成下一阶段的上档阻力，股价向下调整的概率居大。同理，下影线预示着股价向上攻击的概率居大。

K 线图的画法

一条完整的 K 线包含四个要素：开盘价、收盘价、最高价、最低价。以一周为一时间段，这周一开盘时的股票价格为 K 线的开盘价，周五收盘时的股票价格为 K 线的收盘价。这一周内股票成交的最高价为 K 线的最高价。这一周内股票成交的最低价为 K 线的最低价。按照以上四个要素画出本周的资金 K 线，每一周的资金 K 线连起来，组成 K 线图。

若以绘制日 K 线为例来说明，则要首先确定开盘和收盘的价格，它们之间的部分画成矩形实体。如果收盘价格高于开盘价格，则 K 线被称为阳线，用空心的实体表示。反之称为阴线，用黑色实体表示。目前很多软件都可以用彩色实体来表示阴线和阳线，在国内股票和期货市场，通常用红色表示阳线，绿色表示阴线。但涉及欧美股票及外汇市场的投资者应该注意：在这些市场上通常用绿色代表阳线，红色代表阴线，和国内习惯刚好相反。用较细的线将最高价和最低价分别与实体连接。最高价和实体间的线被称为上影线，最低价和实体间的线称为下影线。

K 线图有直观、立体感强、携带信息量大的特点，能充分显示股价趋势的强弱、买卖双方力量平衡的变化，预测后市走向较准确，是各类传播媒介、电脑实时分析系统应用较多的技术分析手段。K 线是一种特殊的市场语言，不同的形态有不同的含义，见下表。

阳线	阴线	十字线
常以红色、白色实体柱或空心黑框表示	常以绿色、黑色或蓝色实体柱表示	
股价强	股价弱	股价走平
收盘价高于开盘价	收盘价低于开盘价	收盘价等于开盘价
最高价等于收盘价时，无上影线	最高价等于开盘价时，无上影线	最高价等于开盘价时，无上影线
最低价等于开盘价时，无下影线	最低价等于收盘价时，无下影线	最低价等于开盘价时，无下影线

第二章

常见单根K线精要解析

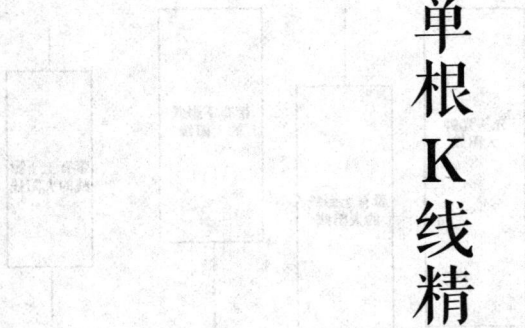

大阳线

大阳线是股价走势图中常见的 K 线，其基本形态如图 2-1 所示。

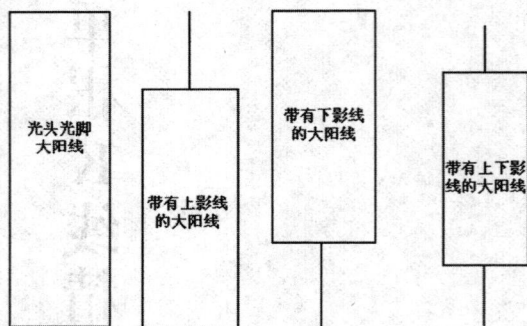

光头光脚
大阳线

带有上影线
的大阳线

带有下影线
的大阳线

带有上下影
线的大阳线

图 2-1

大阳线的特征主要有以下三点：

（1）股价涨幅一般在 5% 以上。

（2）阳线实体越长，则力量越强；反之，则力量越弱。

（3）在涨停板情况下，最大的日阳线实体可达当日开盘价的 20%，即以跌停板开盘，涨停板收盘。

大阳线出现的位置不同，含义就有很大区别。一般而言，在股价上涨初期或中途出现大阳线，后市看涨。

轴研科技（002046）在拉出大阳线之前一直出于横盘状态，在拉出大阳线之后，多头终于战胜空头，股价一路上涨（图2-2）。

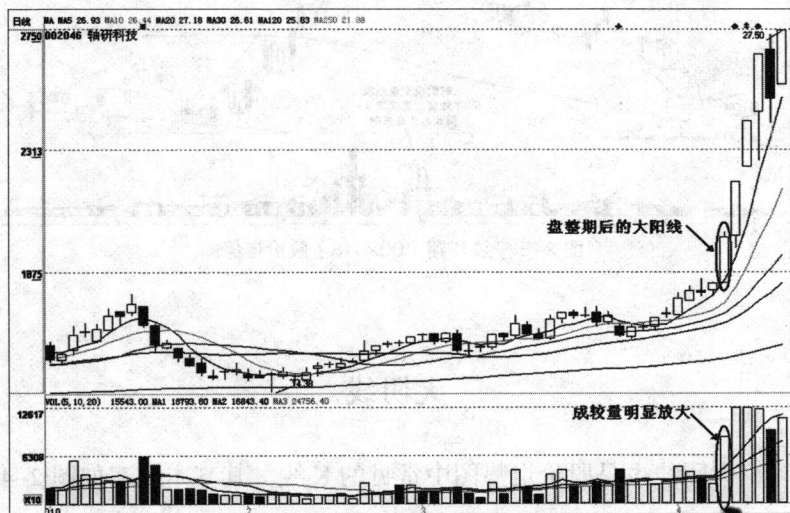

图 2-2 轴研科技（002046）股价走势图

在连续加速上涨行情中出现大阳线，通常是见顶信号。

宁波华翔（002048）在经过一段上涨行情之后，拉出了一根大阳线，此时的成交量也明显放大，该大阳线明显属于逃命长阳，果然，该阳线出现之后，股价大跌（图2-3）。

另外，在下跌途中出现大阳线可能是诱多的陷阱，要谨慎对待；在连续下跌的行情中出现大阳线，有见底回升的意义。

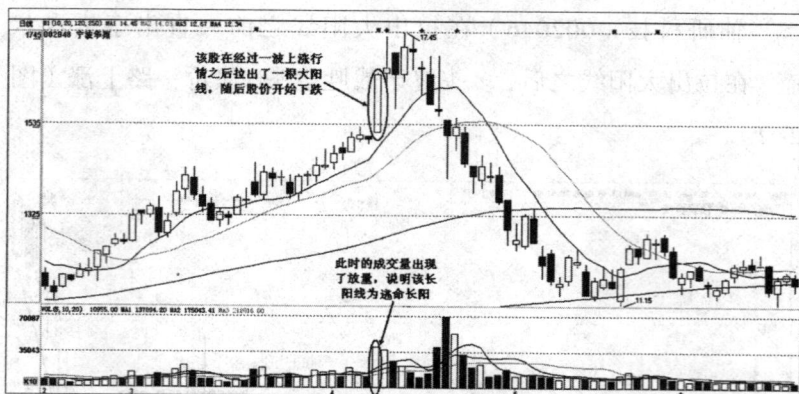

该股在经过一波上涨行情之后拉出了一根大阳线，随后股价开始下跌

此时的成交量出现了放量，说明该长阳线为送命长阳

图 2-3 宁波华翔（002048）股价走势图

大阴线

大阴线也是股价走势图中常见的 K 线，其基本形态如图 2-4 所示。

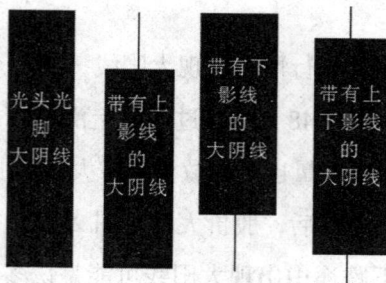

光头光脚大阴线

带有上影线的大阴线

带有下影线的大阴线

带有上下影线的大阴线

图 2-4

大阴线（又称长黑线）是股价走势图中常见的 K 线，此种 K 线形态表示最高价与开盘价相同（或略高于开盘价），最低价与收盘价一样（或略低于收盘价），上下没有影线（或上下影线短）。该 K 线形态的出现多表明卖方占优势，股市处于低潮。持股者不限价格疯狂抛出，造成股市恐慌心理，市场呈一面倒的局势，直到收盘，价格始终下跌，表示强烈的跌势。

大阴线的力度大小，与其实体长短成正比，即阴线实体越长，力度越大，反之，力度越小。大阴线的出现对多方来说是一种不祥的预兆。但也不能一概而论，并不是所有的大阴线都是后市看淡的信号，大阴线出现在不同的阶段其含义也是不同的。

一般来说，在上升初期或中期，股价整体涨幅不大的前提下，大阴线很可能是主力凶悍洗盘的结果；在股份大幅上涨后出现大阴线，是见顶信号，投资者必须清仓出局；在下跌刚开始时出现大阴线，后市看跌；在下跌途中出现大阴线，继续看跌；在连续加速下跌行情中出现大阴线，有空头陷阱之嫌疑，一旦止跌反而是介入的好时机。

东风汽车（600006）在经过一波上涨行情之后的高位出现了一根大阴线，这代表着后市看跌。果然，高位大阴线出现之后，股价开始转入跌市。在经过一段时间的下跌之后，又拉出了一根大阴线，这种出现在下跌途中的大阴线是对跌势的进一步确认，表示下跌还将持续，随后，股价继续一路下行。不久，股价又出现了一根大阴线，此时遇到这根大阴线之后，投资者不可盲目看空，因为这根阴线的出现表明后市即将反转。在这根大阴线出现之后，又出现了股价见底信号——阴线锤头，这两种信号结合起来，就足以说明跌势已经到头。果然，在出现阴线锤头之后，股价开始了一波上涨行情（图2-5）。

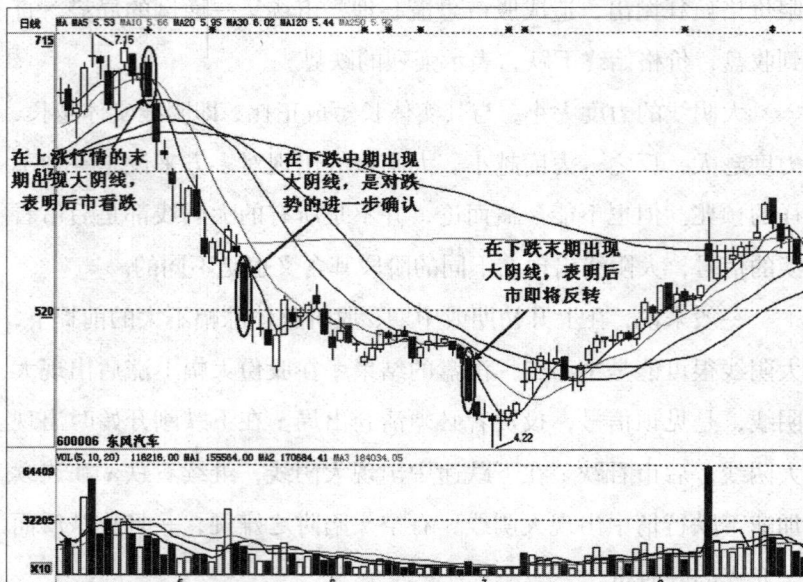

图2-5 东风汽车（600006）股价走势图

长十字线

长十字线的开盘价和收盘价相同，成为一字，但最高价与最低价拉得很开，因此与十字线相比其上下影线都很长（图2-6）。

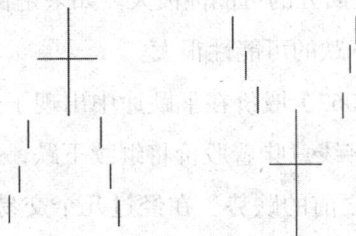

图 2-6

如果在涨势中出现长十字线，尤其是股价有了一段较大的涨幅之后，则预示股价见顶回落的可能性极大，投资者此时应及时出局；如果在股价上涨的途中出现，则意味着后市被看好，股价继续上涨的可能性很大。

济南钢铁（600022）在股价上涨的高位出现了长十字线，随后股价开始加速下跌（图 2-7）。

在跌势中出现长十字线，尤其是股价有了一段较大的跌幅之

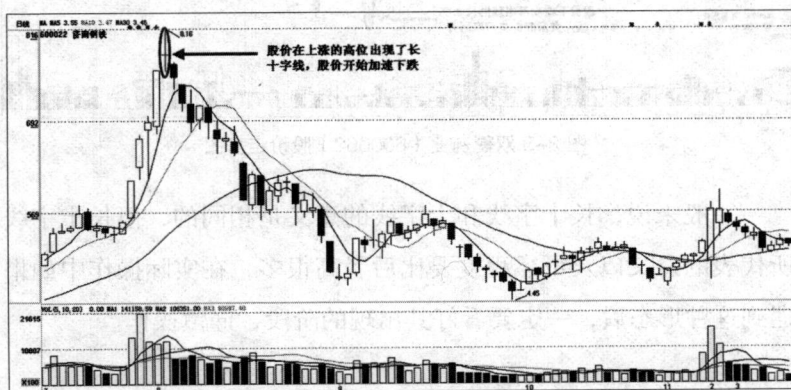

图 2-7 济南钢铁（600022）股价走势图

后，预示着股价见底回升的可能性极大。如果是在下跌途中出现，则意味着股价继续下跌的可能性很大。

双鹤药业（600062）股价在下跌途中出现了长十字线。出现在下跌途中的长十字线意味着股价将继续下跌，果然，长十字线出现之后股价继续之前的跌势。在经过几个交易日的下跌之后，股价拉出了一根大阴线，第二个交易日出现了底部十字线，此十字线才是股价止跌的信号。随后，该股开始一波上涨行情（图2-8）。

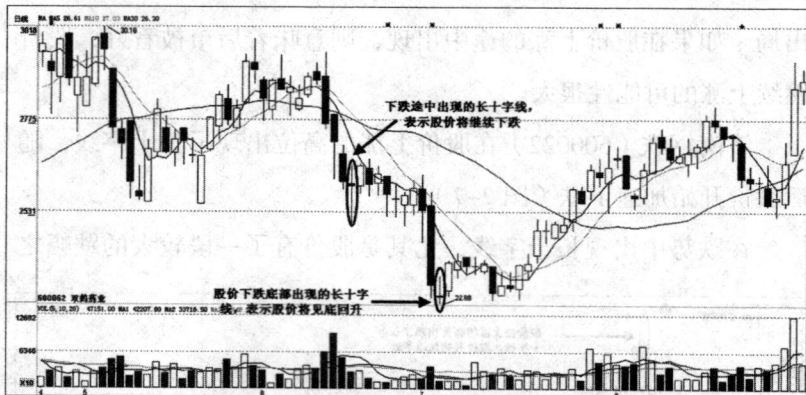

图 2-8 双鹤药业（600062）股价走势图

一般来说，长十字线和十字线的意义是相同的，但长十字线所代表的意义以及可靠程度要比后者高很多，在实际操作中如果遇到这种形态后，一定要看好其出现的阶段，谨慎操作。

一字线

一字线是非常特殊的一种 K 线形态（图
2-9）。一字线又分为涨停一字线和跌停一字线
两种，两个形态一样，只是颜色不同而已。

图 2-9

1. 涨停一字线

股价以涨停板的形式开盘和收盘，且中间没有被打开，即当
天的最高价格、最低价格、收盘价以及开盘价都是相等的，形成
"一"的形状，这种走势形态被称为涨停一字线。

与其他 K 线形态一样，这种 K 线也和其所处的位置密切相关，
但通常是强烈看涨的信号，比如出现在长期下跌之后的区域，或

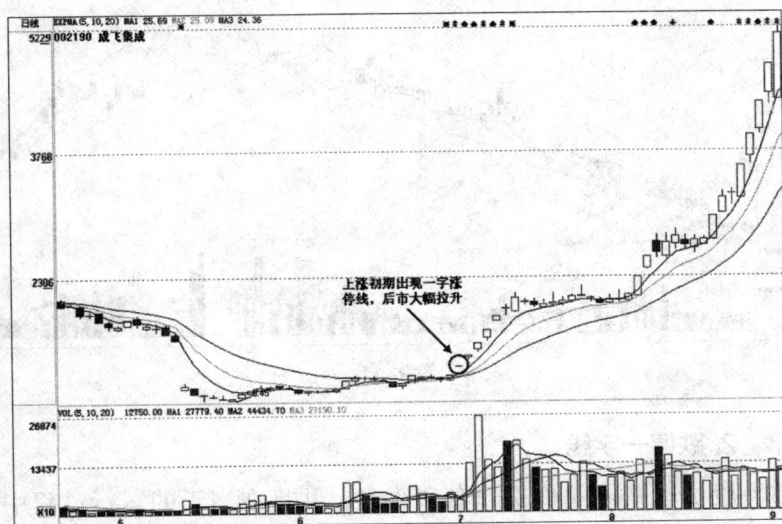

上涨初期出现一字涨
停线，后市大幅拉升

图 2-10

者上涨初期及上涨中途等情况。

如图 2-10 所示，该股在上涨初期出现涨停一字线，且成交量并没有放大，说明主力控盘良好，随后股价走出一波大幅拉升的行情，但在股价经过大幅上涨的高位区域以及见顶后急跌的反弹中出现这种形态，后市则不被看好。

如图 2-11 所示，该股就是在大幅上涨之后又连续两天出现这种涨停一字线，且是缩量涨停，给人感觉是主力在高度控盘，其目的则是欲迷惑投资者来接盘，为其出货打基础，可以看到随后股价便走出快速下跌的行情。

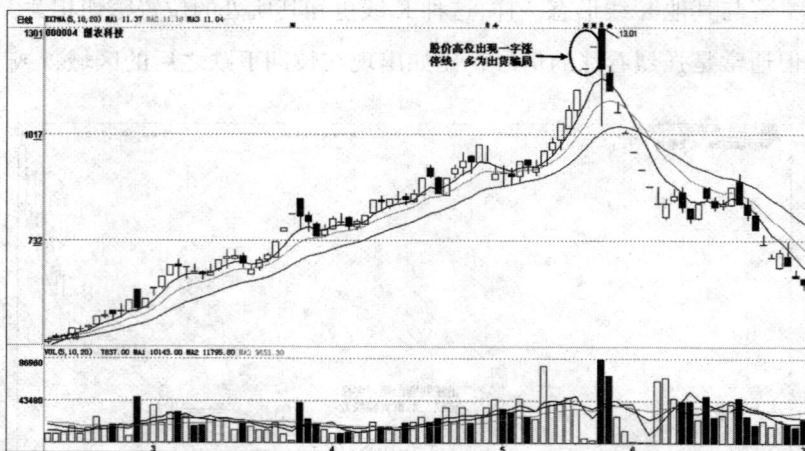

图 2-11

2. 跌停一字线

股价以跌停的价格开盘和收盘，并且在当天的运行过程中始终没有打开跌停板，即最高价格、最低价格、开盘价以及收盘价都是相同的，形成"一"的形态，这种走势形态称为跌停一字线。

　　一般情况下，跌停一字线出现在股价经过大幅度上涨之后的高位区域，或者是出现在股价下跌的过程中。而无论这种跌停一字线是出现在市场的高位区域，还是在下跌的中途时，都是一种看跌的信号，起码短线是看跌的，应该快速离场，虽然也有利用这种跌停进行洗盘的，但毕竟是少数，投资者还是不要心存侥幸为好。

　　如图 2-12 所示，该股在经过大幅的暴涨之后，放量冲高回落收出一根大阴线，随后出现一字跌停板，后市走出了一波快速下跌的行情。

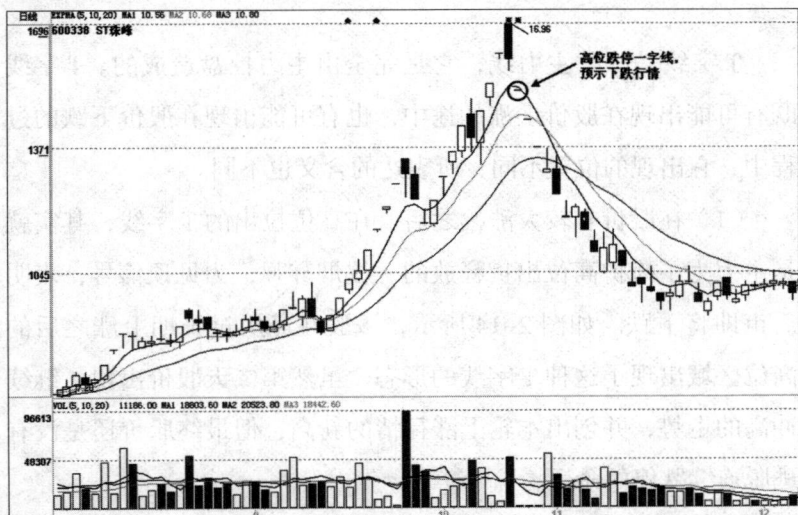

图 2-12

T 字线

T 字线又叫蜻蜓线。T 字线的开盘价、收盘价和全交易日最高价相同，K 线上只留下长长的下影线，如果有上影线也是非常短的。T 字线信号强弱与下影线成正比，下影线越长，说明下档的买方实力越强，后市股价走强的可能性就越大（图 2-13）。

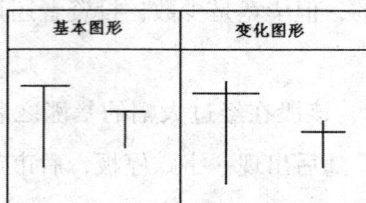

基本图形	变化图形

图 2-13

T 字线是一种主力线，它是完全由主力控盘造成的。T 字线既有可能出现在股价上涨的途中，也有可能出现在股价下跌的过程中，它出现的位置不同，所表达的含义也不同。

（1）在股价有较大涨幅之后，在高位拉出的 T 字线，其实就是主力为了掩护高位出货释放的一枚烟雾弹，为见顶信号，表明后市即将下跌。如图 2-14 所示，该股在经历过长期上涨之后的高位区域出现了这种 T 字线的形态，虽然第二天股价出现了继续冲高的走势，并创出本轮上涨行情的新高，但最终股价还是没有逃脱连续跌停的命运。

（2）T 字线如果出现在股价上涨之初或中途，才是主力真正

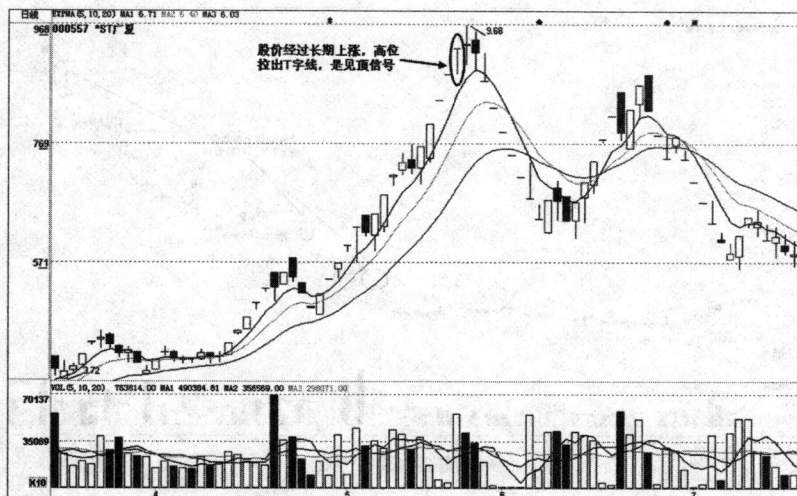

图 2-14

的洗盘动作，属于技术上涨信号。如图 2-15 所示，该股在底部区域刚启动不久后，就出现了这种 T 字线的形态，随后，股价便走出了一波漂亮的上涨行情。在上涨的中途，T 字线也多次出现，表明多方拉升股价的意愿强烈，上涨空间巨大。

（3）T 字线如果出现在股价有较大跌幅之后，表明主力在低位建仓后利用先抑后扬的 T 字线走势来稳定军心的一种迫切心情，预示着后市即将出现反弹，甚至走出一波上涨行情的可能性很大。

（4）T 字线如果出现在股价下跌的过程中，这是被套主力在刻意制造止跌企稳的假象，以此来吸引买盘，派发手中的筹码，是继续下跌的信号。

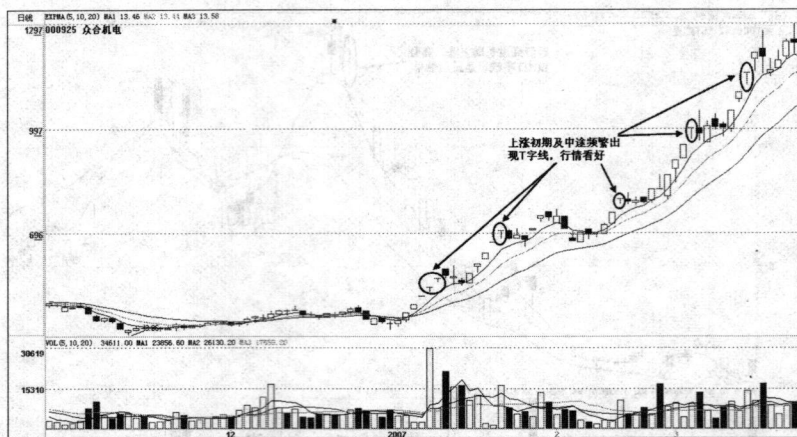

图 2-15

倒 T 字线

如图 2-16 所示,倒 T 字线又称为下跌转折线,其形成过程通常是一开始买盘相当积极,股价出现快速拉升的状态,随后卖方开始打压,股价出现回落,但股价始终没有跌破当天的开盘价格,最终以开盘价收盘。即当天的开盘价、收盘价以及最低价都相等。"倒 T 字线"带有一条上影线,上影线越长,说明当天上

基本图形	变化图形

图 2-16

档的抛压越沉重。

倒 T 字线在下跌末期出现是买入信号，后市将迎来上涨行情。特别是末期下跌三连阴后出现倒 T 字线或者两黑夹一红后出现倒 T 字线，则是一个非常好的切入点。

如图 2-17 所示，该股在低位区域出现倒 T 字线，第二天股价就开始走强，并最终引发一波不错的上涨行情。

如果倒 T 字线在股价长期上涨的高位区域出现，或者在股价快速大幅度上涨的阶段性高位出现时，就要引起投资者高度的重视，这往往是主力出货的征兆。

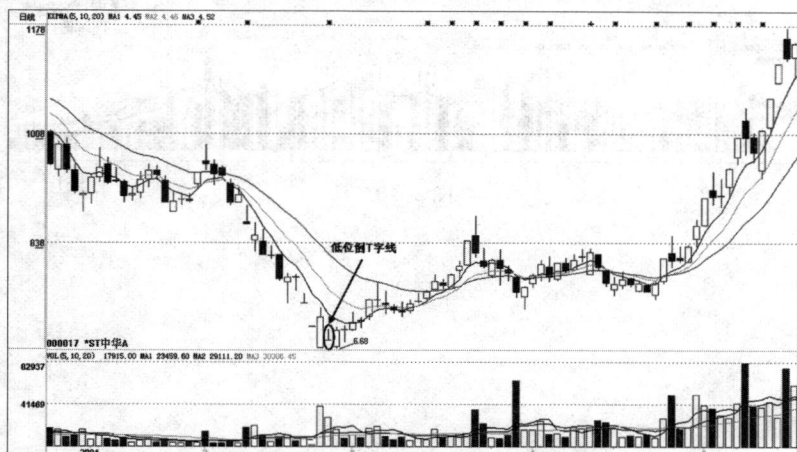

图 2-17

如图 2-18 所示，该股在高位出现了倒 T 字线的走势，当天大幅低开，随后盘中多方展示出拉抬股价的强烈意愿，无奈空方力量过于强大，股价最终还是没能站稳而跌回至开盘价位上收盘，留下了长长的上影线，从而引发了一波快速下跌的行情。

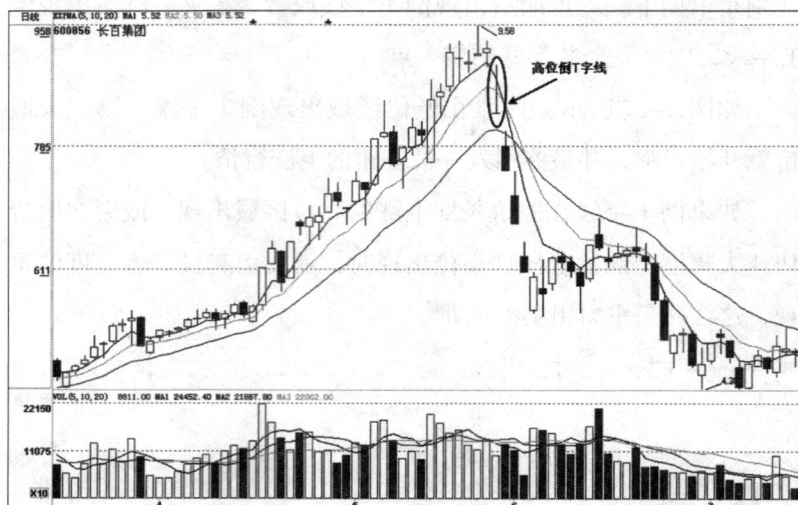

图 2-18

第三章

经典 K 线组合上涨形态和见底形态

早晨十字星

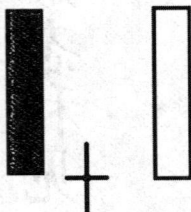

图 3-1

图 3-1 显示的是早晨十字星的标准形态，它有两个重要特征：

（1）通常出现在股价连续下跌的过程中，跌幅比较大。

（2）由三根 K 线组成，第一根 K 线为阴线，第二根 K 线为十字线，第三根 K 线为阳线，最好是跳空高开的阳线。第三根 K 线实体深入第一根阴线实体之中。

出现"早晨十字星"，说明股价经过大幅回落之后，做空能量基本上已经大量释放，股价无力再创新低，这是明显的大势转向信号。投资者如果见到这种图形，可以适量买进。

武钢股份（600005）在经过一波下跌行情之后的低位出现了早晨十字星，盘中做空能量基本上已经释放，随后，股价转头向上，走出一波上涨行情（图 3-2）。

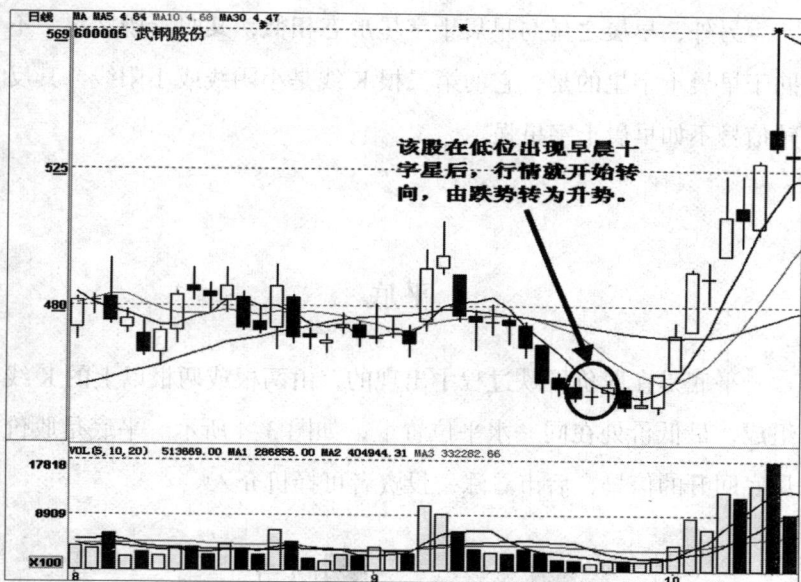

该股在低位出现早晨十字星后，行情就开始转向，由跌势转为升势。

图 3-2 武钢股份（600005）股价走势图

需要提醒投资者注意的是，早晨十字星还有三种变异形态，如图 3-3 所示。

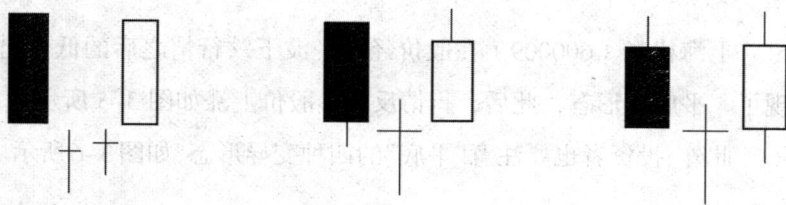

图 3-3

另外，早晨之星与早晨十字星形态相似，又叫希望之星，不同于早晨十字星的是，它的第二根 K 线是小阴线或小阳线，其反转信号不如早晨十字星强。

平底

平底是在股价下跌过程中出现的，由两根或两根以上的 K 线组成，最低价处在同一水平位置上，如图 3-4 所示。平底是股价见底回升的信号，后市看涨，投资者可择机介入。

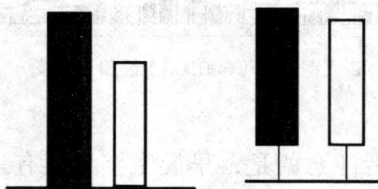

图 3-4

上海机场（600009）在股价经过一波下跌行情之后的低位出现了"平底"形态，此后，行情反转，股价上涨如图 3-5 所示。

此外，投资者也要注意"平底"的四种变异形态，如图 3-6 所示。

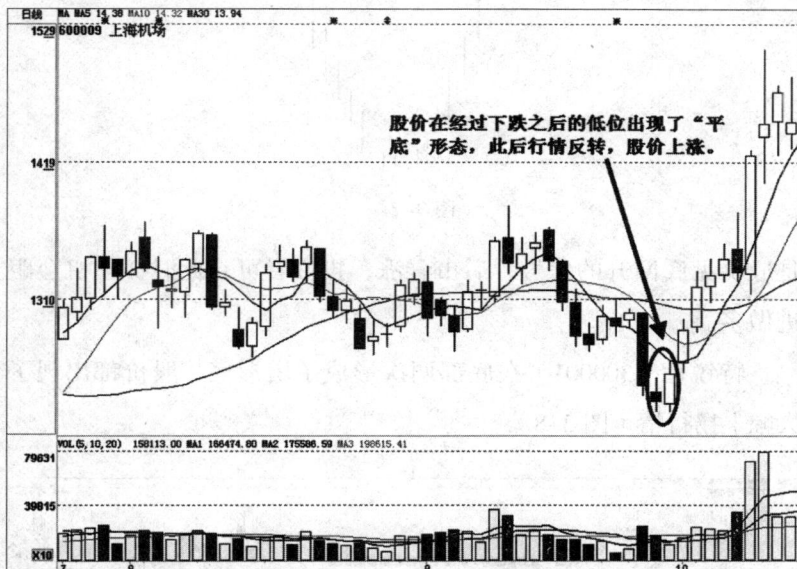

图 3-5 上海机场（600009）股价走势图

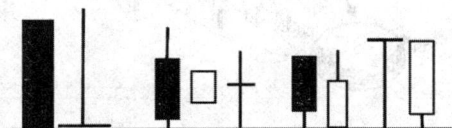

图 3-6

塔形底

　　塔形底出现在股价下跌过程中，先是一根大阴线或中阴线，后为一连串的小阴小阳线，最后出现一根大阳线或中阳线。因其形状像个倒扣的塔顶，所以称为塔形底，如图 3-7 所示。塔形底

图 3-7

是股价见底回升的信号，后市看涨，投资者可在此时抓住机会跟进做多。

特锐德（300001）在底部两次形成了塔形底，股价都出现了大幅上扬行情（图3-8）。

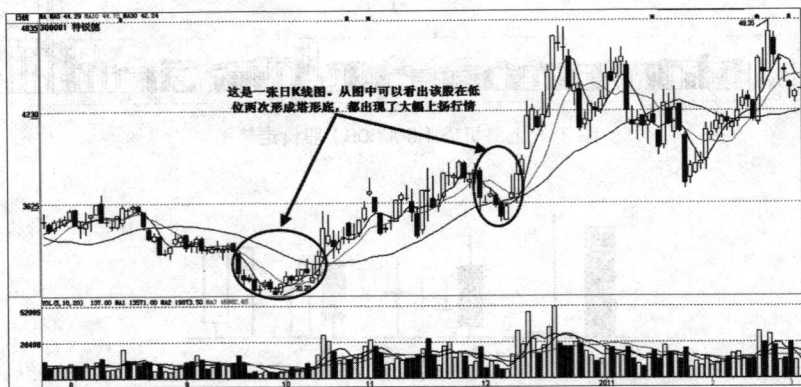

图 3-8 特锐德（300001）股价走势图

曙光初现

曙光初现出现在下跌趋势中，由一阴一阳两根 K 线组成，先是一根大阴线或中阴线，接着出现一根大阳线或中阳线，阳线的实体深入阴线实体的 1/2 以上处，如图 3-9 所示。

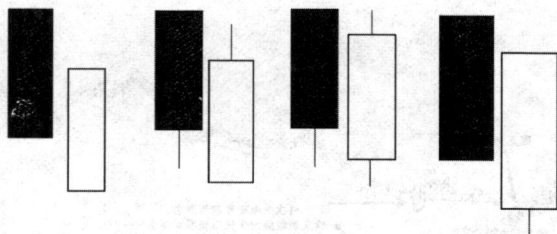

图 3-9

　　顾名思义，"曙光初现"的意思就是黑暗的长夜已经过去，黎明即将到来。从技术上来分析，该形态出现以后，暗示着股价已经见底或者已经到了阶段性的底部，股价回升的可能性很大，投资者此时可以考虑买进一些股票，适量做多。

　　华神科技（000790）在底部出现了曙光初现 K 线组合图形，随后，股价开始上涨。但涨势并没有持续太长时间便拉出一根阴线，反身向下，随后拉出一根阳线，这根阳线几乎达到前一天阴线实体的一半左右，当天的成交量较前一个交易日明显缩小。种种迹象表明，股价此时已经见底，回升的可能性很大。事实正是如此，在经过回调之后，股价开始了一波强劲的上涨行情，四个交易日连续拉出了四个涨停板，股价最高涨至 27.51 元，较 5 月 13 日的最低价 8.15 元，升幅达 238%（图 3-10）。

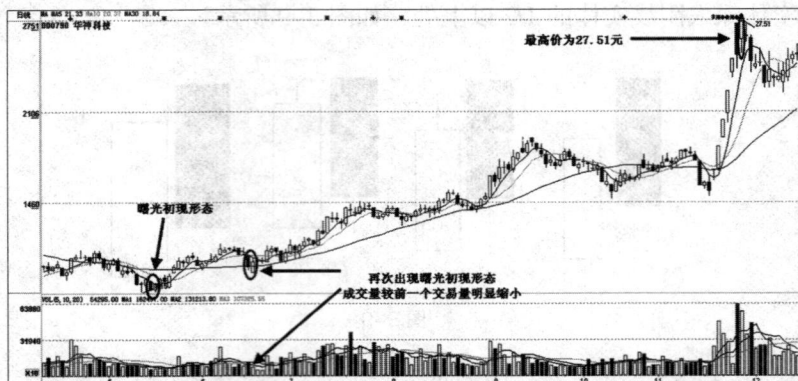

图 3-10 华神科技（000790）股价走势图

在操作实践中，利用曙光初现的时候，要抓住以下两个关键点：

（1）阳线的实体部分应超越阴线实体部分一半以上才有意义。

（2）第二根阳线的实体部分愈长表示力度越大。

在运用曙光初现选股时还要注意以下几点：

（1）股价所处的阶段。当该形态出现在个股涨幅过大的时候，骗线的可能性非常大。

（2）行情展开的力度。出现曙光初现 K 线组合形态后，如果股价立即展开上升行情，则力度往往并不大。相反，出现曙光初现后，如某只个股的股价有一个短暂的蓄势整理过程，此个股往往会爆发强劲的上涨行情。

（3）成交量的变化。伴随 K 线组合形态同时出现缩量，表明股价已经筑底成功。

旭日东升

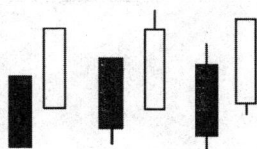

图 3-11

常见的旭日东升 K 线组合如图 3-11 所示，这种形态具有下列特征：

（1）通常出现在下跌趋势中。

（2）由一阴一阳两根 K 线组成。

（3）先是一根大阴线或中阴线，接着出现一根高开的大阳线或中阳线，阳线的收盘价已高于前一根阴线的开盘价。

旭日东升是明显的见底信号，且阳线实体深入阴线实体部分越多，信号越强。旭日东升的买入时机有两个：

（1）在出现旭日东升之际逢低买入，最好在出现旭日东升的当天收盘前积极买入。

（2）在旭日东升出现后上攻途中出现回档时，比如股价回档至 10 日或 20 日均线附近逢低吸纳，只要股价仍保持原始上升趋势，这不失为较好的介入时机。

如图 3-12 所示，该股在已经大幅下跌的背景下，先后收出一根中阴线和一根中阳线，构成旭日东升 K 线组合，此后便走出一波不错的上涨行情。旭日东升是较好的反转向上信号，投资者可以积极买入。

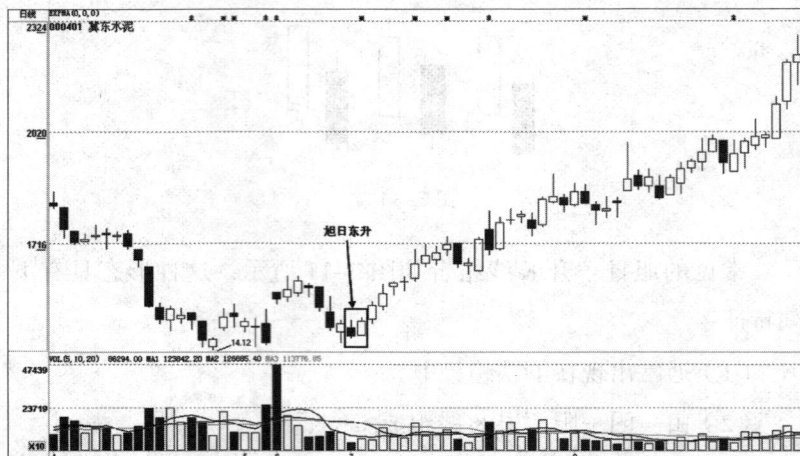

图 3-12

锤头线

如图 3-13 所示，"锤头线"主要有以下几个特征：

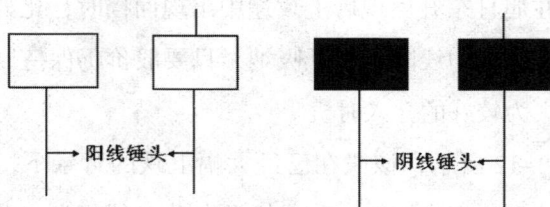

图 3-13

（1）该形态一般出现在股价下跌的过程中。

（2）该形态既可以是阴线也可以是阳线，其阴线或阳线的实体很小，一般没有上影线，即使有，上影线也非常短，但下影线部分的长度必须是实体部分的3倍以上。

（3）该形态是一种典型的见底信号，后市看涨。

特锐德（300001）在经过一段时间的下跌后出现了阴线锤头，股价见底，次日反弹，随后走出了一波上涨行情（图3-14）。

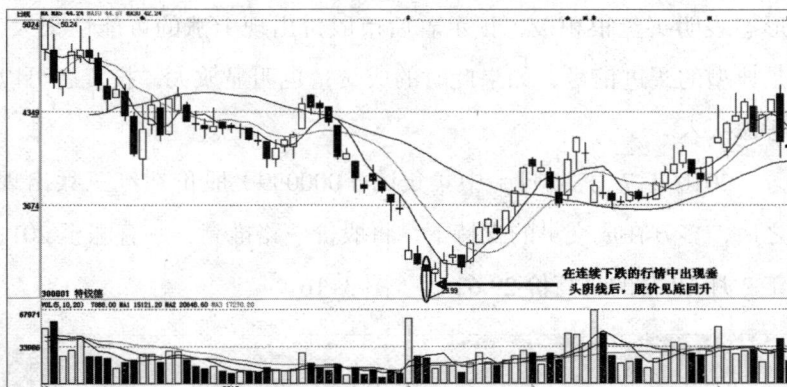

图3-14 特锐德（300001）股价走势图

对于出现锤头线的个股来说，下跌的幅度越大，时间越长，后市股价出现反弹或者是反转的可能性越大。

红三兵

红三兵由连续拉出的三根阳线构成，一般出现在长期下跌的底部区域，或者在上涨时回调反弹的过程中如图 3-15 所示。

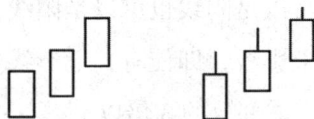

图 3-15

　　标准的红三兵是指每一天的开盘价都低于前一天的收盘价，但是收盘价却高于前一天的收盘价，最高点在不断地提高。这种形态表明买盘很积极，预示着后市股价出现上涨的可能性很大，是典型的买进信号，如果此时的成交量也明显放大，投资者可以考虑买入。

　　2010 年 7 月 20 日，中集集团（000039）股价在红三兵出现之后，多方在成交量的支持下，将股价一路推高，一直涨至 2011年 2 月 18 日的最高价 29.62 元（图 3-16）。

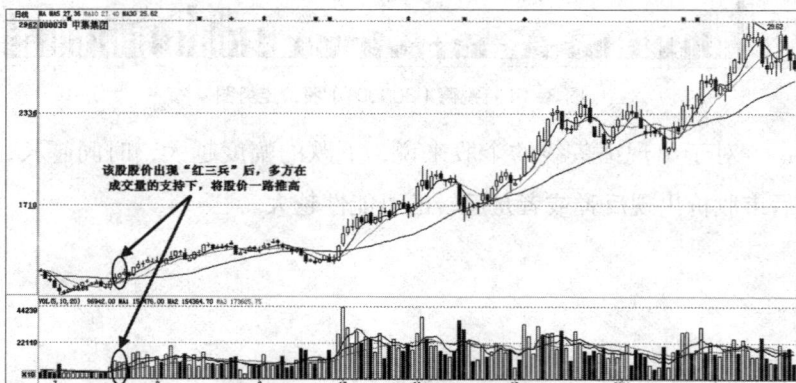

图 3-16 中集集团（000039）股价走势图

高位并排阳线

高位并排阳线出现在行情上涨的途中，由两根阳线组成；第一根阳线跳空向上，其收盘时在前一根 K 线上方留下一个缺口，第二根阳线与第一根阳线并排，开盘价与第一根阳线的开盘价基本相同（图 3-17）。还有人称这种图形为升势恋人。

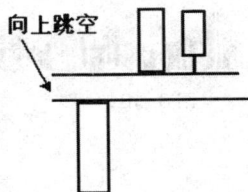

图 3-17

"高位并排阳线"的出现，意味着股价将会继续上涨，其向上跳空的缺口对日后股价走势有较强的支撑作用，但如果发现日后股价跌破这个缺口，股价走势就会转弱，投资者此时应该停损离场。

如图 3-18 所示，该股在股价上涨一段时间之后出现高位并排阳线，股价继续上行。"高位并排阳线"形成的缺口对股价的上行具有一定的支撑作用，途中虽有几次回档，但始终运行在缺口上方。最高涨至 2011 年 1 月 5 日的 41.80 元，相较 2010 年 7 月 2 日的最低价 18.20 元，升幅高达 130%。投资者也要注意，股价在上涨途中一旦跌破缺口，就一定要提高警惕，担

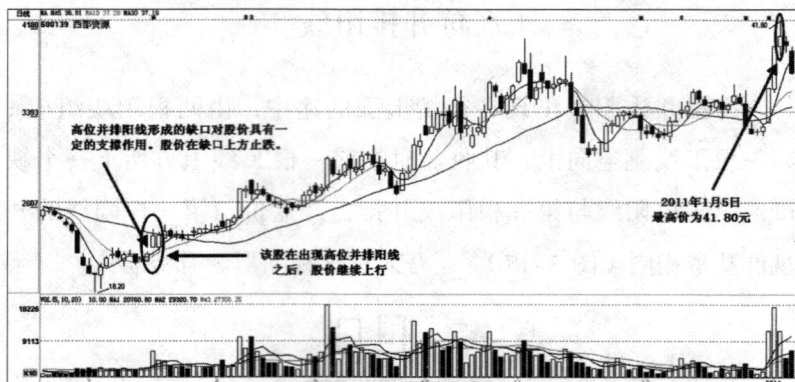

图 3-18

心后市逆转。

低位并排阳线

低位并排阳线的特征是：股价经过一段时间的下跌，出现了一根跳空低开的阳线，至收盘时留下一个缺口，紧接着又出现一根与之并列的阳线，两根阳线最低价几乎相同（图 3-19）。

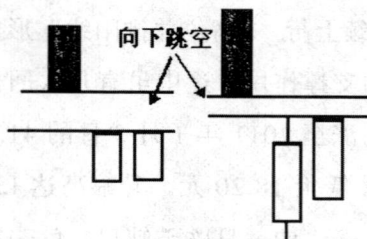

图 3-19

低位并排阳线出现在大幅下跌后是见底反转信号，后市看涨，可适量做多。

冉冉上升形

如图 3-20 所示，冉冉上升形 K 线组合的基本特征是：

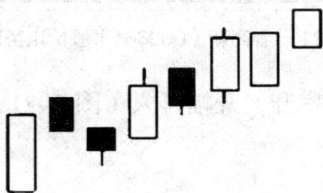

图 3-20

（1）在盘整后期出现。

（2）由若干小 K 线组成，一般不少于 8 根，其中以小阳线居多，中间也夹杂小阴线、十字线。

（3）整个 K 线排列成略微向上倾斜状，犹如冉冉升起的旭日。

这种形态在初期的升幅不太大，但往往是股价大涨的前兆，如果成交量也呈温和放大的态势，则上涨的可能性会更大一些。投资者见此 K 线组合，可适量做多，如果日后股价出现拉升现象，可继续加码买进。

长春高新（000661）股价在低位出现冉冉上升形 K 线组合

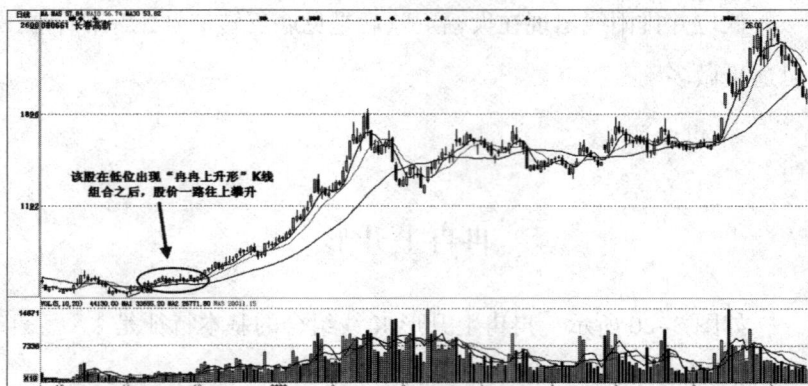

该股在低位出现"舟舟上升形"K线组合之后，股价一路往上攀升

图 3-21 长春高新（000661）股价走势图

之后，股价一路往上攀升，升幅喜人（图 3-21）。

徐缓上升形

徐缓上升形通常出现在涨势初期，先是连续出现几根小阳线，随后出现一两根中、大阳线，这表明多方力量正在加强，后市看涨，投资者遇到这种图形的时候可适量跟进（图 3-22）。

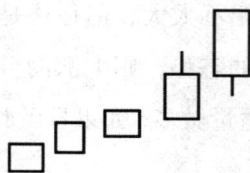

图 3-22

锦龙股份（000712）股价在运行的底部出现徐缓上升形 K 线组合形态，表明盘中多方力量正在逐步壮大，股价呈现出强势上扬态势，此时投资者可适量跟进（图 3-23）。

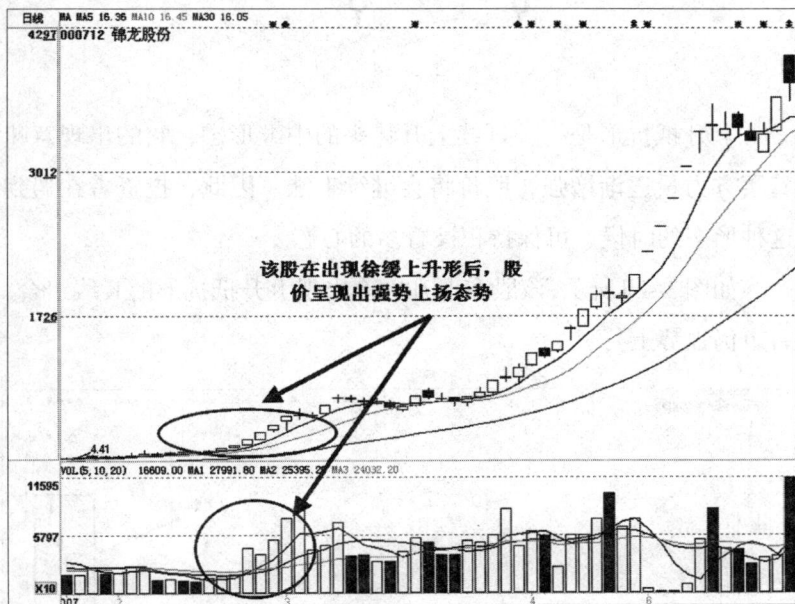

图 3-23 锦龙股份（000712）股价走势图

上升抵抗形

上升抵抗形一般出现在股价上涨的过程中，由若干连续高开的 K 线组成，即使中间收出阴线，收盘价也要比前一根 K 线的收盘价高（图 3-24）。

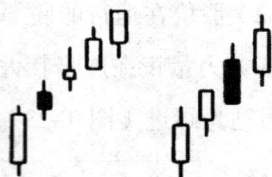

图 3-24

　　上升抵抗形是一种延续上升势头的中继形态，它的出现意味着买方力量逐渐增强，股价将会继续上涨。因此，投资者在遇到这种形态的时候，可保持积极看多的心态。

　　如图 3-25 所示，该股在上升中途出现上升抵抗形的 K 线组合，后市仍强势上行。

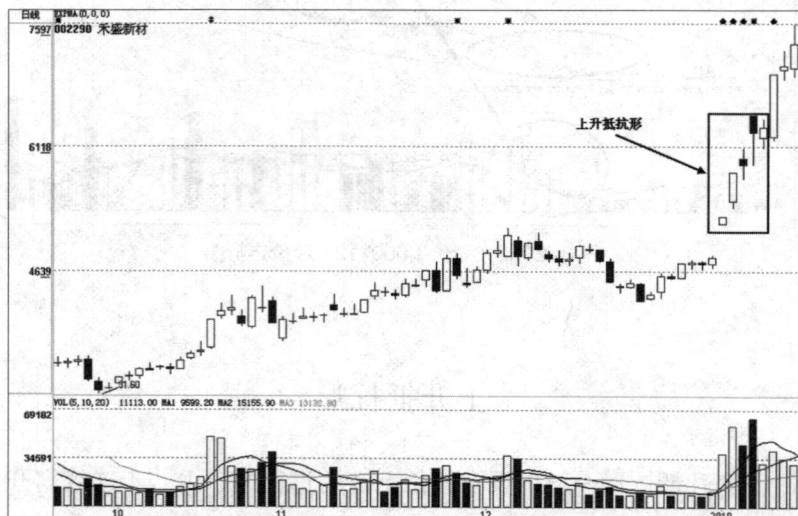

图 3-25

上涨两颗星

上涨两颗星一般出现在涨势初期或中途，由一大二小三根 K 线组成；在上涨时先出现一根大阳线或中阳线，随后就在这根阳线的上方出现两根小 K 线，这两根小 K 线可以是根个小阳线，可以是一根小阳线和一根小阴线，也可以是两根小小的十字线，如图 3–26 所示。

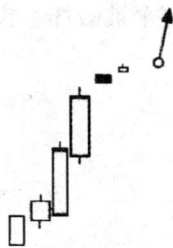

图 3–26

上涨两颗星的出现是可信度极高的买进时机，股价展开新一轮上升行情的可能性会很大，此时如果成交量出现明显放大，那么，投资者可以适量增加仓位，持筹待涨。

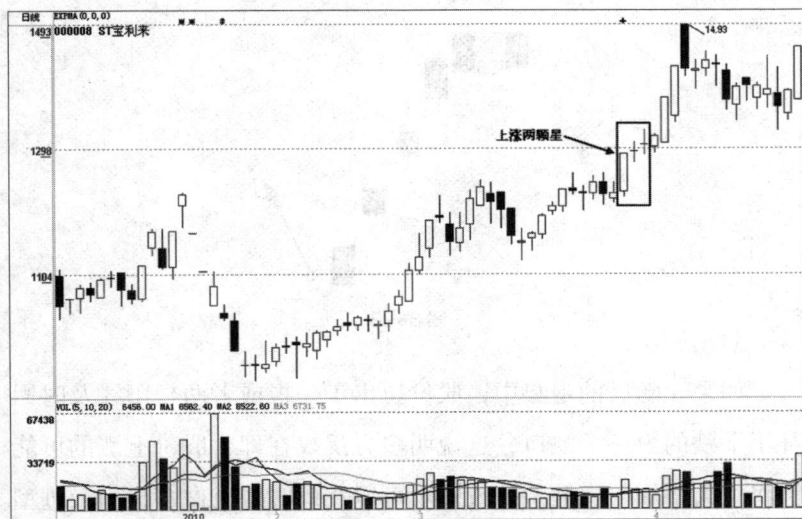

图 3–27

如图 3-27 所示，该股在加速上涨时期出现上涨两颗星的 K 线形态，短线涨幅仍很可观。见到这种图形，只要此后趋势没有完全被破坏，投资者可以继续持股待涨。

连续跳空三连阴

连续跳空三阴线是在股价下跌途中出现的，连续三天的阴线，每天的开盘价都比前一天的收盘价要低，且收盘时创出新低（图 3-28 ）。这种形态的出现表示股价已经见底，是强烈的买进信号。对于激进型的投资者来说，此时就可以积极看多了。

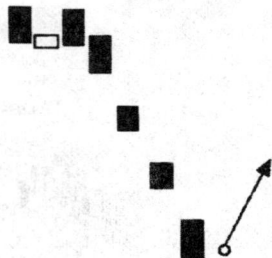

图 3-28

如果在随后的走势中，股价拉出了一根或者两根阳线及时回补了下跌的第三个缺口，这说明多方反攻在即，股价上涨的可能性将大大增加。稳健型的投资者可以在此时跟进做多，而激进型的投资者此时就可以继续加仓，持筹待涨。

*ST 中葡（600084）在股价下跌的低位出现了连续跳空三阴线之后，股价见底回升，马上走出了一波上涨行情。在盘中见此形态之后，空仓的投资者可跟进做多，激进型的投资者可以适量加仓，持筹待涨（图 3-29）。

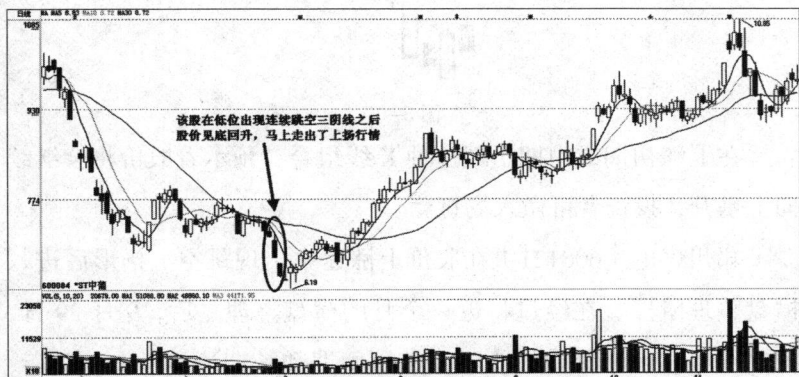

图 3-29 *ST 中葡（600084）股价走势图

跳空上扬形

　　在上涨的趋势中，出现了一根跳空上行的阳线，但交易第二天不涨反跌，拉出一根阴线，不过它的收盘价收在前一根 K 线跳空处附近，缺口没有被填补。这种 K 线组合图形叫作跳空上扬形，又称升势鹤鸦缺口（图 3-30）。

　　这种形态的出现说明在股价攀升的过程中遇到少许阻力，后经过多方努力，终于摆脱了这些麻烦，继续把股价往上推高。

图 3-30

在上涨初期或中期出现这种 K 线组合，预示着股价将会继续向上攀升，投资者可做入场打算。

郑州煤电（600121）在股价上涨途中出现跳空上扬形后进入横盘整理阶段。在经过将近一个月的横盘整理之后，9 月 29 日，拉出一根阳线，该阳线立于短期、中期和长期均线上方，随后，股价开始向上攀升（图 3-31）。

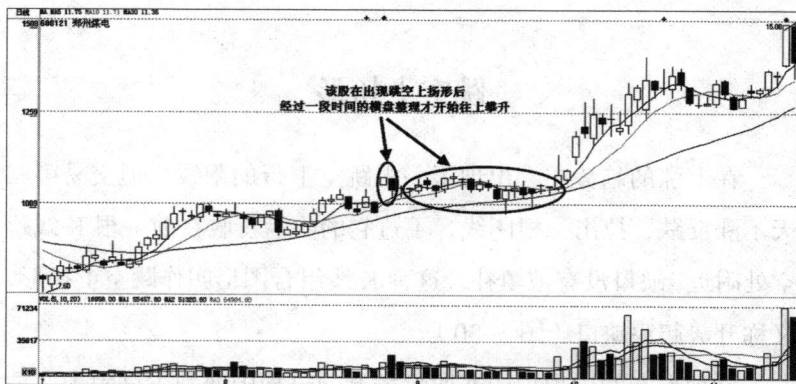

图 3-31 郑州煤电（600121）股价走势图

第四章

经典K线组合下跌
形态和滞涨形态

黄昏十字星

黄昏十字星与早晨十字星的含义相反，它一般出现在股价经过一波涨幅之后，出现了向上跳空开盘，开盘价与收盘价相同或者非常接近，而且留有长长上下影线的十字星，接着第二天股价拉出了一根向下的阴线，且将第一天上涨的幅度全部吞没（图4-1）。

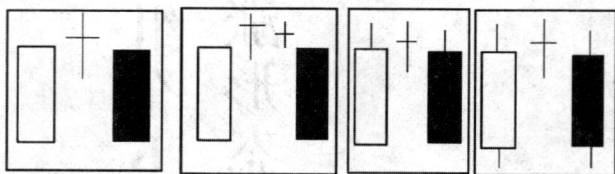

图 4-1

黄昏十字星一般出现在长期上涨的顶部或者阶段性顶部，此时大势即将由升势转为跌势，一轮下跌行情即将展开。投资者遇到这种K线形态应及时离场。

2010年4月9日，大有能源（600403）股价在经过一波上涨行情的高处出现了黄昏十字星K线组合形态，随后，股价就一路下滑（图4-2）。

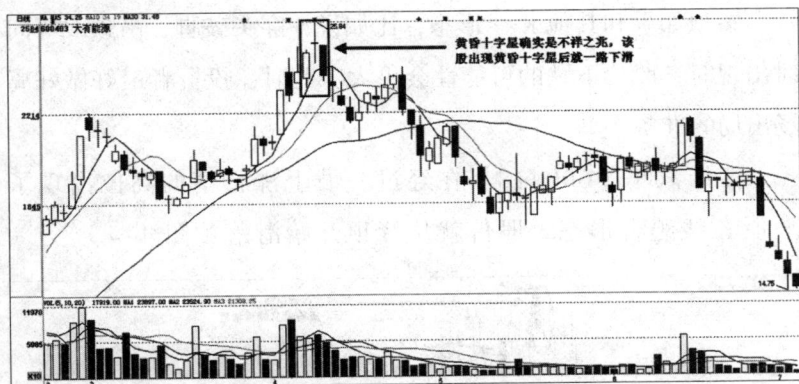

图 4-2

平顶

平顶是由两根或两根以上的 K 线组成的，其重要特征是构成 K 线的最高价处在同一水平位置上。平顶一般在股价的上涨过程中出现，属于转势信号，它的出现，预示着股价即将由升势转为跌势，一波下跌行情即将到来（图 4-3）。

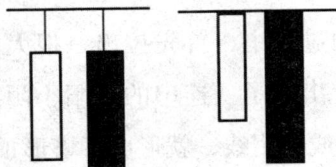

图 4-3

平顶如果和其他 K 线形态，比如说，穿头破脚、吊颈线等同时出现时，股价下跌的可能性会更大。此时，投资者最好做好离场出局的准备。

江淮汽车（600418）在经过一波上涨行情的高位出现了平顶 K 线组合形态，股价就从峰顶开始滑落（图 4-4）。

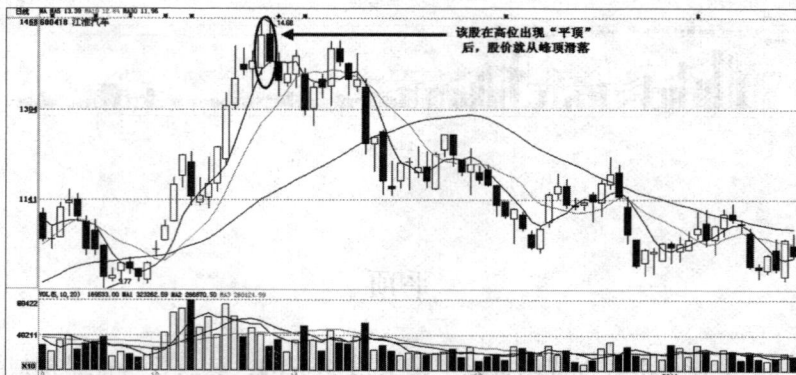

图 4-4 江淮汽车（600418）股价走势图

塔形顶

股价在上涨的过程中，首先拉出一根大阳线或中阳线，然后涨势开始变缓，出现了一连串的小阳小阴线，最后出现一根向下倾斜的大阴线或中阴线，就形成了塔形顶形态（图 4-5）。

塔形顶的出现意味着行情开始转为下跌趋势，投资者如果遇到这种图形应及时离场，以免股价下跌给自己带来损失。

图 4-5

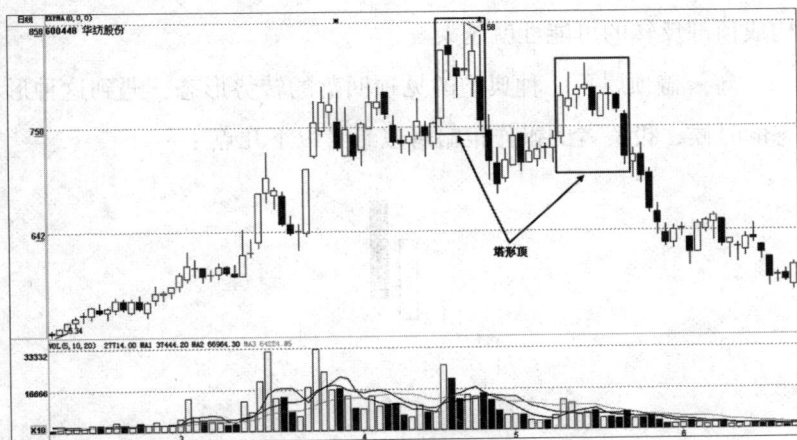

图 4-6

　　如图 4-6 所示，该股在涨势中途和末期屡屡收出大阳线，股价也接连创出新高，涨势喜人；但随后出现小阴小阳，直到股价跳空下跌收出长阴线，此时确认塔形顶反转形态确立。该股先后两次铸成塔形顶结构，均出现了股价下行走势，第二次更是出现深幅走低，足见塔形顶的威力。

乌云盖顶

乌云盖顶形态又称乌云线形态，通常出现在涨势中，由一根中阳线或大阳线和一根中阴线或大阴线组成（如图 4–7 所示）。阴线已深入阳线实体 1/2 以下处，且有放量迹象，说明调整或者下跌行情即将到来，阴线实体深入阳线实体部分越多，则该形态构成顶部反转的可能性就越大。

乌云盖顶属于一种典型的见顶回落的转势形态，遇到这种形态的时候，投资者的操作策略可以参考以下几点：

图 4–7

（1）在乌云盖顶形态中，第二个交易日阴线实体的收盘价向下插入第一个阳线实体的程度越深，则该形态构成股价运动顶部的机会越大。

如果阴线实体覆盖了第一个交易日的整个阳线实体，那就形成了看跌吞没形态，这就好比月亮遮住了太阳的全部，形成了"日全食"。

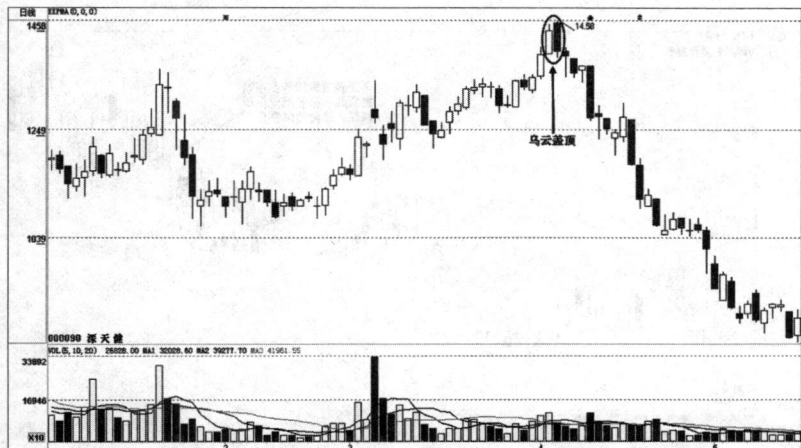

图 4-8

　　如图 4-8 所示，该股在经历漫漫升途之后，出现乌云盖顶，表明空方实力强劲，打压力度很大，预示着股价已经见顶，投资者应该见机迅速离场。从图中看出，乌云盖顶之后，股价一路下挫，跌幅巨大。

　　在乌云盖顶形态中，阴线实体仅仅向下覆盖了阳线实体的一部分，这就好比月亮只遮住了太阳的一部分，形成了"日偏食"。如果在第三个交易日出现了一根长长的阳线实体，并且其收盘价超过前两个交易日的最高价，那么就可能预示着新一轮上攻行情的到来。

　　如图 4-9 所示，该股前期逐浪上升，乌云盖顶之后拉出一根大阳线，后市继续大幅上涨。这说明并非所有的乌云盖顶都是下跌的信号，需要结合股价的整体走势来研判。

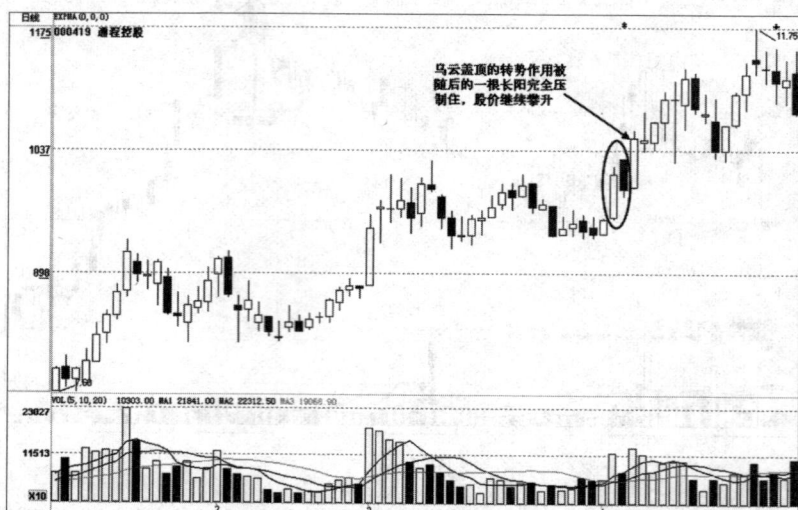

图 4-9

（2）在乌云盖顶形态中，如果第二个交易日阴线实体的开盘价高于某个重要的阻力位，但是最终又未能成功突破该阻力位，那么就有可能是多头乏力，无力控制局面。

（3）如果在第二个交易日开盘的时候交易量非常大，就有可能形成"胀爆"现象。

具体来说，当开盘价创出了新高的同时出现大量的成交，那么就可能意味着很多新的买家终于下定决心进场了，但是随后的局面是空头的抛售接踵而至。于是过不了多久，这群为数众多的新多头就会意识到他们登上的这条船原来是"泰坦尼克号"。

射击之星

射击之星和倒锤头线的形态几乎相同，区别在于射击之星出现在股价的上涨行情中，而倒锤头线出现在股价的下跌行情中（图4-10）。

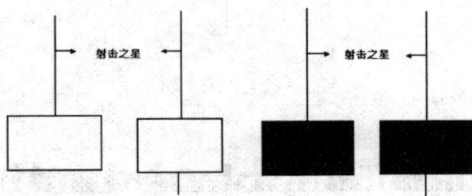

图4-10

射击之星的特征有以下三点：

（1）出现在上涨趋势中。

（2）K线实体很小，上影线大于或等于实体的二倍。

（3）一般没有下影线，少数会带有很短的下影线。

一般来说，股价在经过一轮升势之后出现射击之星，是见顶信号，后市已经失去了上升的能力，多方抵抗不住空方的打击，股价随时可能回落。实体与上影线比例越悬殊，信号越有参考价值；如射击之星与黄昏十字星同时出现，见顶信号就更加可靠。

遇到这种形态，投资者应以退出观望为主。

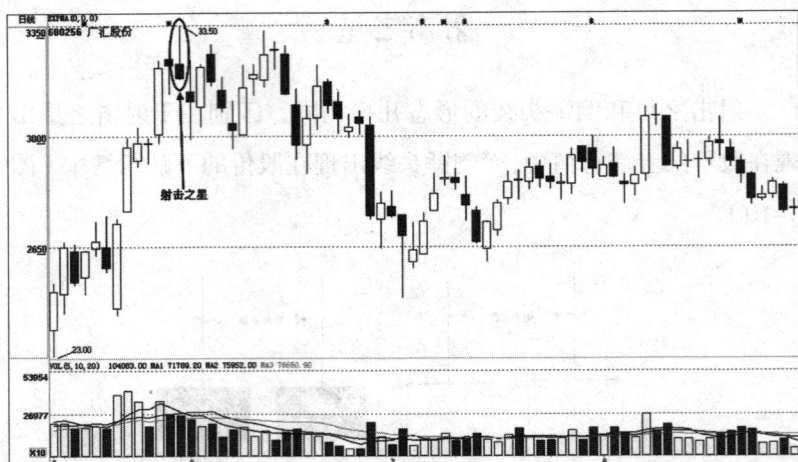

图 4-11

　　如图 4-11 所示，该股在经历一番上涨之后，出现射击之星
K 线形态。说明上档抛压严重，股价上升遇阻，此时，投资者需
要小心行事。之后，如果该股跳空下行，基本可以确认股价已经
到达阶段性顶部，投资者应及时撤出。从图中不难看出，该股后
续跌幅较大。

倾盆大雨

　　倾盆大雨的 K 线组合是一阳一阴，与旭日东升相反。该 K 线
形态一般出现在股价的上涨趋势中，先出现了一根大阳线或者中
阳线，接着出现了一个低开低收的大阴线或者中阴线（图 4-12）。

这种形态的出现意味着股价将步入跌势，而且阴线实体低于阳线实体部分越多，转势信号越强。投资者在遇到这种图形的时候，最好以退出观望为主。

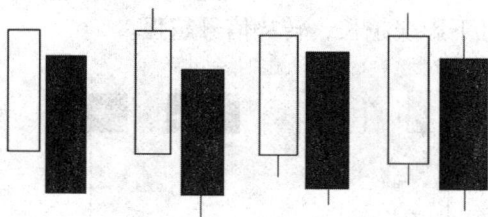

图4-12

　　白云机场（600004）在经过一段上涨行情之后的高位出现了倾盆大雨K线形态，随后，股价直线回落（图4-13）。

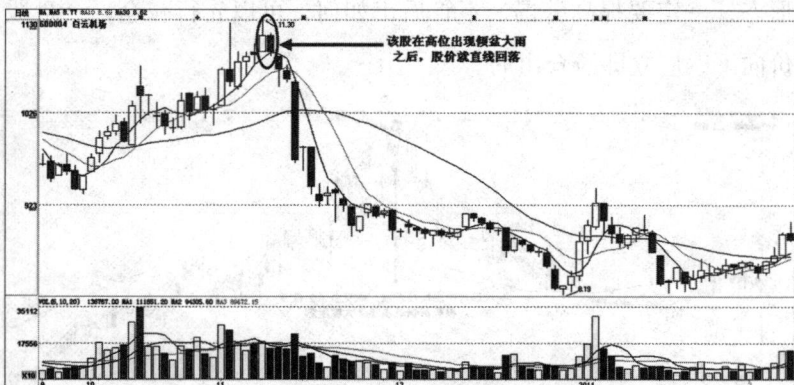

图4-13 白云机场（600004）股价走势图

吊颈线

股价经过一轮上涨后，在高位出现一条带有长长下影线的 K 线实体，这被称为吊颈线，如图 4-14 所示。吊颈线是强烈的卖出信号，而且下影线越长，转势信号越强。

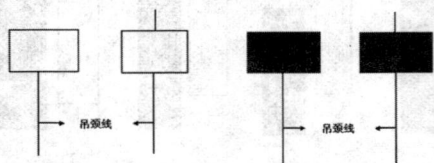

图 4-14

此时，如果吊颈线是以阴线形式出现，则下跌的可能性会更大一些。投资者如果在股价经过一波上涨行情之后遇到这种 K 线形态，一定要提高警惕，不管后市如何，可以先行减仓，一旦股价向下，应立即清仓出局。

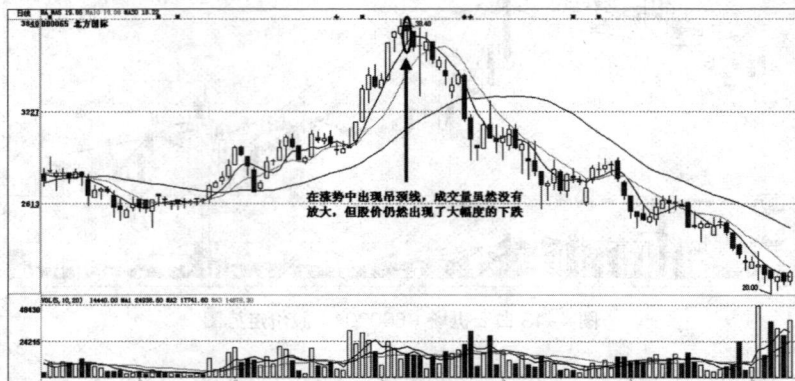

在涨势中出现吊颈线，成交量虽然没有放大，但股价仍然出现了大幅度的下跌

图 4-15

一本书读懂 K 线图

从图 4-15 可以看出，北方国际（000065）在经过一段上涨行情之后的高位出现了吊颈线 K 线形态。此形态以阴线形式出现，意味着股价下跌的可能性更大一些。

果然，股价在第二个交易日拉出阴线之后，一路向下，跌幅非常深，没来得及出逃的投资者被深套其中。

下降覆盖线

下降覆盖线一般出现在上涨行情中，首先出现了一个穿头破脚的 K 线组合，第三根 K 线是一根中阳线或小阳线，但阳线的实体通常比前一根阴线要短，之后又出现一根中阴线或小阴线，阴线实体已深入前一根阳线实体之中甚至以下，这就构成了下降覆盖线（图 4-16）。

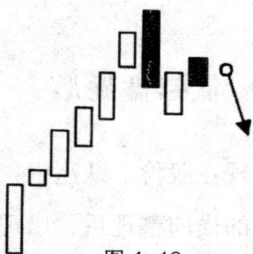

图 4-16

这种形态的出现，属于典型的见顶信号，暗示上涨行情已经到头，股价下挫的可能性非常大，投资者如果见到这种图形，最好停损离场。

如图 4-17 所示，该股前期在高位横盘震荡，突然拉出下降覆盖线的 K 线组合，此后股价一路下滑，跌幅不小。投资者遇到这种情形，应该及时卖出股票，切莫心存侥幸。

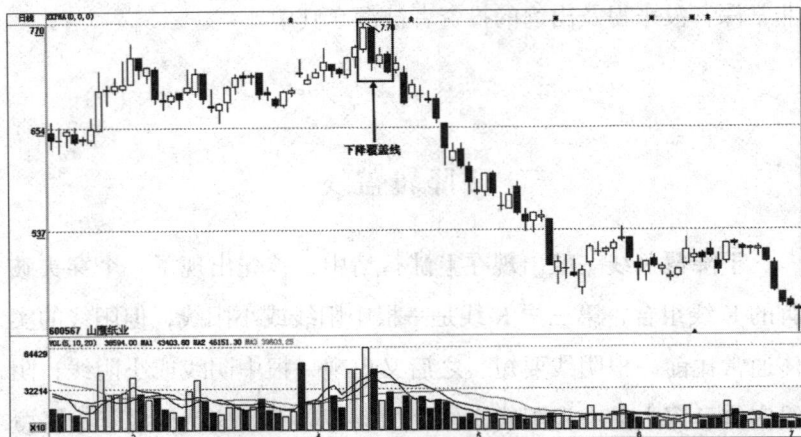

图 4-17

低档盘旋形

低档盘旋形一般出现在股价下跌途中，其特征是当股价经过一轮下跌进入小阴小阳的横向整理后，出现一根大幅向下的中阴线或大阴线破位下行，若是跳空下跌则跌势更猛，一举打破前期的整理局面（图 4-18）。

低档盘旋形的出现，意味着新一轮下跌行情的开始，前面的

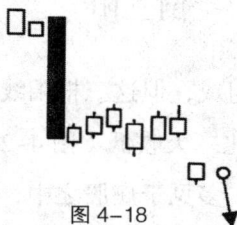

图 4-18

小阴小阳整理可以看作多空战斗的一个胶着状态，最后还是空方战胜了多方，多方缴械投降了。这种形态大多是下跌的中继平台，后市不容乐观，一旦破位下跌，投资者应立即止损出局，因为后市还有更大的跌幅。

如图 4-19 所示，该股在高位久盘后收长阴，破位下行，进入一个短期整理平台，看似多头还有力量，然而此后股价继续走低，一蹶不振，说明前次盘整实际是主力支撑股价诱多出货的伎俩。

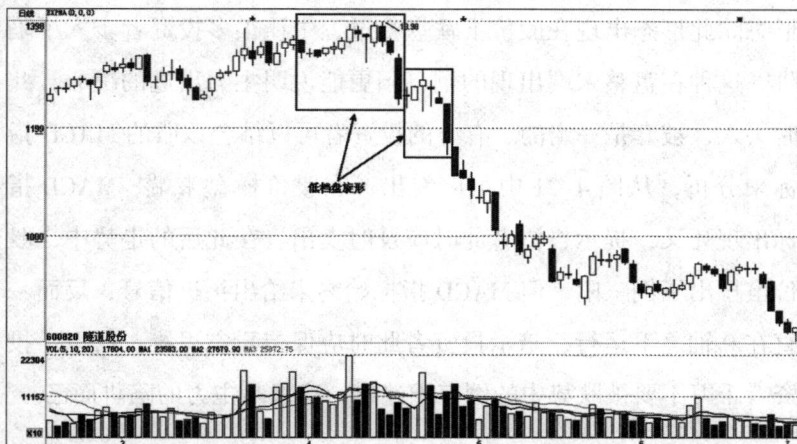

图 4-19

倒三阳

倒三阳由三根阳线组成，但这三根阳线的走势就如同连拉三根阴线一样，股价一天比一天收低（图4-20）。这种形态一般出现在股市下跌的过程中，多见于庄股之中，实际是主力为了出逃而放出的一颗烟幕弹。"倒三阳"的出现，意味着股价已步入跌势，投资者千万不要被阳线所迷惑，趁早离场为妙。

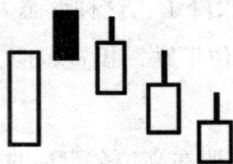

图 4-20

平煤股份（601666）在股价下跌横盘整理之际出现了倒三阳形态。此形态出现在股价下跌盘整过程中让很多投资者步入了陷阱。这种在盘整末端出现的倒三阳更能说明主力出逃的决心，此时买入，被套是一定的。有心的投资者可以结合该股的MACD指标来分析，从图4-21中可以看出，在股价横盘末端，MACD指标出现死叉，提示投资者此时应及时卖出。在此后的走势中，股价虽拉出了倒三阳，但MACD指标始终未给出买进信号，反而一直在0轴之下运行，暗示投资者此时应保持看空思维。所以，投资者千万不要被跌势中的倒三阳迷惑，这只是主力的陷阱而已。

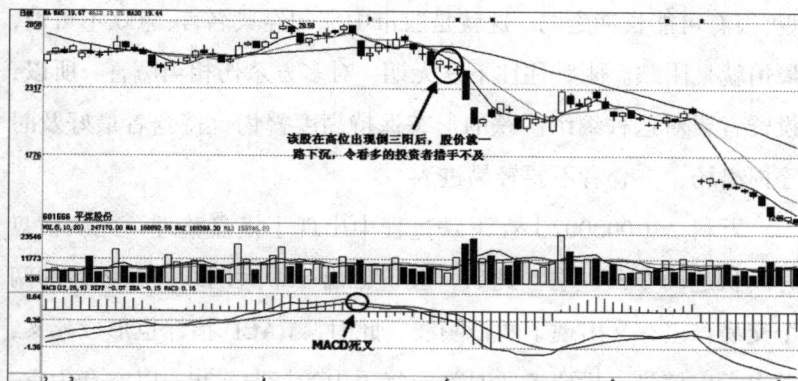

该股在高位出现倒三阳后，股价就一路下沉，令看多的投资者措手不及

MACD死叉

图 4-21 平煤股份（601666）股价走势图

绵绵阴跌形

　　绵绵阴跌形与冉冉上升形的图形正好相反，它是一组向下倾斜的小 K 线（一般不少于 8 根），其中以小阴线居多，中间也可夹着一些小阳线（图 4-22）。这种 K 线形态犹如绵绵细雨下个不停，看似每天的跌幅不大，但它预示着股价后期的走势将极不乐

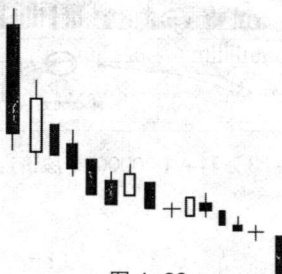

图 4-22

观,很有可能长期走弱。这就是股市中那句经典名言:急跌不可怕,最怕就是阴跌。阴跌往往下跌无期,对多方杀伤相当厉害,所以,投资者要对这种绵绵阴跌的形态保持高度警惕,持仓者最好及时停损离场,空仓者不要轻易进入。

　　万科 A(000002)在下跌过程中出现了横盘整理。此次横盘时间长达两个月左右。此后,股价拉出一个大阴线,在随后的两个交易日里,又出现了两根阴线。此时,MACD 指标也形成死叉,发出卖出信号。投资者此时就应将手中的持股卖出,以空仓为宜。在随后的走势中,股价连续出现小阴小阳的 K 线形态,继续下跌,形成了典型的绵绵阴跌形。此形态形成之后,股价又开始了新一轮的下跌(图 4-23)。

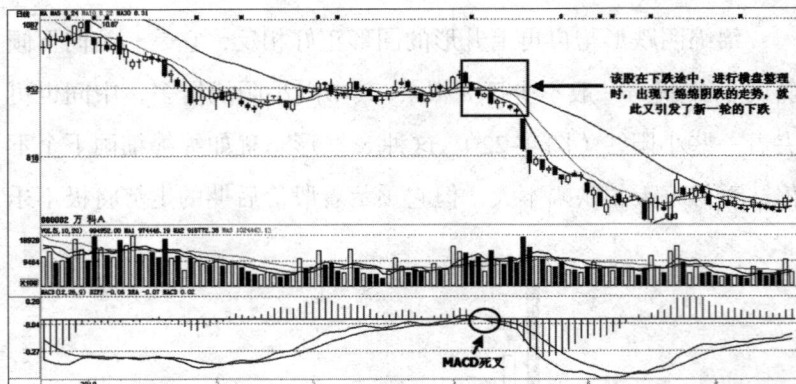

图 4-23 万科 A(000002)股价走势图

下跌三颗星

下跌三颗星一般出现在下跌行情初期或中期。股价在收出一根大阴线或中阴线之后，下方接连出现三根小 K 线，这就是"下跌三颗星"（图 4-24）。

图 4-24

下跌三颗星是卖出信号，表明市场买卖意愿不强，市场将以盘跌为主。投资者还是趁早出逃为好，不要抱有侥幸心理，盲目等待抄底抢反弹。

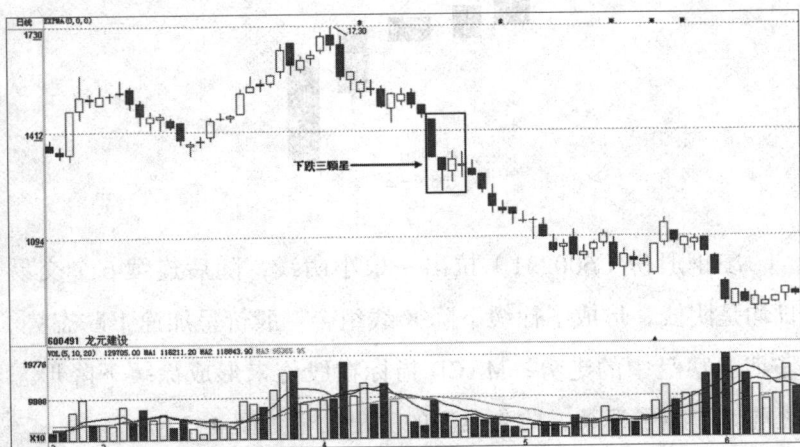

图 4-25

如图 4-25 所示，该股在反弹不久再次破位下跌，途中出现下跌三颗星，摆出三颗整理形态的小 K 线，股价看似止跌企稳，实际却是下跌的中继平台。此后股价进入下行通道。

徐缓下降形

徐缓下降形一般出现在股价下跌行情的初期，在走势图上连续出现了几根小阴线，随后又出现了一到两根中阴或者长阴线，中阴线或者长阴线的出现表明空方的力量正在逐渐壮大，后市的下降趋势已成定局，只是下跌时间的早晚而已（图 4-26）。所以，遇到这种图形，投资者最好能够及时出局。

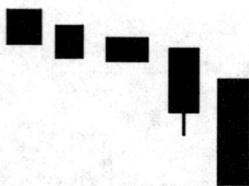

图 4-26

凌钢股份（600231）拉出一根小阴线，随后连续 6 个交易日均是阴线，形成了徐缓下降 K 线组合，股价呈加速下跌态势。仔细观察盘中的走势，MACD 指标在股价未形成徐缓下降形态之前就形成了死叉，此为典型的卖出信号（图 4-27）。

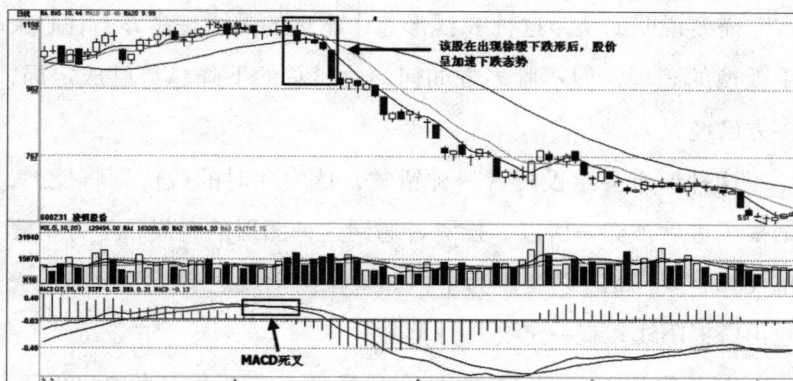

图 4-27 凌钢股份（600231）股价走势图

下降抵抗形

如图 4-28 所示，下降抵抗形的基本特征有以下几点：

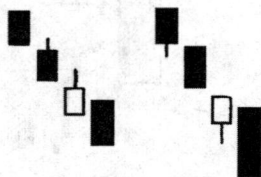

图 4-28

（1）出现在下跌途中。

（2）由若干根阴线和阳线组成，但阴线大大多于阳线。

（3）连续跳低开盘，即使中间收出阳线，但收盘价也要比前一根阴线的开盘价低。

需要说明的是，这种 K 线形态中出现的阳线是多方不甘心束手就擒的表现，但不管多方如何，此时总的下降趋势已成定局，多方已经无力回天。

这种形态会给投资者一种错觉，认为此时的股价即将反弹，结果买进后被套。所以，投资者遇到这种图形的时候，千万不要抢反弹，要谨慎，以观望为主，如果拉出阳线之后，股价第二天收出一根阴线，就一定要及时卖出。

中泰化学（002092）的股价在某日上涨至最高价 26.80 元，拉出一根带有长长上影线的阴线，随后股价开始下跌。在下跌过程中形成了"下降抵抗性" K 线形态，此后，股价便义无反顾地往下探底，一路下跌至 7 月 2 日的最低价 15.88 元，跌幅达 69%（图 4-29）。

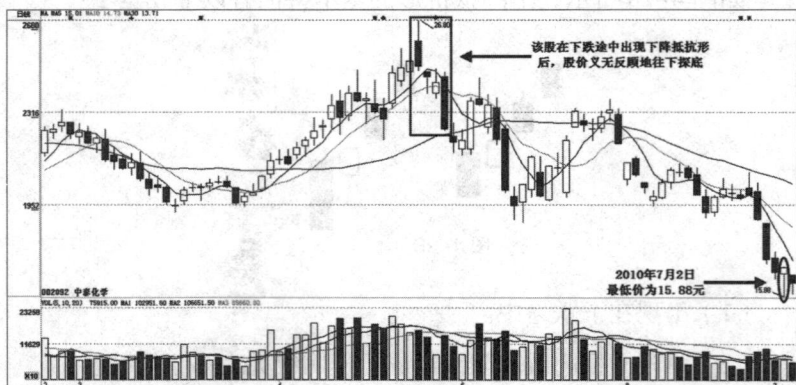

图 4-29 中泰化学（002092）股价走势图

空方尖兵

空方尖兵通常出现在下跌的行情
中。走势图上出现这种 K 线形态，实
际上是空方主力向多方进行全面扫荡
前的一次试盘，表明空方遇到多方的
反抗，出现了一根带有较长下影线的

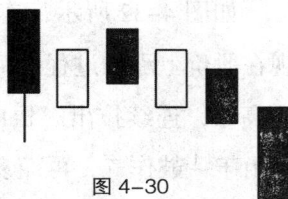

图 4-30

阴线，股价随之反弹，但空方很快又发动了一次攻势，股价就穿
越了前面的下影线（图 4-30）。

空方尖兵的出现意味着股价仍会继续下跌。投资者见此形态
应适时做空，以减少股价继续下行带来的风险。

如图 4-31 所示，该股在相对高位长期横盘震荡，突然遭遇
空方尖兵后迅速下挫，跌幅巨大。

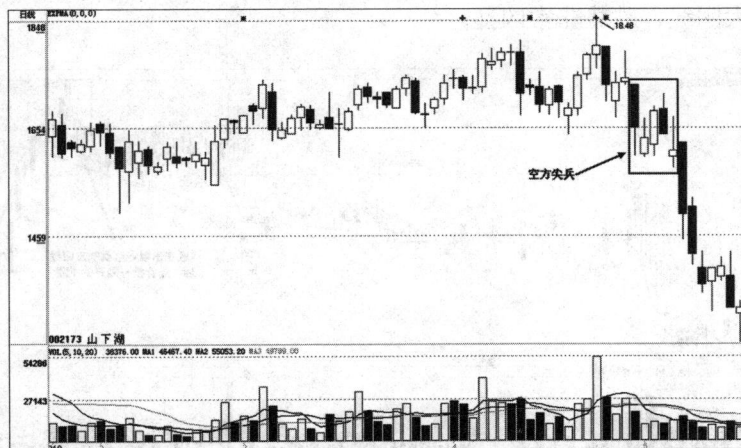

图 4-31

连续跳空三阳线

如图 4-32 所示，连续跳空三阳线一般出现在股价上涨的过程中，从图形上看，多头气势高昂，连续拉出三根向上跳空高开的阳线。但由于一鼓作气，再而衰，三而竭，多方用尽了最后力气，此时空方趁机组织力量反攻，多方就无力抵抗。

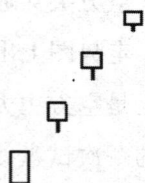

图 4-32

如果在上涨途中出现了这种图形态，投资者一定要提高警惕，因为这种形态大多是加速信号，预示后市即将见顶，见此图形，最好能够及时离场。

江苏三友（002044）在股价上涨的高位出现连续跳空三阳线，随后股价开始下跌。从图 4-33 可以看出，空方连续拉出四个大阴线，跌势非常凶猛。

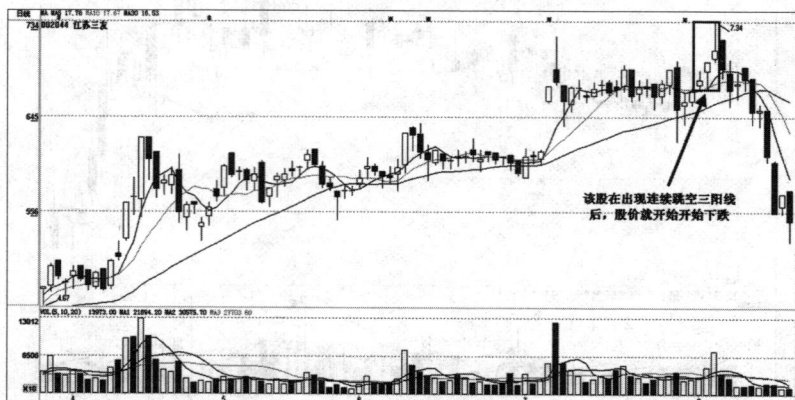

图 4-33 江苏三友（002044）股价走势图

升势受阻

如图 4-34 所示，升势受阻的特征是：

1. 出现在涨势中。

2. 由三根阳线组成。

3. 三根阳线的实体越来越小，最后一根
阳线的上影线较长。

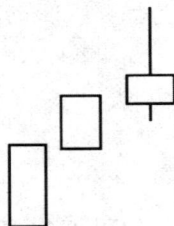

图 4-34

升势受阻的三根阳线的实体呈现逐渐缩
小的态势，给人一种虎头蛇尾的感觉。最后
一根 K 线的上影线很长，表明上档抛压沉重，多方力量明显不足，
推高股价已显得力不从心。当 K 线走势图中尤其是股价已有一段
涨幅后出现升势受阻 K 线形态后，后市一般看跌，投资者遇到这
种图形，最好以出局为宜。

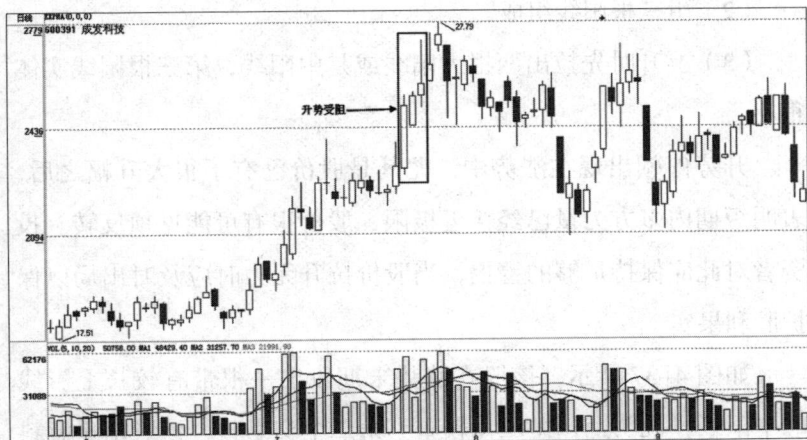

图 4-35

如图 4–35 所示，该股就在上升过程中遇到了升势受阻，股价随后很快见顶反转下跌。

升势停顿

如图 4–36 所示，升势停顿的特征是：

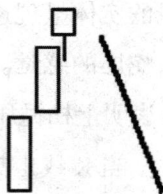

图 4–36

（1）出现在涨势中。

（2）由三根阳线组成。

（3）上升时先拉出两根大阳线或是中阳线，第三根阳线实体很小。

升势停顿出现在涨势中，尤其是股价已有了很大升幅之后，表明短期内多方力量已经接近极限，股价很有可能见顶反转。投资者对此应保持足够的警惕，当股价拉升无力时应及时出局以保护胜利果实。

如图 4–37 所示，该股在涨势末期收出一根带有较长上影线的中阳线，说明上档抛压比较重。第二个交易日，该股出乎意料

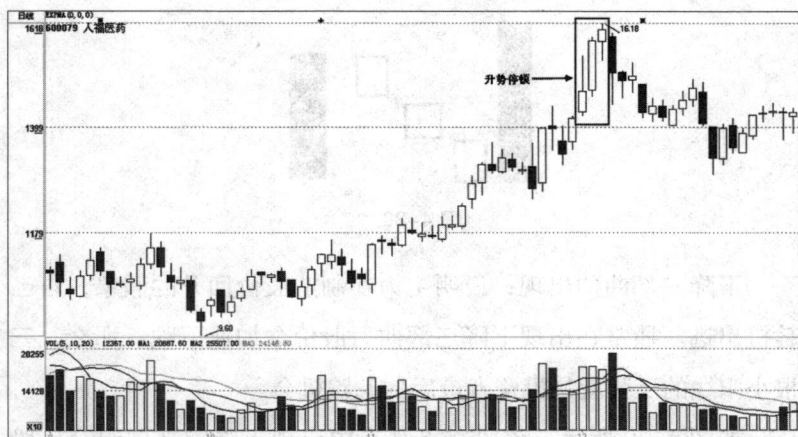

图 4-37

地收出大阳线，多头加强了攻势。进入交易第三天该股即原形毕
露，收出小阳线，显示股价上攻乏力，盘中出现下行的迹象。

下降三部曲

下降三部曲又被称为下降三法，也叫作降势三鹤，其特征是
股价在下降趋势中出现了一根大阴线或中阴线，随后出现三根向
上爬升的小阳线，但这三根小阳线都没有冲破第一根阴线的开盘
价，最后一根大阴线或中阴线，又全部或大部分吞吃了前面三根
小阳线（图 4-38）。

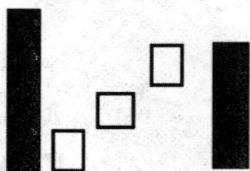

图 4-38

　　下降三部曲的出现，说明主力在制造股价回升的假象，自己趁机出逃。通常在出现下降三部曲后股价会加速下跌。那么，三根小阳线的反弹就是投资者最后的逃跑机会。

　　如图 4-39 所示，该股在下跌途中出现下降三部曲组合，股价随后出现绵绵阴跌。

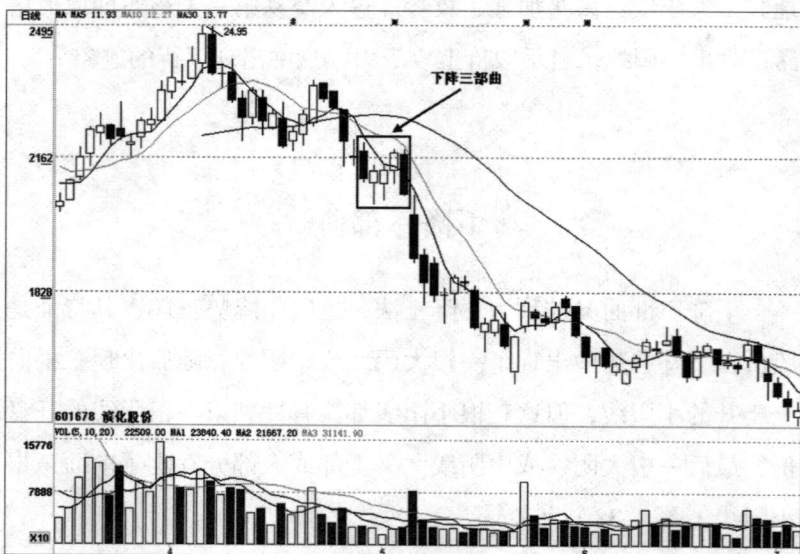

图 4-39

投资者要注意，在走势图中，我们很难发现非常标准的下降三部曲，也就是说，位于两条阴线中间的阳线有可能是三根，但也有可能是多根，这些形态都是标准形态的变异图形，投资者在使用的时候一定要活学活用，不要生搬硬套。

两阴夹一阳

如图 4-40 所示，两阴夹一阳 K 线组合的基本特征是：

图 4-40

（1）既可能出现在涨势中，也可能出现在跌势中。

（2）由两根较长的阴线和一根较短的阳线组成，阳线夹在阴线之间。

（3）第三根阴线最好创出新低。

这种形态出现在股价上升的过程中意味着股价涨势已到尽头，股价有可能见顶回落；出现在下跌过程中意味着股价经过短暂的修整，将会继续下跌。

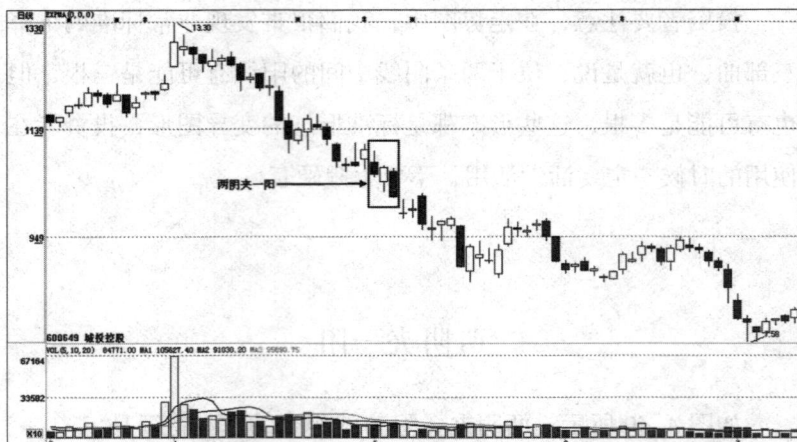

图 4-41

如图 4-41 所示，该股自横盘平台破位下跌，走势低迷。途中出现两阴夹一阳组合，表明空头力量强大，多头节节溃退，后市将继续低迷走势。从图中看出，该股此后逐浪下跌，跌幅巨大。

第五章

经典K线组合反转形态

头肩顶

头肩顶是最常见也是比较可靠的反转形态。头肩顶的形态呈现三个明显的高峰，其中位于中间的一个高峰较其他两个高峰的高点略高。在成交量方面，出现阶梯式下降（图5-1）。这是一个长期性趋势的转向形态，通常在牛市的尽头和阶段性顶部出现。

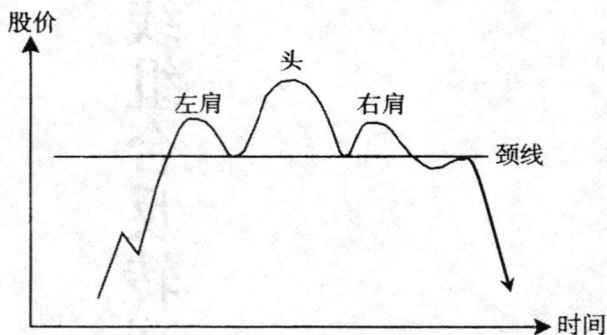

图 5-1

在炒股过程中，我们可以从这一形态中观察到，买卖双方激烈争夺的情况，它是观察股市不容忽视的技术性走势。刚开始，市场投资热情高涨，经过一次短期的回落调整后，那些错过上次升势的人在调整期间买进，股价继续上升，而且攀越过上次的高点，那些对前景没有信心和错过了上次高点获利回吐的人，或是

　　　　　　　　　　一本书读懂 K线图

在回落低点买进做短线投机的人纷纷抛售，于是股价再次回落。第三次上升，为那些后知后觉错过了上次上升机会的投资者提供了机会，但股价已经不可能上升到上次的高点，在这一阶段，成交量下降，而投资者的乐观情绪也已经扭转。迎接股市的将是一次大幅度的下跌。

实战中，股价从头部下落跌破本轮上升趋势线为第一卖点。当头肩顶颈线被击穿时，就是另一个极重要的卖出信号。虽然此时股价与最高点比较已经有相当幅度的回落，但跌势只是刚刚开始，未出货的投资者应继续卖出。一旦有效跌破颈线，股价有机会出现反弹，回抽确认颈线时为最后的卖出机会。

华泰股份（600308）在一段上涨行情的末端出现了头肩顶形态，随后股价开始一路下跌，从头肩顶头部的最高价17.74元下跌至最低价8.80元，跌幅达102%。观察该图可以发现，如果对K线图形不是特别敏感的话，这种不太明显的头肩顶形态是很不容易被识别出来的，但投资者也别着急，此时可以借助其他因素进行分析。从图中我们可以发现此时的均线系统出现了首次粘合向下发散的形态，而MACD指标也出现了拒绝金叉形态，DIFF和DEA双线向下运动，并位于0轴下方，这说明市场已经转为空头，应该看空。不过，如果识别出头肩顶形态的话，投资者就可以在其"右肩"出现的时候马上卖出，这样会比其他投资者更抢占先机（图5-2）。

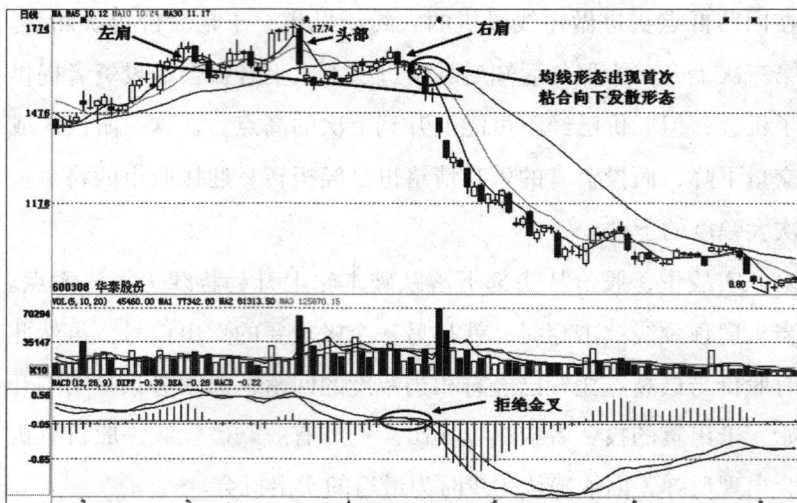

图 5-2 华泰股份（600308）股价走势图

头肩底

如图 5-3 所示，头肩底形态是一种常见的反转形态，具有很强的预测功能。头肩底形态又称倒转头肩式。股价处于明显的下跌途中，突然会走出一波加速下跌的走势，下跌到一定程度之后出现了反弹的行情，从而形成底部的第一个低点，即左肩。随后股价又再次下跌且跌破上次的最低点，成交量再次随着下跌而增加，较左肩反弹阶段时的成交量多——形成头部；从头部最低点回升时，成交量有可能增加。当股价反弹到前次反弹的高点附近再次遇阻回落，但这次股价并没有创出新低，而是前次低点之前

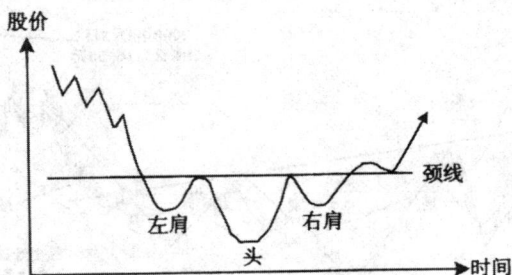

图 5-3

涌出了大量的买盘，将股价再次托起，形成右肩。最后，股价正式策动一次升势，且伴随成交量增加，当其颈线阻力冲破时，成交量更显著上升，整个形态便告成立。

头肩底形态向我们传达出这样的信息，过去的长期性趋势已经扭转过来，股价虽然在一次又一次地下跌，但很快将掉头反弹，此时的股市中，看好的力量正在逐渐增多。在具体操作中，投资者可以在股价向上突破颈线位置时买入，或者等待回抽确认后买进；如果遇到走势较强的股票，并不会出现回抽确认，这时，只要股价收在颈线以外3%或以上时，就认为形态已经完成，进而买进。

渝三峡A（000565）在下跌的底部出现了头肩底形态之后，股价一路上涨，从最低价5.43元涨至最高价16.50元，涨幅达204%。出现头肩底形态后，股价突破颈线时激进型的投资者就可以买进，而稳健型的投资者可以等股价回抽之后出现放量的时候再积极买进。（图5-4）。

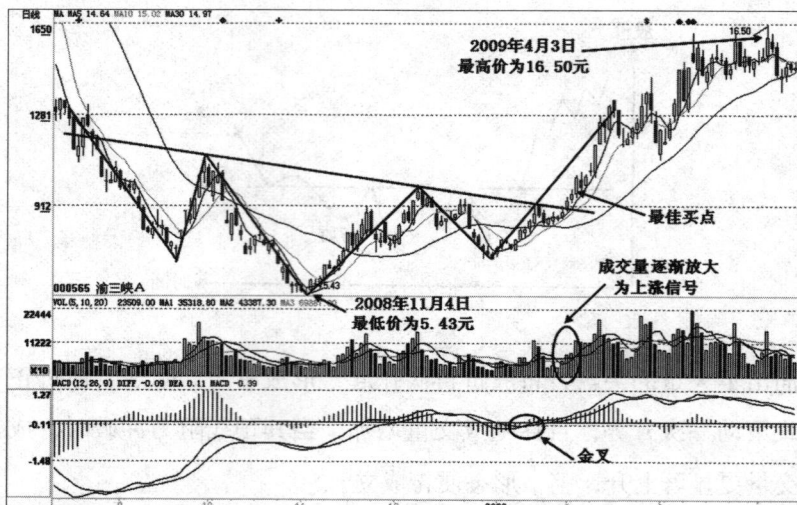

图 5-4

复合头肩形

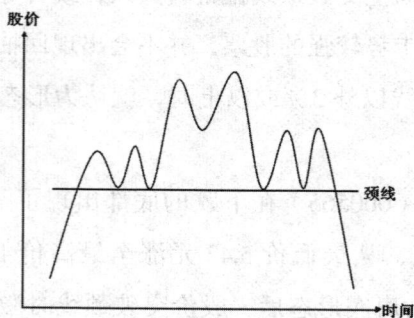

图 5-5

　　如图 5-5 所示，复合头肩形是头肩式（头肩顶或头肩底）的变形，其走势形状和头肩式十分相似，只是肩部、头部，或两者同时出现多于一次，大致来说可划分为以下几大类：

1. 一头双肩式形态

一个头分别有两个大小相同的左肩和右肩，左右双肩大致平衡。比较多的是一头双右肩，在形成第一个右肩时，股价并不马上跌破颈线，反而掉头回升，不过回升却止于右肩高点之下，最后股价继续沿着原来的趋势向下。

2. 一头多肩式形态

一般的头肩式都有对称的倾向，因此当两个左肩形成后，很有可能也会形成一个右肩。除成交量之外，图形的左半部和右半部几乎完全相等。

3. 多头多肩式形态

在形成头部期间，股价一再回升，而且回升至上次同样的高点水平才向下回落，形成明显的两个头部，也可称作两头两肩式走势。有一点必须留意：成交量在第二个头部往往会较第一个减少。

复合头肩形的分析意义和普通的头肩式一样，当其出现在股价运行的底部时，即表示一次较长期的升市即将来临；假如其出现在股价运行的顶部，即表示市场将转趋下跌。

在形成复合头肩形的初期，因成交量可能不规则，使形态难以辨认，但只要耐心观察其后的走势，就可以看出它和头肩形的趋势完全一致。当股价跌破（向上突破）复合头肩形的颈线时，投资者最好能及时卖出（买进）。

很多投资者认为，这种复合头肩形的威力一定要比单纯的头肩形的威力大，其实，这种想当然的想法并不正确，它所表达出来的含义要比头肩形弱。所以，投资者在应用的时候一定要特别注意。

三重顶（底）

三重顶（底）形态是头肩形态一种小小的变体，它由三个一样高（低）的顶（底）组成（5-6）。它与头肩形的区别是头的价位向回缩到与肩差不多相等的位置，有时甚至低于或高于肩部一点。从这个意义上讲，三重顶（底）与双重顶（底）也有相似的地方。从图中我们可以看到，三重顶（底）的颈线差不多是水平的，三个顶和底也是差不多相等高度的。

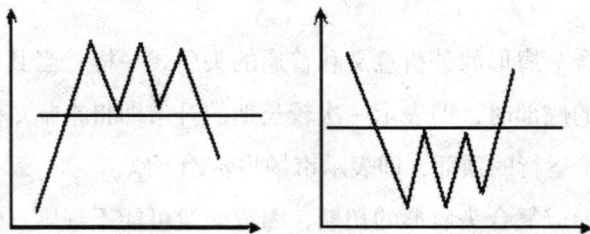

图 5-6

对于三重底形态，其突破颈线位后的理论涨幅，将大于或等于低点到颈线位的距离。所以，投资者即使在形态确立后介入，仍有较大的获利空间。

激进型的投资者可以在股价即将突破颈线位且成交量有明显放大时买入；稳健型的投资者可以在股价已经成功突破颈线位时买入。

如图 5-7 所示，该股在经历过很深的跌幅之后，形成一个徐徐上行的三重底形态，并在稍后引领了一波上涨行情。

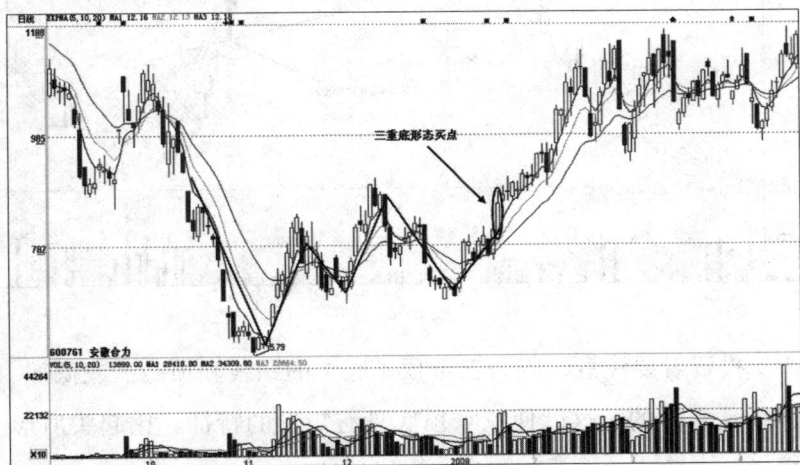

图 5-7

三重顶的最小跌幅是从顶部到颈线的位置，且顶部越宽，跌幅越大。实战中，当第二个波峰形成时，成交量出现顶背离现象，投资者要适当减仓。一旦第三个波峰形成，成交量出现双重顶背离的时候，则需要考虑离场，特别是在三重顶形成之前股价已经大幅炒高的时候。而当股价跌破颈线位时，是一个重要的卖出信号，持股者应该坚决卖出。

如图 5-8 所示，该股一路高歌猛进，在突破三重顶形态的颈线位置后迅速下滑。

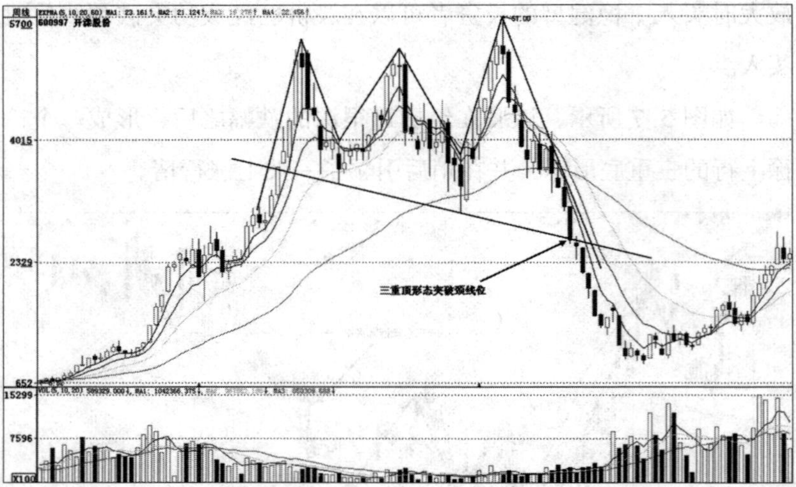

图 5-8

投资者要注意，因为三重顶（底）的颈线和顶底（或低部）连线是水平的，这就使三重顶底具有矩形的特征。比起头肩形来说，三重顶（底）更容易演变成持续形态，而不是反转形态。另外，如果三重顶（底）的三个顶（底）的高度依次从左到右是下降（上升）的，则三重顶底就演变成了直角三角形形态。这些都是我们在应用三重顶（底）的时候应该注意的地方。

单日（双日）反转

当一只股票持续上升一段时间后，在某个交易日中股价突然不寻常地被推高，但马上又受到了强大的抛售压力，把当日所有的升幅都完全跌去，可能还会多跌一部分，并以全日最低价（接近全日最低价）收市。这个交易日就叫作顶部单日反转。

单日底部反转指的是在某个交易日中股价忽然大幅滑落，但在全日最低价（接近全日最低价）的部分获得支撑，随后股价上涨，有可能一路上涨至涨停板（图5–9）。

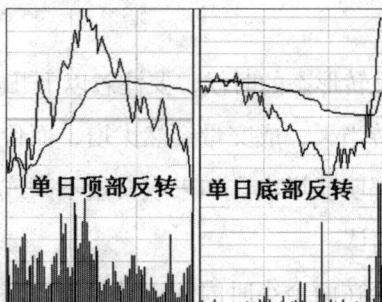

图5–9

双日反转是单日反转的变形。在股价上升的过程中，某交易日该股股价大幅拉升，并以全日的最高价收市。可是第二个交易日股价以昨天的收市价开盘后，全日价格不断下跌，把昨日的升幅完全跌去，而且可能是以上日的最低价收市。这走势的表现就称为顶部双日反转。

同样，在下跌时，某个交易日里股价突告大幅滑落，但接着的一个交易日便完全收复失地，并以当日最高价收市，这就是底部双日反转。

单日（双日）反转所表达的市场意义是什么呢？我们以单日反转为例来说明。单日反转形态的市场含义至少有两点：

（1）大市暂时见顶（当"顶部单日反转"出现），或是见底（当"底部单日反转"出现）。顶部单日反转通常在消耗性上升的后期出现；底部单日反转则是在恐慌性抛售的末段出现。

（2）单日反转形态并非长期性趋势逆转的信号，这种反转形态一般通常出现在整理形态中，虽然亦可能在长期性趋势的顶点（或底点）出现。

在使用单日反转形态的时候，要注意以下几点：

（1）单日反转当天，成交量突然大增，而价位的波动幅度很大，两者较平时都明显增大。如果成交量不高或全日价格波幅不大，形态就不能确认。

（2）当日股价在两个小时内的波动可能较平时三四个交易日的波幅更大。顶部单日反转时，股价开市较上个交易日高出多个价位，但很快地形势逆转过来，价格迅速以反方向移动，最后这一天的收市价和上个交易日比较几无变化。底部单日反转情形则是完全相反。

（3）一般在临收市前 15 分钟，交投突然大增，价格迅速朝反方向移动。

（4）两日反转的成交和价位，两天的波幅同样巨大。顶部两日反转第二个交易日把前交易日的升幅完全跌去；而底部两日反转则完全升回前交易日的跌幅。

圆弧顶

圆弧顶出现的频率并不大，但它的预测功能相当强。通常出现在长期上涨的高位区域，有时也出现在下跌的过程中。它经常出现在大蓝筹股中，由于持股者心态稳定，多空双方力量很难出现急剧变化，所以主力在高位慢慢派发，股价呈弧形上升。此时的股价虽然不断升高，但升不了太多就会回落，先是新高点较前点高，后是回升点略低于前点，这样把短期高点连接起来，就形成一个"圆弧顶"，它是一种典型的反转形态（图5-10）。

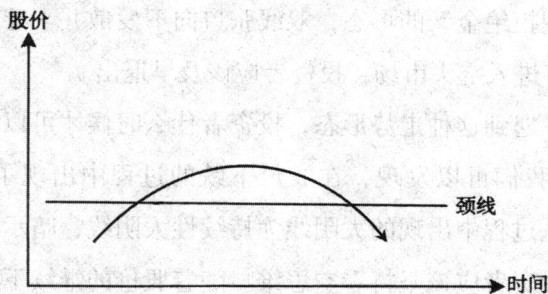

图 5-10

圆弧顶的出现预示着大跌市即将来临，未来的下跌趋势将急转直下，投资者应及时离场，未进场的投资者则不要参与，实战中应注意以下几点：

（1）圆弧顶没有像其他图形一样有着明显的卖出点，但其一般形态耗时较长，有足够的时间让投资者依照趋势线、重要均线及均线系统卖出。

（2）在圆弧顶末期，股价缓慢盘跌到一定程度，引起持股者恐慌，会使跌幅加剧，常出现跳空缺口或大阴线，此时是一个强烈的出货信号。

（3）有时当圆弧头部形成后，股价并不马上下跌，反复横向发展形成徘徊区域，这个徘徊区称为碗柄。一般来说，这个碗柄很快便会突破，股价继续朝着预期中的下跌趋势发展。

深赤湾 A（000022）在股价上涨的顶端出现了圆弧顶形态，投资者应该在圆弧顶形成之际及时卖出。投资者还可以结合 MACD 指标判断卖出的时机，如图，在圆弧顶形成之际，MACD指标也出现拒绝金叉的形态，双线张口向下发散并下穿 0 轴，这说明后市将进入空头市场，投资者应该及早退出。

那么，遇到这种走势形态，投资者什么时候才可以买进呢？从图 5-11 我们可以发现，在股价下跌的过程中出现了大阴线，这种在下跌过程中出现的大阴线为持续性大阴线，暗示着后市继续看淡，投资者应该坚持看空思维。随着股价的继续下跌，又出现了一根大阴线，见到这根大阴线投资者就要警惕，这有可能是股价即将见底的信号，但不要急于操作，要看后市股价的走势，在几天之后，股价收出了一根 T 字线，这种出现在股价下跌末端的 T 字线暗示着后市即将上涨，此时投资者就可以保持看多的思维，而此时的 MACD 也出现金叉的形态，投资者就可以在此寻找买进时机了。

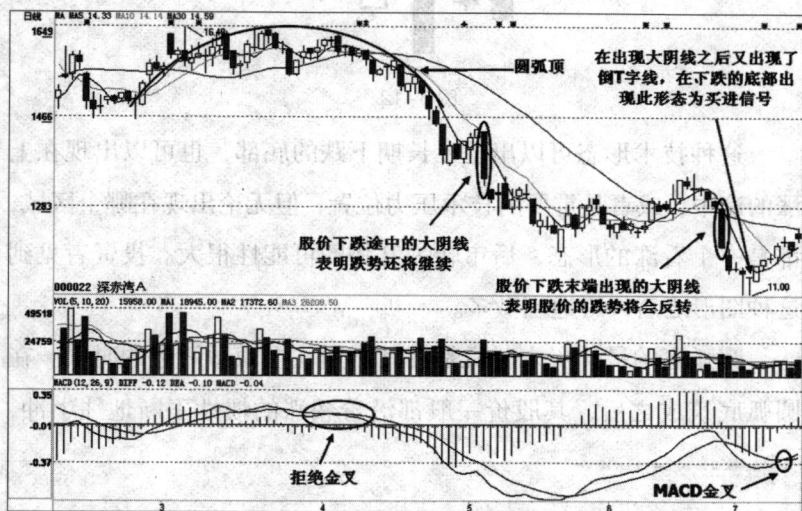

图 5-11

圆弧底

如图 5-12 所示，股价经过一波长期的下跌之后，跌势逐渐缓和，开始以小阴小阳的方式缓慢下移，成交量也同步萎缩，并最终停止下跌进入筑底过程；在整个筑底过程中，每天的涨跌幅度相当小，但是在底部整理一段时间之后重心就会开始上移，继而出现一个向上跳空的缺口，圆弧底形态就此确立。

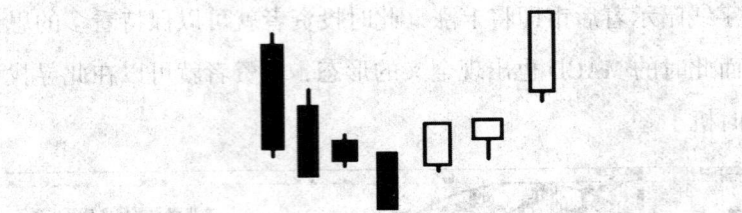

图 5-12

　　这种技术形态可以出现在长期下跌的底部，也可以出现在上涨的途中，或者是重要的技术压力位置，但无论出现在哪个区域，都是一个看涨的形态，后市转为升势的可能性很大。投资者见到这种图形之后，可适当做多。

　　圆弧底的最佳买入时机是在其右边往上微微翘起的时候。在圆弧底筑成之后，其股价一般都沿着翘涨的惯性不断地往上冲，

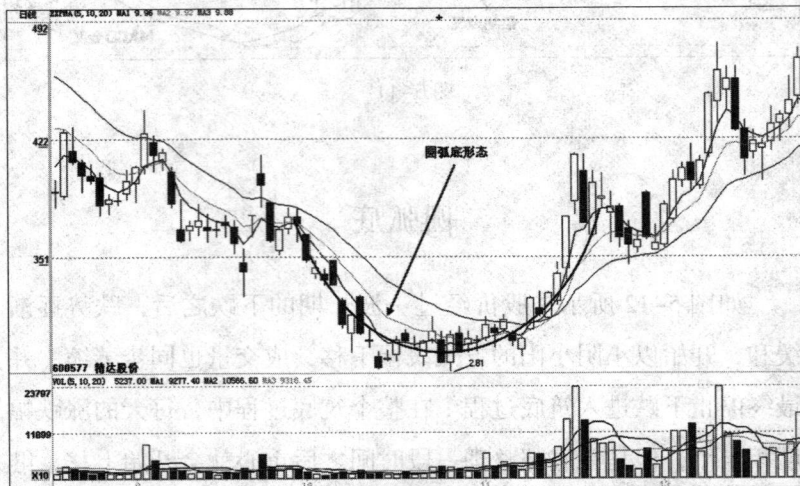

图 5-13

直至出现快涨。在其右边往上翘涨的过程中，一般有好几个交易日，每天的 K 线保持着小阴小阳，涨跌幅度都很小，整体呈现温和上涨，温和放量态势，在此期间，适宜买进。另外要尽量寻找构筑圆弧底部时间相对较长的个股，因为时间越长，底部基础越扎实，日后下跌的可能性越少，很少有主力会花太长的时间去做一个完整的形态陷阱。

如图 5-13 所示，该股就是在底部构筑了圆弧底 K 线组合图形，随后，股价就一路上行。

双重顶

股价上升到某一个水平时，部分获利投资者开始大量抛出，成交量有效放大，股价随之下跌，成交量也慢慢变少。接着股价又升至与前一个价格几乎相等的顶点，成交量随之增加却不能达到上一个高峰的成交量，接着出现第二次下跌，股价的移动轨迹就像"M"字。这就是双重顶，简称双顶，又称 M 顶（图 5-14）。

双重顶是一种常见的顶部形态，它通常出现在长期上涨后的高位，有时也会出现在阶段性高点的附近，或者重要的压力线位置，但其市场意义基本相同。它的出现预示着股价将结束上涨行情，而后演变为下跌行情。

当出现双重顶时，表示股价的升势已经告一段落，投资者可

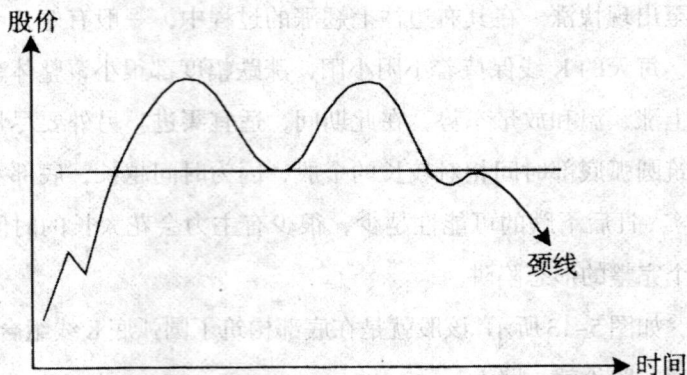

图 5-14

以考虑暂时卖出该股，当双重顶颈线被跌破，就是一个可靠的出货信号。

深物业 A（000011）在经过一段上涨行情后于高位出现了双重顶形态，在形成第二个顶的时候，成交量要较第一个顶明显缩小，出现成交量的配合，说明双重顶表示的信号比较可靠。随后股价由 12.75 元跌至 6.46 元，跌幅达 97%。

在双重顶形成之后，股价拉出了一根大阴线，在上涨顶端出现大阴线暗示着股价的跌势已成定局，投资者对后市不要抱有幻想，而且从图中还可以发现，在经过几天的连续下跌之后，又出现了一根大阴线，这根在下跌途中出现的大阴线同样是股价继续下跌的可靠信号，投资者此时要保持看空思维，谨慎操作，以观望为主（图 5-15）。

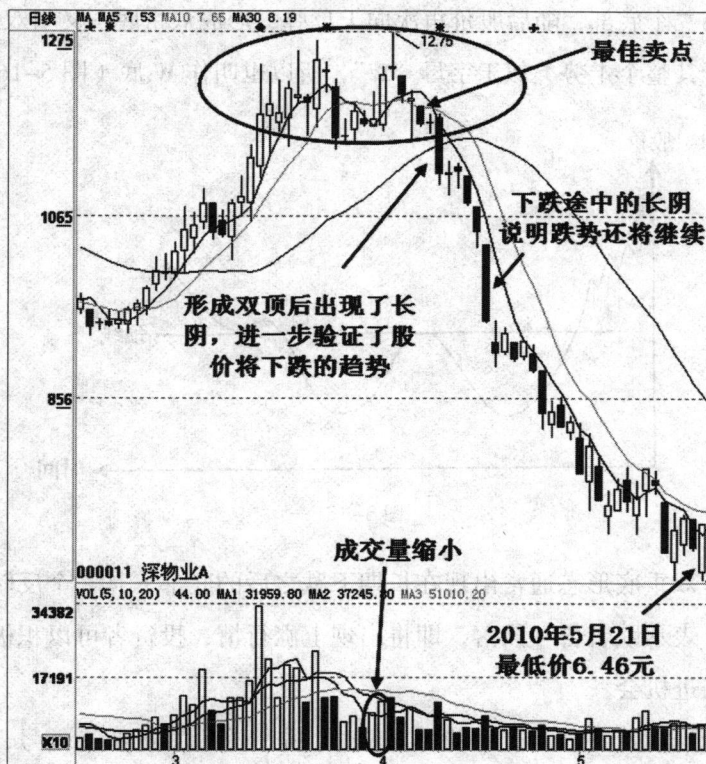

图 5-15 深物业 A（000011）股价走势图

双重底

当股价经过一波下跌行情之后开始筑底，股价随后开始逐步回升，甚至是快速拉升，形成第一个底部，但在股价经过一定幅度的回升之后，再次遇到了阻力出现回落，在回落的过程中形成了第二个底部，随后股价再次向上反弹，形成双重底，又叫双底。由于其整个走势类似于字母"W"，所以也叫作 W 底（图 5–16）。

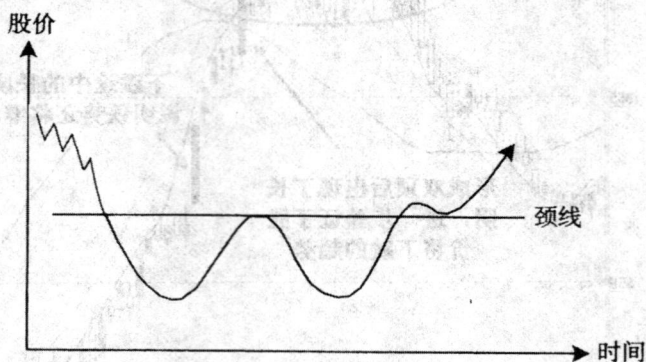

图 5–16

双重底形态通常出现在长期下跌之后的底部，是一个反转形态，表示跌宕告一段落，即将出现上涨行情，投资者可以积极把握买进机会。

当股价突破双重底的颈线位时，是一个明显的买入信号，需要注意的是，上破颈线时，成交量必须及时放大，强势股往往是以长阳线完成突破的。

如图 5–17 所示，该股在股价运行的底部走出了双重底反转形态，此时第二个底部形成的时候，成交量明显缩小，市况沉闷。在股价突破双重底的颈部位置时，放量拉出长阳，此时就是最佳的介入机会，此后股价便大幅上涨，再不回头。

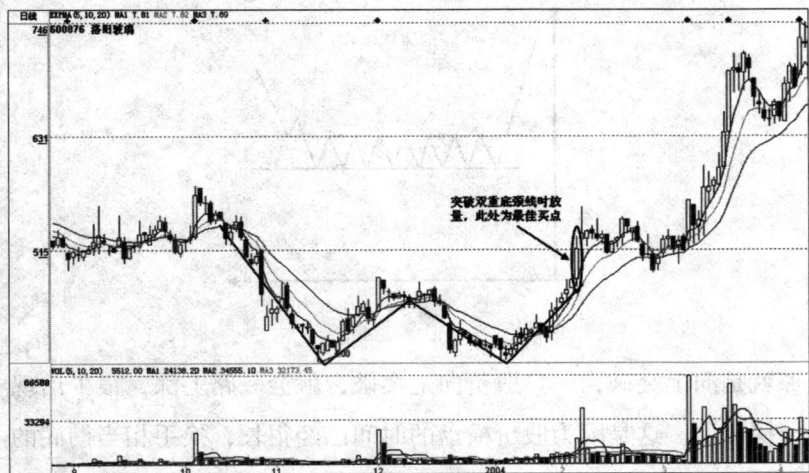

图 5-17

潜伏底

在股市技术图形中，属于底部形态的图形除了常见的双底、头肩底、圆底外，还有一种爆发性底部形态——潜伏底。所谓潜伏底就是股价经过一段跌势后，开始处于一个狭窄的区间内，并长期在此期间内波动，此时，交投非常清淡，股价和成交量各自形成了一条带状（图 5-18）。

投资者要将潜伏底和矩形形态区分开，一般来说，潜伏底的形态较矩形来说更狭长，而且矩形形成之后股价的运行方式一般有两种，向上或向下突破，但潜伏底形成之后，股价的走势就一种，

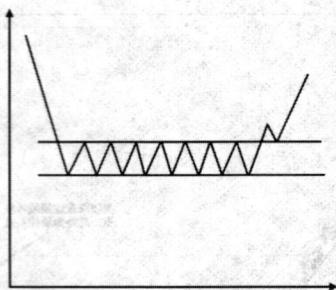

图 5-18

那就是向上突破，一旦股价向上突破，就会一路上涨，很少出现回探现象。这是因为股价横盘的时间已经很长，换手相当彻底的缘故。

在实践中，投资者遇到这种形态后要谨慎选择入市时机，一般在股价放量上冲的时候买进为好。这主要是因为潜伏底形成的时间比较长，历时数月甚至数年之久的潜伏底屡见不鲜。如果买进的时间过早，有可能经受不住股价不死不活的长时期的折磨，在股价发动上攻行情前离它而去。所以，一定要谨慎选择买入点。

武钢股份（600005）在出现潜伏底之后出现了一段很长时间的上涨行情，投资者可以在潜伏底出现之后股价回抽出现放量上涨时买进，因为此时风险一般相对较小。该股的 MACD 指标还出现了双线合一，该双线合一位于安全区，股价上涨还远未达到顶峰，在平台之中横盘，没有大幅度的上下波动，此时只要 MACD 双线张口向上，则会出现较为缓慢的上涨趋势，投资者应该把握住时机（图 5-19）。

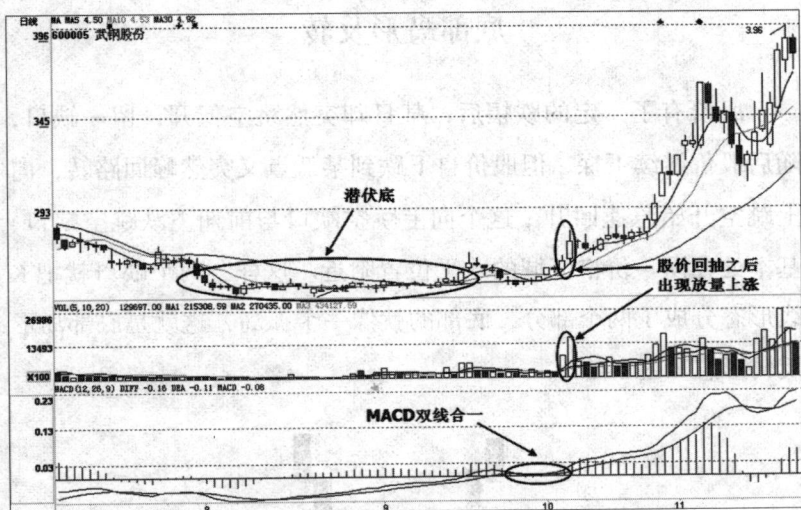

图 5-19 武钢股份（600005）股价走势图

　　另外，投资者还要注意，遇到潜伏底的时候要敢于追涨。通常，潜伏底一旦爆发，上攻势头十分猛烈，常常会造成连续逼空的行情。但对于大多数投资者来说，因为没有掌握潜伏底的基本特征，在股价上涨的过程中看到连续拉出的大阳线之后，就不敢再追涨，害怕走势发生反转。

　　其实，一旦潜伏底出现，只要股价的上涨幅度不超过50%，成交量保持价升量增的态势，就可以追涨。

　　一般来说，潜伏底上扬时往往会出现大阳线后再拉大阳线，超涨之后再超涨的现象，这是潜伏底往上突破的一个重要特征。因此在潜伏底涨升初期，对它追涨应该是一个比较好的选择。

底部岛形反转

　　股价有了一定的跌幅后，某日却突然跳空低开，留一缺口，随后股价继续下探；但股价自下跌到某低点又突然峰回路转，向上跳空开始急速回升；这个向上跳空缺口与前期下跌跳空缺口，基本处在同一价格区域的水平位置附近。这样，两个缺口就把 K 线形态分成了两个部分，底部的就像一个孤岛，这就是底部岛形反转形态（图 5-20）。

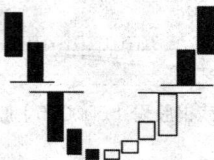

图 5-20

　　底部岛形反转是一个转势形态，表明股价已见底回升，将从跌势化为升势。虽然这种转势并不会一帆风顺，多空双方会有一番激烈的争斗，但总的形势将有利于多方。通常，在底部发生岛形反转后，股价有时会发生震荡，但多数情况下回抽到缺口处会止跌，而后再次发力上攻。

　　投资者面对这种底部岛形反转的个股，应首先想到形势可能已经开始逆转，不可再看空了。对于激进型的投资者来说，可在岛形反转后向上跳空缺口的上方处买进，而稳健的投资者可在股价急速上冲回探向上跳空缺口获得支撑后再买进。

中国宝安（000009）在出现底部岛形反转形态之后，就一路上涨，最高涨至16.00元，较最低价9.43元，涨幅达70%（图5-21）。

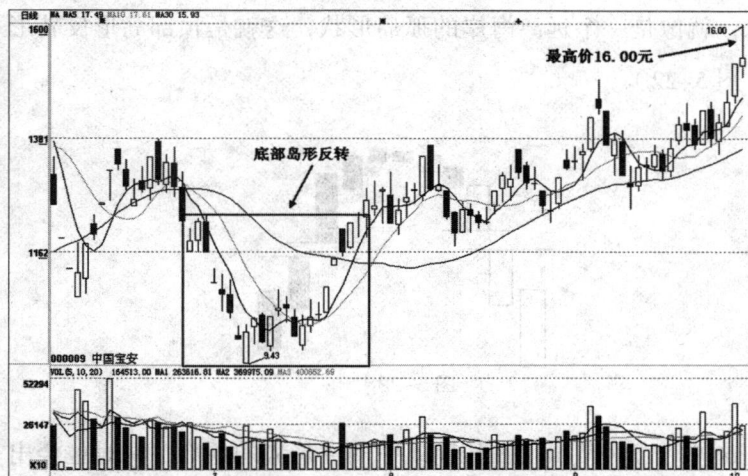

图 5-21 中国宝安（000009）股价走势图

但在买进的时候也要注意，当股价回探封闭了向上跳空缺口时，应不要买进，以密切观望为主。因为如果向上跳空的缺口一旦被封闭，后市将会转弱。

顶部岛形反转

在一轮上涨行情的末期，股价在拉升过程中出现向上的跳空缺口，接着会出现滞涨现象，多空双方在此缺口上展开争夺，此时也恰恰是主力出货的好时机，当然最终结果是以空方的胜利而告终，随后在下跌过程中也出现跳空缺口，方向向下。至此，整个股价 K 线图被分成了上下两截，使高位争持的区域在 K 线图上看来，就像是一个远离海岸的孤岛形状，这就是顶部岛形反转形态（图 5-22）。

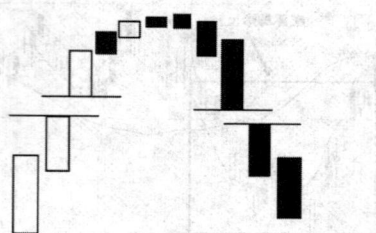

图 5-22

这种形态常常出现在长期或中期性趋势的顶部，有时也会出现在下降过程中，但不管出现在哪个位置，都是一种看跌的形态，其最大的特点就是两边的跳空高开和跳空低开，否则不构成顶部岛形反转形态。顶部岛形反转形态一旦成立，说明近期股价下跌已成定局，此时持筹的投资者只能认输出局，如果继续持股必将遭受更大的损失；而空仓的投资者最好不要再过问该股，即使中途有什么反弹，也尽量不要参与，可关注其他一些有潜力的股票，另觅良机。

如图 5-23 所示，该股在下跌途中，形成了顶部岛形反转形态，股价继续走低。

图 5-23

V 形和伸延 V 形

　　股价连续加速下跌之后，被某种突如其来的因素扭转了整个趋势，在底部伴随大成交量，形成十分尖锐的转势点，出现了快速反弹，成交量也跟着快速放大，从而形成"V"形走势（图 5-24）。V 形是一种强烈的上涨信号。

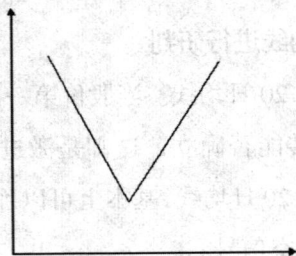

图 5-24

这种形态既可以出现在长期下跌之后的低位区域，也可以出现在上涨的中途甚至是大幅上涨后的高位。在不同的位置出现这种形态，其所代表的意义也不同。比如出现在长期下跌的低位区域，则预示着后市股价出现反弹的行情；而出现在大幅上涨后的高位，则往往是主力为了出货制作的假象。

V形反转形态形成时间较短，是研判比较困难、参与风险较大的一种形态，这种形态爆发力大，可在短期内赢取暴利。

那么，投资者要如何准确地把握住V形反转带来的机会呢？在此，我们总结了以下几点，投资者要注意：

1. 涨跌幅度

一般来说，如果股价在短期内的涨跌幅度越大、动力越强，那么，出现V形反转的可能性也就越强，如果超过5%以上的巨阳或巨阴出现，就是很好的配合证据。

2. 价量配合

通常而言，当V形反转即将形成的时候，成交量会明显放大，尤其转势前后成交量的放大，实际上是最后一批杀跌盘的涌出和主力接货造成的。

3. 结合中长期均线进行研判

一般我们多采用20日均线。当股价第一次突破20日均线时，虽不能明确V形反转能否确立，这却是激进的做多或做空信号，一旦出现第二次突破20日均线，基本上可以确认反转趋势的确立，这是稳健的做多或做空信号。

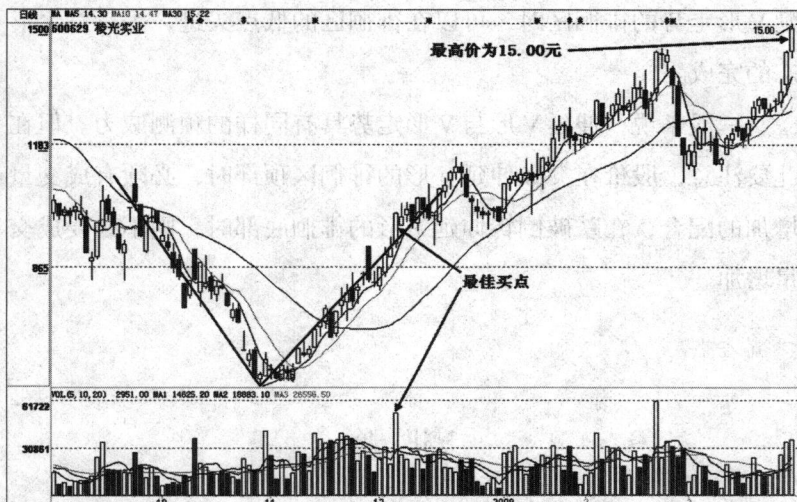

图 5-25 棱光实业（600629）股价走势图

如图 5-25 所示，棱光实业（600629）在出现了 V 形走势之后，就走出了一波上涨的行情，由最低价 5.48 元涨至 15.00 元，涨幅高达 174%。一般在该形态形成之后，股价都会有一个反抽回探的过程，如果此时的成交量出现萎缩，那么，当股价再次拉升的时候，就是买进的最佳时期。

"伸延 V 形"走势是"V 形"走势的变形。在形成 V 形走势期间，其中上升（或是下跌）阶段呈现变异，股价有一部分出现横向发展的成交区域，其后打破这个徘徊区，继续完成整个形态。伸延 V 形走势在上升或下跌阶段，其中一部分出现横行的区域，主要是大部分投资者开始对这种形态的形成没有信心导致，但这股弱势力量被消化后，股价就会再继续完成整个 V 形形态。在出现伸延 V 形走势的徘徊区时，可以在徘徊区的低点买进，等待整个形态的完成。

　　一般来说，伸延 V 形与 V 形走势具有同样的预测威力。但在此要注意，股价在突破伸延 V 形的徘徊区顶部时，必须有成交量增加的配合，在跌破倒转伸延 V 形的徘徊底部时，则不必要成交量增加。

喇叭形

　　喇叭形又被称为扩散三角形，一般出现在股价上涨的过程中，上升的高点越来越高，而下跌的低点越来越低，如将两个高点连成直线，再将两个低点连成直线，即可形成一个喇叭状，这就是喇叭形（图 5-26）。

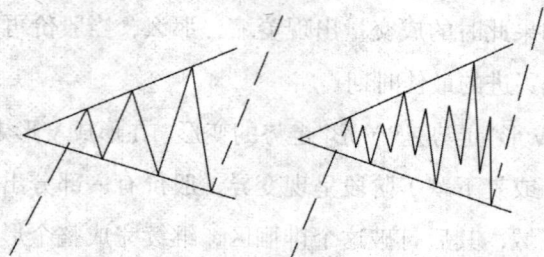

图 5-26

喇叭形一般常出现在投机性很强的个股上，当股价上升时，投资者受到市场热烈的投机气氛或谣言的感染，疯狂地追涨，成交量急剧放大；而下跌时，则盲目杀跌，正是由于这种原因，造成了股价的大起大落。

喇叭形是股价大跌的先兆。当投资变得毫无理智时，其中蕴含的风险也就不言而喻，而喇叭形正是人们过度投机心理在图表上的反映，它暗示升势已经穷尽，下跌一触即发。

面对喇叭形，投资者的操作策略只有两个字——退出，因为此时投资的盈利机会很小，风险却很大，一旦股价向下击破喇叭形的下边线，将可能引发一轮跌势，逃之不及的人，就可能被深度套牢。

因此，普通投资者尽量不要参与买卖，持股的投资者最好进行减仓，如一旦发现喇叭形往下突破，应及时把股票全部卖出，停损离场。

这里需要补充一点，虽然喇叭形经常是以下跌告终，但也会有特殊情况出现，尤其是当上边线不是向上倾斜而是水平发展的时候，股价可能向上突破，展开一轮升势。

但在实践应用中，这种情况很少出现，一般出现喇叭形之后，股价向下突破居多，在喇叭形即将形成的时候卖出股票，总是对的时候多，错的时候少。另外，喇叭形如果要向上突破，是会有一些蛛丝马迹显露在盘面上的，通常的表现是，在形态内的第三次下跌时，成交量会出现迅速萎缩，这说明市场情绪正在发生变化，人们的持股信心已趋稳定，这与"喇叭形"最后阶段成交量急剧放大正好相反。随后股价会在这种形态的上边线稍作停留，或者进行一次小幅回调，下跌明显无力。在对这些情况进行确认之后，此时的喇叭形才有可能发生变异，向上突破。如果投资者发现了这种异向，再决定买进也不迟。

菱形

菱形反转形态可以看成是喇叭形接连对称三角形的合并图形，左半部和喇叭形态一样，其市场的含义也相同，第二个上升点较前一个高，回落低点亦较前一个低，当第三次回升时，高点却不能升越第二个高点水平，接着的下跌回落点却又较上一个高，股价的波动从不断地向外扩散转为向内收窄，右半部和"对称三角形"一样，这就是"菱形"形态（图5-27）。

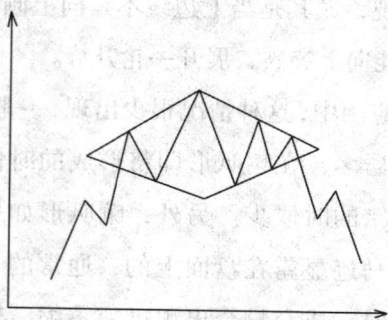

图 5-27

菱形的另一个名称叫钻石形，是另一种出现在顶部的看跌形态。它比起上面的喇叭形来说，更有向下的愿望。由于它的前半部分类似于喇叭形，后半部分类似于对称三角形。所以，菱形有对称三角形保持原有趋势的特性。前半部分的喇叭形形成之后，趋势应该是下跌，后半部分的对称三角形使这一下跌暂时推迟，但它们结合之后的图形，终究是摆脱不掉股价即将下跌的命运的。所以，投资者在走势图中遇到这种形态后，一定要及时卖出，当然，如果你有前瞻能力，趁该形态未形成的时候卖出就更好了。

由于对称三角形的存在，菱形还具有测算股价下跌深度的功能。菱形的形成过程的成交量是随价格的变化而变化的，开始是越来越大，然后是越来越小。

菱形的测算功能是以菱形的最宽处的高度为形态高度的，今后下跌的深度从突破点算起，至少下跌一个形态高度。

识别菱形时有几点应该注意：

（1）技术分析中，形态理论中的菱形不是严格的几何意义上的菱形。这一点同别的形态是一样的。

（2）菱形上面两条直线的交点有可能并非正好是一个高点。左、右两边的直线由各自找的两个点画出，两条直线在什么位置相交就不要求了。同理，菱形下面两条直线也有与上面两条直线相似的可能。

（3）菱形有时也作为持续形态，不出现在顶部，而出现在下降趋势的中途。这时，它还是要保持原来的趋势方向，换句话说，这个菱形之后的走向仍是下降。

第六章

经典K线组合整理形态

收敛三角形

股价在一定区域的波动幅度逐渐缩小，即每轮波动的最高价都比前次低，而最低价都比前次高，呈现出收敛压缩图形。将这些短期高点和低点分别以直线连接起来，就形成了一个对称的三角形，即收敛三角形，又叫对称三角形（图6-1）。

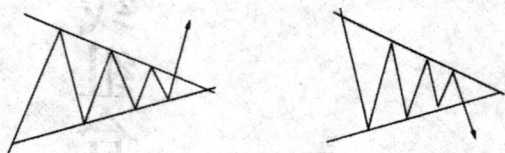

图6-1

一般情况下，收敛三角形属于整理形态，即价格会继续原来的趋势移动。这种形态出现时，成交量随越来越小幅的价格变动而递减，反映出多空力量对后市犹豫不决的观望态度，然后当价格突破收敛三角形的上下边线时，成交量随之而变大。如果突破后有反抽行为，就是最佳的买卖时机。

金证股份（600446）走出了收敛三角形整理形态，随后股价向上突破，涨至16.00元，涨幅达81%。当股价突破三角形的上边线，拉出放量阳线的时候就是投资者的最佳买点。另外，如果在三角形的形成过程中投资者没能够准确认出这种形态，也可以观察其 MACD 指标，该指标在股价经过一段下跌向上发力的时候走出了金叉，并一路向上移动到 0 轴的上方，这说明市场已转入多头，投资者尽可以看多（图6-2）。

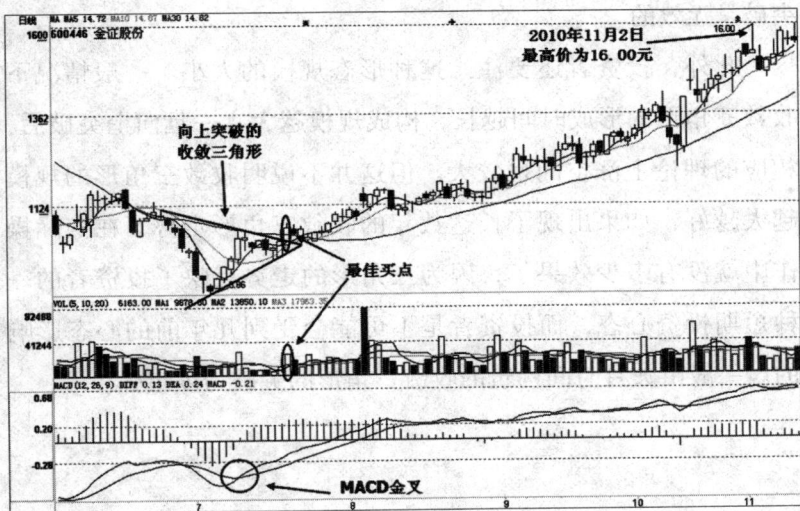

图 6-2 金证股份（600446）股价走势图

在判断这种形态的买卖点的时候，要注意此时在三角形顶端突破时的成交量。如果成交量能有效放大，说明向上突破是真实可信的，可判定增量向下倾斜只是空头陷阱，往往很快会恢复为上涨行情；如果在三角形顶端突破时的成交量处于萎缩状态，那么证明向下突破是真实可信的，而缩量向上的突破大多是假突破。因此，当大盘产生突破性行情时，投资者可以根据量能的变化研判大盘最终的发展趋势。

另外还要注意大盘突破后的回调。收敛三角形突破后通常有回调走势，如果在短时间内能迅速结束回调走势，并且不跌破原来的顶点位置，说明大盘向上突破是有效的。如果收敛三角形突破后股指无力上攻，回调时轻易跌破顶点位置，则说明大盘向上突破是无效的。

　　此外，投资者还要注意这种形态规模的大小。一般情况下收敛三角形的形成时间越长，构成规模越大，一旦向上突破后，相应的理论上涨空间也较大。但这并不说明收敛三角形的规模越大越好，如果出现了长达数年的收敛三角形走势，在实际操作中就没有多少效果了，因为三角形的走势反映了投资者的一种短期投资心态，而投资者是不可能会受到几年前的心态影响的。一般由数月时间构筑的收敛三角形的突破力度最强。

上升三角形

　　上升三角形一般在股价的上涨途中出现，股价上涨的高点基本上处于同一位置，但回落的低点却是在不断上移，股价波幅渐渐收窄，与此同时，成交量也在不断萎缩，不过在上升阶段的成交量较大，下跌时的成交量较小。如果将上边的高点和下边的低点分别用两条直线连在一起,则形成了一个向上倾斜的三角形（图6-3）。

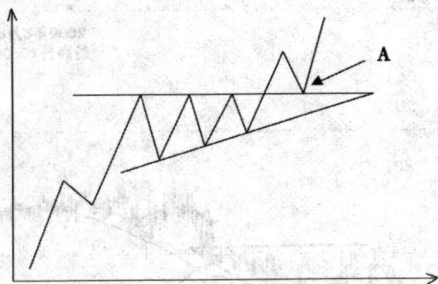

图 6-3

上升三角形是一个强烈的中级技术整理形态，一般在最后都会选择向上突破，但必须注意的是，上升三角形向上突破时，一般都伴随较大的成交量，无量往上突破可能是假突破，投资者此时不可贸然进入。通常，当股价运行到上边线 2/3 左右的位置后，就会向上穿越上边线，随后继续上涨，此时的上边线成为一个强支撑线。

出现这种形态，意味着股价在蓄势上扬，是典型的买进信号。在实际操作中，可在股价突破上档压力线，小幅回落，再次发力创新高之后（图中所标示的 A 点）跟进。

上海梅林（600073）出现上升三角形形态之后，就一路上涨，从其形态形成之际的最低价 6.26 元上涨至最高价 10.88 元，涨幅为 74%。投资者可以在股价向上放量突破三角形的上边线的时候买进（图 6-4）。

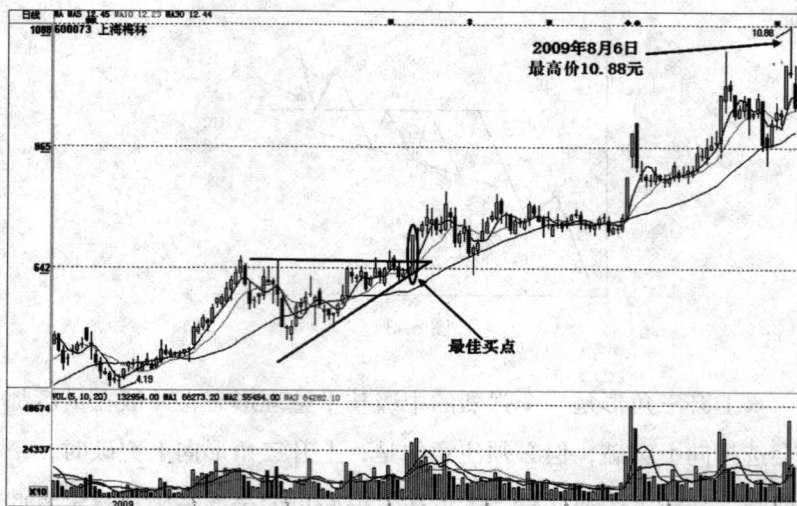

图 6-4 上海梅林（600073）股价走势图

下降三角形

下降三角形是指当股价下跌一段时间后，会出现反弹，高点会逐步降低，但每次下探的低点都几乎处于同一水平位置上，反弹时成交量不能放大，下跌时却比弹升时的成交量要大（图6-5）。

下降三角形的形成是由于卖方显得较为积极，抛出意愿强烈，不断将价格压低，在K线图上表现为压力颈线从左向右下方倾斜；而买方只将买单挂在一定的价格之上，在水平支撑线附近苦苦抵抗。如果用两条直线将上边的高点和下边的低点连在一起，则形成了一个向下倾斜的三角形。股价会在该三角形内运行一段时间，

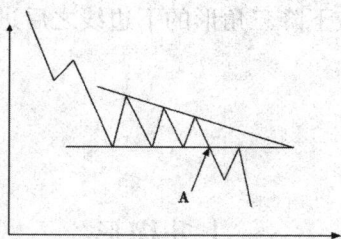

图 6-5

当运行到下边线 2/3 的位置后，就会跌穿下边线，随后继续下跌。

下降三角形在未跌破阻力线（即下边线）前不能轻易判定图形成立，因为该图形的看空指示信号相当强，出错的概率也很低。所以当股票图形形成下降三角形后，就该考虑卖出股票了。

如图 6-6 所示，该股在下跌的过程中形成了下降三角形的整

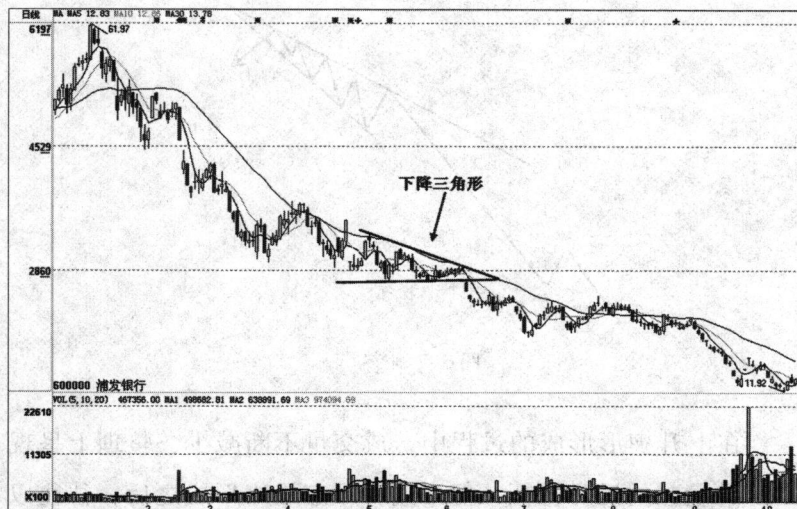

图 6-6

理形态，股价跌破下降三角形的下边线之后进入一段长时间的低
迷期。

上升楔形

股价经过一次下跌后有强烈技术性反弹，价格升至一定水
平又掉头下落，但回落点较前次为高，又上升至新高点，比上
次反弹点高，然后再回落，形成一浪高过一浪之势。把短期高
点和短期低点相连，形成两条向上倾斜的直线，上面一条较为
平缓，下面一条则较为陡峭。这就是所谓的上升楔形（图 6-7）。

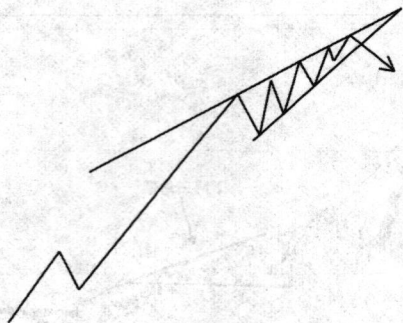

图 6-7

在上升楔形形成的过程中，成交量不断减少，整理上呈现
出价升量减的反弹特征，但当这种形态最终形成之后，往往以
向下突破居多。因此从本质上来说，上升楔形是股价下跌过程

中的一次反弹，是多方在遭到空方连续打击后的一次无力挣扎而已。

上升楔形为投资者传递出的信号即是，个股走势正在逆转中。投资者如果遇到这种形态后，一定要记住，它只是股价的反弹，并不能改变股价原有的下跌趋势。因此，持股者要趁反弹时及时减磅操作；如果股价跌穿上升楔形的下边线，赶紧清仓离场；持币者耐心观望。

如图 6-8 所示，云南城投（600239）在下跌途中出现上升楔形之后，股价仍继续往下滑落。

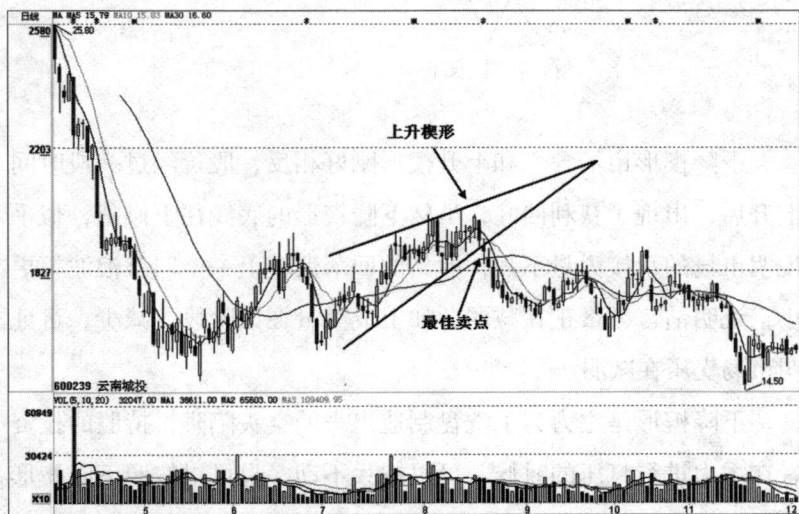

图 6-8 云南城投（600239）股价走势图

下降楔形

　　股价在经历了大幅上升之后，从高处回落，跌至某一低点后回升，高点一个比一个低，低点亦是一个比一个低，形成两条同时下倾的斜线，这就是下降楔形（图6-9）。

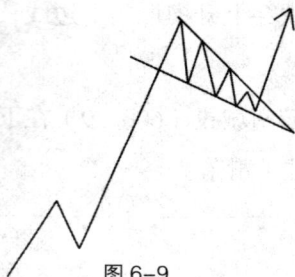

图 6-9

　　下降楔形市场含义和上升楔形刚好相反，股价经过一段时间上升后，出现了获利回吐，虽然下降楔形的底线往下倾斜，似乎说明市场的承接力量不强，但新的回落浪较上一个回落浪波幅更小，说明沽售力量正在减弱，加上成交量在该阶段的减少，可证明市场卖压在减弱。

　　下降楔形是主力为了洗盘制造出来的空头陷阱，持股的投资者在主力进行打压的时候，可以按兵不动，也可以按照下降楔形的上边线和下边线进行高抛低吸，即当股价接近下降楔形的上边线时就卖出，回落到下边线时就买进。但要注意，因为下降楔形的走势是越来越窄的，当形态即将形成的时候，最好就停止这种高抛低吸的手法，安静地持筹待涨为好。

　　而对于持币的投资者来说，在下降楔形形态没有完成之前，股价上下波动时，要坚持持币观望。一旦发觉股价放量突破上边线时，就可大胆买进。

　　如图 6-10 所示，该股在经历一波较强的涨势之后，见顶回落，形成一个下降楔形走势，其跌幅和成交量都在收窄；后面于某一点上突破了下降楔形的上边线之后持续向上，涨幅可观。

图 6-10

　　需要注意的是，在下降楔形形成过程中成交量是不能萎缩的，或者其形成的过程不能太长，如果形成时间超过了一个月，其整理失败的可能性就大一些。

矩形

如果将股价横盘时出现的两个最高点用直线连起来，将股价横盘时出现的两个最低点也用直线连起来，即可画出一个长方形，即矩形，又称箱形盘整（图 6-11）。

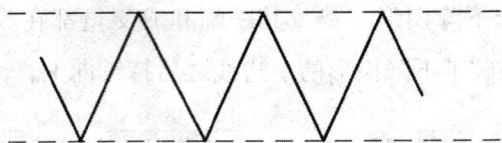

图 6-11

此时，股价就在这个矩形内不断上下波动，当股价上升到矩形的上边线时就往下回落，而回落到矩形的下边线时就往上弹升，直到一方力量耗尽，股价就会选择突破向上或跌破向下。

1. 突破矩形

当处于盘整阶段的矩形走势选择向上突破时，我们称之为突破矩形。一旦矩形向上突破时，其最小涨幅与这个矩形本身的高度相等。稳健型的投资者最好选择在突破颈线位置处买入。

如图 6-12 所示，该股就在阶段性底部形成了一个向上突破的矩形形态。

2. 跌破矩形

跌破矩形与突破矩形类似，所不同的是，突破方向不是向上，而是向下跌破矩形的下边线，通常出现在上涨的高位区域，或者下跌的途中。

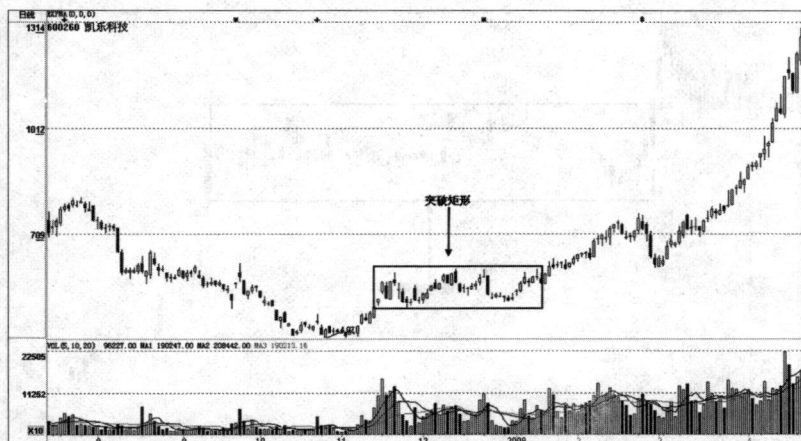

图 6-12

实际操作中，如果遇到这种走势的个股，在股价跌破矩形下边线的当天就要卖出股票。

如图 6-13 所示，该股自顶部反转后，经过一段下跌，股价横盘整理，形成一个矩形形态。这通常会被投资者认为是一个底部形态，但实际上更多的只是下跌途中的一个中继站。

对于矩形这种整理形态而言，投资者最佳的做法就是耐心等待，以观望为主，并抱定一个宗旨，只要股价一天不向上突破矩形的上边线，就一天不买进。另一方面，一旦股价在矩形整理后往下突破矩形的下边线，就应毫不犹豫地清仓离场。

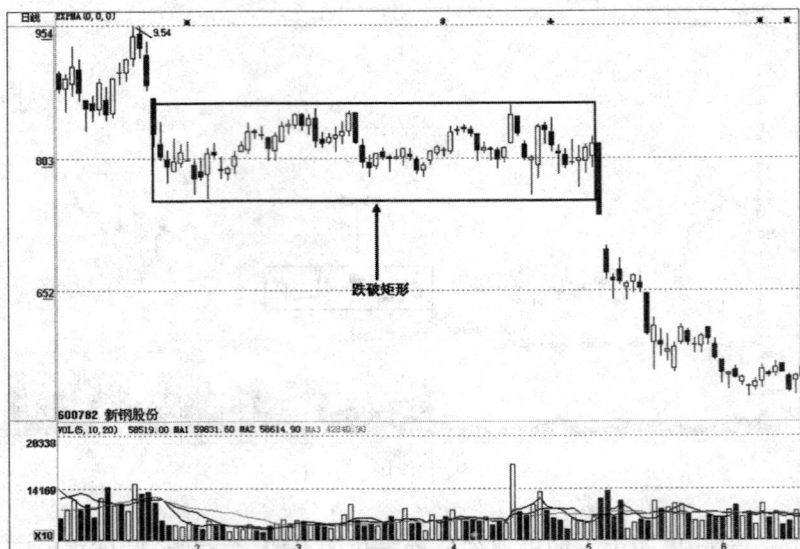

图 6-13

上升旗形

股价经过一段陡峭的上升行情后，其走势形成了一个成交密集、向下倾斜的股价波动区域，把这一区域的高点与低点分别连接在一起，就能发现其图形像一面挂在旗杆上迎风飘扬的旗子，这种走势就被称为上升旗形（图 6-14）。

投资者如果遇到这种形态，千万不要被股价低点下移所迷惑，要警惕这是市场主力诱空行为，可静观其变，一旦放量向上突破旗形的上边压力线，就是最佳的买入时机，表明股价将会有一段

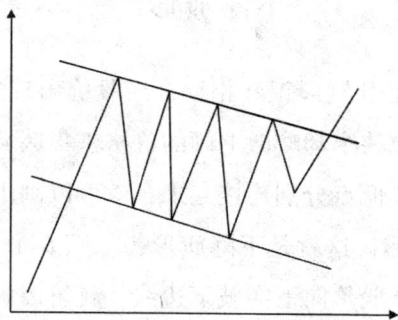

图 6-14

上升行情，投资者应果断买入。

如图 6-15 所示，该股在上涨的过程中出现了上涨旗形的形态。

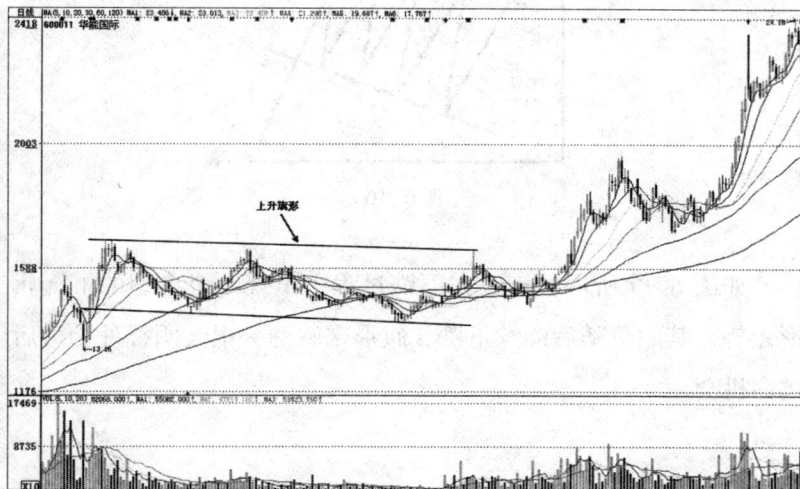

图 6-15

下降旗形

下降旗形与上升旗形正好相反，当股价出现急速下跌以后，接着形成一个波幅狭窄却略微上倾的价格密集区域，类似于一条上升通道将高点和低点分别连接起来，就可以画出两条平行线向上倾的平行四边形，这就是下降旗形，如图 6-16 所示。在这种走势形态中，如果股价向下突破下边线，就可以确认下跌形态成立，投资者应该及时离场。

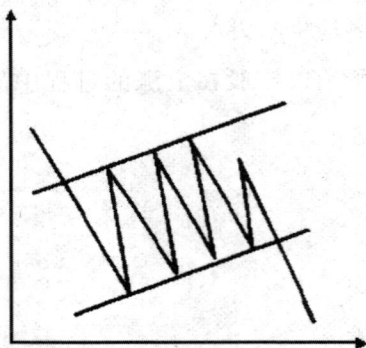

图 6-16

如图 6-17 所示，该股在下跌过程中出现一个典型的下降旗形走势，其股价随后继续下跌，旗形末端的一根大阴线处为最后逃命机会。

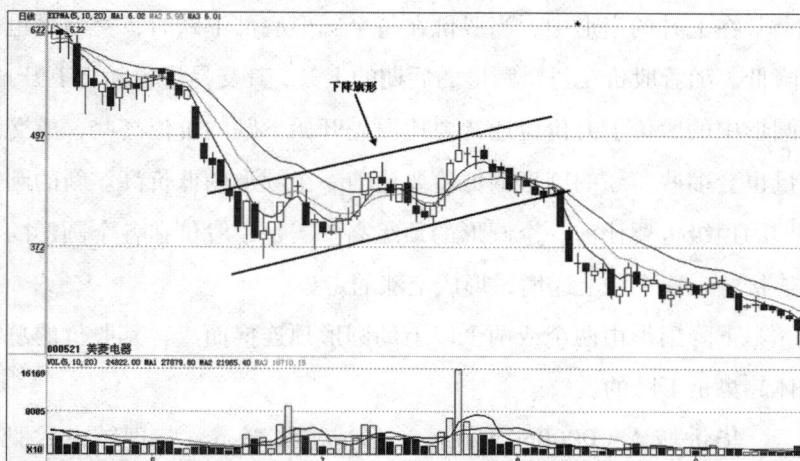

图 6-17

扇形

扇形整理形态是连接图形的上升和下降趋势而产生的，它可以分为上升的扇形和下降的扇形两种（图 6-18、6-19）。

上升扇形整理图

图 6-18

下降扇形整理图

图 6-19

在上升的扇形中，当股价在每个圆形底部下跌时，交易量也降低。随着股价在每个圆形的后期的上升，其交易量也随之上升。圆形中的股价上升价位通常要比原先开始下跌的价位高些，成交量也会多些。新的圆形的低价要比前一个圆形的低价高。新的圆形的顶级也要比前一个圆形的顶级高。于是，股价在各个圆形的连接中，逐个往上递增，形成上涨的走势。

下降扇形由两个或两个以上的圆形顶连接而成。其股价的总体趋势是下跌的。

华侨城 A（000069）在底部形成扇形形态，整理结束后股价向上突破，出现了一波比较强劲的上涨行情（图 6-20）。

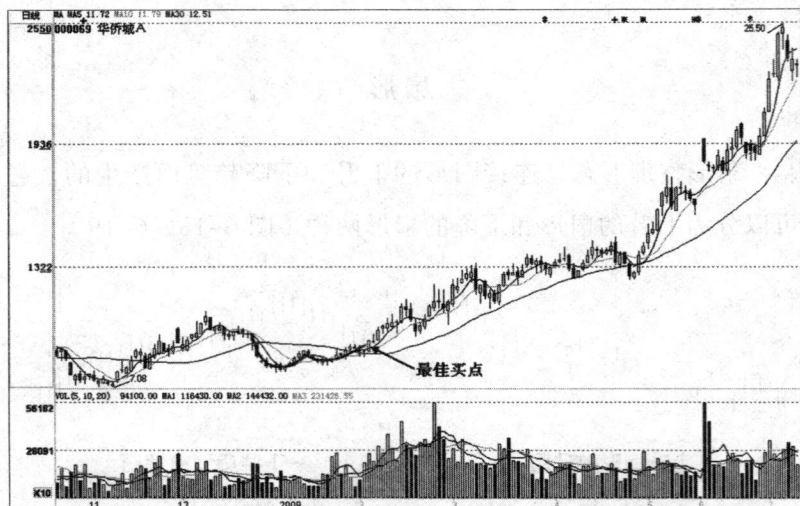

图 6-20 华侨城 A（000069）股价走势图

缺口

缺口是指股价走势中某一价格区域出现空白交易的现象，通常又叫作跳空。当股价出现缺口后，经过几天甚至更长时间的变动，回到原来缺口的价位时，缺口封闭，被称为补空。

缺口有四种基本类型，分别是普通缺口、突破缺口、持续性缺口和消耗性缺口，其中消耗性缺口又叫作竭尽缺口（图 6-21）。

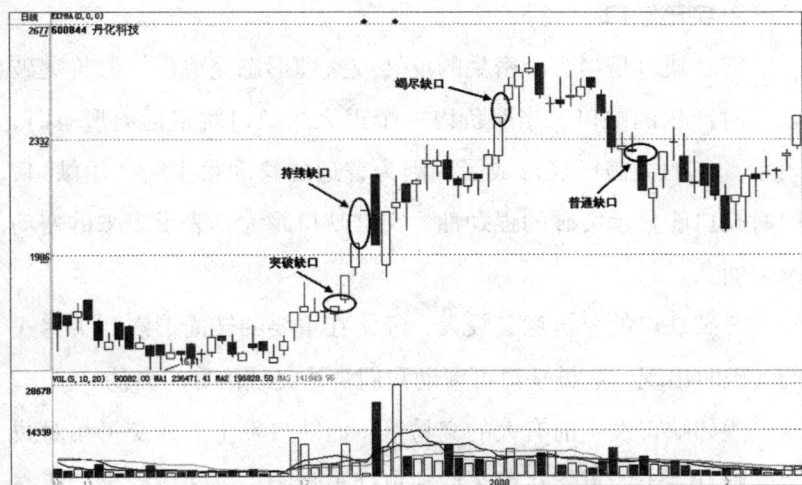

图 6-21

1.普通缺口

这类缺口通常在密集的交易区域中出现，因此，那些需要较长时间形成的整理或转向形态，如三角形、矩形等，都可能存在这类缺口。

普通缺口最重要的意义就是辅助某种K线形态的形成，它在整理形态时要比在反转形态时出现的机会大得多，所以当发现发展中的三角形和矩形有许多缺口时，就应该增强它是整理形态的信念。

一般缺口都会填补，因为缺口是一段没有成交的真空区域，反映出投资者当时的冲动行为；当情绪平静下来时，投资者反省过去行为有些过分，于是缺口便会补回。缺口填补与否对分析者观察后市的帮助不大。

2. 突破缺口

突破缺口是当一个密集的反转或整理形态完成后，股价突破盘局时产生的缺口。当股价以一个很大的缺口跳空远离形态时，表示真正的突破已经形成了。因为普通的移动很少会产生缺口，同时缺口能显示突破的强劲性，突破缺口越大，表示未来的变动越强烈。

突破缺口的分析意义较大，经常在重要的转向形态如头肩式的突破时出现，这类缺口可帮助我们辨认突破信号的真伪。

假如缺口发生前有大的交易量，而缺口发生后成交量相对减少，则有一半的可能在不久后缺口会被封闭；若缺口发生后成交量并未随着股价的远离缺口而减少，反而加大，则短期内缺口将不会被封闭。

3. 持续性缺口

离开形态或密集交易区域后的急速上升或下跌，所出现的缺口大多是持续性缺口。这种缺口可帮助我们估计未来后市波动的幅度，因此亦称之为量度性缺口。

持续性缺口的技术性分析意义最大，它通常是在股价突破后远离形态至下一个反转或整理形态的中途出现，因此持续缺口能大概预测股价未来可能移动的距离，所以又称为量度缺口。

股价在突破某区域时急速上升，成交量在初期放大，然后在上升中不断减少；当股价停止原来的趋势时成交量又迅速增加，这是多空双方激烈争持的结果，其中一方取得压倒性胜利之后，便形成一个巨大的缺口，这时候成交量又开始减少了。这就是持续性缺口形成时的成交量变化情形。

4. 消耗性缺口

在急速的上升或下跌中，股价的波动越来越急，跳升或跳位下跌均有可能发生，如果该股无法在成交量大幅变化的同时，出现相应的股价变动，此缺口就是消耗性缺口。消耗性缺口大多在恐慌性抛售或消耗性上升的末段出现。

在缺口发生的当天或后一天若成交量特别大，这就可能是消耗性缺口。假如在缺口出现的后一天收盘价停在缺口的边缘，形成了一天行情的反转时，就更可确定这是消耗性缺口了。消耗性缺口很少是突破前一形态大幅度变动过程中的第一个缺口，绝大部分的情形是它的前面至少会再现一个持续缺口。

消耗性缺口通常是在形成缺口的当天成交量最高，接着成交量减少，显示市场买卖动能皆已消耗殆尽，于是股价很快便回落（或回升）。

持续缺口是在股价大幅变动中途产生的，因而不会在短时期内封闭，但是消耗性缺口是变动即将到达终点的最后现象，所以多半在短期内被封闭。

第七章

分析 K 线图的关键技术指标

威廉指标（W&R）

股市中技术分析指标很多，但许多投资者总是用单一的技术指标进行分析，这是不正确的，因为每一个技术指标都有自己的优缺点，所以投资者在进行技术分析的时候，要考虑多项技术指标的走势，同时结合具体走势进行分析理解。

威廉指标是美国著名投资家拉瑞·威廉研究创立的反趋向指标，全名叫"威廉超买超卖指标"。它是通过某一周期（10 日或 14 日）内最高价与周期内最后一天的收盘价之差，再与周期内最高价与最低价之差的比值计算，从而及时观测股市超买超卖信息的一种技术分析指标。

威廉指标计算方法：

$$W\&R = \frac{(H_n - C)}{(H_n - L_n)} \times 100$$

其中 C 为周期内最后一天的收盘价，Ln 为周期内的最低价，Hn 为周期内的最高价，公式中的 n 为选定的计算时间参数，一般为 10 日或 14 日。

投资者在应用威廉指标操作时可主要参考以下情况：

（1）当 W&R 值低于 20 时，属于超卖，行情即将见底，20

这一横线，称为"买入线"。

（2）当 W&R 值高于 80 时，属于超买，行情即将见顶，80 这一横线，称为"卖出线"。

（3）当 W&R 由超卖区向上爬升，突破 50 中轴线时，表示涨势转强，投资者可以买进股票。

（4）当 W&R 由超买区向下滑落，跌破 50 中轴线时，表示跌势转强，投资者应卖出股票。

（5）当 W&R 进入超买区，并非表示行情会立刻下跌，在超买区内的波动，只是表示行情价格仍然在强势之中，直到 W&R 回头跌破"卖出线"时，才是卖出信号。反之也是一样。当 W&R 向上触顶 4 次时，第四次是最佳卖点；当 W&R 向下触底 4 次时，第四次是最佳买点。

（6）W&R 通常以 n 日内市场空方的力量与多空总力量的比率来研判市场。公式中 n 的取值，通常有 6、12、26 等，分别对应短期、中短期、中期的分析。

上述内容是该指标的基本内容，在实战中具有一定的意义，投资者可灵活运用。

能量潮指标（OBV）

能量潮指标是美国股市分析家葛兰碧在 20 世纪 60 年代提出的，被广泛使用，它主要利用股价和股票成交量的指标来反映人气兴衰，人为地按照股价的涨跌将成交量定为正负，并进行累加运算。

由于 OBV 的计算方法过于简单化，所以容易受到偶然因素的影响，为了提高 OBV 的准确性，可以采取多空比率净额法对其进行修正。

$$多空比率净额 = \frac{（收盘价 - 最低价）-（最高价 - 收盘价）}{（最高价 - 最低价）} \times V$$

该方法根据多空力量比率加权修正成交量，比单纯的 OBV 法具有更高的可信度。

投资者在分析 OBV 时应注意以下几点：

（1）单纯观察 OBV 的方向并无实际意义，应该与价格曲线进行对照。

（2）当 OBV 线下滑，而股价上升时，说明买方力量薄弱，投资者应考虑卖出；如果 OBV 上升，而股价下跌，表明有人逢低接盘，可适当买进；如果 OBV 累计值由正转负，表明股市整体走低，应卖出股票，反之则相反；如果 OBV 正负值转换频率高，投资者应注意观察股市此时的盘整行情，择机而动。

（3）OBV 体现了人气动向，可变量很大，人气很难维持很长时间，因此，短期投资者应主要参考该指标，而长期投资者不宜受 OBV 指标影响。

随机指标（KDJ）

随机指标是乔治·蓝恩博士发明的，是欧美股票市场常用的一套技术分析工具，它采用了 K 线和 D 线两条线。要计算 KDJ 值，要先计算未成熟随机值 RSV。

$$今（N）日 RSV = \frac{C_n - L_n}{H_n - L_n} \times 100$$

今（N）日 K 值 =2/3 昨日 K 值 +1/3 今（N）日 RSV

今（N）日 D 值 =2/3 昨日 D 值 +1/3 今（N）日 K 值

今（N）日 J 值 =3 今（N）日 K 值 –2 今（N）日 D 值

其中 C_n 为 n 日收盘价，L_n 为 n 日内的最低价，H_n 为 n 日内的最高价，K、D 的初始值通常取 50，常用的时间跨度为 9 天，即 N=9。

随机指数的实用价值，取决于投资者如何恰当地看待 KDJ 值。根据比较成熟的经验总结，其最佳应用方法如下：

（1）通常认为 K 值在 20 以下是超卖区，投资者可逢低买入；K 值在 80 以上为超买区，可逢高卖出。

（2）K 线向上突破 D 线（即 K 值 ＞ D 值），为买进信号；K 线跌破 D 线（即 K 值 ＜ D 值），为卖出信号。

（3）J 值大于 100 时，通常是卖出时机；J 值小于 0 时，通常是买入时机。

需要注意的是，随机指标其实一点都不"随机"，在股市中，尤其是在短线操作上，它具有很强的指导性。但这里有一个前提，那就是庄家没有刻意去控制收盘价、近日的最高价与最低价。

动量指标（MTM）

动量指标是一种专门研究股价波动的技术分析指标，它以分析股价波动的速度为目的，研究股价在波动过程中各种加速、减速、惯性作用以及股价由静到动或由动转静的现象。动量指标的理论基础是价格和供需量的关系，股价的涨幅必须随着时间日渐缩小，变化的速度慢慢减缓，行情则可反转。反之，下跌亦然。动量指标就是这样通过计算股价波动的速度，得出股价进入强势的高峰和转入弱势的低谷等不同信号，由此成为投资者较喜爱的一种测市工具。

MTM 计算公式：

$MTM = C - C_n$

其中 C 为当日收盘价，C_n 为 n 日前收盘价，n 为设定参数，一般选设 10 日。

MTM 分析要领如下：

（1）MTM 指标应该与其他技术指标共同运用。

（2）一般股价上升，动量值也会随之上升，在没有其他非技术影响的情况下，MTM 大体可以反映出股价变化的速度。

（3）MTM 与均线（MA）配合使用较好。主要方法：在股价上升，MTM 下降曲线与 MA 上升曲线交叉时，空方力量加强，投资者应在交叉点及时卖出股票；在股价下降，MTM 上升曲线与 MA 下降曲线交叉时，空方力量减弱，投资者应在交叉点买进股票。MTM 与 MA 配合使用时，周期一般定为 10 天。

（4）MTM 由下向上突破 0 线位置为买入信号，由上向下突破 0 线位置为卖出信号。股价如果不断创出新高，而 MTM 未能配合上升为背离现象，行情有可能出现反转。股价不断探底，而 MTM 没有配合下降也是背离现象，应该注意逢低吸纳。

相对强弱指标（RSI）

根据股价或指数的涨跌幅度及波动情况，显示市场强弱的技术分析，称为"相对强弱指标"。它是由 Wells Wider 创立的。

RSI 的计算公式是：

$$N \text{ 日 RSI} = \frac{N \text{ 日内收盘涨幅的平均值}}{（N \text{ 日内收盘涨幅均值} + N \text{ 日内收盘跌幅均值}）} \times 100$$

相对强弱指标的应用法则：

（1）RSI 的分布规律是：0<RSI<100，RSI=50 是强势与弱势市场分界点。通常设 RSI>85 为超买区，市势回档的机会增加；RSI<15 为超卖区，市势反弹的机会增加。

（2）5 日 RSI 值在 85 以上时为超买，在 15 以下时为超卖；在 85 附近出现 M 头时可卖出，在 15 附近出现 W 底时可买进。

（3）盘整时，RSI 一底比一底高，表示多头强势，后市可能再涨一段；RSI 一底比一底低，则为卖出信号。

（4）如果股价尚在整理阶段，而 RSI 已整理完成，且呈现反转形态，则股价将随之突破整理区。

（5）当股价创新高点，RSI 也创新高点时，表示后市仍很强；如果 RSI 未同时创新高点，则表示股价即将反转。

（6）在股价创新低点，RSI 也创新低点时，表示后市仍很弱；若 RSI 未同时创出新低点，股价极有可能反转。

（7）当股价三度创新高，而 RSI 呈现一峰比一峰高时，则可视为天价；若股价连创新低，而 RSI 呈现一底比一底低时，可视为底价。

（8）股价出现回档时，RSI 的第一支撑位是 50，第二支撑位是 40，最后一道支撑位为 30。若行情回档，RSI 最低点不跌破 50，再度随股价上升而向上跳动时，股价创新高价，强弱指标容易穿越先前高点。

由于 RSI 设计上的原因，RSI 在进入超买区或超卖区以后，如果市势有较大的波动，而 RSI 变动速率渐趋缓慢，波幅愈来愈微，即出现所谓钝化问题，这会使投资者过早买入或卖出，造成被套和少赚的风险。所以在运用 RSI 时，应配合其他技术分析方法进行研判，方才奏效。

乖离率指标（BIAS）

乖离率是移动平均原理衍生的一项技术指标，其功能主要是通过测算股价在波动过程中与移动平均线出现偏离的程度，得出股价在剧烈波动时因偏离移动平均趋势而造成可能的反弹或回档，以及股价在正常波动范围内移动而形成继续原有势的可信度。

BIAS 的计算公式：

$$乖离率 = \frac{当日指数 - 指数移动平均数}{指数移动平均数}$$

$$或乖离率 = \frac{当日股价 - 股价移动平均数}{股价移动平均数}$$

例如，当日某股股价为 9.19，10 日平均线为 9.33，那么：

BIAS=（9.19–9.33）/9.33=–1.56%，乖离率为 –1.56%，说明最近 10 日买进该股票的人均亏损率是 1.56%。

乖离率与移动平均值一致时，偏率为 0。如果乖离率为正值，乖离率在移动平均线上方，说明股市呈上升趋势。如果乖离率为负值，乖离率在移动平均线下方，说明股市有下跌的趋势。

乖离率指标又叫 Y 值。一般讲，Y 值偏离移动平均线的界定范围大体在 –15% — 15%。当 Y 值在 0 — 15%时，可适当卖出股票，因为股票价格有可能下跌。当 Y 值在 –15%— 0 时，可适当买入股票，股价有可能反弹。

投资者进行操作时应注意以下几点：

（1）当乖离率过高时宜卖出，乖离率过低时宜买进。

（2）当乖离率自底部向上突破下跌趋势线时，为买进时机。

（3）当乖离率自高峰向下跌破上升趋势线时，为卖出时机。

（4）当乖离率由负值转为正值，代表买进信号。

（5）当乖离率由正值转为负值，为卖出时机。

（6）当乖离率跌破 –25% 时，表示股价超跌情形严重，买进风险有限。

（7）当乖离率超过 25% 时，表示股价已高档，宜逢高先行出脱持股。

（8）当乖离率呈急涨或急跌走势时，预示股价势必脱离常态，随时有可能反转。

（9）股价与 10 日平均线乖离率达 8% 以上为超买现象，可卖出；如达 –8% 以下为超卖现象，可买进。

（10）股价与 30 日平均线乖离率达 16% 以上为超买现象，可卖出；如达 –16% 以下为超卖现象，可买进。

（11）超乎常态的正乖离出现时，勿买进做多；超乎常态的负乖离出现时，勿卖出做空。

如果 10 日乖离率大于 30 日乖离率，表示做短线（10 日）的投资者赚得较多，也就是说，该股近 10 日来涨势开始有转强趋势。

反过来说，当 10 日与 30 日乖离率都出现负值（百分比）时，表示最近几日所有投资者都处于赔钱阶段。这时，如果 30 日乖离率小于 10 日乖离率，表示最近 10 日大盘或该股已经有企稳拉升的迹象，因此投资者的损失也正逐步减轻。如果 10 日乖离率比 30 日乖离率更大的话，表示最近大盘或该股仍继续向下探底。

变动率指标（ROC）

变动率指标是以当日的收盘价和 n 天前的收盘价比较，通过计算股价一段时间内的收盘价变动的比例，应用价格的移动比较来测量价位动量，达到事先探测股价买卖供需力量的强弱，进而分析股价的趋势及其是否有转势的意愿的目的，属于反趋势的指标之一。

ROC 的计算公式：

AX= 今天的收盘价 $-n$ 天前的收盘价

BX= n 天前的收盘价

ROC=AX/BX

n 的参数一般采用 12 天及 25 天作为时隔周期。

该指标用来测量价位动量，可以同时监视常态性和极端性两种行情。ROC 以 0 为中轴线，可以上升至正无限大，也可以下跌至负无限小。以0轴到第一条超买或超卖线的距离，往上和往下拉一倍、两倍的距离，再画出第二条、第三条超买超卖线，则图形上就会出现上下各3条的天地线。

ROC具体使用方法如下：

（1）ROC波动于"常态范围"内，而上升至第一条超买线时，应卖出股票。

（2）ROC波动于"常态范围"内，而下降至第一条超卖线时，应买进股票。

（3）ROC向上突破第一条超买线后，指标继续朝第二条超买线涨升的可能性很大，指标碰触第二条超买线时，涨势多半将结束。

（4）ROC向下跌破第一条超卖线后，指标继续朝第二条超卖线下跌的可能性很大，指标碰触第二条超卖线时，跌势多半将停止。

（5）ROC向上穿越第三条超买线时，属于疯狂性多头行情，涨涨涨！涨不停，回档之后还要涨，应尽量不轻易卖出持股。

（6）ROC向下穿越第三条超卖线时，属于崩溃性空头行情，跌跌跌！跌不休，反弹之后还要跌。应克制不轻易买进股票。

涨跌比率（ADR）

ADR 又被称为回归式的腾落指数，是将一定时期内，股票上涨的股数与下跌的股数做统计求出比率，该指标有预警功能，常常在大市发生反转之前发出信号，用于了解反弹和回调是否到位也很有效。

ADR 的计算公式：

涨跌比率＝n 日内股票上涨股数的移动合计 / n 日内股票下跌股数的移动合计

n 值一般取 14 日，也有的用 10 日或者 24 日，甚至更长，如 6 周、13 周等。

涨跌比率的运用原则是：

（1）通常 ADR 下跌，股票指数也下跌，股市将继续下跌。

（2）通常 ADR 上涨，股票指数也上涨，股市将继续上涨。

（3）ADR 上涨，而股票指数下跌，股市将可能随时出现反弹。

（4）ADR 下跌，而股票指数上涨，股市将可能随时出现调整。

（5）10 日 ADR 的常态分布值通常在 0.5 — 1.5，0.5 以下或 1.5 以上为非常态分布数值。

（6）在大多头的强势市场上，常态分布的上线可以扩大到 1.9 以上。

（7）在熊市下跌的大空头市场上，常态分布的下线可以到 0.4 以下。

（8）多头市场低于 0.5 的时候较少，0.5 附近是极好的买点。

（9）10 日 ADR 从低位升到 0.5 以上时，表示空头市场即将结束。

（10）在转势之前，10 日 ADR 常会在 0.5 附近上下徘徊多次。

（11）在多头市场 10 日 ADR 如果不断下降，并低于 0.75，则表示短线的买点时机已到。

（12）在空头市场 10 日 ADR 要降到 0.5 之下时，方为买入时机。

（13）在牛市主升行情中，10 日 ADR 有可能到 2.0 以上，此时方为卖点。

（14）一般的行情中，10 日 ADR 到 1.5 就是卖点。

（15）ADR 下降至 0.65 之后，又回升至 1.4，但无法突破 1.4，则表示上涨动力不足；但如回升时能冲过 1.4，则暗示市场上涨行情具有强大的向上动力。

停损点转向指标（SAR）

停损点转向指标（SAR）又称抛物线转向，因其坐标点形成的连线呈抛物线形而得名。它通过设置一个极点值（4 日内最高价或最低价），当极点值与行情价格交叉时，提醒投资者及时由多转空，或由空转多。该技术指标得出的买卖结论是最明确的。

这个时价差的观念如图 7-1 所示。停损点开始时在进场价位的下方，初期移动非常平缓，到后期则加速上扬，价位变动功能上的调整越来越明显。在转向指标中，虽然是在第四天进场，停损点则设在第一天的最低价上，这是一个相当重要的观念。在图中，我们假设先前的交易是做空头，而现在在图中第四天反向做多头，那么当天的停损点即设在 50.00（即第一天的低点）。

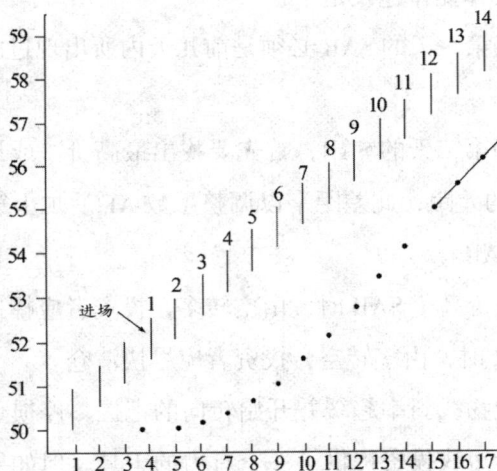

图 7-1

在进场交易的当天（即图中第四天），SAR 即设在峰顶或谷底的价位。次日（即图中第五天）SAR 的调整幅度则为前一天（第四天）中最高价与 SAR 间差距乘上调整系数 0.02。计算方法：

$$SAR_n = SAR_{n-1} + AF(H_{n-1} - SAR_{n-1})$$

其中 SAR_n 为第 n 日的 SAR 值，H_{n-1} 为第 $n-1$ 日的最高价或最低价，SAR_{n-1} 为第 $n-1$ 日的 SAR 值。调整系数 AF 是个累

进的数字，开始第一天为 0.02，第二天为 0.04，第三天为 0.06，SAR 即每天增加一次 AF 的累进（假若当日并无新高价出现，则沿用前一天的调整系数 AF，$0.02 \leqslant AF \leqslant 0.2$）。

SAR4：第四天的 SAR 值（即初始 SAR 值）；AF：调整系数；H4：第四天的最高价。以后各天的 SAR 也依上面的公式类推。

SAR 的具体操作建议是：

（1）进场第一天的 SAR 必须是前几天内所出现过的价位最高点或最低点。

（2）进场第二天的 SAR，首先要找出最高价（或最低价）与第二天 SAR 的差距，此差距乘以调整系数 AF 后加上第一天 SAR 即为第二天 SAR。

（3）收盘价高于 SAR 时，由空转多，投资者应择机建仓；收盘价低于 SAR 时，由多转空，投资者应尽快清仓。

通过对抛物线斜率趋缓并开始转向的把握，停损点转向指标为投资者进行短线投资提供了一个有力的工具。但如果所有的交易都完全依据 SAR 操作，则只能是小赔大赚，而不可能长被套牢。运用 SAR 的最大难度在于对大势的研判，大势判断准确则可以胜券在握。

指数平滑异同移动平均线（MACD）

指数平滑异同移动平均线又称指数离差指标，是移动平均线原理的进一步发展，它利用快速（短期）移动平均线与慢速（较长期）移动平均线聚合与分离的征兆，加上双重平滑运算来判断买进与卖出的时机。

其依据是，在持续的上涨行情中，快速移动平均线在慢速移动平均线之上，且其间的距离会越拉越大。当涨势趋于平缓时，两者的距离必然会缩小，甚至发生交叉，即卖出信号。

相反，在持续的下跌行情中，快速移动平均线会在慢速移动平均线之下，且距离越来越大。当跌势趋于平缓时，两者间的距离会逐渐缩小，最后发生交叉，即买入信号。

MACD 就是利用快速移动平均线与慢速移动平均线之间的差离现象，作为研判行情的基础，然后再取其 9 日平滑移动平均线，即 MACD 值或称为 DEA 值。

指数平滑异同移动平均线最为常用的就是快速（短期）移动平均线取 12 个交易日的数据，慢速（较长期）移动平均线取 26 个交易日的数据。报刊上一般都刊有 MACD（12，26，9）的详细数据，股民可将每日的数值 DIF、DEA、BAR 记录下来并绘成曲线，其研判技巧如下：

（1）当 DIF 和 DEA 都在 0 轴以上时，大势属多头市场；当 DIF 和 DEA 都在 0 轴以下时，大势属空头市场。

（2）DIF 从下向上突破 DEA 形成交叉即黄金交叉，即柱状值 BAR 从负转正时，或 DIF 从下向上突破 0 轴时，是买入信号。

（3）DIF 从上向下跌破 DEA 形成交叉即死亡交叉，即柱状值 BAR 从正转负时，或 DIF 从上向下跌破 0 轴时，是卖出信号。

（4）顶背离：当指数出现一波比一波高而不断创新高时，此时若 DIF 与 DEA 并不配合出现新高点，是卖出时机。

（5）底背离：当指数出现一波比一波低而不断创新低时，此时若 DIF 与 DEA 并不配合出现新低点，是买进时机。

（6）若在高位出现两次死亡交叉，它预示后市要大跌；反之，当在低位出现两次黄金交叉时，则预示后市要大涨。

（7）当柱状线 BAR 在 0 轴上方由长开始变短时是卖出信号，当 BAR 在 0 轴下方由长开始变短时是买入信号。

指数平滑异同移动平均线是股票技术分析中最基本的指标之一。由于获得了投资者的广泛认同，它也是被庄家利用最多的技术指标之一，对这一点投资者应引起足够的重视。

布林带指标（BOLL）

布林带（Bollinger Bands），又被称为保利加通道，是根据统计学中的标准差原理设计出来的一种非常实用的技术指标。标准的布林带由三条轨道线组成，其中上下两条线可以分别看成是价

格的压力线和支撑线，在两条线之间的第三条线则可以视为一条
价格平均线。一般情况下，价格线在由上下轨道组成的带状区间
游走，而且随价格的变化自动调整轨道的位置。当波带变窄时，
激烈的价格波动有可能随即产生；若高低点穿越带边线时，立刻
又回到波带内，则预示随后即将会有回档产生。如图 7-2 所示。

图 7-2

布林带分析方法的具体算法是：首先计算出过去 20 日收市
价的布林线标准差 SD（Standard Deviation），通常将其再乘以 2，
得出 2 倍标准差，三条线的计算公式如下：

中间线 =20 日均线

压力线 =20 日均线 +2×SD（20 日收市价）

支撑线 =20 日均线 −2×SD（20 日收市价）

布林带的功能很丰富，它可以通过上下两条线指示支撑和压力位置，同时可以显示超买、超卖的位置，此外，还可以指示趋势，另外，上下两条线间形成的区域具备通道功能。

布林带的理论使用原则是：当股价穿越最外面的压力线（支撑线）时，表示卖点（买点）出现。当股价延着压力线（支撑线）上升（下降）运行，虽然股价并未穿越，但若回头突破第二条线即是卖点或买点。

由布林带分析方法可以通过如下指标对实战中的具体操作策略制定提供参考：

（1）股价由下向上穿越下轨线，即支撑线时，可视为买进信号。

（2）股价由下向上穿越中轨线，此时股价若加速上扬，则说明此时是加仓买进的好时机。

（3）股价在中轨与上轨之间波动运行时为多头市场，较为明智的做法是持股观望。

（4）股价长时间在中轨与上轨间运行后，若显示出由上向下跌破中轨线的形态，则为卖出的信号。

（5）股价在中轨与下轨之间向下波动运行，说明此时为空头市场，投资者的最佳选择是持币观望。

（6）布林带的中轨线经长期大幅下跌后转平，随后出现向上的拐点，与此同时，股价在 2 — 3 日内均稳定在中轨之上，此时，若股价回调，其回档低点往往是适量低吸的中短线切入点，投资者应敏锐把握时机，趁低吸入筹码。

（7）对于股价在布林带的中轨与上轨之间波动的强势股，投资者不妨以回抽中轨作为低吸买点，同时以中轨线作为其重要的止盈、止损线。

（8）有着强烈上升趋势的股票，其股价往往会短期冲出布林线上轨运行，一旦冲出上轨过多，而同时成交量无法持续放出时，应及时短线高抛了结，如果由上轨外回落跌破上轨，此处也是一个较好的卖点。

另外值得投资者注意的是，当布林带变窄时，价格走势随后会出现明显的变化。市场中还有另外一种说法，即当交易价格处于一个窄的区域，同时失去一定波动性的时候，供需双方正处于一种微妙的平衡状态。在这种情形之下，布林带的变窄总是相对于最近的过去而说的，而正是在最近的过去一段区间中，布林带能够帮助投资者看清变窄的过程，这同时也给我们提供了股价何时会实现突破的信号，因为价格一旦开始突破，布林线就会分离，在那里可以绘制趋势线，标出突破点，辅助投资者作出决策。如果价格突破布林带，则说明价格走势有望持续，即如果价格向上穿越布林带，则说明价格上扬的动能很强，最终的结果很可能是股价被抬得很高。

在走势图 7-3 中我们可以看到，在经历了两次突破以后，价

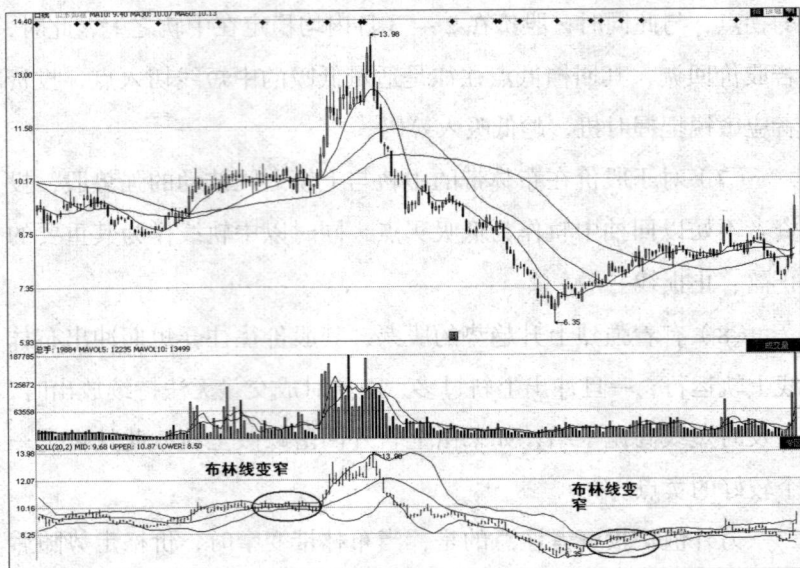

图 7-3

格立即向上脱离布林带。穿越布林带往往预示着会出现短期竭尽走势，并即将伴随着价格再一次的迅速回档。但是，投资者应该注意这仅仅是一个暂时的休整过程，此后走势将会继续下去。现在我们注意到，在走势出现反转之前价格常常会多次穿越布林带。就此而言，摆在投资者面前的一大难题是如何确定最后一次穿越的时间，换言之，即如何识别一波走势的头部和底部。问题的答案依赖于下面的规则：在价格穿出布林带以后，如果价格呈现反转形态，则预示着趋势反转。

一本书读懂 K线图

第八章

透过K线一眼看穿主力底牌

主力建仓时的技术特点及盘面K线特征

一般说来，主力经常制造一些非实质性的利空题材，或趁大盘走弱之机借势打压股价，制造空头陷阱，以此完成建仓。我们可以通过一系列的技术特征和盘面特征来观察主力是否在建仓。

1. 技术特征

（1）经常有大笔卖单挂留，但随即会迅速撤掉，或者所挂的卖单手数越来越少。

（2）往往先跌破某一技术支撑位（如某条短期均线），股价却未下跌多少。分时成交常出现无量空跌的现象。

（3）在本阶段末期，一般成交量会温和放大，股价却未大涨或只是小幅上涨。

（4）技术指标经常出现"底背离"。

2. 运用手法

（1）在低位筑平台吸货。

（2）利用打压吸货，这类手法较为常见。

（3）拉高吸货（或边拉边吸）。一般主力实力雄厚或作风凶悍，很可能是利好消息已经走漏，担心其他资金在低位抢筹码。

3. 盘面特征

（1）日K线经常在低位拉小十字星，或者小阴阳实体方块。

（2）K 线组合在低位出现圆弧底、W 底、头肩底、三重底、U 形底、V 形底等。

如何判断主力建仓已接近尾声

"股价涨不涨，关键看主力炒不炒"是沪深股市最大的特点。主力什么时候最有炒作激情？在吃了一肚子廉价筹码后。因此，散户跟庄炒股若能准确判断主力的持仓情况，盯牢一只建仓完毕的庄股，在其即将拉升时介入，必将收获一份财富剧增的惊喜。关键是如何发现主力已经将筹码锁定。

一般具备了下述特征之一，就可以初步判断主力筹码锁定，建仓已进入尾声：

（1）股价先在低位筑一个平台，然后再缓缓盘出底部，均线由互相缠绕逐渐转为多头排列，特别是若有一根放量长阳突破盘整区，更加可以确认建仓期完成，即将进入下个阶段。

（2）放很小的量就能拉出长阳或封死涨停。如果主力用很少的资金就能轻松地拉出涨停，那就说明主力筹码收集工作已近尾声，具备了控盘能力，可以随心所欲地控盘。

（3）K 线走势我行我素，不理会大盘而走出独立行情。有的股票，大盘涨它不涨，大盘跌它不跌。这种情况通常表明大部分筹码已落入主力囊中。当大势向下，有浮筹砸盘，主力便把筹码接住，封死下跌空间，以防廉价筹码被别人抢去；当大势向上或企稳，有游资抢盘，但主力由于种种原因此时仍不想发动行情，于是便有凶狠砸盘出现，封住股价的上涨空间，不让短线热钱打乱炒作计划。股票的 K 线形态是横向盘整，或沿均线小幅震荡盘升。

（4）K 线走势起伏不定，而分时走势图剧烈震荡，成交量极度萎缩。主力到了收集末期，为了洗掉获利盘，消磨散户持股信心，便用少量筹码作图。从日 K 线上看，股价起伏不定，一会到了浪尖，一会到了谷底，但股价总是冲不破箱顶也跌不破箱底，而分时走势图上更是大幅震荡。委买、委卖之间价格差距非常大，有时相差几分，有时相差几毛，给人一种莫名其妙、飘忽不定的感觉。成交量也极不规则，有时几分钟才成交一笔，有时十几分钟才成交一笔，分时走势图画出横线或竖线，形成矩形，成交量也极度萎缩。上档抛压极轻，下档支撑有力，浮动筹码极少。

（5）遇利空打击股价不跌反涨，或当天虽然有小幅无量回调，但第二天便收出大阳，股价迅速恢复到原来的位置。突发性利空袭来，主力措手不及，散户筹码可以抛了就跑，而主力却只能兜着。于是盘面可以看到利空袭击当日，开盘后抛盘很多而接盘更多，不久抛盘减少，股价企稳。由于害怕散户捡到便宜筹码，第二日股价又被主力早早地拉升到原位。

（6）关注新上市的个股，特别是首日换手率。新股上市首日成交量大，若主力有意将其作为坐庄目标，一般都会利用上市首日大肆吸纳，迅速完成大部分的建仓任务。

投资者需注意，主力建仓完成并不等于会立刻拉升，主力拉抬通常会借大盘走强的东风，已完成建仓的主力通常采取沿某一价位反复盘整的姿态等待拉抬时机，中线投资者可关注。

主力拉升的 K 线形态特征

不管主力采取何种方式拉升，在其运作的过程中，总是会留下一些较为明显的特征。我们可以从下面几方面去观察：

1. 均线系统

由于主力的拉升是一种股价上涨的趋势，所以，均线系统呈现典型的多头排列。5 日、10 日均线上升角度陡峭，一般都在 45 度以上。收盘价在 3 日均线上运行的具有短期黑马的性质；收盘价站在 5 日均线之上的具有牛股的特性；5 日、10 日、30 日、60 日均线呈有序多头排列，股价向上运行，在这一段时期中，股价往往表现为主升浪，短、中期升幅可观。

2. 成交量系统

成交量持续稳步放大，呈现价升量增、价跌量缩的特点，价量配合良好，在这段时期内，成交量整体上保持活跃状态，市场投资者积极参与，人气旺盛。

3. K 线系统

在拉升阶段中，主力经常在中高价区连拉中、长阳线，阳线的数量多于阴线的数量，阳线的涨幅实体大于阴线的跌幅实体。日K线经常连续收阳，股价时常跳空高开，并且不轻易补缺口，日K线形态中常出现红三兵、上升三部曲、大阳K线等。

另外两个关键的因素是：拉升的时间和空间。在主力坐庄的各个阶段中，拉升的时间是最短的。主力拉升时间的长短取决于主力的实力和操盘风格，以及大势的情况和市场的氛围。一般短线拉升行情在1－2周；中线拉升行情在1个月左右；长庄在3个月左右，也有少数大牛股的升势时间可能超过1年以上。

从另外一个角度来看，一般底部横盘结束以后的拉升时间在10－30天，以震荡方式上行的个股拉升的时间约为2个月左右。股票拉升的空间取决于目标股的炒作题材、市场人气、股价定位、技术形态、主力成本、筹码分布、股本大小、主力获利的目标等各种因素。其中，主力的意志和实力是具有决定性的。股价拉升的幅度最少也要达到30%，否则就没有获利空间；一般情况下是50%以上，幅度较大的可超过100%。一只庄股的整体涨幅在100%以上是常见的事情，有的甚至会翻几番。

主力拉升时的操作策略

主力拉升需要等待合适的时机，庄股相互之间也在观望，对同一板块的其他股票的动向十分关注。如果选择的时机不当，往往事倍功半，出师不利会打乱整个布局方案。有些主力总是喜欢在大盘指数无所作为时跳出来表演。因为主力十分需要跟风盘的追捧，不能吸引跟风盘就意味着主力要自己举重。在大盘无热点的情况下，使自己成为热点就能吸引大量的短线资金。还有些强庄股也喜欢这么做。另外有少数恶庄股专门在大盘跌的时候大涨，大盘走稳之后出货，但大部分的主力总是选择在大盘处于上升趋势或即将开始上升的时候启动拉升，这种现象有助于我们判断大盘趋势。由于庄股从启动到目标位需要拉升多次，也就是常说的有几个波段，在每个波段中主力的操作方法都不同。

1. 拉离建仓成本区，形成上升第一浪

在日K线图上表现为股价从长期潜伏的底部突起，在周K线上形成旗杆，价升量增，周成交量一般可以达到前5周平均成交量的5倍以上，这一步是所有的主力都要做的。由于股价长期低迷、股性呆滞，此时在初起的1—2个小时少有跟风盘，上面挂出的抛盘反而不少，主力所要做的只是连续买入，吃掉所有挡路的抛盘。这时的主力是最好的，一往无前、视死如归。

第一浪的上升高度在起始阶段投资人是很难预料的，主力对第一波的目标高度很多时候是随机决定的，长期躺底的股票在小荷露出尖尖角的时候，非常容易被吸引跟入买盘，在随后的时间内，主力只需要在关键时刻点拨一下，如当天均价位、30和60分钟超买点、整数位、中长期均线处等。有时为了放大成交量或吸引市场的注意或显示实力，主力经常用大手笔对敲，即先挂出

几千或几万手的卖盘，几分钟后一笔或几笔买入。

当股价涨幅达到 20% 左右时，小道消息便开始登台亮相，有关该股的传闻在随后几天会不绝于耳。这时投资者总是会听到相互矛盾的或不确定的消息。信不信由你，股价还在上升，仿佛在告诉你那是千真万确的好消息和赚钱机会。

独庄股和多庄股的第一波拉升高度往往是有区别的。独庄股很简单，计划怎么做就怎么做，只要没有意外情况一般都能达到目标，常常还会超额完成。脱离成本区的目标价位是从底部上升 25% — 35%，此时主力的持仓量增加了，最多时可能是流通股数的 60% 以上。多庄股的情况就复杂一些，消耗体力打冲锋的事要轮流上，短期升幅太大说不定会出叛徒，在这种相互牵制的情况下，第一波的幅度会低一点。有时在启动阶段连出天量，股价以很陡的角度上升，这可能是多个主力在抢筹码，以后会逐步调整为独庄股，最后的主力的成本价很高，经常成为恶庄或强庄。

2. 主力后续资金到位，舆论沸腾，人心思涨的时候，便可启动第三浪

这个阶段的主力操作方式和拉升期有点相似，只不过根据自己的持仓情况决定拉升的斜率。仓位重的拉升斜率陡峭，仓位轻的平坦些，这时主力考虑的是要拉出以后的出货空间。

由于我们对第三浪的高度和五浪结构十分熟悉，主力根本不用担心没有跟风者，也不需要刻意制造消息，只要再发扬光大就可以了，前期的消息和想象力将在这个阶段充分消化。主力只需要顺势而为，照教科书做图形就是了，因为筹码被大量锁定，所以盘面十分轻巧，K线组合流畅无比。所以我们经常看到缩量走第三浪的图形。主力有时为了表现自己，经常玩些逆势走高和顶风作案的把戏。主力此时最害怕的是基本面突变和其他比自己更有优势的个股崛起，使自己在跟风资金面前失宠。随着大盘扩容，个股数量激增和质量优化，一些原来的长庄股失宠，成为冷门股，为了出货而不得不另出高招，这就属于生产自救范畴了。

此刻主力和上市公司的紧密联系达到了顶峰，真正实质性的东西现在可以出笼了，有的上市公司募集资金投资项目突变，有的财务数据大起大落，有的送配股方案定局，有的重大合同签约等，都和主力有关。

从盘面来观察，通常上升行情开始时一定会有极强烈的买进信号告诉你可以大胆进场了，这个强烈的买进信号是放巨量拉长阳线。如果在盘整的行情中突然出现开盘跌停、收盘涨停，往往代表着大行情可能开始，尤其是连续几天放巨量拉长红，便代表强烈的上攻欲望。

通常多头行情开始时，股价呈现大涨小回的走势，往往是涨3天，回档整理1天；再涨3天，再回档整理1—2天；再涨3天，再回档整理2—3天；一路涨上去，一直涨到成交量已放大为底部起涨点的4倍，或股价已上涨1倍时方才可能结束。在多头市场里，个股行情起点、成交量均不大，随着指数上升而扩大，直至不能再扩大时，股价指数便开始下跌，也就是最高成交量对应着最高股价指数。有时股价指数虽然继续上升，成交量却无法再放大，上升行情极可能在数日内结束，与"先见量，后见价"相印证。投资人只要在 3 个月内做一波真正的多头行情就足矣了。

拉升行情的特点是换手积极，股价上涨时成交量持续放大，并沿着 5 日移动平均线上行；当股价下跌时，成交量过度萎缩，能够在 10 日或 30 日移动平均线处明显止跌回稳，当成交量创新纪录直至无法再扩大，股价收大阴放大量时，上升行情才结束。

主力洗盘时盘口 K 线特征

很多散户都可能遇到过这样的情况：持有一只股票很长时间了，别的股票都大涨，可它依然"纹丝不动"，于是斩仓离场，然而刚刚斩仓，股价却疯涨起来，似乎就差我们手中这一股，你不抛他就不涨。这种痛苦相信不少人都经历过，而且大都不止一次。其实，这种现象并不是偶然的，因为就算主力吸饱了筹码也不可能一味地盲目拉高股价，股价无回档地大幅上升会使短线客无惊无险地大赚主力的钱，这在逻辑上是不可能成立的，也是投下了巨资的主力无法容忍的，于是就有了洗盘的产生。洗盘的主要目的在于抬高其他投资者的平均持股成本，把跟风客赶下马去，以减少进一步拉升股价的压力。同时，在实际的高抛低吸中，主力也可兼收一段差价，以弥补其在拉升阶段付出的较高成本。

既然主力洗盘是为了吓出信心不足的散户筹码，主力必然会制造出疲弱的盘面假象，甚至凶狠地跳水式打压，让人产生一切都完了的错觉，这样才会让他们在惊恐中抛出手中持股。有意思的是，在关键的技术位，主力往往会护盘，这是为什么呢？答案很简单，主力要让另一批看好后市的人持股，以达到抬高平均持股成本的目的。

我们可以从盘口和K线中发现主力是否在洗盘。主力洗盘时的盘口特征是：

（1）股价在主力打压下快速走低，但在下方获得支撑，缓缓盘上。

（2）下跌时成交量无法持续放大，在重要支撑位会缩量盘稳，而上升途中成交缓缓放大。

（3）股价始终维持在10日均线之上，即使跌破也并不引起大幅下跌，而是在均线上缩量盘整，并迅速返回均线之上。

（4）整个洗盘过程中几乎没有利好传闻，偶尔还有利空消息，大部分投资者对后市持怀疑态度。

（5）盘面浮筹越来越少，成交量呈递减趋势，最终向上突破并放量，表明洗盘完成，新的升涨就在眼前。

洗盘阶段K线图所显示的几个特征：

（1）大幅震荡，阴线阳线夹杂排列，市势不定。

（2）成交量较无规则，但有递减趋势。

（3）常常出现带上下影线的十字星。

（4）股价一般维持在主力持股成本的区域之上。若投资者无法判断，可关注 10 日均线，非短线客则可关注 30 日均线。

（5）按 K 线组合的理论分析，洗盘过程即整理过程，所以图形上也大体显示为三角形整理、旗形整理和矩形整理等形态。

那么，投资者应该怎样积极地应对主力的洗盘行为呢？关键是保持一个良好的心态。尤其当股票从底部刚刚拉起，市场中一般心态还停留在空头思维之中时，切不可因一些短期震荡便被洗盘出局，而应该以一种"以不变应万变"的心态坚定持股，未达目标，不轻易做空。而对于一些大幅下跌的打压洗盘方式，则可根据成交量来判断，没有出现太大的成交量则不可轻易出局。

主力何时出货

股价被炒高后，主力总要为如何把手中股票卖出，将账面利润转变成实际收益而绞尽脑汁。主力们总是极力掩盖其出货的手段，但是不管主力怎样掩盖，总会露出蛛丝马迹。主力出货的前兆，主要有以下 6 种情况：

1. 目标达到

投资者准备买进一只股票，最好的方法就是把加倍和取整的方法联合起来用，当用几种不同的方法预测目标位都是某一个点位的时候，那么在这个点位上就要准备出货。当然，还可以用其他各种技术分析方法来预测。故当股价与预测的目标位接近的时候，就是主力可能出货的时候了。

2. 放量不涨

不管在什么情况下，只要是放量不涨，就基本可以确认是主力准备出货。

杉杉股份（600884）某年11月17日的成交量是3万股，随后几日分别是20万股、9万股、22万股，24日突然成交96万股，这就是放量不涨的例子，应确认主力在出货。尽管第二天股价根本没有跌下来，且成交量也只有17万股，但随后股价大跌15元，从28元多跌到13元才重新走强。

3. 该涨不涨

在形态、技术、基本面都支持股票上涨的情况下，股价却该涨不涨，这就是主力要出货的前兆。

（1）形态上要求上涨，结果不涨的情况。

（2）技术上要求上涨，但不涨的情况。

（3）公布了预期的利好消息，基本面要求上涨，但股价不涨，也是出货的前兆。

4. 利多消息增多

报刊上、电视上、广播电台里，推荐该股的消息多了起来，这时候主力就要准备出货了。股票上涨的过程中，媒体上一般见不到多少推荐消息，但是，如果媒体的宣传开始增加，就说明主力要出货了。

5. 传言增多

投资者正在关注一只股票，突然有位朋友给他传来某某"内幕"消息，而另一位朋友也给他说起了该"内幕"消息，这就是主力出货的前兆。

6. 板块群涨

当某一板块被市场大多数人看好，报纸吹、专家捧、散户追，同一板块的个股群起疯涨，此时往往就是板块行情寿终正寝的时刻。2000年2月份网络股鸡犬升天，6月又大跃进，最终暴涨的结果只能是暴跌。

如果有了以上这些征兆，一旦股价跌破关键价位，不管成交量是不是放大，都应该考虑可能是主力出货。因为对很多主力来说，出货的早期是不需要成交量的。在这个到处是陷阱的股市里，提防吃到主力"最后的晚餐"的诀窍是眼不红、嘴不贪、手不痒、心不急。

主力出货的盘面 K 线特征

主力出货时盘面通常会呈现出以下几种现象：

1. 跳空放量大阴线

一只股票在连续拔高之后，已经接近主力的目标价位，这时候如果有重大利好消息出台，这只股票会跳空高开，继续冲高，甚至涨停，但涨停板被不断打开，在强大的卖压下节节退守，最终会以大阴线报收。之后，股价一路下跌，随后进入漫长的调整期。

2. 穿头破脚大阴线

这种形态通常是，第一天出现一根大阳线，第二天出现一根大阴线将第一根大阳线实体全部吃掉。这种图形出现在高位，是提示卖出的信号，在第三天股价将要收阴时投资者便可以确认。

3. 白三兵

这种形态由三根中阴线组成，每一根阴线的开盘价都切入上一根阴线，上下影线越短越好。这种图形如果出现在高位，表明大势可能要反转或股价要下跌，投资者应该减仓出场。

4. 孕线

这种形态是由两根K线组成，但与低位时也有所不同。第一天出现一根阳线，第二天无论出现一根阴线或阳线，都会被昨日的阳线包含，也就是第二根线的最高点、最低点均没有超过第一根阳线的最高点与最低点。这种图形往往是转市的开始，所以投资者在这时应该考虑卖出股票。

孕线形态也会变形，所以投资者应注意。只要出现孕线，不论两根K线是阴线还是阳线，都是一种反转信号，在底部可以伺机买进，在高位可以逢高出货。

5. 乌云盖顶

这种形态是由两根K线组合而成的，通常是第一天出现一根阳线，第二天出现一根阴线，这根阴线实体切入前天阳线实体

50% 以上，成交量相对比较大。

这种形态出现在相对高位时，表明空方的势力比较强大，股价随时都有可能反转，投资者应该及时退出。

6. 岛形反转

这种形态如果出现在高位，标志着中级以上的调整行情开始。股价处在上涨的最后阶段，多方力量消耗殆尽，在做最后一搏，因此股价向上跳空，高开高走，但很快股价在空方的打压下向下跳空，在上方留下一孤零零的小岛形态。

出现这种形态后，投资者即使割肉也要坚决减仓，因为，大的调整行情来势汹汹，并且回调幅度极深，如果投资者动作迟缓，很可能会被套牢，从而受到重大损失。

主力空头陷阱

所谓"空头陷阱"，就是主力通过打压股指、股价，佯装"空头行情"，引诱散户恐慌性抛货，自己趁机入货。空头陷阱通常出现在指数或股价从高位区以高成交量跌至一个新的低位区，并造成向下突破的假象，使恐慌抛盘涌出后迅速回升至原先的密集成交区，并向上突破原压力线，使在低点卖出者踏空。如图 8-1 所示。

空头陷阱不是空头市场，如果散户误把空头市场当作空头陷

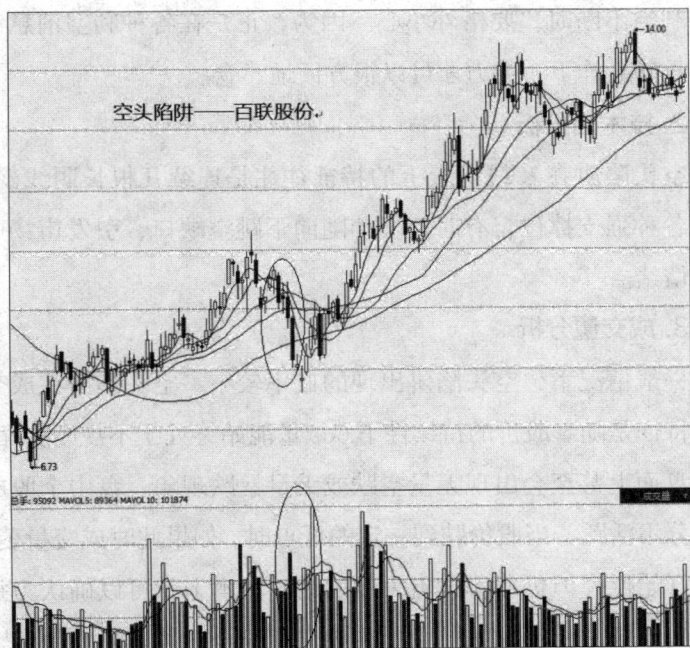

图 8-1 空头陷阱图形

阱或把空头陷阱当空头市场，都会作出错误的决策。

一般情况下，在一个空头陷阱后的股价，几天内有一个涨幅为 10% — 20% 的中级波段，有时也可能是一个涨幅为 25% — 50% 的主要波段。其实，如果散户把眼睛擦亮的话，是可以识破主力设置的空头陷阱的。对于空头陷阱的判别主要是从消息面、技术面、成交量、形态和市场人气等方面进行综合分析研判。

1. 消息面分析

主力往往会利用宣传的优势，营造做空的氛围。当散户遇到市场利空不断时，要格外小心。因为，正是在各种利空消息满天飞的重磅轰炸下，主力才可以很方便地建仓。

2. 技术面分析

空头陷阱在 K 线组合上的特征往往是连续几根长阴线暴跌，贯穿各种强支撑位，有时甚至伴随向下跳空缺口，引发市场中的恐慌情绪。

3. 成交量分析

一般情况下，空头陷阱出现的概率较小。空头陷阱在成交量上的特征是随着股价的持续性下跌，量能始终处于不规则萎缩中，有时盘面上甚至会出现无量空跌或无量暴跌现象，盘中个股成交也十分不活跃。当股价跌到一定的低点时，如果此时成交量萎缩，股价开始反弹但仍冲不破阻力线的话，基本上就可以确认为是一个空头市场；相反，如果股价在成交量配合下冲破阻力线后继续上扬，此种情形可确认为是一个空头陷阱。

4. 形态分析

空头陷阱常常会故意引发技术形态的破位，让散户误以为后市下跌空间巨大，而纷纷抛出手中筹码，从而使主力可以在低位承接大量的廉价股票，这时往往是散户介入该类个股的良机所在。

5. 宏观基本面分析

散户需要了解从根本上影响大盘走强的政策面因素和宏观基本面因素，分析是否有实质性利空因素，如果在股市政策背景方面没有特别的实质性做空因素，而股价却持续性地暴跌，这时就比较容易形成空头陷阱。

6.市场人气分析

由于股市长时间的下跌，会在市场中形成沉重的套牢盘，人气也在不断地被套中被消耗殆尽。然而市场人气极度低迷的时刻，恰恰说明股市离真正的底部已经为时不远。值得注意的是，在经历长期低迷后，指数大幅下跌的系统性风险往往已经很小，如果再过度看空后市，难免会陷入新的空头陷阱中。

主力多头陷阱

"多头陷阱"是主力利用资金、消息或其他手段操纵图表的技术形态，使其显现出多头排列的信号，诱使散户买入。具体来说就是某只股票在创新高后，在其密集成交区内，股价突破原有区域再创新高，随后忽然迅速跌破密集成交区的低点，结果使在高位买进的散户严重被套。

在多头主力的攻击下，股价突破箱顶再创新高，按一般的经典技术分析，当股价突破原来的阻力线而创新高后，其上升势头仍将延续。于是许多经验丰富的人便开始纷纷杀入股市大量买入。然而，股价在高位盘旋时间不长，即应声回落，并且跌破支撑线，高位买入股票的散户便落入主力的多头陷阱之中。

多头陷阱十有八九是主力刻意制造的，目的在于借突破形态引诱技术派追进，从而大量出货。也有少数多头陷阱是市场自发形成的，原因是市场中买卖力量发生了突变。但无论如何，多头陷阱形成的前前后后总有一些征兆，要判断"多头陷阱"，需要将盘面的信号与基本面的分析和宏观政策的变动结合起来。这里提出几点规避"多头陷阱"的方法。

1. 从图形上分析主力目前的持股状态

主力吸筹总是在悄无声息中进行的。当一只股票的股价徘徊在相对的低价，而成交量渐渐放大时就有主力吸筹的可能。主力卖少买多地反复操作，直到手中筹码的积累达到预定的目标。

在有些情况下，多位主力抢盘控盘，盘中价格上下震荡，以求吸收筹码，并降低持股成本。当股价节节上升且在高位成交量放大，盘中价格震荡起伏，说明主力出货的意愿已经很强烈了。此时如果再出现技术指标多头排列，在 K 线图上显示连拉阳线，散户就一定要当心，可能存在"多头陷阱"。因此，散户要注意观察盘面的进一步变化，而不要急于抢着购买股票。

2. 留一定时间和空间研判指标的变化

主力往往以资金、消息和其他手段操纵技术指标来掩盖自己的真实目的。从根本上来讲，这属于逆势而为，需要的成本很高。因此，主力只能在一时做出一段多头排列的技术指标。

散户在看盘时，不仅要看 5 分钟线、15 分钟线，更要看日线，特别是周线和月线。常见的主力设置的"多头陷阱"一般都在日线上，但是散户可以从周线图上发现卖的信号。此外，散户还可以通过能量潮 OBV 线图的成交量的变化趋向观察主力的意图。特别是 OBV 线图显示的卖出信号与 K 线图上的短期买入信号发生矛盾时，"多头陷阱"的阴谋就会暴露在光天化日之下。

主力骗线陷阱

在股市里，人人都想赚钱，散户想赚主力的钱，主力又想骗取散户的钱。主力骗线，目的是利用股价异动诱导散户作出错误的判断，使之上当受骗。

顾名思义，"骗线"就是主力设计出"美妙绝伦"或"惨不忍睹"的股票走势线路图，诱骗那些主要靠分析线路图来进行投资决策的散户掉进主力设置的陷阱里，从而方便主力高价出货，或低价进货。主力手法真真假假、虚虚实实，股市似进实退、欲涨先跌，特别是在撤退过程中经常采用各种骗线手法，以吸引跟风盘。下面试列出一些主力常用的骗线手法以便散户识别。

1. 收盘价骗线

收盘价是指某只股票在证券交易所一天交易活动结束前最后一笔交易的成交价格。如果当日没有成交，则采用最近一次的成交价格作为收盘价，因为收盘价是当日行情的标准，又是下一个交易日开盘价的依据，可据以预测未来证券市场行情；散户在分析行情时，一般采用收盘价作为计算依据。收盘价最易被主力调控。在一个正常的上升或下跌市道中，收盘价的升或跌，都属于正常的情况。如果出现一些反常情况，要特别小心研究判断，如散户看到某只股票某天一直是低开低走的，直到收市前5分钟，忽然巨额埋单从天而降，一下子将股价拉升了0.5元甚至1元以上，第二天股价又恢复正常；也有些股票第二天仍能高开高走，这都是主力做收盘价。

尾市拔高做收盘价的目的在于让K线图更漂亮些，借以吸引跟风盘。还有一些主力尾市故意打压，将收盘价做得很低，以吸引部分短线抢反弹者，第二天股票一般会高开高走，随后几天一路下滑。主力以小利来迷惑短线客，自己则趁机在振荡中出逃。

2. 控尾市骗线

有些个股在交易日表现非常平稳，而在收市之前的几分钟主力突然袭击，连续数笔大单将股价迅速推高，这属于"拔苗助长"式的拉抬。这种情况说明主力并未打算进行持久战，而是刻意在日线图上制造出完美的技术图形。有时是该股已进入派发阶段，主力在盘中减仓之后，尾市再将股价拉高，一是避免走势图出现恶化，二是将股价推高，为次日继续派发拉出空间。

3. 假突破骗线

股价从阶段性高位回调，经过阶段性底部整理，某日突然放巨量上攻前期高点，此后，股价不升且小幅回调，成交量缩小，然后再放巨量给人股价必创新高之感，随后几天股价小幅上升或高位横盘；成交量未放大而萎缩，造成向上突破的假象。

一个整理形态的向上突破，常能吸引技术派人士纷纷跟进，例如有效突破三角形、旗形、箱形时常会出现一定的升幅，主力往往利用人们抢突破的心理制造骗线。当主力制造假突破的现象后，会将股价快速打压至新低点，做横盘整理走势，在横盘期间主力用少量筹码反复打压吸筹，横盘末期股价持续下跌面临跌破前期低点，诱使横盘期间跟进的散户割肉出局，主力完成低位骗线。

4. 进货骗钱

主力相中某只股票，可如果没有 50% 以上的账面赢利，主力是不会轻易下手的。于是选择什么样的时机入场，主力常会精心安排。显然在大盘处于上升阶段或顶部时，都不利于进货；而大市低迷且大盘已有筑底成功迹象时，进场时机最佳。如果股票质量不错，平时难以收集，经过持续下跌，持股者早已没了信心，主力只要用少量筹码趁势打压就会捞到大量"割肉"的底部筹码。

5. 假除权骗线

不少个股摆出填权的架势，股价在除权后亦短暂走强数天，但很快便一蹶不振。分析主力出货的几种方式，可以知道，除权后放量出货是一种极为隐蔽而且也易出完货的方式。主要原因在于，当股票在较高的价位时，主力若要出货的话常常会表现得极为明显，较难放量出局。

对于除权类个股能否填权，散户要把握大盘的走势。一般来说，大盘处于牛市时，主力多会顺势填权；而大盘走弱时，填权走势十有九假,此时的"假货"极多,散户投资买股时宜特别小心。

主力舆论、消息陷阱

利用不太明朗的消息或传闻制造舆论也是主力用来设置陷阱的一种手段。舆论在什么时候制造以及制造何种舆论,往往取决于主力操盘的需要。下面介绍几种舆论陷阱。

1. 底部吸筹时制造空头舆论

在大盘或个股趋势末期,主力为了让大量的套牢盘在底部"割肉",以吸纳廉价筹码,往往制造空头舆论,大力营造悲观气氛,直到散户掉入其设置的空头陷阱为止。如2006年年底开始的一轮大牛市,散户纷纷建仓,主力为了吸到更多的筹码,2007年年初出现了多次打压行情,接着大盘放量下跌,市场上谣言四起,很多散户抛出了底部筹码。

2. 在上升途中洗盘制造空头舆论

在大市或个股上升途中,为了减轻获利盘或解套盘的抛压,主力必须洗盘,这时候就会大造空头舆论,给市场一种行情已经结束的印象,一旦达到目的,主力就会迅速大幅拉升股价,让众多散户踏空。

3. 在顶部出货时制造多头舆论

主力出货时,借助舆论制造多头气氛,让散户坚定多头信念。

散户多头信念越坚定，主力出货越容易。这些舆论主要有以下两个特征：

（1）高位利空不空，使市场以为大盘仍有上升空间；

（2）主力采用拉动部分股票的方法，出主流股票，盘中既有热门股票走软的现象，也有部分股票出现惊人的走势。

4. 在下跌途中制造多头舆论

股价或指数在下降途中的缩量平台整理会给市场以跌不下去的感觉，这时候，舆论也会渲染股指已经见底，让散户误认为是底部而积极买入。结果不久股指便跌破平台，且越跌越深，中途买入者全被套牢。2008年2月，沪指跌到4000点上方时，舆论四起，有人提出4000点是中期底部，是跌不破的，但当大量散户入场抄底之后，大盘越跌越深，短短2个月，跌破了3000点。

消息是主力设置陷阱常用的一种工具。股票市场每天都充斥着各种各样的消息，这些消息无论真实与否、准确与否，都可以成为引起股市动荡的重要因素。主力在坐庄过程中，为达到自己的某种目的，一般都会借助于利好或利空消息设置陷阱。在市场中有较多散户主要是依靠消息炒股，以消息来作为自己投资的依据。散户如何辨别消息的真假呢？

1. 当利好出现时，首先要看股价所处的位置

如果股价处于底部，极有可能是主力保密不严走漏了风声；如果股价已大幅拉高，八成是主力为了配合出货散布的假消息。散户在判断时可以参照成交量的变化以及股价在不同位置的形态

变化。

2. 有些消息可以在权威的媒体上得以证实

例如某年，山东铝业、焦作万方股价出现异常波动，传闻美国一家铝厂发生爆炸，致使世界铝的供给量大幅下降，影响铝的供求关系，给其他各国的铝业带来了机会。这种消息出现时，可以从相关的专业性杂志上得出结论，也可以直接从互联网上查询消息的来源，减少盲目性。

3. 听到好消息时买进，消息被证实后迅速卖出

当散户无法确认消息真假时，可以在股市刚传出此类消息时立即少量买进，并密切关注，一旦有拉高放量出货的迹象，不论是否获利，应立即卖出，消息被证实时即使被浅套，也应"割肉"。

图书在版编目 (CIP) 数据

股票获利实战大全 . 1，一本书读懂 K 线图 / 江河编
. -- 北京：中国华侨出版社, 2021.1
ISBN 978-7-5113-8360-0

Ⅰ . ①股… Ⅱ . ①江… Ⅲ . ①股票投资—基本知识
Ⅳ . ① F830.91

中国版本图书馆 CIP 数据核字 (2020) 第 214595 号

股票获利实战大全 . 1，一本书读懂 K 线图

编　　者：江　河
责任编辑：江　冰
封面设计：冬　凡
文字编辑：胡宝林
美术编辑：刘欣梅
经　　销：新华书店
开　　本：880mm×1230mm　1/32　印张：24　字数：560 千字
印　　刷：三河市新新艺印刷有限公司
版　　次：2021 年 1 月第 1 版　2022 年 2 月第 4 次印刷
书　　号：ISBN 978-7-5113-8360-0
定　　价：138.00 元（全 4 册）

中国华侨出版社　北京市朝阳区西坝河东里 77 号楼底商 5 号　邮编：100028
发 行 部：（010）88893001　传　　真：（010）62707370
网　　址：www.oveaschin.com　E－m a i l：oveaschin@sina.com

如果发现印装质量问题，影响阅读，请与印刷厂联系调换。

股票获利实战大全.3

看盘方法与技巧

华投 / 编

中国华侨出版社

北京

前言

　　为什么大盘会突然变盘？为什么有的股票持续上涨，有的股票却总是不涨？为什么同一板块的股票经常齐涨齐跌？为什么卖单比买单大很多，股价却不跌？是谁在背后操纵？为什么某只股票的买单和卖单都很大，但交易并不活跃？股票为什么突然放量上涨？买卖的信号是什么？如何在盘中寻找到庄家的踪迹？……即使是股市高手，也时常会困惑：难道市场原趋势改变了吗？为什么出现了意想不到的上涨或下跌？谁在买入和卖出？大资金是在洗盘还是震仓，是增仓还是出货？这些问题就是关于看盘的问题。股票市场每时每刻都在发生着变化，学会如何看盘，掌握看盘的方法和技巧，对于每一位股票投资者尤其是短期投资者来说，是极其重要的必修课。因为它直接关系到投资者的成功与失败，关系到财富的获得或损失，不可等闲视之。

　　本书从最基本的看盘知识着手，系统介绍了看盘的整套环节，从开盘到收盘如何看，然后到如何关注盘中的重要细节，再到如何看懂量价关系、如何选准盘中买卖点、看懂庄家，最后达到不看盘也能赚钱的最高境界。其中，令股民们困惑的盘中各时段变化和庄家的各种动作，书中都给出了详细的解析，以帮助股民学习"盯盘"攻略，并"一眼识破"庄家动机，以此来制定操作策略，让投资者更快地理解和掌握各种看盘诀窍，更好地选择目标个股，准确把握市场投资动向，从而尽早尽快地获取实际收益。

本书内容丰富、通俗易懂，将深奥的炒股专业名词和技术指标简单化、通俗化、实用化，同时大量采用了沪深股市中的经典实战案例和最新图表，使全书图文并茂，一看就知，一学就会，便于模仿，即使是没有任何股票操作基础的投资者，经过学习也可以轻松地掌握。阅读本书，你将逐渐学会破解盘面玄机，增强实战投资能力，培养出良好的"盘感"，对盘面变化有近似直觉的本能反应，在炒股实战中拥有稳、准、快的高超技巧。本书是广大投资者参与股市投资的必读书，不仅适合于正准备入市的淘金者、初入股市经验尚浅的新股民作为入门指导书，在股市沉浮多年却仍旧困惑的老股民也可以在本书中得到极有价值的答疑解惑。

目录

CONTENTS

第三章　每日实战看盘要点——开盘与收盘

第四章　盘口成交量与股价关系分析

第五章　盘口买卖点准确研判

第六章　看懂主力，擒住大牛

第七章 规避看盘的误区和坏习惯

第一章

看盘快速入门

看盘基本知识

首先，我们来了解看盘的最基本信息——开盘时间。目前沪深交易所规定，每周一至周五上午 9：30 — 11：30，下午 13：00 — 15：00 为交易时间。集合竞价是每个交易日第一个买卖股票的时机，这也是机构大户借集合竞价高开拉升或减仓，跳空低开打压或进货的黄金时间段，开盘价一般受前一个交易日收盘价的影响。

其次，我们来了解一下盘面的直观信息。盘面的主要信息：前一交易日的收盘价、开盘价、最高价、最低价、买入价、卖出价、买盘、卖盘、涨跌、买手、卖手、现手、成交量和总额，开盘时集合竞价的股价和成交额，开盘后半小时内股价变动的方向等，这些既是最基本的知识，也是后期对盘面进行分析的重要依据。当了解盘面基本信息，以及历时信息后，分析这些信息显得尤为重要。

再次，我们要明白，看盘，侧重的不是看，而是分析，预测未来走势才是目的。大盘的研判一般从以下三方面来考量：第一，股指与个股方面选择的研判（观察股指与大部分个股运行趋向是否一致）；第二，盘面股指（走弱或走强）背后的隐性信息；第三，掌握市场节奏，高抛低吸，降低持仓成本（这一点尤为重要）。

看盘中常见术语解析

对于初学者，首先需要了解这些概念，既是入门，也是必备。下面对这些术语按常见程度、难易程度，循序渐进地给以解释：

1. 集合竞价，开盘价，最高价，最低价，市价，买入价，卖出价，涨跌幅限制

集合竞价：是将数笔委托报价或一时段内的全部委托报价集中在一起，根据价格优先、时间优先的原则，以不高于申买价和不低于申卖价的原则产生一个成交价格，且在这个价格下成交的股票数量最大，并将这个价格作为全部成交委托的交易价格。

开盘价：指某种证券在证券交易所交易日开市后的第一笔交易的成交价。上海证券交易所规定，如开市后半小时内某证券无成交，则以前一天的收盘价为当日开盘价。有时某证券连续几天无成交，则由证券交易所的场内中介经纪人根据客户对该证券买卖委托的价格走势，提出指导价格，促使其成交后作为开盘价。首日上市买卖的证券经上市前一日柜台转让平均价或平均发售价为开盘价。

收盘价：指某种证券在证券交易所一天交易活动结束前最后一笔交易的成交价格。如当日没有成交，则采用最近一次的成交价格作为收盘价。因为收盘价既是当日行情的标准，又是下一个交易日开盘价的依据，可据以预测未来证券市场行情，所以投资者对行情分析时，一般采用收盘价作为计算依据。

报价：是证券市场上交易者在某一时间内对某种证券报出的最高进价或最低出价。报价代表了买卖双方所愿意出的最高价格，进价为买者愿买进某种证券所出的价格，出价为卖者愿卖出的价格。报价的次序习惯上是报进价格在先，报出价格在后。在证券交易所中，报价有四种：一是口喊，二是手势表示，三是申报纪录表上填明，四是输入电子计算机显示屏。

最高价：指某种证券当天交易中最高的成交价格。

最低价：指某种证券当天交易中最低的成交价格。

市价：指某种证券刚刚成交的一笔交易的成交价格。

买入价：证券交易系统显示的已经申报但尚未成交的买进股票的价格。

卖出价：证券交易系统显示的已经申报但尚未成交的卖出股票的价格。

涨跌幅限制：相关法规规定，在一个交易日内，除首日上市证券外，某种证券的交易价格相对上一交易日收市价格的涨跌幅度不得超过 10%。

2. 买盘，卖盘，涨跌，买手，卖手，现手，成交量，成交总额

买盘：当前申请买入股票的总数。

卖盘：当前申请卖出股票的总数。

涨跌：现在的最新价和前一天的收盘价相比，是涨了还是跌了。一般上涨用红色表示，下跌用绿色表示，和前一天收盘价相

同用白色表示。有两种表示方法：一种是直接标出涨跌的差额，另一种是给出涨跌幅度的百分数。

买手：比最新价低 5 个价位以内的买入手数之和。因为股票交易的最小单位是手，一手是 100 股。所以衡量交易量的大小，也就用手数代替数量。

卖手：比最新价高出 5 个价位以内的卖出手数之和。

现手：刚成交的这一笔交易的交易量的大小。

成交量：当天开盘以来该股票交易所有手数之和，换成股数要乘以 100。

成交总额：当天开盘以来该股票交易所有金额之和，其单位通常是万元。

3. 委比，委差，委买手数，委卖手数

委比：是衡量一段时间内场内买、卖盘强弱的技术指标。它的计算公式为：委比＝（委买手数－委卖手数）／（委买手数＋委卖手数）×100%。从公式中可以看出，"委比"的取值范围为 –100% － +100%。若"委比"为正值，说明场内买盘较强，且数值越大，买盘就越强劲；若"委比"为负值，则说明市场抛盘较强。

委差：即委买委卖的差值，是投资者意愿的体现，一定程度上反映了价格的发展方向。委差为正，价格上升的可能性就大；反之，下降的可能性大。之所以加上"一定程度上"，是因为还有人为因素的干扰，比如主力制造的假象等。

委买手数：现在所有个股委托买入下三档之手数相加之总和。

委卖手数：现在所有个股委托卖出上三档之手数相加之总和。

4. 量比

量比是衡量相对成交量的指标。它是当天开市后每分钟的平均成交量与过去5个交易日每分钟的平均成交量之比。其计算公式为：量比=现成交总手/〔（过去5个交易日平均每分钟成交量）×当日累计开市时间（分）〕。当量比大于1时，说明当日每分钟的平均成交量高于过去5日的平均值，交易比过去5日火爆；当量比小于1时，说明当日成交量低于过去5日的平均水平。

5. 换手率

换手率也称"周转率"，指在一定时间内市场中某股票转手买卖的频率，是反映股票流通性强弱的指标之一。换言之，换手率就是某一段时期内该股票的成交总股数与流通总股数的比值。换手率太低，说明成交不活跃，如果是庄股，则说明筹码已基本集中到主力手中，浮筹不多。换手率高，说明该股票交投踊跃，反映主力大量吸货或出货，有较大的活跃度。

另外，将换手率与股价走势相结合，可以对未来的股价作出一定的预测和判断。某只处在低位的股票的换手率突然上升，成交量放大，可能意味着有投资者在大量买进，股价可能会随之上扬。如果某只股票股价持续上涨了一段时间后，换手率又迅速上升，则可能意味着一些获利者要套现，股价可能会下跌。值得注意的是，换手率较高的股票，投机性较强，股价起伏较大，风险也相对较大，往往也是短线资金追逐的对象。

6. 外盘，内盘，成交量

外盘：以卖出价成交的交易。卖出量统计加入外盘。

内盘：以买入价成交的交易。买入量统计加入内盘。

成交量："外盘"和"内盘"相加成为成交量。由于卖方成交的委托纳入"外盘"，如"外盘"很大，则意味着大多数的卖出价都有人来接，显示买势强劲；买方成交的委托纳入"内盘"，如"内盘"过大，则意味着大多数的买入价都有人愿意卖，显示卖方力量较大；如内外盘大体相当，则买卖方力量相当。

八种基本的股票价格指数

股票价格指数是描述股票市场总的价格水平变化的指标。它是选取有代表性的一组股票，把他们的价格进行加权平均，通过一定的计算得到的。各种指数具体的股票选取和计算方法是不同的。同时，股票指数是指数投资组合市值的正比例函数，其涨跌幅度是这一投资组合的收益率。但在股票指数的计算中，并未将股票的交易成本扣除，故股民的实际收益将小于股票指数的涨跌幅度。股票指数的涨跌幅度是指数投资组合的最大投资收益率。股市上流传着一句格言，叫作牛赚熊赔，就是说牛市中股民赢利，熊市中股民亏损。但如果把股民作为一个投资整体来分析，牛市中股民未必能赢利。下面按股票价格指数产生的时间顺序，由国外到国内逐一介绍在股市里有着重要地位的股票价格指数。

1. 道琼斯股票指数（Dow Jones Indexes）

是一种算术平均股价指数。道琼斯指数是世界上历史最为悠久的股票指数，也是世界金融市场上最有影响力的股票指数。原因之一是道·琼斯股票价格平均指数所选用的股票都有代表性，这些股票的发行公司都是在本行业具有重要影响的著名公司；原因之二是公布道·琼斯股票价格平均指数的新闻载体——《华尔街日报》是世界金融界最有影响力的报纸。通常人们所说的道琼斯指数有可能是指道琼斯指数四组中的第一组道琼斯工业平均指数（Dow Jones Industrial Average）。

2. 标准普尔股票价格指数

是美国最大的证券研究机构，即标准普尔公司编制的股票价格指数。选取 400 种工业股票、20 种运输业股票、40 种公用事业股票和 40 种金融业股票编制而成。标准普尔公司股票价格指数以 1941 — 1943 年抽样股票的平均市价为基期，以上市股票数为权数，按基期进行加权计算，其基点数为 10。以目前的股票市场价格乘以股票市场上发行的股票数量为分子，用基期的股票市场价格乘以基期股票数为分母，相除之数再乘以 10 就是股票价格指数。

3. 纽约证券交易所股票价格指数

是由纽约证券交易所编制的股票价格指数。纽约证券交易所股票价格指数是以 1965 年 12 月 31 日确定的 50 点为基数，采用的是综合指数形式。纽约证券交易所每半个小时公布一次指数的变动情况。虽然纽约证券交易所编制股票价格指数的时间不长，但它可以全面及时地反映其股票市场活动的综合状况，因而大受投资者欢迎。

4. 日经道琼斯股价指数

是由日本经济新闻社编制并公布的反映日本东京证券交易所股票价格变动的股票价格平均指数。该指数从 1950 年 9 月开始编制。按计算对象的采样数目不同，该指数分为两种，一种是日经 225 种平均股价。其所选样本均为在东京证券交易所第一市场上市的股票，样本选定后原则上不再更改。另一种是日经 500 种平均股价。这是从 1982 年 1 月 4 日起开始编制的。由于其采样包括有 500 种股票，其代表性就相对更为广泛，但它的样本是不固定的，每年 4 月份要根据上市公司的经营状况、成交量和成交金额、市价总值等因素对样本进行更换。

5.《金融时报》股票价格指数

是由英国《金融时报》公布发表的股票价格指数。该股票价格指数包括在英国工商业中挑选出来的具有代表性的 30 家公开挂牌的普通股股票。它以 1935 年 7 月 1 日作为基期，其基点为 100 点。该股票价格指数以能够及时反映伦敦股票市场情况而闻名于世。

6. 香港恒生指数

恒生股票价格指数以从香港500多家上市公司中挑选出来的33家有代表性且经济实力雄厚的大公司股票作为成分股，分为四大类——4种金融业股票、6种公用事业股票、9种地产业股票和14种其他工商业（包括航空和酒店）股票。这些股票占香港股票市值的63.8%，涉及香港的各个行业，该股票指数具有较强的代表性。

7. 上海证券综合指数

是上海证券交易所编制的，以上海证券交易所挂牌上市的全部股票为计算范围，以发行量为权数综合。上证指数系列是一个包括上证180指数、上证50指数、上证综合指数、A股指数、B股指数、分类指数、债券指数、基金指数等的指数系列，其中最早编制的为上证综合指数。上证综指反映了上海证券交易市场的总体走势。

8. 深证指数

是指由深圳证券交易所编制的股价指数，该股票指数的计算方法基本与上证指数相同，其样本为所有在深圳证券交易所挂牌上市的股票，权数为股票的总股本。综合指数包括深证综合指数、深证A股指数、深证B股指数；成分股指数包括深证成分指数、成分A股指数、成分B股指数、工业类指数、商业类指数、金融类指数、地产类指数、公用事业类指数、综合企业类指数。由于深证指数以所有在深圳证券交易所挂牌的上市公司为样本，其代表性非常广泛，且它与深圳股市的行情同步发布，是股民和证券从业人员研判深圳股市股票价格变化趋势必不可少的参考依据。

看盘过程中的要素介绍

在看盘过程中，以下几个要素是我们需要特别关注的：

1. 大盘分时变化，指数价量动态变化，黄白线变化，成交绝对值

研判大盘走向必须密切关注上面这 4 个超级大盘指标走势。大盘分时变化，主要应注意早盘半个小时的变化。如果早盘比较强，则当日收阳概率大；如果早盘比较弱，则当日收阴概率大。具体到判断的时候，有一些盘面的变化可以作为依据，另外，早盘的大盘运行走势也可以作为依据。指数价量动态变化是指在指数的运行波浪中，每一个上行波浪和下行波浪的成交变化。一般而言，如果上行波浪是带着成交急剧放大的时候，那就是需要打起精神的时候。成交是否放大，以及成交放大能否持续，是判断能否产生大级别波段行情乃至大牛行情的关键所在。黄白线很有讲究。一般而言，指数上涨的时候，如果黄线在上，那么当日的小盘股会比较活跃，盘面也可能会非常好看；而相反，黄线在下的上扬则可能是大盘股带动的。如果黄线在上，白线突然抬头向上攻击合拢黄线甚至穿越，则可能是大盘股的诱多行为。成交绝对值，分单日成交量和单分钟成交量。单日成交较大，达到1500亿－2000亿元，一般为强势市场，如果指数能连续两日保持在这个成交之上，则指数反转概率颇大。单日成交在500亿元以下为地量水平，当指数连续数日保持在该成交状况下，则指数蕴蓄反弹甚至反转可能。

2. 大盘的趋势，个股与大盘的密切程度，个股与板块的密切程度

依据上述这些相关性，可以选择出合适的个股或对已选的个股作出较准确的预测，即密切关注大盘趋势的变化。根据通道理论，股指一般会沿着某一趋势运行，直到政策面、宏观经济面发生重大变化，这一趋势才会逐步改变。特别要指出的是，趋势的改变不可能在一夜之间完成，这就是所谓的"惯性"作用。

3. 成交量

股谚云"量在价先""天量天价，地量地价"，说的就是"成交量比成交价更重要"这个道理，因为成交量可以决定成交价及其后的股价走势。一般来说，在股指上升的过程中，成交量应该有所放大，因为只有这样才能维持其原有的走势。如果把股指的上涨看作列车爬坡的话，成交量就是列车的动力，列车上坡，没有动力是万万不能的；而下跌就好像是列车在走下坡路，不需太大的动力或根本不需动力，因为此时惯性会起到巨大的作用。

4. K线技术分析

股价经过一段时间的盘整后，在图上即形成一种特殊区域形

态，不同的形态表示不同的意义。我们可以从这些形态的变化中摸索出一些有规律的东西。K线图形态可分为反转形态、整理形态及缺口和趋向线等。从本章的第三节开始，我们将逐一对这些形态进行具体分析。

看盘的基本分析方法

虽然各有各的招数，但最核心的看盘方法，莫过于以下几种，我们按从宏观到微观，由远及近的步骤进行分析。

1. 政策分析法

对整个国民经济的运作，包括生产、流通、服务等各个部门作出详细的分析，以便了解国民经济各部门、各地区所处的增长阶段及其发展趋势，从而明确了解成千上万个具体的企业在经济大环境下和所属行业内所从事的具体经济活动。经济基本面、政策面、技术面乃至资金面共振必将造成股市趋势的转变，尤其在中国，政策利好或利空对股市短期有很大影响。股市在下跌趋势中，突发的政策利好，能短期令股市转跌回升，比如2008年年初证监会新批4只基金，受此利好影响，当日大盘暴涨。中国政策对股市的影响力要大于外国，正因为如此，很多人才说中国股市是"政策市"，这是股市不成熟的表现。

决定股市长期涨跌的是基本面，即宏观经济面；决定股市中短期涨跌的是技术面和政策面，政策面与技术面发生冲突时，技术面服从政策面。明白了宏观经济面、政策面、技术面的辩证关系，我们才有可能对股市未来走势作出客观正确的判断，然后作出合理的预测。

2. 对盘面本身进行分析

这里主要分析大盘与个股的关系。一般来说，大盘与个股一荣俱荣，一损俱损，以大盘为主，毕竟大盘上涨的时候，个股下跌的相对较少。比如 2008 年大盘下跌的时候，多数股票都在跌。如果大盘小涨或者小跌，一定会有个别好的股票或者差的股票和大盘走势相反，这属正常情况。但是，大盘大涨大跌的时候，这种现象就不存在了。因为大盘大涨的时候，意味着绝大多数好股票价格都在快速上升，当然再好的股票也不可能一直涨。如果好股票价格过高，那么过去差的股票虽然差，但是性价比很高，于是，就会有人来买这个差的股票，它的价格就上去了。如果大盘大跌，也是同样的道理。美国人用一个形象的比喻来简单明了地说明这个道理，那就是：强盗进屋抢劫，虽然他们只要钱，但是，临走的时候他们一定会把屋子里的所有东西翻得一团糟。

3. 技术指标法

技术指标法是依据一定的数理统计方法，运用一些复杂的计算公式，来判断汇率、期货、股市大盘或个股走势的量化的分析方法。主要有动量指标、相对强弱指数、随机指数等。技术指标分析是国际外汇市场上的职业外汇交易员非常倚重的汇率分析与预测工具，也是股票市场主力乃至散户研判大盘及个股走势的重要工具。技术指标虽然无法决定和预知长期股市走势，但对短线影响颇大。为了能够出奇制胜、获得较好的收益，有必要学习一下技术指标，至少能够简单使用，这对提高短线获利技术至关重要。

看盘时应注意的细节

股民在看盘时应注意以下细节：

在开盘时要看集合竞价的股价和成交额，看是高开还是低开。它表示出市场的意愿，能反映出当天的股价是上涨还是下跌。成交量的大小则表示参与买卖的人的多少，它对一天之内成交的活跃程度有很大的影响。然后看股价在半个小时内变动的方向。一般说来，如果股价开得太高，在半小时内就可能会回落；如果股价开得太低，在半小时内就可能会回升。这时要看成交量的大小，如果高开又不回落，而且成交量放大，那么这只股票就很可能要上涨。

看股价时，不仅看现在的价格，而且要看前一日的收盘价、当日开盘价、当前最高价和最低价、涨跌的幅度等，这样才能看出现在的股价处在一个什么位置，判断其是否有买入的价值。下降之中的股票不要急于买，要等它止跌以后再买；上升之中的股票可以买，但要小心不要被它套住。一天之内股票往往有几次升降的波动。投资者可以看自己所要买卖的股票是否和大盘的走向一致，如果是的话，那么最好的办法就是盯住大盘，在股价上升到顶点时卖出，在股价下降到底时买入。这样至少可以卖到一个相对的高价和买到一个相对的低价，而不会买一个最高价和卖一个最低价。

通过买卖手数多少的对比可以看出是买方的力量大还是卖方的力量大。如果卖方的力量远远大于买方，最好不要买。现手能说明计算机中刚刚成交的一次成交量的大小。如果连续出现大量交易，说明有多人在买卖该股，成交活跃，值得注意；而如果某只股票半天也没人买，则该股票不大可能成为好股。

现手累计数就是总手数，总手数也叫作成交量，它是比股价更为重要的指标。总手数与流通股数的比称为换手率，它说明持股人中有多少人是当天买入的。换手率高，说明该股买卖的人多，容易上涨。但是如果不是刚上市的新股，却出现特大换手率（超过50%），常常会在第二天下跌，所以最好不要买入。

个股涨跌有两种表示方法，有时证券公司里大盘显示的是绝对数，即涨或跌了的钱数。也有的证券公司里大盘上显示的是相对数，即涨或跌了的百分数，你要知道涨跌的实际钱数时就要通过换算。

看盘重点关注的几类股票

在看盘时，一般应重点关注以下几类股票：

1. 主流类股

主流类股汇集了最多的人气，吸引大部分投资人，当然成为多空对决的主战场。

在一个中期波段中，主流类股的涨跌往往能够牵动整个大盘的方向，尤其是其中的代表股，细微的变动都能马上对投资人的心理产生微妙的影响。

2. 龙头股

龙头大型股的知名度高，而且占分类指数的权值比重大，故其表现好坏不但会影响到类股的指数，也代表市场的多空看法，当然受到投资人的重视。绩优股业绩是最容易使人认同的题材，因此，绩优股与龙头大型股的涨幅虽然不一定要最大，但是绝对不能落后于其他同类股太多。万一出现这种情况，通常也只是业内或游资进行的局部性投机炒作，对其持续时间与幅度都不能期望太高。

3. 指标股

主流类股都会标榜某个炒作题材，而相关的股票经常领先上涨，成交量也较平日放大数倍以上，这类股票被称之为"指标股"。只要它持续上扬，类股与大盘便没有拉回的疑虑，但是当它逐渐转弱之后，若没有其他股票出来接棒，大盘极有可能进入整理期。

这是看盘时应该特别注意的股票。

4. 产业代表股

所有的上市发行公司依产业分为几十大类，若以产业的重要性与总市值两方面为考量，分居制造业与服务业龙头的机械、电子与金融，以及有色、煤炭、房地产，无疑为最重要的大产业。此外，仍然拥有重要地位，但是发展潜力明显减缓的 B 级主要产业，则包括营建、纺织、塑胶与钢铁等。

以上几个产业，我们若仔细回顾股市过去 20 年来轮流担纲的主流类股，几乎很少脱离这个范畴。因此，当主流类股稍事休息时，出面垫档的股票也经常出自此处。

为了把握类股轮动，看盘时绝对不能忽略了上述各主要产业的代表股；选择的重点也是一样，包括各产业的龙头大型股、绩优股，以及股性较活跃、具有炒作题材的股票等。

5. 当红的概念股

股票的价格并非反映过去的纪录，而是反映对未来的预期。因此，市场上常会流行一些炒作题材，并且为相关的上市公司编织美丽的梦，结果还真的吸引了不少投资人竞相追逐，造成量价齐升的荣景。

这些炒作题材，包括高股利、资产、转送、董监改选、借壳上市、防通胀概念、物联网概念、高铁概念等。

炒作题材这么多，当然不可能同时发动，而是采取轮流表现的方式。除非行情太差，否则通常都会有某些概念股出线，成为盘面的明星。

这种类型的族群中，往往都有主力的身影，因此，一旦启动，至少会有几天的荣景，不太可能只是一日行情。因此，当红流行的炒作概念，其代表股票也必须列入观察的重点。

当概念题材成为市场瞩目的焦点时，适当地选择一两档一线股，以及涨幅最大、成交量最高的相关股票，列为观察目标，才不会错失强势股。

6. 面临转折的股票

投资股票一定要通过完整的买卖动作才能产生效益，无论是先买后卖，还是先卖后买，必须要看对个股的多空趋势才能赚到钱。

上市、上柜的有价证券种类繁多，在盘面上此起彼落，涨跌无常。不过，若仔细加以分辨，几乎每一天都有部分股票结束跌势，开始进入波段上涨；同时也有一些股票翻多为空，进入中期的下跌修正。

这些出现转折的股票虽然为投资人提供了宽广的获利空间，但也会让选错方向者蒙受重大的损失。作为一个操盘者，目标既然设定为获取最大的利润，当然不能错过赚钱机会。

可是，一档正在持续上涨或下跌的股票，如何知道它即将反转呢？我们可以从空间与时间两方面加以判断，选择出一些符合条件的股票，并将之纳入观察的名单。

第一，空间的规划：在空间的规划上，黄金分割率的运用十分重要。

上涨的波段满足点，大约为前一波段的涨幅的 1 倍、1.382 倍、1.5 倍或 1.618 倍；反弹的波段满足点，大约为跌幅的 0.382、0.5 或 0.618；下跌的波段满足点，大约为涨幅的 0.382、0.5 或 0.618。

五大波涨势结束之后的中期大修正波，即使较为惨烈者，当股价下跌到大约一半的价位，也就是一般所谓"腰斩"时，通常也极有可能止跌翻升。

第二，时间的规划：在时间的规划上，一般都参考费波南希系数。

所谓"费波南希系数"，就是一组神奇的数字，包括 1、2、3、5、8、13、21、34、55、89、144 等。

当股价涨跌波段进行的时间达到上述的数字时，反转的概率很高，尤其以 5、8、13、21 四个数字最为典型。因此，短期波段进行到第 5 天、第 8 天、第 13 天或第 21 天的时候便应特别注意。同理，中期波段看周线、长期波段看月线，都值得详细观察。

根据空间与时间的规划，分别将条件符合的股票列出来，若成交量或技术指标也呈现背离，便可以选择其中较具市场认同度者，列为看盘的重点，以便掌握反转信号与买卖的时机。

第二章

看大盘，炒个股

影响大盘涨跌的主要因素是什么

对于影响大盘涨跌的根本因素这个问题，很多人可能会从政策、资金、国际环境等来寻找答案。这是对的，政策因素永远影响着股市的波动；资金有流入，股市当然就会涨，流出即下跌；国际环境，包括汇率、主要股票、期货市场价格的变化、战争等都会影响到国内股票市场的波动。但是，很多人都忽视了重要的一点——股票市场具有它自身的运行规律，就是说涨到一定幅度就会有个转势过程。下面来全面分析大盘涨跌的主要因素：

1. 国家政策

在我国市场，政策主导一切，因此政策的变化将决定市场主力的动向，所以最根本，也是最准确的判断大盘的方法恰恰是对国家政策的解读，也就是说，最终决定大盘涨跌的是政策！国家政策将主导大盘走向；同时国家政策的倾斜程度，将决定市场投资方向。当国家需要大盘上涨时，就会出台有利于大盘上涨的政策，否则就会出台政策打压股市。常用的手法就是央票回笼策略（温和调控）、调整准备金率、调整利率、发行新股、再融资等。

（1）国家 QFII 政策的影响

QFII 制度是指允许经核准的合格境外机构投资者，在一定规定和限制下汇入一定额度的外汇资金，并转换为当地货币，通过严格监管的专门账户投资当地证券市场，其资本利得、股息等经审核后可转为外汇汇出的一种市场开放模式。这是一种有限度地引进外资、开放资本市场的过渡性制度。在一些国家和地区，特别是新兴市场经济的国家和地区，由于货币没有完全实行可自由兑换，资本项目尚未开放，外资介入有可能对其证券市场带来较大的负面冲击。通过 QFII 制度，管理层可以对外资进入进行必要的限制和引导，使之与本国的经济发展和证券市场发展相适应，控制外来资本对本国经济独立性的影响，抑制境外投机性游资对本国经济的冲击，推动资本市场国际化，促进资本市场健康发展。QFII 制度的内容主要有资格条件、投资登记、投资额度、投资方向、投资范围、资金的汇入和汇出限制等。韩国等国家和地区在20 世纪 90 年代初开始设立和实施这种制度。

（2）外资准入政策的影响

外资并购概念的炒作在最近几年相当盛行，这也受到国家政策影响的引导。国家发改委 2004 年制定了《外商投资产业指导目录》，对外商投资产业进行了明确说明；同时证监会、发改委、经贸委在 2002 年共同发布了《向外商转让上市公司国有股和法人股有关问题的通知》，规范了上市公司国有股和法人股的对外转让程序，对外商的条件作出一定的限制；对外贸易经济合作部联合税务总局、工商行政管理总局、国家外汇管理局在 2003 年发布了《外国投资者并购境内企业暂行规定》，对外国投资者并购境内企业过程中的相关问题进行了规范。这些政策对外资进入我国市场产生了重要影响。据观察，外资一般都青睐行业内有核心竞争力的上市公司，比如徐工科技、苏泊尔、双汇发展；同时也对价格低估的行业非常中意，比如钢铁、水泥等行业。随着金融行业的逐渐放开，外资对银行、证券、信托行业加快了进入步伐，深发展、民生银行、北京证券、爱建证券等外资参股已经占了相当大比例。投资者对参股金融行业的上市公司要格外留意。

（3）国家产业政策的影响

国家产业政策主要由国务院、发改委、财政部等有关部门制定，是国家长期的发展规划，对我国经济的长期发展有重大影响，股市的提前预期功能以及对概念的追逐必然将国家产业政策的变动反映到相关股票价格的变动上。五年规划、全国人民代表大会、中央经济工作会议对全国整体经济布局的规划，以及发改委等部委针对具体行业的规划，对我国股票市场影响尤其重大。

国家产业政策变动将会引起相关行业估值的变化，股市由于具有提前预期的特点，相关股票价格可能因此而大幅变动。比如国家对开发天津滨海新区的重视引来了滨海新区概念股的火暴行情。国家发改委对甲醇汽油行业的扶持迅速带动了诸如泸天化等股票走牛。天威保变、航天机电、丰原生化等新能源概念股掀起了波澜壮阔的大行情，与石油价格的居高不下有关，同时也与国家对新能源行业的支持密不可分。国家对钢铁、氧化铝等行业的调控造成相关股票一路走熊，也证明了国家产业政策对股市影响何其大。投资者应对国家产业政策变动保持关注，对国家调控行业要增强风险意识，坚决回避，而对国家战略支持行业，可以在中长期里予以关注。如果是国家投入大量资金扶持的行业，那么这个行业未来一定会走出火爆的大牛市行情。

规避市场风险的方法就是建立起对市场资金流动方向的监控体系。市场的扩容增发会直接对业绩差于新增股票的公司的股票产生不利影响，导致这些股票重新定价；对业绩好于新增股票的个股也将在短期内产生不利影响，但经过长期的重新定价之后，资金会进一步转向好的股票。所以，对于长线投资人来说，如果是面向一个长期看好的牛市的话，就不必拘泥于短期的市场风险的规避，那样只会增加投资的难度，并增加患得患失的心理负担。在牛市中，最好的方法就是精选股票，不去理会市场的短期波动风险。此外，存款利率政策也会影响资金的供给，当降低利率的时候，存款会转向股市；提高利率的时候，资金会撤离股市。但是，当一个国家的币值被低估的时候，这种运动则成反向运动，也就是说主要矛盾会影响次要矛盾，这时，利率的提高只会吸引更多的资金。此外，存款准备金的提高和降低也会对股市产生间接影响，国债等其他金融市场的变化也会影响市场整体资金的供求。总之，我们应该通过一个监控系统来科学地观测股市的变化，预测未来的市场方向。

比如，最常见的发行新股，其实其中蕴含着很深的奥秘。如果大盘上涨到某个点位，国家开始发行新股，说明管理层开始认可当前股指点位，并对股指继续上涨进行温和打压。特别是到了

2008 年 11 月 5 日，国家出台了 4 万亿元信贷，出手拯救经济危机，这是股市见底的一个重要标志，这个位置几乎是在股市的最低点位 1664 点附近。12 月份，国家再次下调存款准备金率，并且降幅是 11 年来最大的，随后在次年 2 月份鼓励银行加大信贷力度，并在 3 月份出台 10 大产业振兴规划。国家政策密集出台是实体经济和虚拟经济发生转折的信号，因此从 2008 年 11 月份开始，就预示大盘未来必然以上涨为主。大盘涨到 2900 点时，国家开始发行第一只新股：桂林三金。这表明 3000 点附近是管理层心中认可的点位，因此用发行新股进行调节。2009 年 6 月份信贷资金为 1.39 万亿元，而 7 月份信贷规模锐减到 7000 亿元，信贷规模的大幅萎缩，是国家宽松政策退出的标志之一。率先读懂国家政策的机构们开始大规模撤退，于是在 7 月底大盘展开调整（此时大跌绝非偶然）。在 8、9 月份不断有政府官员发表讲话，要保持货币政策的适度宽松，而不再是年初的鼓励银行加大信贷，政策论调开始转变；到了四季度，管理层抛出要防止通胀的言论，并率先打击房地产，紧缩政策开始了，因此股市不会大涨。原因很简单，一旦股市大幅上涨，锁定在股市中的数万亿元套牢资金将会松动，而一部分会进入流通领域，这将会加速通胀，这是管理层绝对不愿意看到的。

2. 资金

资金的推动效应，是大盘涨跌核心因素之一。简单意义上说，有资金去买，股价就能上涨；反之，如果缺乏资金的持续性介入，价格自然也就难以维持了。大盘的涨跌就是整体资金的流动量比决定的，如果市场整体的买盘大于卖盘的话，相对来说指数应该是上涨的，反之则亦然。这是从市场大的群体容量所做的简单定位，实际过程中则另有奥妙，因为市值大，在指数成分里所占的比例就高，所以大盘股的涨跌在很大程度上往往能够左右指数走势。看盘过程中如果发现指数突然盘中大幅度上涨，这时候就需要去看看几大指标股的动向。主流权重股出现了加速上涨，顶部的随时到来应该是预期之中的事，而非主流个股的大幅度下跌同样是机会的出现，这就是说在权重板块即将见顶回落的同时，对那些非主流低价股来说很可能就意味着机会，股市当中的板块切换格局就是这样，一个是风险，一个是机遇。要想形成完全的做空动力是需要整体合力的，主流股对指数有带动作用，可非主流群体的做多效应也是不能忽视的，这从很大程度上就复杂了对市场的单边判断，所以边走边观察应该属于灵活的策略。

3.心理博弈

大盘的涨跌主要是由于股票的买卖，就是买卖双方的心理博弈，说白了就是赌场上的下注，成交价格是买卖双方利益的暂时平衡点，所有的因素最终都通过买卖双方的心理和行为反映到价格上来。股票市场的运行是以市场信心为基础的，是市场众多人心理的具体反映。也可解释为:市场上取得了某种共识——平衡!虽然在股票市场中，不平衡是常态，但是偏离平衡太远了，它就要回归平衡。所有的因素都在这个基础上发挥作用，你可以打破趋势的进程，但不可以改变趋势。这就是规律的作用！我们每个人都有自己的心理高位和低位，而主流意见就是真理。头部是资金不再流入而流出形成，底部是资金流出萎缩而产生；头部与底部之间是趋势。当空方趋势形成时，资金在流出，持币者就会逐步增加，只有在资金流出枯竭时，也就是成交量萎缩时，资金才会考虑大规模入市，趋势也就会扭转。

简而言之，影响大盘的因素既有基本面的因素，也有市场本身的运行规律，有些时候基本面和政策因素影响大一些，更多的时候规律所起的作用大一些。对于大盘而言，高位容易形成头部，低位容易产生底部。应该说，市场的高与低是相对的，原来的高位随着时间的推移会变成低位，同样，原来的低位也可以变成高位。但是在一个时间序列（一波牛市行情）里，高的就是高的，低的就是低的。在股市中，我们每个人都有自己的心理高位和低位，都或多或少想从过去探知现在，从历史推导未来，那么，大盘的运行轨迹、时间、关键点位、支撑与压力等，都会深深地影响我们的思维，影响我们的判断，因为市场相信历史会重演，只是以不同的方式出现罢了。

为什么"只赚指数不赚钱"

"指数在涨却没有赚钱"是很大一部分投资人的困惑。根据一份投资者收益调查显示，即使在 2007 年的牛市行情中，散户投资人"只赚指数不赚钱"的现象依旧非常明显。当年指数上涨超过一倍，但是赢利的个人投资者中，只有 5% 左右的被调查者收益率超过 100%，跑赢大盘；30% 的人收益率为 20% — 50%；14% 的人获利 50% — 100%。再看看 2007 年的情况，据之前的那份调查显示，2007 年有 48% 的投资者在股市获利，但在全年指数涨幅超过 90% 的时候，只有 7% 的投资人全年收益率在 100% 以上，而且有高达 51% 的投资者居然没有获利。再把时间拉近到 2009 年，即使大盘涨幅非常高，但仍有 80% 以上的投资者赚到的报酬不如大盘涨幅。这种情况主要是以下原因造成的：一方面，可能你没有选对股票。很多人看到大盘每天在涨就觉得很开心，但其实自己的投资组合当中有很多股票根本没啥起色，甚至不涨反跌。另一方面，可能你在不恰当的时点进行了买入和卖出。

因此，投资者在市场明显分化的时候一定要及时离场、规避风险，哪怕错过了后期股价的疯狂上涨也要选择回避，因为在这个市场中，能够做到风险控制、持续赢利的投资者才是最终的赢家。

因此，投资者要把握好市场的节奏，按板块轮动调整自己的投资标的，避免"只赚指数不赚钱"的尴尬。

如何忽视大盘选个股

真正赚钱是靠个股而非大盘，最重要的是选择合适的股票。这里有一种最简单、最原始的投资策略，即以业绩作为导向，做价值投资而不是趋势投资。

例如，某年7月业绩推股价上涨，许多人不看好大盘，认为当时股市的行情主要受两大因素的影响：一是欧美日等国家经济持续低迷，二是国家出台的房地产调控政策、银行债务等问题。这些对于二级市场都是利空因素。但是，国际方面，各国都在采取积极的营救措施，并尽力释放资金以维持社会稳定，国际经济并未出现恶化的迹象。至于国内调控房地产、防通胀、调配资金等对股市的影响主要表现在银行、房地产、钢铁等周期性产业上，但当时这些板块已经出现可喜的新现象：一是上市公司实际业绩高速增长，这对股价有支撑作用；二是我国经济的内生性十分强劲，这从该年上半年上市公司中报平均利润40%的超预期涨幅就可以看出。这足以打破周期性板块持续"下台阶"的局面。值得庆幸的是，当时二级市场已经对该年上半年业绩增长的超预期有正面反应，但还不够充分。在此之前，业绩超预期的利好仅仅表现在中小盘股内，尤其是部分业绩特别突出的上市公司，随后投资方向慢慢延伸到盘子较大的股票中，甚至蓝筹股里。蓝筹股一旦启动，那股市下跌的可能性就几乎没有。因此，有时做股票的策略并非以传统的"二八"来划分，而应该转为以业绩作导向。

选择个股也还可以走价值投资之路。延续这个思路，该年9月份的行情不存在暴跌的可能性，甚至投资者在操作时可以无视大盘的走向，大盘跌到哪里都无所谓。只要盯着好的上市公司做，接下来投资者只需注意一件事，就是是否有突发的重大利空，只要没有，就无须顾及大盘的走向。在大盘方向不确定的情况下，最简单的投资策略就是寻找高成长的行业和其中超业绩的个股，将这种投资策略运用在大盘蓝筹股上，当时大盘中业绩好又被严重低估的股票相当多，投资者可以提前进入。该年10月后，大盘果然有一波凌厉的上涨。

运用价值投资的方法，还要注意成交量。成交量上升意味着有大量资金流入盘子较大的板块中，而资金首先流入的应该就是业绩最佳的企业，所以投资者可按上市公司业绩增量的高低来判断下阶段的热点。

下面再来补充一下，选个股应注意的事项。如图2-1所示：

大盘30日均线，横向走，没有明确的方向。意味着，如果你想做股票，得找30日均线向上的个股去做。下面有一个标准大家可以参考：

大盘30日线向上、个股30日线向上→首选。

大盘30日线走平、个股30日线向上→次选。

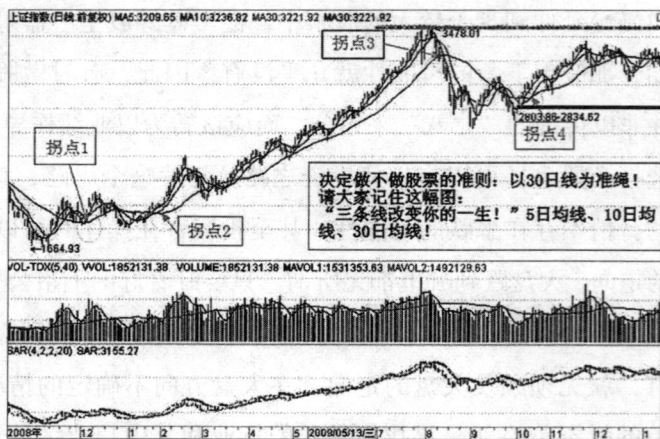

图 2-1

大盘 30 日线向下、个股 30 日线向上→次选。

大盘 30 日线走平、个股 30 日线走平→次次选。

大盘 30 日线向下、个股 30 日线向下→不选。

股价与指数大阳线的形态市场意义

形态市场意义主要有以下几点：

股价与指数大阳线后出现放量宽幅震荡星线。

股价与指数大阳线后出现放量下跌。

股价与指数大阳线后出现缩量下跌。

股价与指数大阳线后出现缩量且窄幅小阳或小阴线。

股价与指数大阳线后出现缩量攀升。

股价与指数大阳线放量震荡后，出现缩量。

价位拉升后的获利盘、高位被套逢高减持的割肉盘、解套盘。

这里给几个例子来详细说明：

1. 股价与指数大阳线后出现放量宽幅震荡星线（图 2-2）

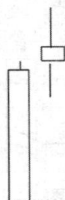

图 2-2

（1）股价的上涨使场内获利浮动筹码出局（图 2-3）

股价放量上涨突破均线的压制，由于股价长时间处于低位，刚刚走强时持股者心态不稳，逢高出局意愿较强。由于股价的上涨，吸引了场外资金参与，股价在第二天高开，前期的抄底资金获利出局，股价收成放量震荡星线。星线后的缩量小幅上涨的小阳线可以判断，空仓资金的介入较为谨慎，但股价浮动筹码较少，上行压力较轻。

（2）市场的多空分歧（图 2-4）

股价经过较长一段的窄幅整理后，市场看多较为一致，出现了量能温和的大阳线。但第二天出现的放量震荡星线，说明以短线持股为目的的投资者较多，市场多空分歧较大，股价上行压力

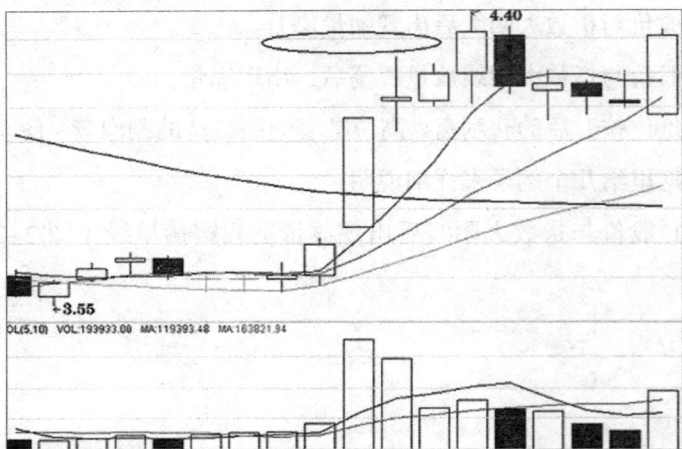

图 2-3

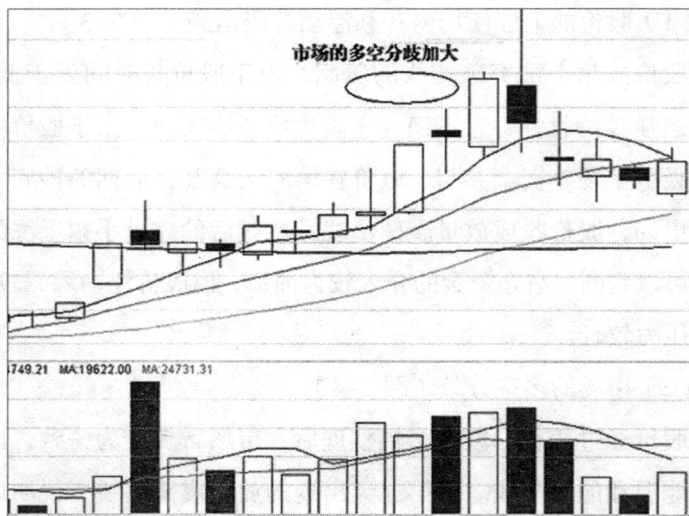

图 2-4

看盘方法与 **技巧**

较重，需要调整。

（3）主力利用震荡星线清洗浮动筹码（2-5）

股价连续几天大阳线上涨，积累了较多的获利盘，前期被套资金也逢高出局，A 处出现放量震荡，浮动筹码进行有效的清洗。尤其在横盘后的 B 处出现放量震荡星线，其后股价缩量跳空下跌，说明浮动筹码出局较为彻底。

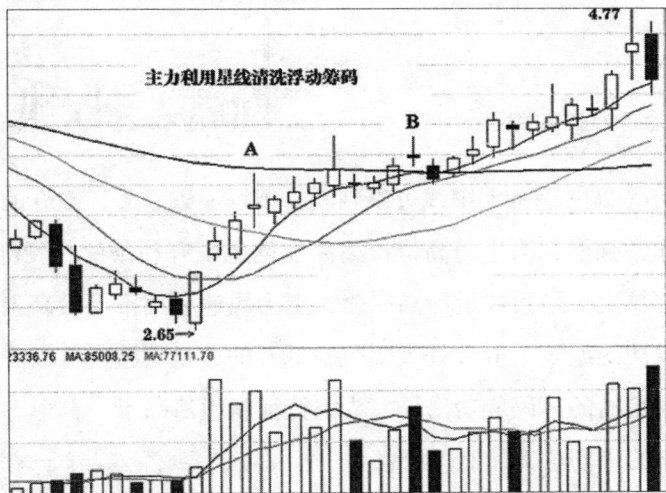

图 2-5

（4）消化前期被套筹码（图 2-6）

股价突然出现涨停，第二天出现了放巨量的震荡星线，其意义是一举消化了前期被套筹码。这种大幅拉升后的放量星线是主力的一种推高快速筹码收集。

（5）连续拉抬后，主力利用市场追涨意愿派发（图 2-7）

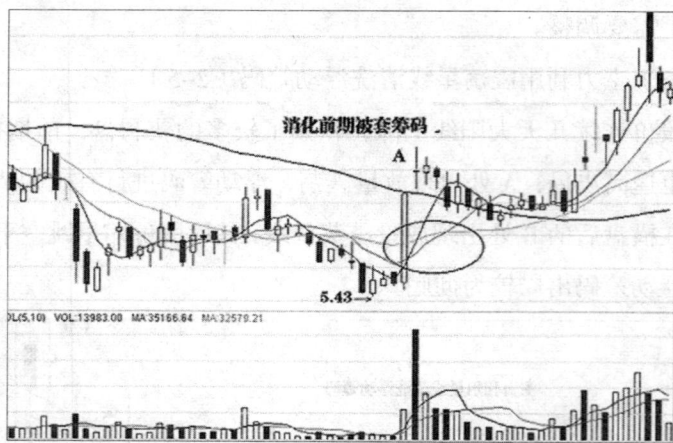

图 2-6

由 A 处的缩量大阳线可以判断，市场一致看多，空仓的追涨意愿非常强烈，为主力高位拉高派发创造了有利条件。股价在 B 处大幅拉高，最后放量冲高回落，主力快速利用市场最高人气进行了成功的派发。由 C 处大幅跳空低开的放量下跌，可以看出主力出脱最后的筹码成功出局，头部特征就很清晰了。其形态内部所包含的市场意义，值得深思。

（6）下跌途中股价或指数出现大幅反弹，是空仓的积极买入（图 2-8）

在严重的下跌中，指数出现了单日大幅反弹，第二天指数大幅高开，收出放量震荡的星线，说明空仓资金对目前反弹位置的认同，从而积极买入。由 A、B 两个位置的放量震荡星线就可以判断，股指将会出现反弹行情。

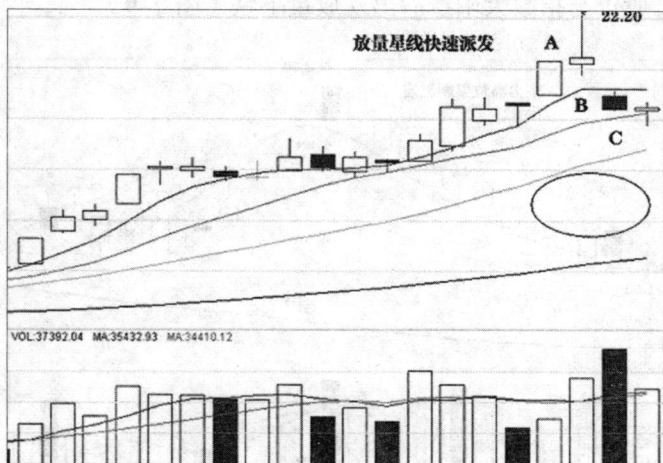

图 2-7

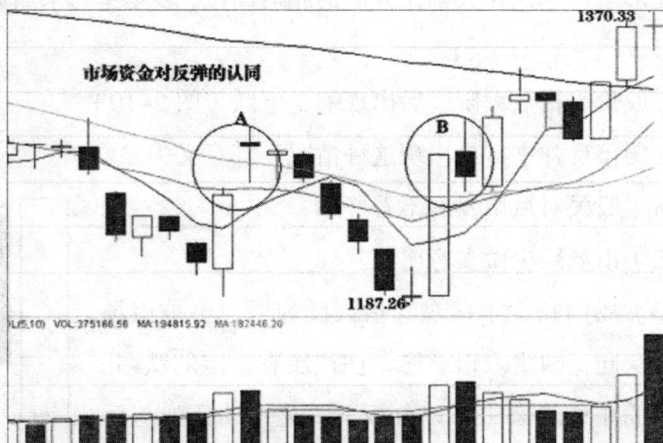

图 2-8

2. 股价与指数大阳线后出现放量下跌（图2-9）

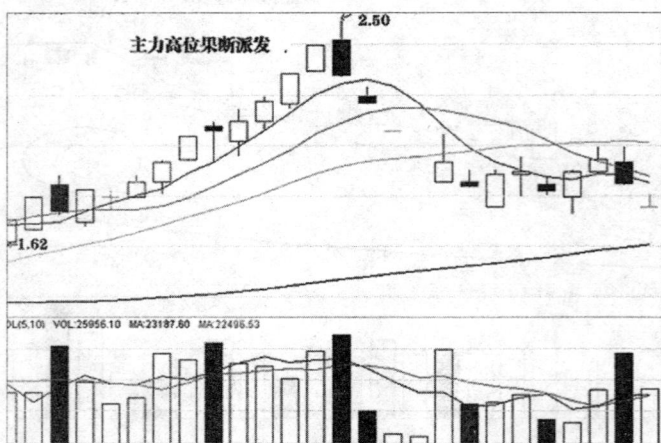

图 2-9

此形态特别是在大幅拉升后的相对高位，多是主力果断派发，容易形成倒"V"形反转。

3. 股价与指数大阳线后出现缩量下跌（图2-10）

在弱市反弹中容易出现这种情况，其意义为：

（1）股民对后市发展不看好。

（2）市场缺少做多意愿。

（3）场内缺少承接盘。指数反弹后，不被市场投资者认同，缺少入市意愿，往往还有一定的跌幅。从这种简单的形态中可以分析下跌途中的反弹与后市方向。

4. 股价与指数大阳线后出现缩量且窄幅小阳或

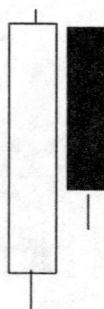

图 2-10

小阴线（图2-11）

市场意义：股价或指数出现大阳线后，第二
天却走出窄幅的小阳或小阴线，这种形态多出现
在深幅下跌之后，一是高位筹码严重被套，低位
缺少抄底资金的介入，股价或指数上涨的抛压不
重；二是行情比较低迷，投资者缺少市场的方向感，
入场意愿不强。

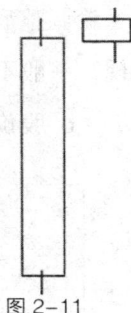

图2-11

5.股价与指数大阳线后出现缩量攀升（图2-12）

在多头行情发展中，股价或指数推高后，出现缩量上涨，是
筹码稳定的一种表现，股民持股待涨，但是也说明市场参与较为
谨慎，追高意愿不足，多出现在行情发展的中级阶段或市场经过

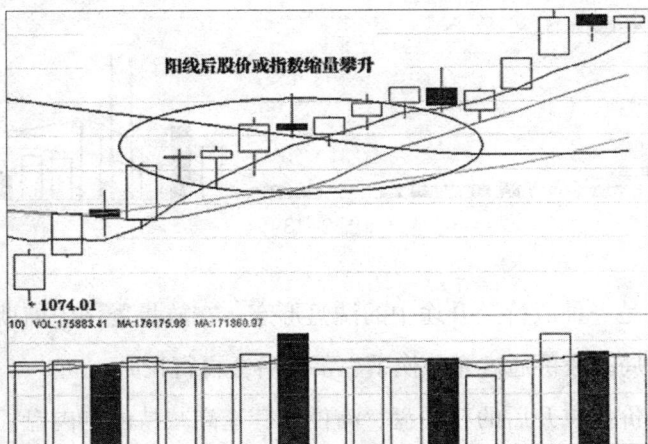

图2-12

一轮调整后。在下跌反弹中出现这种情况，是一种缺少人气的表现，一般不会反弹太高，而是重新走向下跌。

6. 股价与指数大阳线放量震荡后，出现缩量（图 2-13）

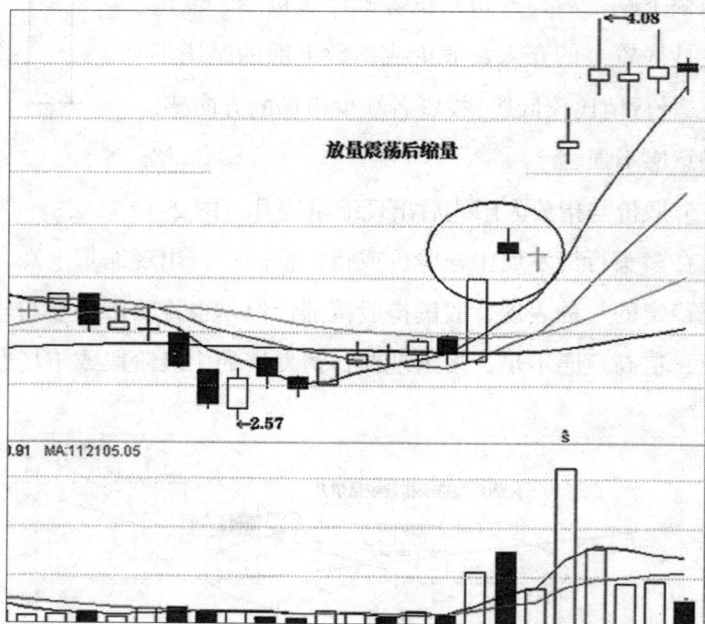

图 2-13

这是一种股价上升途中的洗盘形态，在放量震荡中前期获利筹码出局，股价通过充分换手、蓄势后会再行拉升。

7. 价位拉升后的获利盘、高位被套逢高减持的割肉盘、解套盘（图 2-14、图 2-15、图 2-16）

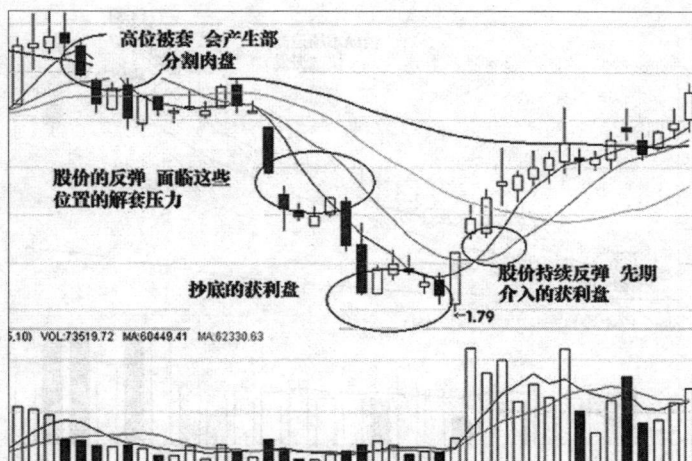

图 2-14 股价或指数下跌后出现反弹

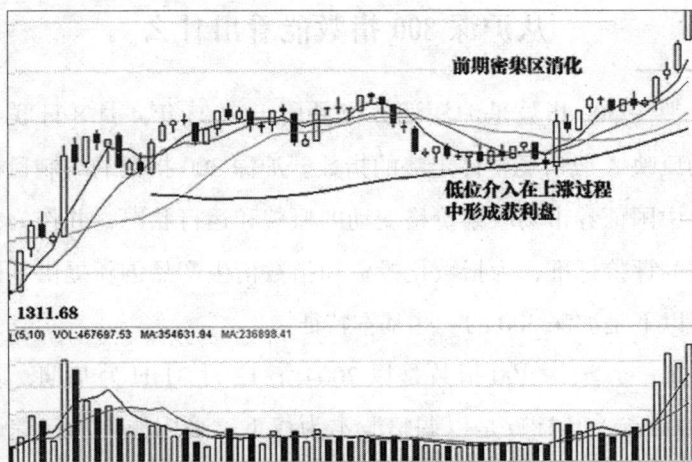

图 2-15 深幅调整后的前期头部压力的消化

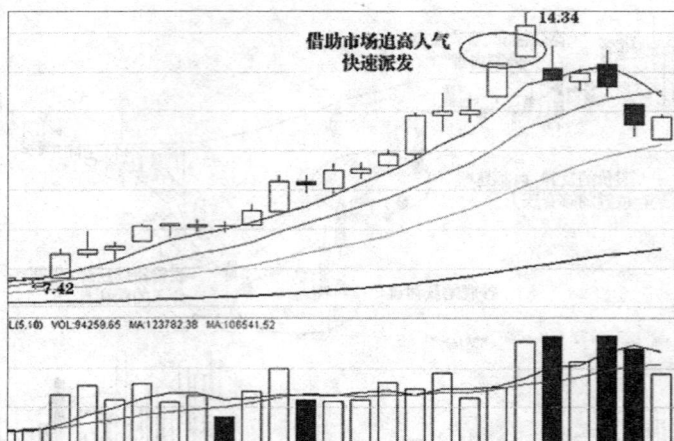

图 2-16 主升浪后期主力大量获利筹码的派发

从沪深 300 指数能看出什么

沪深 300 指数是沪深证券交易所于 2005 年 4 月 8 日联合发布的反映 A 股市场整体走势的指数。沪深 300 指数的编制目标是反映中国证券市场股票价格变动的概貌和运行状况，并作为投资业绩的评价标准，为指数化投资和指数衍生产品创新提供基础条件。以下是沪深 300 的一些基本特征：

第一，沪深 300 指数是以 2004 年 12 月 31 日为基期，基点为 1000 点，其计算是以调整股本为权重，采用派许加权综合价格指数公式进行计算。其中，调整股本根据分级靠档方法获得。

第二，凡有成分股分红派息，指数不予调整，任其自然回落。

第三，沪深300指数会对成分股进行定期调整，其调整原则为：一，指数成分股原则上每半年调整一次，一般为1月初和7月初实施调整，调整方案提前两周公布。二，每次调整的比例不超过10%。样本调整设置缓冲区，排在240名内的新样本优先进入，排在360名之前的老样本优先保留。三，最近一次财务报告亏损的股票原则上不进入新选样本，除非该股票影响指数的代表性。

其计算公式为：报告期指数 = 报告期成分股的调整市值 / 基日成分股的调整市值 × 1000。其中，调整市值 = $\sum$（市价 × 调整股本数），基日成分股的调整市值亦称为除数。

沪深300指数的良好市场表现也使得以其为投资标的的指数基金业绩表现较为突出，那么作为一种强调交易性和投资性的指数，其成分股基本面上的特征，主要基于财务指标从赢利能力、成长能力、分红派息以及估值等角度，对沪深300指数推出以来其基本面特征变化进行一个简单的分析。从而，我们可以从沪深300得出以下信息：

1. 指数市场代表性

（1）总市值占比。指数的首要功能是反映股票市场的股价变化情况，因此指数必须具备一定的规模。沪深300指数样本覆盖了沪深市场70%左右的市值，具有较强的市场代表性。

（2）行业代表性。指数代表性不仅包括市场代表性，也包含指数的行业代表性。指数的行业分布和目标市场越接近，则指数越能代表市场，越有利于指数化投资者较充分地分散组合的行业风险。以证监会的行业分类为依据，沪深300指数的成分股覆盖了全部13个行业；计算结果显示，沪深300指数总市值的行业偏离度仅为2.05%，同时，沪深300指数用较少的股票样本实现了指数行业比重与整体市场的高度一致。

（3）与其他指数的相关性。沪深300指数和证券市场上一些主要指数的相关性较高，具有较高的市场代表性，能够较好地反映整个A股市场的走势。

2. 指数的投资性分析

（1）沪深300指数成分股基本面良好。

（2）沪深300指数投资价值高，从市盈率和市净率两个指标来看，沪深300指数成分股的估值显著低于市场平均水平，凸现出良好的投资机会。

（3）从指数市场综合表现来看，沪深300指数的成分股体现了大蓝筹的特征，代表了沪深两市A股市场的核心优质资产，成长性强，估值水平低，其在整体经营业绩和估值水平方面对投资者具有很强的吸引力。

3. 指数流动性分析，指数的抗操纵性

从整体上分析，这些都可以反映整体的局势。

4. 绩优蓝筹股分析

自2005年4月沪深300指数发布以来，其所倡导的价值投资理念与机构投资者不谋而合。以沪深300指数板块为代表的绩

优蓝筹股是基金等机构投资者重点关注的对象，因为这批上市公司整体赢利能力强、资产质地优良，投资价值高。统计显示，沪深 300 指数的成分股和基金的十大重仓股重合度非常高，且有不断提高的趋势。此外，上市公司定期报告也显示，其前十大流通股股东大都为基金、QFII、保险、社保和券商等市场上主要的机构投资者。

5. 跌幅水平分析

通过对比各个指数跌幅水平，可以判断导致沪深 300 指数上涨或下跌的股票类型，是以大盘蓝筹股为主的价值型股票还是以中小板为主的成长型股票。当成长型股票下跌而价值型股票走强时，沪深 300 指数最终还是上涨；如果成长型股票较强而价值型股票偏弱时，沪深 300 指数将下跌。由此从不同类型股票的走势，可以推断出沪深 300 指数上涨或下跌的幅度，从而为股指期货投资提供参考。

此外，沪深 300 指数走势对比还将提高股指期货套保策略的实施效果。如果投资者的股票组合以成长股为主，在进行股指期货套保时需关注价值指数的走势。如果价值指数走势明显强于成长指数，则不宜对股票组合进行套保；当价值指数与成长指数走势相近，则套期保值的安全性较高。对于以价值型股票为主的投资组合也是一样，同样需要兼顾成长指数的走势。由于有了两种指数间的对比，届时股指期货套期保值时机的选取将把握得更好，有利于提高股指期货套保的效果。

如何判别见顶还是调整

主要有以下几种方法可以判断见顶还是调整：

1. 从价格变动的角度识别

上升行情中出现的强势调整一般有洗盘的目的，股价的跌势较凶狠，用快速、连续性的下跌和跌破重要支撑线等方法来达到清洗浮动筹码的目的。而大盘构筑顶部时期的下跌则是以清仓出货为主要目的，所以，其走势特征较温和，以一种缓慢的下跌速率来麻痹投资者，使投资者在类似"温水煮青蛙"的跌市中，不知不觉地陷入深套。

2. 从成交量的角度识别

强势调整中的成交量大幅萎缩，说明市场中实际的主动性抛盘并不重。见顶回落行情中的成交量明显放大，而且，在股价转入下跌通道后，成交量依然不见明显缩小，表明市场中的主力资金撤出。

3. 从 K 线形态的角度识别

强势调整时的走势常常以长线实体的大阴线出现，而构筑顶部的时候往往会在股价正式破位之前，出现一连串的小阴线或小阳线，使投资者对后市仍抱有期望。有时在筑顶过程中，K 线实体虽然较短，上下影线却较长，显示盘中震荡加剧。

4. 从尾盘异动的角度识别

强势调整时一般在尾盘常常会出现异动，例如，股价本来全天走势非常正常，但临近尾盘时，却会突然遭遇巨大卖盘打压，使得 K 线图上出现破位的走势。而在见顶过程中尾盘出现异动的现象相对要少得多。

5. 从调整持续时间的角度识别

上涨过程中的强势调整行情持续时间不长，一般 5 — 12 个交易日就结束。而见顶的过程中，股价调整的时间较长。

6. 从成交密集区的角度识别

强势调整还是构筑顶部往往与成交密集区有一定的关系，当股价从底部区域启动不久，离低位成交密集区不远，这时出现的下跌属于强势调整的概率较大。如果股价逼近上档套牢筹码的成交密集区时遇到阻力，那么，构筑顶部的概率比较大。

判断见顶的方法无非两个要点：其一是上涨幅度，其二是换手率是否放大。这是人们熟知的道理。因为上涨幅度不大，控盘主力无所谓出逃的问题，除非大势不好，或者出了大事，或者出现了意想不到的其他事情。而主力要想成功出逃必然会伴随换手率放大的情况，无论主力的操盘水平如何高超，在出逃之前做出怎样漂亮的图形，其出逃的股票数量是遮掩不了的。有人认为除上述两点之外，判断见顶的最简单最便捷的方法是心理分析法。主力出逃前一定会将图形做得好看，世界上没有这样愚蠢的主力或者说这样愚蠢的人，会在自己打算出逃之前将图形做坏的，因为谁都知道图形做坏以后自己就逃不出去了，或者说将图形做坏是为自己制造了巨大的外逃障碍。除非涨幅非常大，主力可以毫无顾忌地出逃，出逃以后依然能够获取可观的赢利；或者出了大事顾不得盈亏了，否则绝不会出现先做坏图形然后出逃的怪事。

判断调整的信号无非也是两点：一是成交量的迅速萎缩。虽然这意味着多头的买盘力量有所衰弱，但相对应的则是卖盘力量也迅速衰弱，意味着做空能量的减弱，这自然会带来大盘的短线企稳契机。二是新股等代表着短线资金风向的品种能否出现止跌企稳。因为短线资金往往在热点中转换较快，所以，只要新股等品种出现强势，意味着市场的短多能量聚集，市场短线企稳的可能性就会迅速增强。

主板与中小板的差别在哪里

先来了解它们各自的定义，主板市场是指传统意义上的证券市场，是一个国家或地区证券发行、上市及交易的主要场所。中国的主板市场包括深交所和上交所。有些企业的条件达不到主板市场的要求，所以只能在中小板市场上市。中小板市场是创业板的一种过渡，在中国的中小板的市场代码是 002 开头的。

我们来比较一下创业板与中小板、主板的主要发行条件。

1. 相同点

一般情况下，成立时间均为 3 年以上。

注册资本足额缴纳及股东、发起人的出资要求相同。

持续赢利的要求。

生产经营符合国家产业政策的要求。

依法纳税，合法享受税收优惠，经营成果对税收优惠不存在严重依赖。

不存在重大偿债风险，不存在影响持续经营的担保、诉讼以及仲裁等重大事项。

股权清晰要求。

资产完整及独立性要求。

会计基础规范、内部控制制度健全、资金管理制度健全、担保管理。

董事、监事和高管熟悉相关规定等。

2. 创业板与中小板的不同点

（1）财务指标

①利润指标

创业板：最近两年连续赢利，利润总额不低于 1,000 万元，且持续增长；或者最近一年赢利，且净利润不少于 500 万元，最近一年营业收入不少于 5,000 万元，最近两年营业收入增长率均不低于 30%。

中小板：最近 3 个会计年度净利润均为正数且累计超过人民币 3000 万元，且最近 3 个会计年度营业收入累计超过人民币 3 亿元；或最近 3 个会计年度经营活动产生的现金流量净额累计超过人民币 5,000 万元。

②净资产要求

创业板：最近一期末净资产不少于 2,000 万元，且不存在未弥补亏损。

中小板：对最近一期末净资产未提出明确要求，仅要求最近一期末不存在未弥补亏损。

③股本总额要求

创业板：发行后股本总额不少于 3,000 万元。

中小板：发行前股本总额不少于人民币 3,000 万元。

④无形资产比例要求

创业板：对无形资产比例不存在限制。

中小板：最近一期末无形资产（扣除土地使用权、水面养殖权和采矿权等后）占净资产的比例不高于 20%。

（2）主营业务

创业板：发行人应当有一种主营业务。

中小板：未对此有明确强制性规定，但一般也会发表主营业务突出的意见。

（3）稳定性要求的期限

创业板：最近两年内主营业务和董事、高级管理人员均没有发生重大变化，实际控制人没有发生变更。

中小板：最近 3 年内主营业务和董事、高级管理人员没有发生重大变化，实际控制人没有发生变更。

（4）公司治理结构

创业板:除建立健全股东大会、董事会、监事会以及独立董事、董事会秘书制度外，明确提出要建立审计委员会制度。

中小板：未明确要求建立审计委员会制度。

（5）重大违法行为的适用范围

创业板：适用范围为发行人及其控股股东和实际控制人。发行人及其控股股东、实际控制人最近3年内不存在损害投资者合法权益和社会公共利益的重大违法行为。发行人及其控股股东、实际控制人最近3年内不存在未经法定机关核准，擅自公开或者变相公开发行证券，或者有关违法行为虽然发生在3年前，但目前仍处于持续状态的情形。

中小企业板：适用范围仅仅为发行人。

3.主板与中小板交易的不同点

（1）开盘集合

主板：9：15 — 9：25 开盘集合竞价，9：30 — 11：30 和13：00 — 15：00 连续竞价，15：00 — 15：30 大宗交易。

中小板：9：15 — 9：25 开盘集合竞价，9：30 — 11：30 和13：00 — 14：57 连续竞价，14：57 — 15：00 收盘集合竞价，15：00 — 15：30 大宗交易。

（2）集合竞价

主板：在 9：25 的时候直接公布开盘价和成交量。

中小板：在 9：15 — 9：25，交易系统会按照集合竞价规则对当前已收到的有效委托进行一次虚拟的集合竞价（每隔 10 秒揭示一次，不是实际开盘价，不产生实际成交），以确定截至目前的有效委托将产生的集合竞价成交价，这个价格就是虚拟开盘价。每次揭示的虚拟开盘价会随着新委托的进入而不断更新，这样投资者可以了解当前参与集合竞价的委托情况，增加开盘集合竞价的透明度。

具体来说，在五档行情下，如果集合竞价时匹配量为 0，则在买一和卖一档分别揭示开盘参考价格和匹配量；如果集合竞价时出现未匹配量为卖方剩余，则除在买一和卖一档分别揭示开盘参考价格和匹配量外，在卖二的数量位置揭示未匹配量，五档中的其他档均为空白，不揭示价格和数量；如果集合竞价时出现未匹配量为买方剩余，则除了在买一和卖一档分别揭示开盘参考价格和匹配量外，在买二的数量位置揭示未匹配量，五档中的其他档均为空白，不揭示价格和数量。

（3）撤单申报

主板：开盘集合竞价时，交易主机任何时间内都接受撤单申报。

中小板：开盘集合竞价时，9:20 — 9:25 主机不接受撤单申报，除此之外都可接受撤单申报。

（4）收盘定价

主板：以当日最后一笔交易前 1 分钟所有交易的成交量加权平均价（含最后一笔交易）来确定。

中小板：14：57 — 15：00 实施收盘集合竞价，以确定收盘价，收盘集合竞价不能产生收盘价的，以最后一笔成交价为当日收盘价。

如何骑上中小企业板的领头羊

中小板块即中小企业板，是相对于主板市场而言的，一些企业没有达到上主板市场的要求，在中小板市场上市。它指的是流通盘在 1 亿元以下的创业板块。该板块是在 2004 年 6 月 25 日揭幕的，是深交所为鼓励自主创新而专门设置的中小型公司聚集板块。该板块普遍具有收入增长快、赢利能力强、科技含量高的特点，而且股票流动性好，交易活跃。

选择中小企业板块个股必须具备的优势有：

（1）在行业产品方面要有独特性，在行业地位方面要处于行业龙头，在行业背景方面要有良好的发展前景。

（2）在市场特征方面要有低价优势。目前中小企业板中的主力资金规模不大，流通盘越小，股价越低，就越便于各种资金操作。因市场中普遍存在着"恐高症"，所以投资者选股应尽量选择价位偏低的。

（3）在技术特征方面要有坚实的底部支撑优势。底部是否坚实主要取决于底部形态的构筑时间及形态特征的完整性，还有就是中小板块新股在底部区域的换手情况，换手越充分，则表明该股的筹码交换过程越顺利，将来该股的上涨空间就越大。

对于中小板，我们需要关注以下几方面的因素：

（1）由于资金性质的不同导致投资中小企业板的风险要大于主板市场。

中小企业板新股的上市安排是在严格的监管下有序进行的，所以在中小企业板的开创初期会出现资金过剩局面；又因为中小板市场的容量很小，这就容易造成流动性强的短线投机资金，这部分资金的操盘手法凶悍，目的是短线套利，所以很容易造成股价剧烈震荡。

（2）市场规模较小容易增加系统性风险。

因为中小企业板块的市场规模较小，所以容易引起指数的大幅波动，而且中小企业板被投资大众广泛看好，会产生要将中小板股票炒到高价的舆论，这些都会增加该板块的市场风险。

（3）存在市场运作风险和投资风险等多方面的非系统性风险。这往往是由中小企业板的上市门槛降低，中小板上市公司的经营状况、技术含量、业绩增长情况，以及上市公司的诚信道德等方面原因的引起的。

第三章

第三章

每日实战看盘要点

——开盘与收盘

如何从集合竞价看当日大盘走势

集合竞价是每个交易日最先买卖股票的时机，投资者可就此较早地感知大盘当天运行趋势的某些信息，了解自己投资计划运作的背景状况。

主力往往借集合竞价的时机跳空高开拉高出货，或跳空低开打压吸筹。开盘价一般受前一交易日收盘价的影响。如前一交易日股指、股价以最高点位报收，次日开盘往往跳空高开；反之，如前一交易日股指、股价以最低价位收盘，次日开盘价往往低开。

如果集合竞价交投踊跃，以涨停集合竞价的个股数量较多，或逐步增多，预示早盘走势将极为强势；如果集合竞价上涨个股数量较多，也可以看出当天盘面走强的可能性很大，反之大盘则可能呈现弱势。

以2009年3月5日集合竞价为例，9:17分，两市涨停竞价有20余家，显示主力活动迹象明显，盘中交投较为活跃，承接昨天强势高开已成必然，但9:25分集合竞价结束，涨停仅剩4家，可见上档抛盘较大，早盘高开低走的可能较大，早盘震荡或加剧。但从总体上看，上涨家数有813家，下跌家数81家，多方占绝对优势，即使早盘震荡，也难改多头趋势。

结合集合竞价涨跌家数判断，由于抛压较重，早盘高开低走的概率较大，结合开盘15分钟定势，便可知当天行情的大体走势。

一般情况下，如果开盘委买单大于委卖单2倍以上，则表明多方强势，当日做多概率较大，短线者可立即跟进；反之，如卖单大于买单2倍以上，则表明空方强势，当日做空较为有利，开盘应立即卖出，逢低再补回。

特别提示关注权重股的开盘竞价情况，从中可以大致推测当日大盘的走势。如中国石油、中国国航、工商银行、中国联通、中国平安等大盘指标股，竞价价格不断走高，反映市场做多的预期强烈。

反之，当大盘指标股在竞价时走低的居多，当日开盘就不太乐观，很可能低开。一旦低开，市场人气会受到一定的影响，而大盘当日会趋于下跌。当然，这不是绝对的，却有相当的指导作用。

如何根据集合竞价预判个股强弱

对于个股操作而言，集合竞价是必须关注的第一要点，它可以反映出该股票是否活跃。如果活跃，集合竞价所产生的价格一般较前一日为高，表明买盘踊跃；如果是非活跃股或冷门股，通过集合竞价所产生的价格一般较前一日为低，表明当日购买欲望不强。

值得注意的是，如果强悍的主力旨在拉升股价，为减少跟风盘，往往会把拉升安排在集合竞价时间。你会看到集合竞价的价格波动在不断上升，甚至达到涨停价格。沪深两市最强悍的股票，就是开盘就涨停，而且这些涨停具有很强的连续性。因此，一旦我们看到个股集合竞价涨停就必须关注。

当然，主力肯定是要根据抛盘的成交量情况作出决定，否则就增加了过多的筹码。在竞价最后时刻，只要主力认为目前的抛盘不是压力，就会以天量直接将股价顶在涨停板上。如果主力感知大盘不对，就会临时改变计划。

因此，集合竞价时，交投活跃的个股要重点关注，如果该股在行业中权重较大，则有可能带动整个行业，如果有群体异动，则必须重点跟踪。

实战操作中，当早盘 9:25 集合竞价出来以后，5 分钟内快速浏览排行榜中价升量增的高开个股，结合热门板块排序，看是否有高开的板块联动效应，查看周、日 K 线，看是否有符合自己操作风格的个股出现，以便在早盘连续竞价时密切跟踪，寻找最佳介入时机。

如果准备以最低价买入暴跌的热门股抢反弹，也可以参加集合竞价。因为前一日暴跌的以最低价收盘的个股，当日开盘价可能也就是当日最低价。

值得注意的是，在集合竞价中如发现手中热门股有 5% 左右的升幅，且伴随成交量放大几十万甚至几百万股，则应立即以低于开盘价卖出所持有的热门股，以免掉入多头陷阱被套牢。这个时候，一般不应追涨买入热门股。

影响开盘的主要因素

在股票交易市场中，影响开盘的主要因素有以下几个方面：

1. 上一交易日的收盘情况

一般来说，如果昨日股价低收，则当日股价大多会惯性低开；如果昨日股价高收，则当日股价大多会惯性高开。

2. 上一交易日美国股市的收盘情况

主要看道琼斯工业平均指数、纳斯达克综合指数和标准普尔500指数。美国股票指数的高收将刺激中国股市次日高开。特别是纳斯达克综合指数的变动对中国股市科技股影响很大。

3. 上一交易日香港股市的收盘情况

主要看恒生指数的收盘情况。恒生指数的高收将刺激中国股市次日高开，恒生指数的低收则将导致中国股市次日低开。

4. 上一交易日收盘后股评家意见的主流观点

每日收盘后，各家证券公司的投资分析人士、电视台的财经频道都会对当日股价走势进行评述，并对次日走势进行预测，这会影响第二天的开盘。

5. 上一交易日机构主力的动向

主要是成交金额前 10 名股票的涨跌情况。如果成交金额前 10 名股票中上涨的家数多于下跌家数，次日一般会高开；如果成交金额前 10 名股票中下跌的家数多于上涨家数，次日一般会低开。

6. 上一交易日多空指标股的进出状况

主要看涨幅前 10 名和跌幅前 10 名的成交手数和成交金额。如果涨幅前 10 名的成交手数和成交金额超过跌幅前 10 名，次日一般会高开；如果涨幅前 10 名的成交手数和成交金额低于跌幅前 10 名，次日一般会低开。

7. 主要的支撑和阻力位

股价上涨时，开盘价一般会开在阻力位附近，强势上涨行情时，常常一开盘就直接冲破阻力位；股价下跌时，开盘价一般会开在支撑位附近，行情急剧下跌时，常常一开盘就直接跌破支撑位。

8. 当日的证券报与相关媒体的报道

利多的消息会使股价高开，利空的消息会使股价低开。

如何根据每日开盘行情选股

通常，把早上 9：30 — 10：00 的股市表现称为开盘行情，或者早市行情。据经验，股市每天行情的变化，受开盘行情的影响较大。比如说，某一天的开盘行情跳空高开或低开后行情一路

看盘方法与技巧

上升，往往预示着那一天的股市行情一定向好，市场人气旺盛；相反，如果开盘行情高开后下跌，则意味着当天行情不被看好，加上成交量放大下跌，那么意味着后市看淡。

可以说，开盘行情是全天行情中最不稳定的，但也是最重要的，而且其变化影响着全天的行情。一般来说，开盘行情大幅上升，并伴有巨大的成交量，则当天行情一定看好。因为，开盘行情反映的是消息面的动态和市场人气的近况。若某天开盘，股市跳空大幅上升，则意味着可能有好消息出现，或者市场上有大量资金介入，因此这一天的行情一定看好。同理，当开盘行情大幅下挫，成交量或放大或缩小时，则表示当天行情看淡，因为市场可能有利空消息出现，或者是受到前期行情跌势的影响，信心没有恢复。

上面两种情况多在单边市的情况下出现。此外，还有另外两种情况需要注意：一种是开盘高开后，行情即刻掉头而下；另一种是开盘低开后，行情即刻掉头向上。这两种情况显得更为实用些，下面对这两种情形进行分析。

（1）行情高开后即刻掉头向下。这种开盘行情，多数情况是前一天行情出现过上升，而开盘时的高开是前一天行情上升的延续，由于有了先前的上升行情，获利回吐盘已经显现，而第二天的高开即是这些获利盘的出货时机。不过即使开盘时遇到获利盘的打压，行情回软后仍可能再度回升，多数情况是盘中调整而尾市拉升。

（2）行情低开后即刻掉头向上。这种行情与前面一种截然不同，这种开盘走势很大程度上反映了市场仍很活跃，或者行情见底。若是这样，见底后的反弹力度将非常大。需要注意的是，在反弹行情出现之前，低开后的行情仍可能使当天的行情创新低。即便如此，市场内的投资跟风依然很弱，因而，反弹后的行情又很快就疲软，或掉头回落或横盘。然而，这种行情一旦形成即低开后即刻反弹，市场则将因此而改变，原来是趋势下跌的，很可能由此转入回升状态中。

开盘行情大致可分为四种——高开高走、低开低走、高开低走和低开高走，那么怎样根据开盘行情来进行投资呢？下面我们就这四种情况的投资机会进行分析：

（1）高开高走。这种开盘行情将会使全天形成强势走势，这种行情又称为"单边势"。当天股市一定非常火爆，个股行情和板块联动上涨明显。投资者可以大胆杀入，并以开盘15分钟涨停板的股票为吸货对象。因为这些股票一开盘很快就被封涨停，而封在涨停位的未成交筹码也相当多，这将意味着接下来几天，该股仍可能继续涨停。

（2）低开低走。与高开高走正好相反，行情呈现"疲势"，一旦形成连续性，则表明股市处于疲弱的跌势当中，这时的个股和板块行情，受大势疲弱的影响，没有什么涨势。在升跌幅板上，基本上是跌盘，涨势较好的个股往往寥寥无几，即使有，升幅也不会太大。因此，此时投资者应谨慎入市，或以观望为主。

（3）高开低走。开市时指数会瞬间暴涨,但很快就会大幅下挫,甚至跌破前一天的收市价。此时假如在开盘时追高杀入，即刻就会被套牢。需要指出的是，若在一段时间里大盘指数经常出现高开低走，则说明股市仍有下跌空间，而连续的高开低走，虽然下跌幅度小，但时间一长，积累起来的跌幅就很大了。这种行情主要表现在中间阶段，市场基本确认股市已形成跌势，行情一旦拉高就见机出货。因此，遇此行情不可大意，应逐渐减仓至空仓。

（4）低开高走。这种行情处于脆弱阶段，市场人气极为低迷，但大盘隐约呈现升势。因此，每到早上开盘时，人气较为旺盛，而指数低开后行情很快就上升。这种底部的低开高走行情，是吸货的最佳时期。但由于行情处于"底部"，市场往往仍以为熊市未结束，观望气氛较浓。因此，刚刚恢复暖意的股市吸货力量仍较有限，其上升力度明显偏弱，而个股的推动力也同样如此。此时，投资者需要耐心，并要敢于入市吸货以待大行情发动。

可见，开盘行情不但能反映当天股市的走势，同时也能反映出阶段性行情的强弱。因此，掌握好开盘行情的特点，不但能窥视到股市的变化，更能由此规避风险，抓住投资机会获益。

开盘 5 分钟看盘要点

大盘在开盘后，投资者可以利用特定的早盘 3 个 5 分钟 K 线走势，判断和预测全日走势的变化情况。5 分钟测大盘走势主要有以下 10 种：

1. 瞬间高盘

如图 3-1 所示,这是一种 9:35 时指数以高盘开出,9:40 和 9:45 时指数都比开盘价还低的情况。

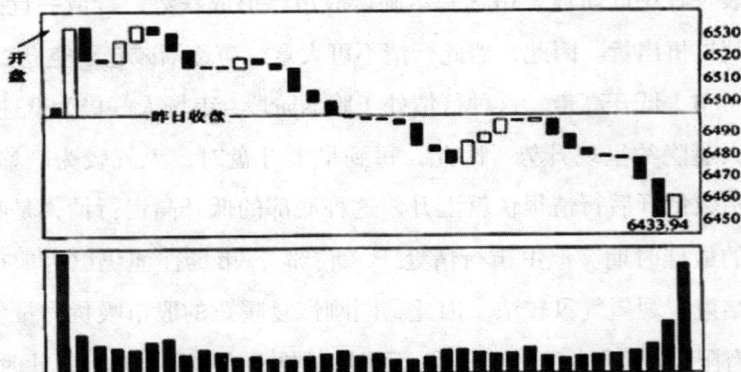

图 3-1 瞬间高盘

瞬间高盘表示高档卖出的压力不轻,当天下跌的可能性较高。但如果跌到低点后出现量大止跌的现象时,表示低档接盘极强。一旦股价回升超过瞬间高盘的开盘价时,投资者应该买进。

行情在持续上涨一段时间后,如果连续两天以上开盘都出现瞬间高盘,这表明行情续涨无力,可能会回跌,持股者应特别注意。

行情在持续下跌一段时间后,如果连续两天以上开盘都出现瞬间高盘,表明买盘积极介入,可能止跌上涨,投资者应买进。

2. 瞬间低盘

如图 3-2 所示，这是一种 9:35 时指数以低盘开出，9:40 和 9:45 时的指数却比开盘价还高的情况。

瞬间低盘表示低档接盘积极，当天上涨收阳的可能性极大。但如果成交量不能放大反而萎缩，走势出现后继乏力现象，一旦股价回跌，跌破瞬间低盘的开盘价时，投资者应及时卖出。

行情已经持续上涨一段时间，开盘出现瞬间低盘的情况时，除非次日能以高盘开出，否则代表继续上涨乏力，持资者应特别小心。

行情已经持续下跌一段时间，开盘出现瞬间低盘，当天以上涨收盘时，代表买家已经介入，下跌趋势可能会扭转，投股者应注意买进时机。

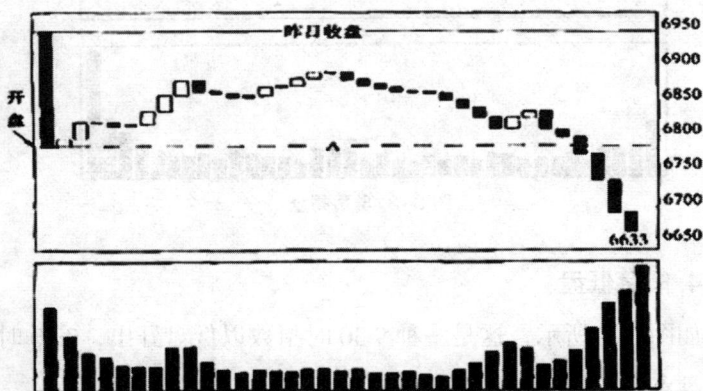

图 3-2 瞬间低盘

3. 震荡高盘

如图 3-3 所示，这是一种 9:35 时指数以高盘开出，9:40 时指数比开盘价高，但 9:45 时指数却比 9:40 时还低的情况。

震荡高盘是多空力量平衡的整理盘。出现震荡高盘时，当天会有两个涨跌波段。因此，投资者可采取低买高卖的短线操作原则，以赚取市场差价。正常情况下，开出震荡高盘后的第一次上涨波段的高点附近是最理想的卖出点。

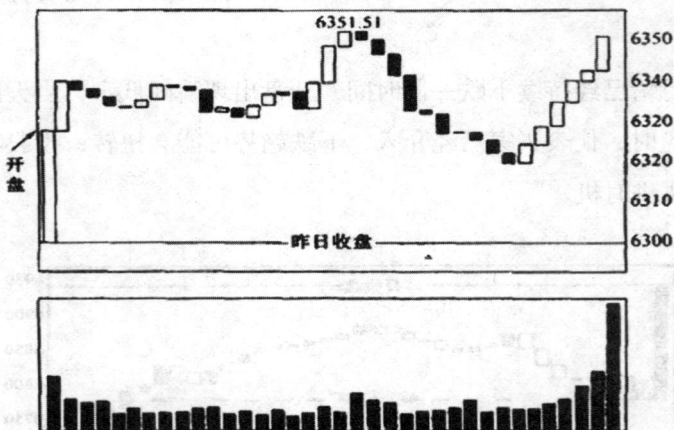

图 3-3 震荡高盘

4. 震荡低盘

如图 3-4 所示，这是一种 9:30 时指数以低盘开出，9:40 时指数开盘点低，但 9:45 时指数却出现比 9:40 时还高的情况。

震荡低盘为多空力量平衡的整理盘。出现震荡低盘时，当

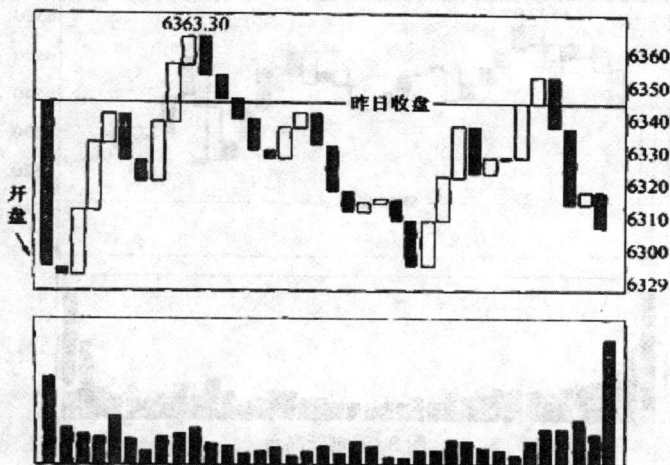

图 3-4 震荡低盘

天会有两个以上涨跌波段，投资者可以采用高卖低买的短线操作原则来赚取市场差价。在正常情况下，开出震荡低盘之后，第一次下跌波段的第三波最低点或者第五波最低点附近是理想的买进点。

5. 创新高盘

如图 3-5 所示，这是一种 9:35 时指数不论是以高盘或低盘，还是以平盘开出，在 9:45 以前上涨已经超过前一日最高价的情况。

行情在下跌一段时间后出现创新高盘的走势时，代表买方较强，股价有望止跌上涨，投资者应及时买进。但要注意此时成交量的有效增加，如果成交量不能增加，则表明买盘乏力；如果股

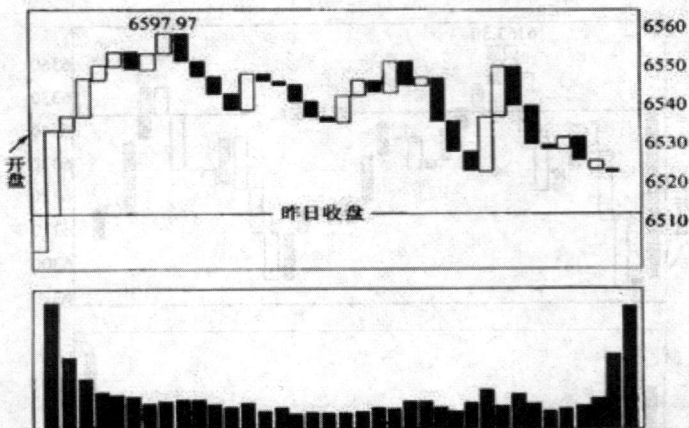

图 3-5 创新高盘

价上涨后跌破开盘价，此时应该卖出。

　　行情在上涨一段时间后出现创新高盘的走势时，代表买方气势仍然高涨，行情可能继续上涨。但要注意成交量的有效增加，如果成交量萎缩，股价跌破开盘价，此时投资者要卖出；如果行情是以创新高盘开出，但当天成交量一直未能有效放大，收盘时极有可能出现杀尾盘的现象。

6. 创新低盘

　　如图 3-6 所示，这是一种 9:35 时指数不论是以高盘、低盘还是平盘开出，在 9:45 以前股价下跌已经超过昨天最低价的情况。

　　行情在已经持续上涨一段期间后出现创新低盘的走势时，代

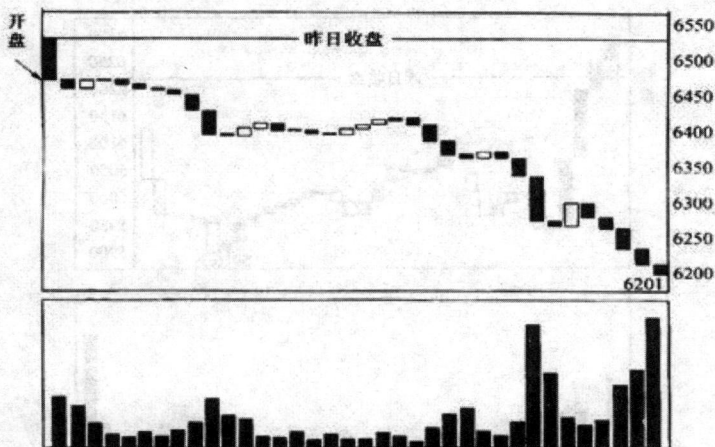

图 3-6 创新低盘

表卖方气势已经转强，可能会出现回跌，投资者应卖出。但如果跌后企稳并上涨，超过昨天的收盘价，此时投资者应该买进。

7. 反向高盘

如图 3-7 所示，这是一种昨天指数以中阴 K 线下跌收盘，但今日 9:35 时却跳空上涨，以高盘开出的情况。

昨天以中阴 K 线收盘，正常情况下今天应该以平盘或低盘开出，但以高盘开出，代表买盘已经开始介入，投资者应逢低买进。如果这种情况是出现在长期上涨的情况下，投资者应在反弹之后的高点卖出。

8. 反向低盘

如图 3-8 所示，昨天指数的中阳 K 线上涨收盘，但今日 9:35

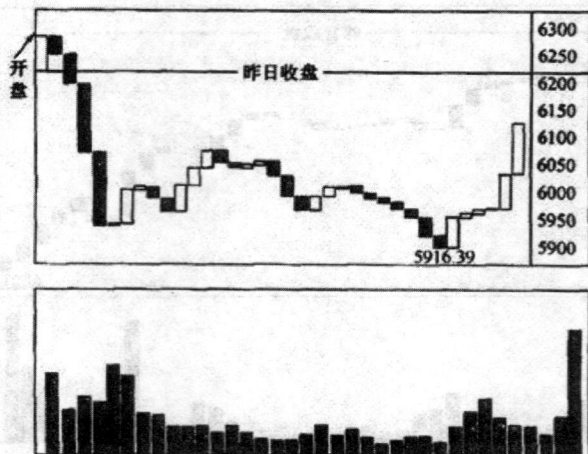

图 3-7 反向高盘

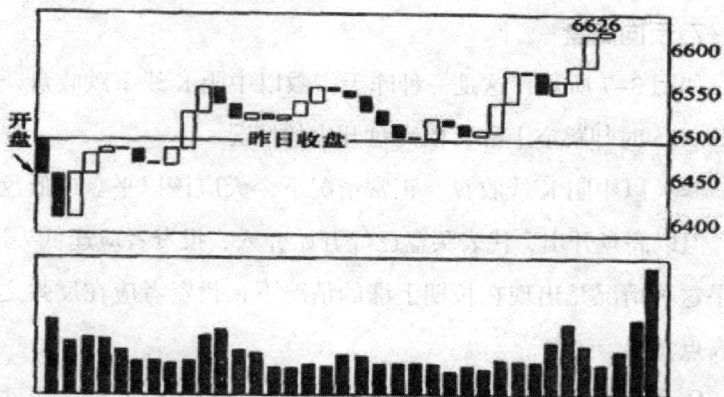

图 3-8 反向低盘

时却出现下跌，以低盘开出的情况。

昨天以中阳 K 线收盘，正常情况下今天应该以平盘或高盘开盘，但以低盘开出，代表买盘乏力，投资者应该考虑卖出。这种反向低盘出现在长期下跌的情况下，投资者应该在低点加码买进。

9. 同向高盘

如图 3-9 所示，这是一种昨天指数以中阳 K 线上涨收盘，今日 9:35 时指数仍出现继续上涨、往上跳空以高盘开出的情况。

正常情况下，这种连续大涨或前一日大涨后当天再次出现跳空开盘的走势，由于股价上涨已久，容易引来获利了结盘。因此，除非有较大的利好刺激，否则投资者应逢高卖出。

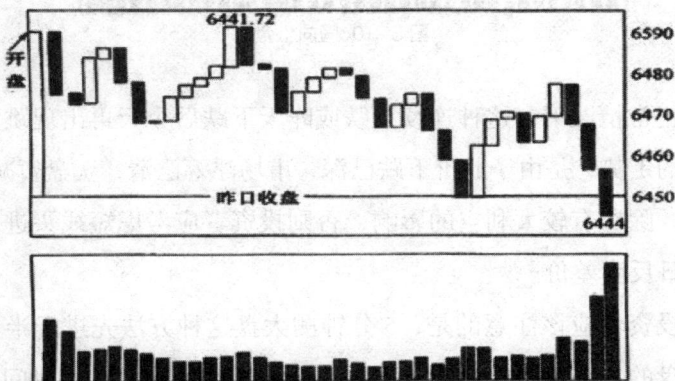

图 3-9 同向高盘

10. 同向低盘

如图 3-10 所示,昨天的指数是以中阴 K 线下跌收盘,今日 9:35 时出现指数仍然下跌、往下跌空以低盘开出的情况。

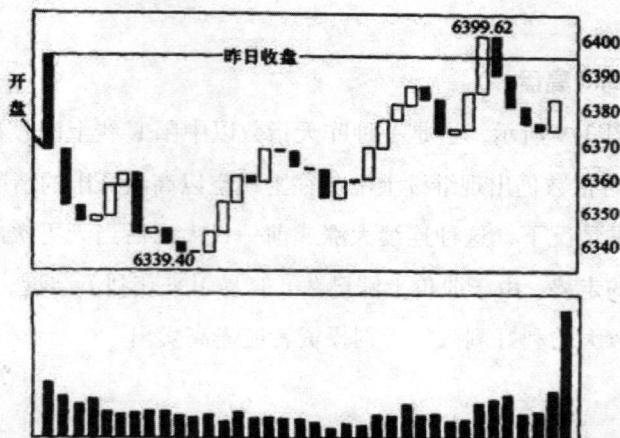

图 3-10 同向低盘

正常情况下,这种连续下跌或昨天下跌后今天再出现跳空开低盘的走势,是由于股价下跌已深,市场浮筹已清,卖盘暂减轻。因此,除非有较大利空的影响,否则投资者应考虑短线买进,赚取当日反弹差价。

投资者应该注意的是,5 分钟测大盘这种方法先进于半小时测大盘的方法。但它只能运用在 5 分钟 K 线图中,其他时间段 K 线图的运用不在此例。

开盘 10、20、30 分钟能看出什么

开盘后前 10 分钟的市场表现有助于正确地判断市场性质。多空双方之所以重视开盘后的第一个 10 分钟，是因为此时参与交易的股民人数不多，盘中买卖量都不是很大，因此用不大的量即可以达到预期的目的，俗称"花钱少，收获大"。第二个 10 分钟则是多空双方进入休整阶段的时间，一般会对原有趋势进行修正，如空方逼得太猛，多头会组织反击，抄底盘会大举介入；如多方攻得太猛，空头也会予以反击，获利盘会积极回吐。因此，这段时间是买入或卖出的一个转折点。第三个 10 分钟里因参与交易的人越来越多，买卖盘变得较实在，虚假的成分较少，因此可信度较大，这段时间的走势基本上为全天走向奠定了基础。

为了正确把握走势特点，可以以开盘为起点，以第 10、20、30 分钟指数为移动点连成三条线段，这里面包含一天的未来走势信息。

1. 开盘如果是先涨后跌再涨

（1）开盘在前一日收盘价的基础上，回档时却未能低于开盘价，再涨时并没有创出新的高点，则说明多头主力的力量不足，只是稍占优势，一旦出现有力下挫，收阴的可能性较大。

（2）开盘在前一日收盘价的基础上，回档时却未能低于开盘价，再涨时创出新高。这显示着多头主力的攻击力量很大，收阳基本上已成定局。

（3）开盘在前一日收盘价的基础上，回档时低于开盘价，再涨时创出了新的高点。这显示多空双方主力之间的分歧比较大，当天所出现的震荡幅度也就会相对较大，但是，最终仍然可能会以阳线报收。

（4）开盘在前一日收盘价的基础上，回档时低于开盘价，再涨时无法创出新高。这显示空头势力过大，当天所面临的调整压力较重，一旦出现冲高无力的情形，马上就会出现急挫的现象。只有在底部得到了足够的支撑，才可能会有较强力度的反弹出现，当天所出现的震荡幅度也相对较大。

2. 开盘如果是先跌后涨再跌

（1）开盘在前一日收盘价的基础上下跌，反弹时未能高于开盘价，再跌时也没有创出新低。这说明空头主力的力量不足，只是稍占优势，一旦出现有力上扬，收阳的可能性较大。

（2）开盘在前一日收盘价的基础上下跌，反弹时也未能高于开盘价，再跌时创出新低。这显示空头主力的攻击力量很大，收阴基本上已成定局。

（3）开盘在前一日收盘价的基础上下跌，反弹时却高于开盘价，再跌时又创出新低。这显示多空双方主力之间的分歧比较大，当天所出现的震荡幅度也会相对较大。但是，尾盘最终仍然可能会收在较低位置，并以阴线报收。

（4）开盘在前一日收盘价的基础上下跌，反弹时却高于开盘价，再跌时无法创出新的低点。这显示多头势力大，当天所面临的下档支撑较强，一旦出现下探无力的情形，马上就会出现急升的现象。只有底部得到了足够的支撑，才可能有极强力度的冲高机会出现。

3. 开盘如果是先涨再跌

开盘在前一日收盘价的基础上上涨，下跌时却未能低于开盘价。这显示此日行情相当乐观，多头主力的攻击力量很大，收阳基本上已成定局。

4. 开盘如果是先跌再涨

开盘在前一日收盘价的基础上下跌，反弹时却未能高于开盘价。这显示空头主力的攻击力量很大，收阴基本上已成定局。

5. 开盘如果是先涨后跌

开盘在前一日收盘价的基础上上涨，下跌时创出了低于开盘价的新的低点。这显示此日行情的发展不容乐观，空头主力的攻击力量极大，当天所出现的震荡幅度相对较大。如果它在相对较高的位置盘整之后，则极有可能是空头主力为了误导投资者，故意制造的多头陷阱，进行拉高出局的行为，后市则可能出现急跌。

6. 开盘如果是先跌后涨

开盘在前一日收盘的基础上下跌，上涨时却创出了高于开盘价的新高。这显示此日行情的发展十分乐观，多头主力的攻击力量极大，当天所出现的震荡幅度相对较大。如果它在相对较低的位置盘整之后，则极有可能是多头主力为了误导投资者，故意制造的空头陷阱。

以上 6 种情况是我们常见的开盘情况，但任何规律都是相对的，不可机械地运用。要关注盘中的"异动"，把握其本质和动因，这样才能在变化中看准形势发展的方向。对于出现的"例外"要加以研究，从而进一步提高预测的准确性。

如何从尾盘判断次日走势

1.14:50 – 15:00

作为全日最后一次买卖股票的时机，收盘股指、股价也可能出现全日最高股指、股价。注意查询自己的买卖申报是否成交，防止透支、罚款。

2.15:00 收盘前

这是买入强势股（最高价收盘股）和卖出弱势股（最低价收盘股）的最后机会。全日收盘时形势明朗，可预知第二天大盘、个股走势，若高收，次日必高开高走，故投机者纷纷"抢盘"，只作隔夜差价。当日收盘前抢入强势股，次日开盘后抛掉，稳稳当当地获利，风险也小。

当然，股指、股价若收于全日最低点，预示次日低开低走，这会引起尾市恐慌性抛售，股民们情愿今天"割肉"，免得明天赔得更多。

3.15:00 收盘后

对当日股市行情表进行研读，分析大盘及个股情况，注意成交量最大及涨幅最大的股票，看机构大户是在"出货"还是在"入货"。

那么投资者如何通过尾盘来预测后市呢？以下是预测的方法：

第一，尾市收绿，出现长上影线，上档压力沉重，可适当减磅，次日低开低走概率较大。

第二，尾市收红，且出现长下影线，此为探底获支撑后的反弹，可考虑跟进，次日以高开居多。买在最后一分钟可避当日之风险。

第三，涨势中尾市放巨量，此时不宜介入，次日开盘可能会遇抛压，故不易涨。跌势中尾市放巨量，乃恐慌性抛售所致，是大盘将跳空而下的信号。

第四，跌势中尾盘有小幅拉升，涨势中尾盘有小幅回落，此为修正尾盘，并无任何实际意义。多空双方都会对收盘股指、股价进行激烈的争夺，但需特别强调两点：

首先，当心机构借技术指标骗线，临收盘故意拉高（打压）收盘股指、股价，次日跳空高开（低开），达到次日拉高出货（压价入货）的目的。识别方法：一看有无大成交量配合，高收盘（低收盘），若成交量过小，多（空）方无力量，成交量过大，多（空）方出货（入货），均为陷阱。二看有无利多（空）消息、传言配合，要分析传言的真伪。结合大成交量、利多（空）消息，可初步确认为多头（空头），可考虑买入（卖出）股票。但为防止上当，既不要满仓，也不要空仓。

其次，星期一效应与星期五效应。星期一收盘股指、股价收阳线还是阴线，对全周交易影响较大，因为多或空方首战告捷，往往乘胜追击，连接数根阳线或阴线，应予警惕。星期五收盘股指、股价也很重要，它不仅反映当日的多空胜负，也反映全周的多空胜负。

升市和跌市尾盘操盘策略

顶级操盘手在操盘中，能很好地把握升市和跌市的尾盘操盘策略。对我们普通投资者也有很好的借鉴意义。具体方法如下：

1. 升市尾盘操盘策略

（1）尾盘价升量平，均线系统形成多头排列时，这是一种惜售现象，是买盘远大于卖盘的表现，投资者可积极介入，如果当日错过买入机会，次日可逢低及时介入，但不宜追涨。因为在前日尾盘拉升，成交量不能有效放大的条件下，次日往往出现高开后回调的走势，因此，可在回调中大胆介入均线系统多头排列的个股。但是尾盘出现价升量平也可能是涨势末期散户惜售，主力拉高出货迹象，这时投资者不可追涨，也不必杀跌，因为次日往往会有高开上冲的机会，投资者可借机出掉手中筹码。

（2）尾盘急跌放量，这种情况也称尾盘跳水。如果发生在涨幅过大，也就是5日乖离率大于+8时，并且全天呈单边下跌之势的尾盘，投资者要果断止损离场，千万不要贪低成本操作或抢反弹。这种尾盘第二天往往会跳空低开，并有可能形成顶部。

（3）在涨势中尾盘价升量增，是人气旺盛的征兆，也叫作尾市抢盘。如果5日乖离率小于+5，投资者可大胆追涨买入，次日仍会高开高走。即使是5日乖离率大于+8，这种盘面次日也会高开上冲，短线投资者仍有机会。

2. 跌市尾盘操盘策略

（1）在均线系统形成空头排列的跌市初期，如果尾盘出现价跌量平现象，则属于买盘不济，是投资者对后市信心不足的盘面表现，这种无量下跌不能单纯理解为惜售，由于卖压得不到释放，反而容易引起大跌。如果股指连续下跌，而周随机指标（KDJ）进入超卖区，则价跌量平现象多为惜售所致，此时投资者应持观望态度，如果买入应等次日探底再逢低时择机介入。

（2）尾盘价跌量增。出现这种情况时，投资者应视周指标RSI（相对强弱指标）的位置而定。假如周RSI未处低位，在跌势中尾盘出现价跌量增，则是恐慌性抛盘，次日将低开，此时投资者不宜抢反弹，而应果断离场；如果周RSI已进入超卖区，尾盘又无重大利空消息出现，却价跌量增，则可能是主力的诱空行为，次日一旦出现平开或高开的盘面，则表示反弹有望展开，投资者可择机介入。

（3）尾盘价升量增。下跌初期一旦均线形成空头排列，这往往是主力拉高出货的诱多行为，投资者不宜追涨。如这种情形发生在跌势末期，则是反弹征兆，投资者应选择时机介入。

尾盘买入卖出技巧

尾盘买入相对而言是一种比较稳健的操盘技巧，多适合于稳健的投资者使用。在介入时间上，投资者应该选择在第六时间段，也可以选择在最后 5 分钟。此外，投资者需要注意的是，尾盘买进时首先应该考虑大盘的因素，如果大盘环境不安全，不要逆势操作。如果股价处于底部区域，尾盘买进的仓位可以控制在 50% 以内。如果股价处于下跌趋势之中，即使出现尾盘抢盘迹象，也不要轻举妄动，投资者应该耐心等待第二天局势明朗后再动手。

然而，选择在尾盘卖出是一种策略性操盘技术，适合于稳健的投资者临盘使用。尾盘卖出的类别很多，归纳起来，分为两大类：一是止赢型卖出，二是止损型卖出。如果是涨停攻击性拉升，盘中反复开板，此时价位已高，风险较大，应及时止赢。如果股价跌穿均线系统支撑，破位下行，短期内止跌无望，可以在尾盘止损卖出。在交易时，每个周五，尾盘卖出，空仓过周末，也是比较理性的操盘策略。

盘口成交量与股价关系分析

第四章

客观、直接的市场要素——成交量

成交量对股价的分析具有非常大的参考价值，因为市场就是各方力量相互作用的结果。虽然说成交量比较容易作假，控盘主力常常利用广大散户对技术分析的一知半解而在各种指标上做文章，但是成交量仍是最客观、最直接的市场要素之一，投资者有必要仔细研究，全面掌握。

1. 市场分歧促成成交

所谓成交，当然是有买有卖才会达成，光有买或光有卖绝对达不成成交。成交必然是一部分人看空后市，另外一部分人看多后市，造成巨大的分歧，又各取所需，才会成交。

2. 放量

放量一般发生在市场趋势发生转折之处，市场各方力量对后市分歧逐渐加大，在一部分人坚决看空后市时，另一部分人却对后市坚决看好，一些人纷纷把家底甩出，另一部分人却在大手笔吸纳。

放量相对于缩量来说，有很大的虚假成分，控盘主力利用手中的筹码大手笔对敲放出天量，是非常简单的事。但我们也没有必要因噎废食，只要分析透了主力的用意，就可以将计就计"咬他一大口"。

3.缩量

缩量是指市场成交极为清淡，大部分人对市场后期走势十分认同，意见十分一致。这里面又分两种情况：一是市场人士都十分看淡后市，造成只有人卖，却没有人买，所以急剧缩量；二是市场人士都对后市十分看好，只有人买，却没有人卖，所以又急剧缩量。

缩量一般发生在趋势的中期，大家都对后市走势十分认同。碰到下跌缩量这种情况，就应坚决出局，等量缩到一定程度，开始放量上攻时再买入。同样，碰到上涨缩量这种情况，就应坚决买进，坐等获利，等股价上冲乏力，有巨量放出的时候再卖出。

4.堆量

当主力意欲拉升时，常把成交量做得非常漂亮，几日或几周以来，成交量缓慢放大，股价慢慢推高，成交量在近期的K线图上，形成了一个状似土堆的形态，堆得越漂亮，就越可能产生大行情。相反，在高位的堆量表明主力已不想玩了，在大举出货，这种情况下我们要坚决退出，不要再幻想有巨利获取了。

5.量不规则性放大缩小

这种情况一般是在没有突发利好或大盘基本稳定的前提下，某些主力所为。风平浪静时突然放出历史巨量，随后又没了消息，可能是实力不强的主力在吸引市场关注，以便出货。

需要说明一点：市场是一个有机的整体，成交量只是影响市场的几大要素之一，绝不可把它分开来看。只有综合分析、综合判断，才会得出最准确的结果。

成交量与股价趋势有什么关系

了解市场成交量与股价的关系能找出价格短线运行的有用线索。

（1）确认当前价格运行趋势。市场上行或下探，其趋势可以用较大的成交量或日益增加的成交量进行确认；逆趋势而行，可以用成交量日益缩减或清淡成交量进行确认。

（2）趋势呈现弱势的警告。如果市场成交量一直保持锐减，则警告目前趋势正开始弱化。尤其是市场在清淡成交量情况下创新高或新低，以上判断的准确性更高。

（3）区间突破的确认方法。市场失去运行趋势时即处于区间波动时，创新高或新低即实现对区间的突破，将伴随成交量的急剧增加。价格得到突破但缺乏成交量的配合，预示市场尚未真正改变当前运行区间，所以应更加谨慎。

（4）价格形态的确认。在以后的形态学讲解中，如果没有成交量的确认，价格形态将是虚的，其可靠性也就差一些。

（5）成交量是股价的先行指标。关于价和量的趋势，一般说来，量是价的先行者。当量增时，价迟早会跟上来；当价升而量不增时，价迟早会掉下来。从这个意义上，我们往往说"价是虚的，而只有量才是真实的"。时间在进行行情判断时有着很重要的作用。一个已经形成的趋势在短时间内不会发生根本改变，中途出现的反方向波动，对原来趋势不会产生大的影响。一个形成了的趋势又不可能永远不变，经过了一定时间又会有新的趋势出现。循环周期理论着重关心的就是时间因素，它强调了时间的重要性。

（6）成交量催化股价涨跌。一只股票成交量的大小，反映的是该股票对市场的吸引程度。当更多的人或更多的资金对股票未来看好时，他们就会投入资金；当更多的人或资金不看好股票未来时，他们就会卖出手中的股票，从而引起价格下跌。但是无论如何，这是一个相对的过程，也就是说，不会所有的人对股票一致地看好或看坏。这是一个比较单纯的看法，更深层的意义在于：股票处于不同的价格区域，看好的人和看淡的人数量会产生变化。比如市场上现在有 100 个人参与交易，某股价格在 10 元时可能有 80 个人看好，认为以后会出现更高的价格，而当这 80 个人都买进后，果真引起了价格上升；股价到了 30 元时，起先买入的人中可能有 30 个人认为价格不会继续上升，因此会卖出股票，而最初看跌的 20 个人可能改变了观点，认为价格还会上升，这时，价格产生了瞬间不平衡，卖出的有 30 人，买入的只有 20 人，则价格下跌。看好、看淡的人数会重新组合并决定下一步走势。

那么，分析成交量究竟能给我们带来什么呢？

（1）可以通过成交量变化分析某只股票对市场的吸引程度。

成交量越大，说明越有吸引力，以后的价格波动幅度可能会越大。

（2）可以作为股价趋势反转信号。在一波的涨势中，股价随着递增的成交量而上涨，突破前一波的高点，创下新高后继续上涨，然而此波段股价上涨的整个成交量水准却低于前一波段上涨的成交量水准，股价突破创新高，量却没突破创新水准量，则此波段股价涨势令人怀疑，同时也是股价趋势潜在的反转信号。

（3）可以从成交量变化分析某只股票的价格压力和支撑区域。在一个价格区域，如果成交量很大，说明该区域有很大的压力或支撑，趋势将在这里产生停顿或反转。

（4）可以观察价格走出成交密集区域的方向。当价格走出成交密集区，说明多空分歧得到了暂时的统一，如果是向上走，那价格倾向于上升；若向下走，则价格倾向于下跌。

（5）可以观察成交量在不同价格区域的相对值大小，来判断趋势的健康性或持续性。随着某只股票价格的上升，成交量应呈现阶梯性减弱。一般来说，股票相应的价格越高，感兴趣或敢于参与的人就越少。不过这一点，从成交额的角度来看，会更加简单扼要。

（6）可以观察涨势是否已到末期。有时股价随着缓慢递增的成交量而逐渐上涨，渐渐地，走势突然成为垂直上升的喷发行情，成交量急剧增加，股价暴涨。紧随着此波走势，继之而来的是成交量大幅度萎缩，同时股价急速下跌。这种现象表示涨势已到末期，上升乏力，走势力竭，显示出趋势反转的现象。反转所具有的意义将视前一波股价上涨幅度的大小及成交量扩增的程度而定。

成交量是价格变化的一个重要因素，也是一个可能引起本质变动的因素，但是在大多数时候，只起到催化剂的作用。仅仅根据成交量，并不能判断价格趋势的变化，至少还要有价格来确认。

常见的放量形态及市场意义

股市中有句老话："技术指标千变万化，成交量才是实打实的买卖。"可以说，成交量的大小，直接表明了市场上多空双方对市场某一时刻的技术形态最终的认同程度。下面，我们就两种比较典型的情况作一些分析。

（1）温和放量。这是指一只个股的成交量在前期持续低迷之后，突然出现一个类似"山形"的连续温和放量形态。这种放量形态，称作"量堆"。个股出现底部的"量堆"现象，一般就可以证明有实力资金在介入。但这并不意味着投资者可以马上介入，一般个股在底部出现温和放量之后，股价会随量上升，量缩时股价会适量调整。此类调整没有固定的时间模式，少则十几天多则几个月，所以此时投资者一定要分批逢低买入，并在支持买进的理由没有被证明是错误的时候，有足够的耐心用来等待。需要注意的是，当股价温和放量上扬之后，其调整幅度不宜低于放量前期的低点，因为调整如果低过了主力建仓的成本区，至少说明市场的抛压还很大，后市调整的可能性较大。

（2）突放巨量。对此种走势的研判，应该分作几种不同的情况来对待。一般来说，上涨过程中放巨量通常表明多方的力量使用殆尽，后市继续上涨将很困难。而下跌过程中的巨量一般多为空方力量的最后一次集中释放，后市继续深跌的可能性很小，短线的反弹可能就在眼前了。

另一种情况是逆势放量，在市场一片喊空声时放量上攻，造成了十分醒目的效果。这类个股往往只有一两天的行情，随后反而加速下跌，使许多在放量上攻那天跟进的投资者被套牢。

为什么上涨要量，而下跌不一定需要

市场上有这样一种认识，认为股价的上涨必须要有量能的配合，如果是价涨量增，则表示上涨动能充足，预示股价将继续上涨；反之，如果缩量上涨，则视为无量空涨，量价配合不理想，预示股价不会有较大的上升空间或难以持续上行。其实不然，具体情况要具体分析，典型的现象是上涨初期需要价量配合，上涨一段后则不同了，主力控盘的个股往往是股价上涨成交量反而萎缩了，直到再次放量上涨或高位放量滞胀时反而预示着要出货了。上涨过程不放量表明没有人卖股票，而盘面又能保持和谐的走势，说明持有者一致看好后市走势，股价的上涨根本没有抛盘，因为大部分筹码已被主力锁定了，在没有抛压的情况下，股价的上涨并不需要成交量的支持。东风汽车（600006）（图4-1）见底4.5元后开始上涨，从周K线图上可以清楚看到，刚开始上攻时成交量很大，之后价越涨量越缩，到了15.2元高价时已形成了流畅的上涨图形。这种近乎完美、天马行空的走势引起了市场的关注，在高位缩量整理后，该股开始在高位放量震荡，这种高位滞胀的异常现象，说明主力可能已在派发筹码，之后股价果真出现破位下行。

股价在下跌过程中不放量是正常现象，一是没有接盘，因此抛不出去；二是惜售情结较高没有人肯割肉。因此缩量下跌的股票，要看速率，快速缩量才好，否则可能会绵绵阴跌无止期。实

图4-1　东风汽车走势

战中往往出现无量阴跌天天跌的现象，只有在出现恐慌性抛盘之后，再次放量才会有所企稳。其实放量下跌说明抛盘大的同时接盘也大，反而是好事，尤其是在下跌的末期，显示出有人开始抢反弹。由于弱势反弹主要是市场的惜售心理所支撑的，止跌反弹的初期往往会出现在恐惧中单针见底，因此需要放量，但之后的上攻反而会呈现缩量反弹天天涨的现象，这时不必理会某些市场人士喋喋不休的放量论调，因为弱势反弹中一旦再度放量，就说明筹码已松动了，预示着新一轮下跌的开始。

量增价平，转阳信号

股价经过持续下跌的低位区，出现成交量增加股价企稳现象，此时一般成交量的阳柱线明显多于阴柱，凸凹量差比较明显，说明底部在积聚上涨动力，有主力在进货，为中线转阳信号，可以适量买进持股待涨。有时也会在上升趋势中途出现"量增价平"，则说明股价上行暂时受挫，只要上升趋势未破，一般整理后仍会有行情。

如果当时股价处于阶段性的底部，或出现了地量地价的极端情形，那么此时的量增价平往往是多头开始进场的表现。由于是建仓阶段，所以主力的吃货行为比较保守，没有引起股价过大的涨幅，却承接了空方的大部分抛单，导致成交量增大而价格不涨的现象出现。但此时并不意味着跌势停止，有时主力为了建仓的需要，会拿着刚买的筹码反手打压股价，迫使更低的筹码出现。因此，小资金交易者不宜在此时进场，而大资金交易者则可以同步建仓。

如果当时股价处于阶段性的顶部，量增价平则往往是空头开始发力的表现。当股价有了较大的涨幅后，尽管多方的热情仍然高涨，但空方出于套现的需要而开始抛售，导致股票会出现成交

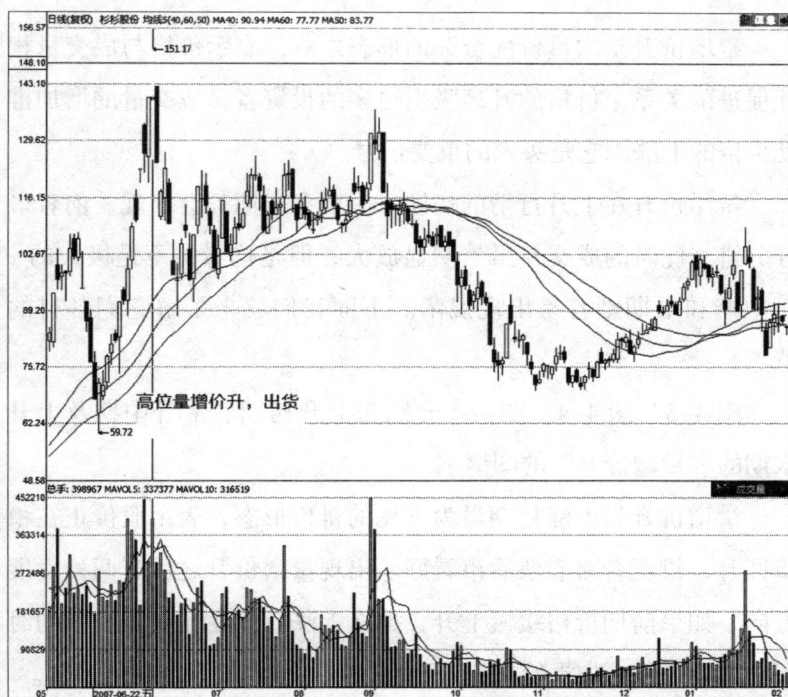

图 4-2 杉杉股份（600884）走势

量增大而价格上不去的现象。此时，没有股票的交易者要持币观望，而有股票的交易者则应考虑减仓或清仓。

图 4-2 是杉杉股份（600884）的走势图。该股高位放量，而最终几乎收平盘，这是主力出货的一种表现。

量增价升，买入信号

量增价升是"量价配合"的形态之一，表示价格与成交量相互促进的关系：价格的升高吸引更多的投资者，成交量的增加推动价格的上涨。它是买入的重要信号。

量增价升在上升行情的初期、中期和末期都会出现。前者最好分辨，此时的成交量虽然明显放大，但是均量并不是极大的；而中期和末期则容易出现混淆。下面我们就来了解它们各自的特点。

图 4-3、图 4-4、图 4-5 分别为上升初期、上升中期及上升末期的"量增价升"的图谱：

量增价升是上涨初期最为常见的量价形态，表示股价正在稳步回升，投资者对股票后市看好。出现量增价升之后有两种发展方向：如果前期价格缓慢上升，那么上涨就能在相对长一些的时间中继续进行；如果价格上升过快，则往往有横盘或回调发生。

中期出现的"量增价升"，表示股价受到投资者的追捧，后

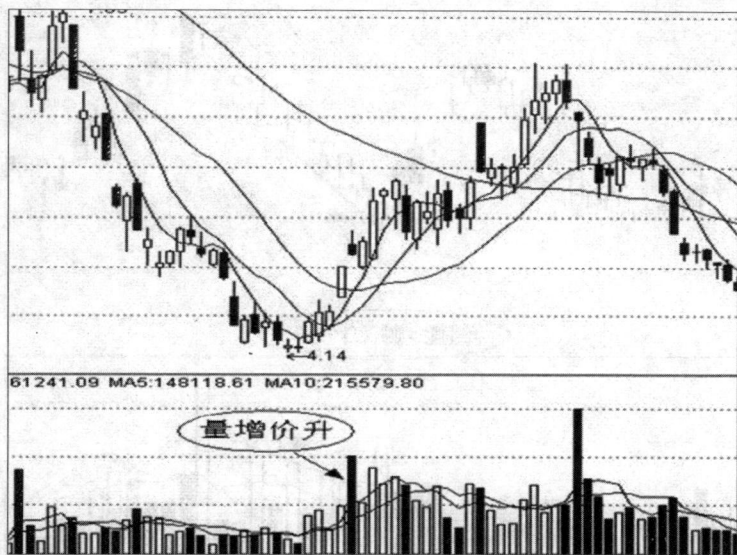

图 4-3　上升初期的量增价升

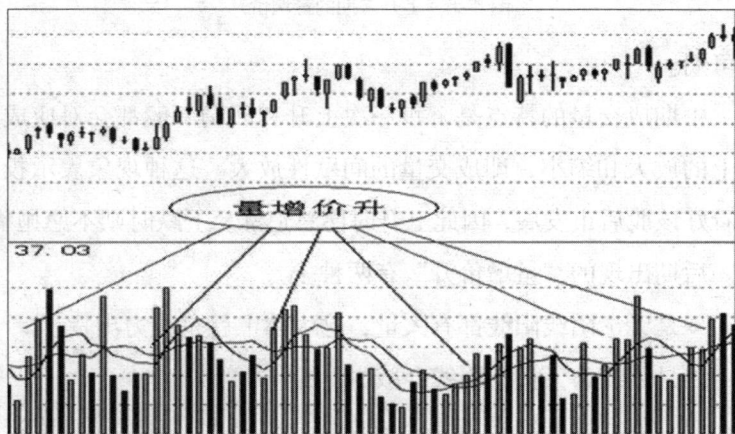

图 4-4　上升中期的量增价升

图 4-5　上升末期的量增价升

市可期。

　　中期成交量的特点是，每一次上升和回调一般都会对应成交量上的放大和缩小，即成交量的间歇性放大。这种现象表示投资者看好该股后市发展，因此上升时愿意追涨，下跌时则不愿抛售。

　　后期出现的"量增价升"有两种：

　　一是无论阴线阳线都有大量，这大体上就是主力出货了。

　　二是阳线为大量，阴线会减少。

　　但它们共同的特点就是，成交量放得极大，且反转日附近经常会出现极大的成交量。需要注意的是，有时最大的成交量并不能超过前期上涨时的成交量，但平均每根 K 线的成交量还是属于大量的。

图 4-6 为武钢股份（600005）的走势图。图中，股价触碰到 4.14 元的底价后迅速反弹，明显放大的成交量走出了几个大幅度的上扬 K 线，图中有一处跳空高开的中阴线，该日也形成了一条巨阴量，表示很多人获利了结，生怕再跌。这种情况，结合股价的过快上扬，的确在短期内会形成调整。果然，在几个交易日

图 4-6 武钢股份（600005）走势

后又进行了一周左右的平盘震荡，股价才又开始上升。

当投资者介入此类上涨时，做长线的就可以一直持有，而短线者则需要注意这种调整的出现。其实上升初期出现回调是再正常不过了，关键是什么时候回调？利用技术指标是一种比较好的方法，另外也可以结合 K 线图进行分析。

图 4-7 为福建高速（600033）上涨走势，呈反复震荡形状。我们看到它的中期上涨阶段，每一次震荡向上时都会伴随着成交量的增加，由于每一次上升都会引起量能的明显放大，上升的速度比较快。这种量增价升的形态提醒我们，股价随时会出现调整。作为长线投资者可以一直持有，而短线客则需要找准时机。技术指标在股价上升的过程中准确率较高，因此我们可以借助于技术指标来判断上升中期的短线投资策略。另外，在上升期间出现的典型 K 线形态准确率也较高，需要我们留意。

从南京高科（600064）（图 4-8）走势中，我们可以发现它的顶部的成交量的特征：成交量放大非常明显，甚至是中期上升时的两倍，说明参与者众多，量能极大。但是谁继续来接这么贵的一个盘子呢？我们看到，在顶部反转日当天更是出现"天量"，出现这种情况，无论是因为主力出货还是投资者获利了结，都只有一个结果：股价缺少后来资金支持，将会下跌。

由上面的分析和案例，我们可以看出：

1."量增价升"出现在不同阶段的表现形态是不同的

上涨初期：成交量或温和放大，或突然放大都有可能。成交

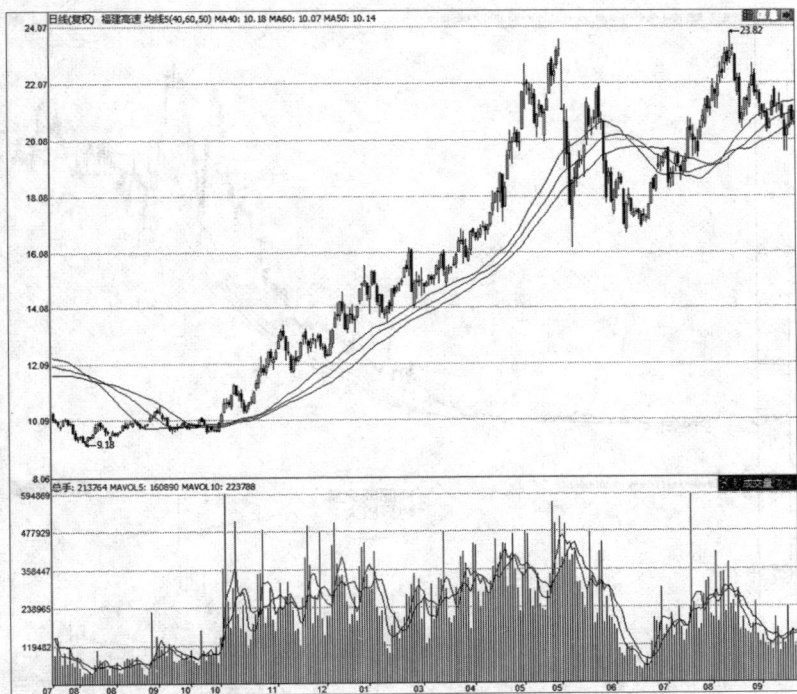

图 4-7 福建高速（600033）上涨走势

量随波峰波谷出现间歇性的增加，平均成交量不会很大。

上涨中期：成交量温和放大，若有突破行情则突然放大。成交量随波峰波谷出现间歇性的增加。

上涨末期：在一段持续的时间内，成交量不论上涨下跌都极大（下跌时可能比上涨时小些，但和前期普遍的量相比明显为大量）。

这一条不能死记硬背，因为在局中，谁也无法说清这到底

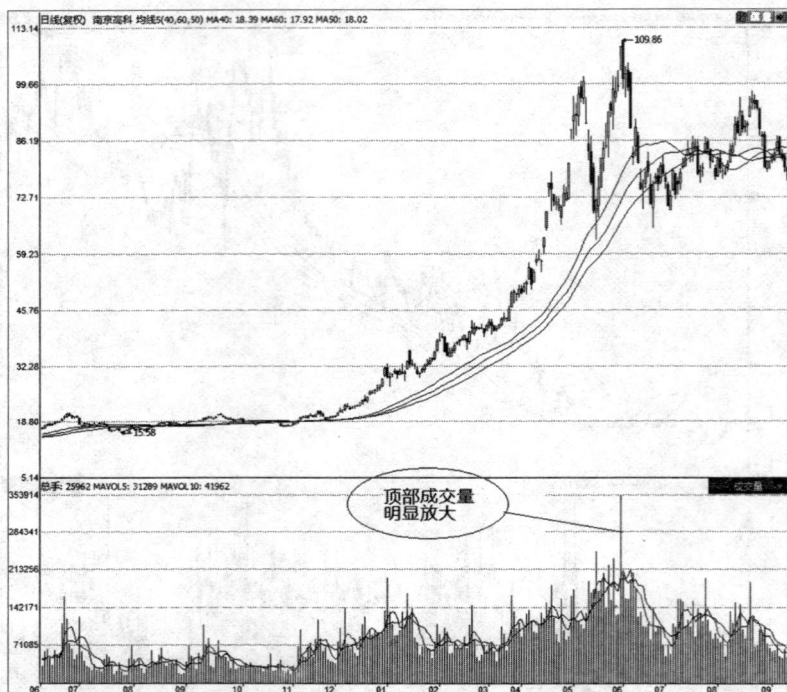

图 4-8 南京高科（600064）走势

是中期还是末期，我们作此划分是为了使内容清晰有序。实际上，当成交量在大量的时间长度或量的高度上都不能持续时，就是上涨末期（从价格高度、成交量程度以及时间长度上来分析、判断）。

2. 强势市场的不同阶段，有不同的操作方法

上涨初期：出现"量增价升"时可建仓，每次回调都是补仓的时机。

　　　　　　　　看盘方法与**技巧**

上涨中期：短线投资者应注意波峰波谷的买卖时机。

上涨末期：出现"量增价升"，并配合上一条的特征，立刻卖出。

3.配合其他指标进行综合判断更准确

在上升途中做波段时，尽量结合K线、技术指标等；在上升末期，结合K线、技术指标，并重视顶部形态。

量平价升，持续买入

"量平价升"属于价量背离形态的一种，表现为：价格上升但成交量没有发生明显的变化。量平价升形态在上涨的初期、中期和末期都会出现，初期的量平价升好辨认，也好操作，中后期

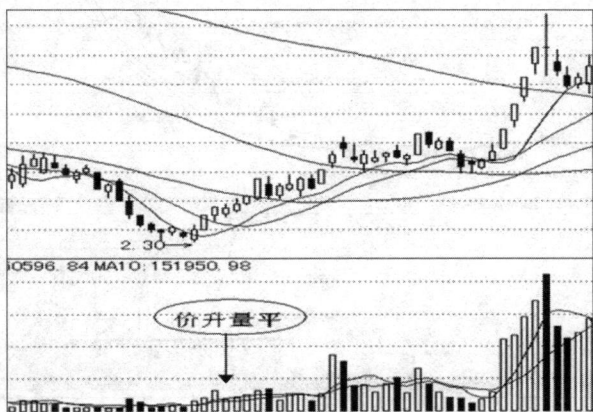

图4-9 上升初期的量升价平

的"量平价升"却难以分辨。成交量保持等量水平,股价持续上升,可以在期间适时适量地参与。

在上升初期出现的量平价升(图4-9):在股价开始回升时,涨幅不算很大(一般小于45度斜线,甚至小于30度斜线),一些散户开始建仓,但力度不足,价格上涨得不够抢眼,终究没能引起更多买盘的关注,因此上涨状态不会持续很久,很可能会回落补量。其特点是成交量很少。

图4-10是上海电力(600021)的走势图。该股在3.92元的

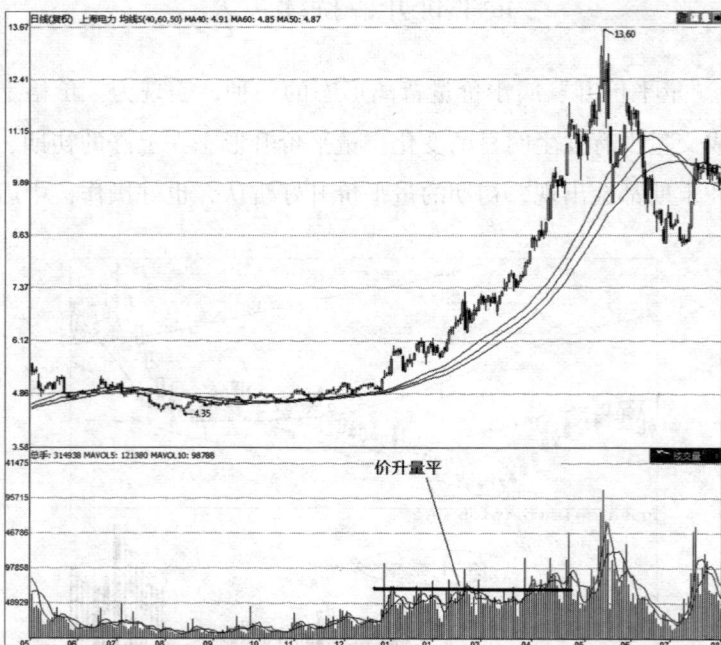

图4-10 上海电力走势

谷底价（未在图中表现出来）后开始回升，经过一段缓慢的攀升后，出现了明显的向上突破，经过几次回调后，股价进入上升中期阶段。该股从股价向上突破以来，成交量就一直保持在较为平均的水平上（见图中标画出的水平线段）。由于前期涨幅不是很大，且上海电力的基本面不错，因此我们可以推测这种量平价升的形态是由于持股人"惜售"造成的。那么这种情况下股价就可看高一线，直到出现成交量放大、股价却平盘或下降的情况。

量减价升，继续持有

当股价不断上升时，正常来讲，会吸引更多的投资者，那么出现量减价升的原因是什么？为什么无法吸引投资者了？

一种原因是开盘直接涨停造成的成交量锐减。除了这个原因，我们知道，股价在一段时间内的上涨是有限度的，价格过高的风险不言而喻。因此，当股价位置太高时，成交量反而会发生萎缩，这就是量减价升最常见，也是最值得大家重视的原因。

量减价升在价格上升行情的初期、中期和末期都有可能发生，最重要的就是上面介绍的末期发生的量减价升形态，投资者一定要有所了解。

下面分别为上升初期、上升中期及上升末期的"量减价升"

图形：

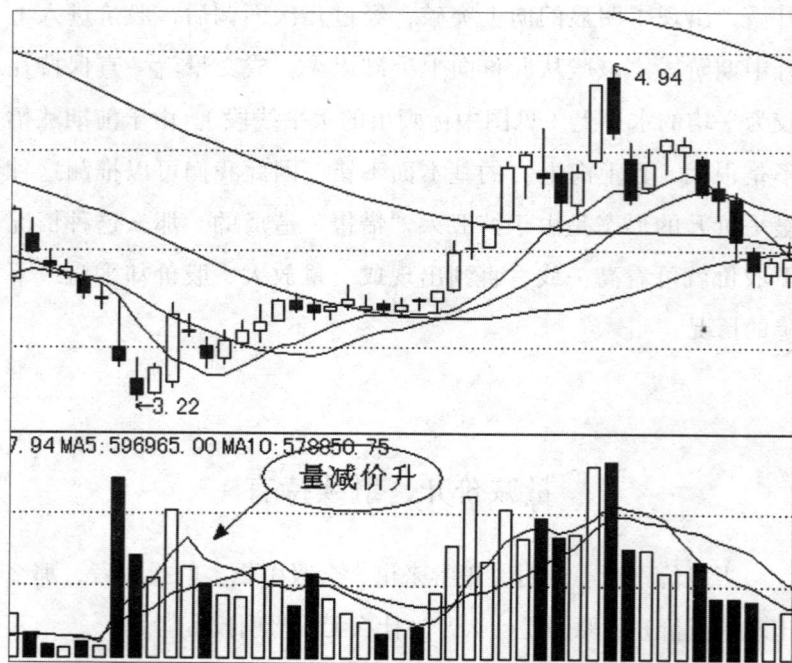

图4-11　上升初期的量减价升

如图4-11所示，在初期出现量减价升一般是由于投资者对前期的下跌还心有余悸，遇到回升后不敢贸然进入，那么这种情况就很难支撑个股进一步上涨了，短期内可能出现平盘、回落，等到越来越多的参与者达成了股价已见底的共识，股价才会上升。

图4-12为出现在上升中期的量减价升：价格上升得不够痛快，买盘未被吸引，且刚入盘的投资者并不愿意此时卖出，因此卖盘也有所减少，整个盘局呈现出有点僵持的状态。这种情况出现后，

图 4-12 上升中期的量减价升

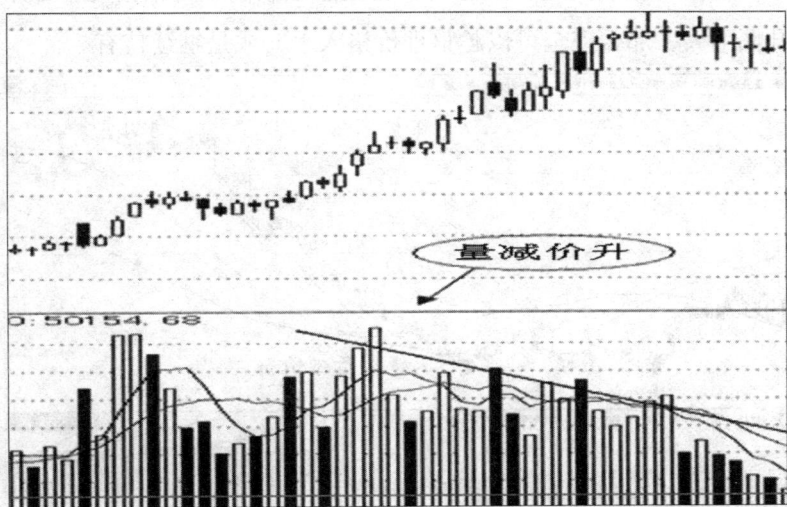

图 4-14 上升末期的量减价升

涨势会放缓,或者需要经过横盘确认才能继续上升。当确认价格在某点位出现支撑后,价格会继续上升。

它的特点是在平均成交量不大的基础上的缩量。

图4-13为出现在上升末期的量减价升:价格仍在升高,但越来越多的投资者意识到风险,不再买进,导致成交量减少。而当大部分持股人赚到满意决定了结时,卖盘太多,股价必然下跌。

上升末期缩量特点:成交量极大,然后慢慢缩小。

保利地产(600048)(图4-14)在上升中期出现了成交量的下跌。由于量能不足,价格上升势头明显放缓,并出现了价格平盘整理的形态,成交量明显缩小,说明持股人仍然看高一线,后市可期。

投资者在看到这种形态时,要注意该股前期升幅情况,如果升幅不大,那么完全可以趁整理价格入手,或是继续持有。

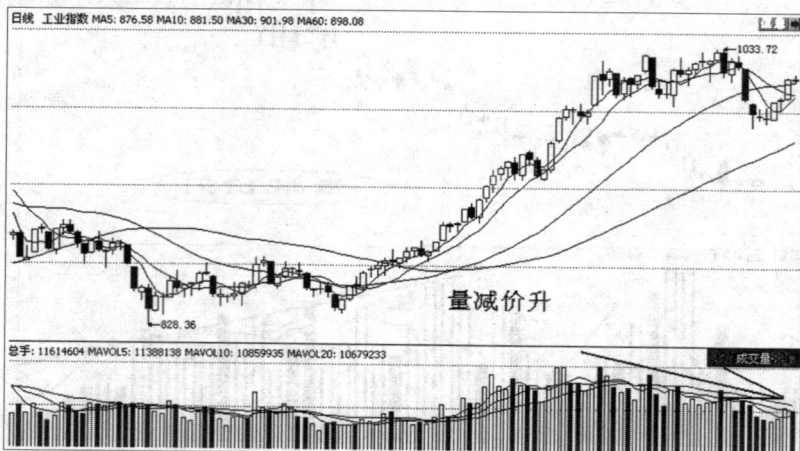

图4-14　保利地产走势

一般说来，出现"量减价升"的情况，股价仍在继续上升，适宜继续持股，如果锁筹现象较好，也只能是小资金短线参与，因为股价已经有了相当的涨幅。有时在上涨初期也会出现"量减价升"，则可能是昙花一现，但经过补量后仍有上行空间。

量增价跌，弃卖观望

股价经过长期大幅下跌之后，出现成交量增加，即使股价仍在下落，也要慎重对待极度恐慌的"跌"，所以此阶段的操作原则是放弃或卖出，空仓观望。低价区的增量说明有资金接盘，后期有望形成底部或反弹，适宜关注。若在趋势逆转跌势的初期出现"量增价跌"，那么更应果断地清仓出局。

图 4-15 为"量增价跌"图形：

图 4-15　下跌初期的量增价跌

下跌初期与中期的"量增价跌"一般都发生在重要位置上，比如说跌破支撑点位（支撑线）、出现向下跳空以及下跌信号的K线组合等。区别是中期的"量增价跌"一般会发生在反弹失败后，让投资者越来越感到绝望之时，如图4–17所示。

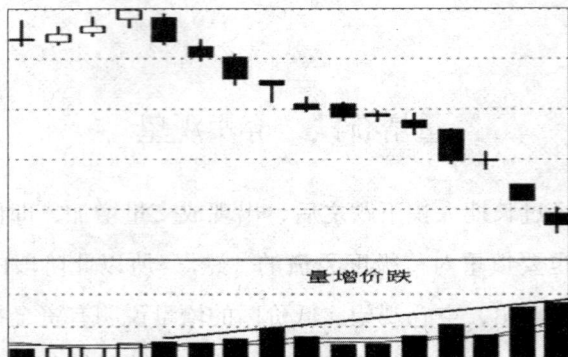

图 4–17　下跌中期的量增价跌

下跌末期出现的"量增价跌"，表示逐渐有投资者开始入场建仓。

浦发银行（600000）（图4–18）股价达到价格顶部，之后出现了下跌。图中标示出了它在顶部形成的一个"头肩顶"的颈线，在这个价位附近为该股的支撑点位，而箭头指示处正是这样一个关键点。当天的股价收成大阴线，一路向下跌破，卖方见大势不妙，慌忙出局，创出了下跌的"天量"。第二天跳空低开，也表现出大家对于后市看跌，虽是阳线，但仍有不少人出逃。

该图中标示出的第二处与第一处同理，为价格小幅反弹后又向下跌破支撑的位置。这些跌破人们心理防线的价格都会带来放

看盘方法与技巧

颈部跌落位置出现大量

图 4-18　浦发银行走势

大的成交量，且后市仍然看跌一线。

因此，持股人在看到下跌初期与中期的"量增价跌"后，效率最高的止损方法就是斩仓，最好不要通过在下跌中买入的方法来减少平均成本，这只会让你越陷越深。

浦发银行在下跌末期同样出现了"量增价跌"的价量背离形态。图 4-18 箭头所指处出现了连续 12 日的阴线，而对应的成交量却出现上升形态，应该是出现了主力吸货的情况，我们看到后面的成交量也出现了明显的放大，验证了此点。但此时就跟入，由于仍然处于跌势当中，风险较大。

在不同的阶段，对"量增价跌"应做出不同的判断。

下跌初期：出现在关键的点位上或有利空刺激时，若是持续大量则可能是主力出逃。建议清仓。

下跌中期：出现在反弹失败，向下突破支撑时，减仓或清仓。

下跌末期：往往出现在具有超跌效应（跌过头）的下跌之中，但量不会特别大。此时不建议跟入，但可保持积极关注。

量减价跌，卖出信号

成交量继续减少，股价趋势开始转为下降，为卖出信号。此为无量阴跌，底部遥遥无期，所谓多头不死跌势不止，即一直跌

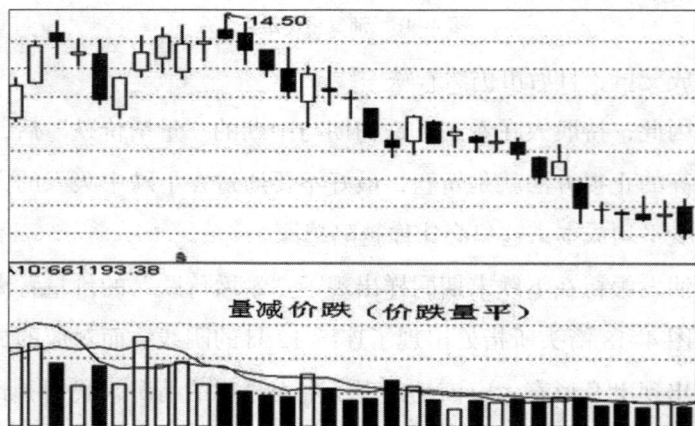

图 4-19　下跌初期的量减价跌

到多头彻底丧失信心斩仓认赔，出现大的成交量，跌势才会停止。所以在操作上，只要趋势逆转，应及时止损出局。

图 4-19 为下跌初期出现的"量减价跌"图谱：如图所示，"量减价跌"在下跌中期比早期更容易出现，因为大部分投资者认为已经过了最佳出货时机，那至少要等到下跌的反弹高点再出货。但这一等却遥遥无期，除非是到了关键点位，投资者再也忍受不了，才会出现量大的斩仓现象。投资者是不愿意"割肉"的，但是在下跌趋势明显的早中期，"割肉"却是最理智的行为。

图 4-20　下跌末期的量减价跌

图 4-20 为下跌末期出现的"量减价跌"：当股市经过一阵暴跌后，价格不断下探，到某一价位区间时，长期投资者和深度套牢者不会轻易地卖出股票，那么股价也就不会再下跌，此时就呈现出较长时间的平盘震荡，这就是筑底过程，它的价量形态也就

表现为"量减价跌"。

与下跌初期或下跌中期的"量减价跌"不同的是，末期会多次出现或长时间持续出现此形态，投资者可保持积极关注。

图4-21为中原高速（600020）下跌时的走势图。在成交量一栏中，我们标出了四处"价跌量缩"的区域，而且四个区域的平均成交量之间也出现了越来越低的趋势。投资者如果在"价跌量缩"的初期或者下跌中期卖出了股票，就会少亏损很多。

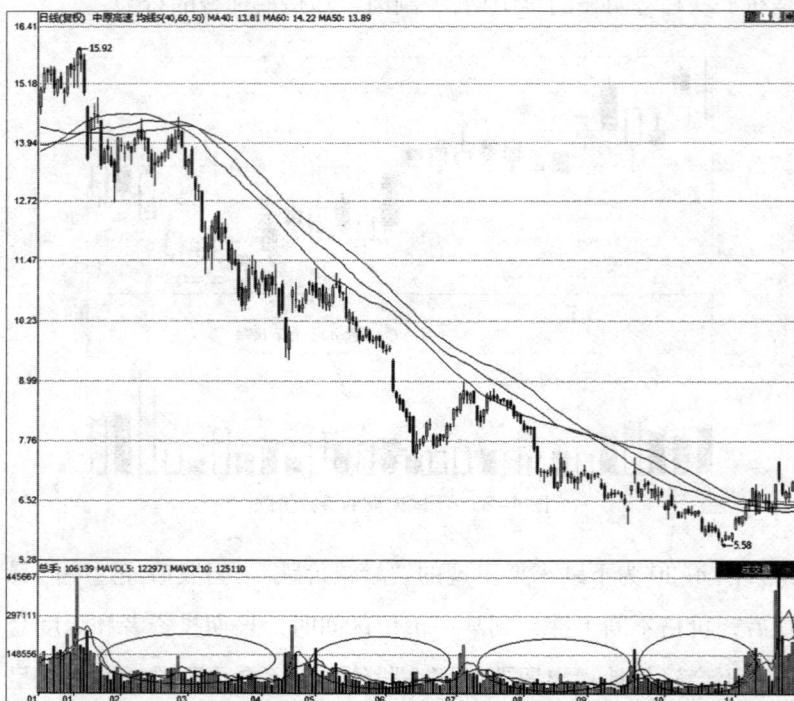

图4-21 中原高速（600020）下跌时的走势

第五章

盘口买卖点准确研判

一针锥底，买股时机

一针锥底指的是，股价跌到低位后，某日出现了一条长下影小实体的K线。它被视为明显的买入信号，此时可以作为一个买入点进场，短线获利可靠。在下影线部位买进的投资者，第二天就可获利。

一针锥底的形态如图5-1所示：

该图表现出了股价连续阴跌后出现了一个长下影线的小实

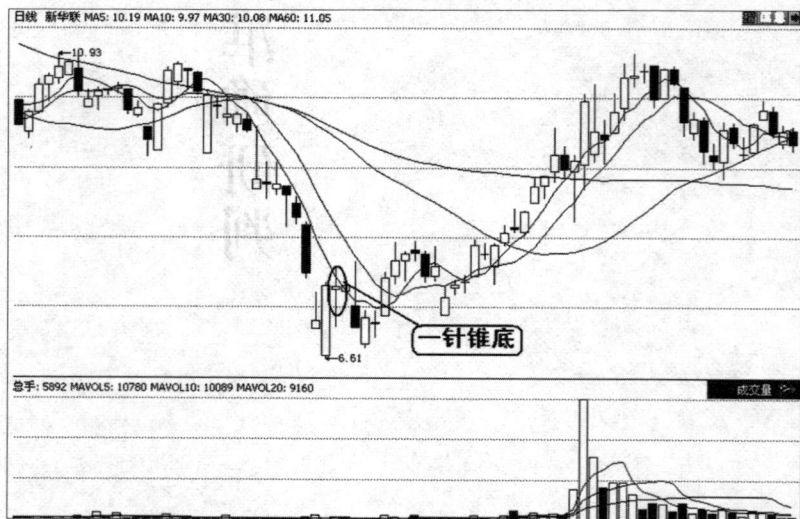

图 5-1 一针锥底走势

体，长长的下影线，表明低档承接力强，股价跌到这一价位后，就会招来多头的反攻，推动股价的上扬。

图 5-2 显示，国电电力（600795）某日开始出现了大幅下跌，一直到股价见底。这里以其间两次一针锥底图形为例，探讨一针锥底在阶段底部确认的问题。

随着股价的持续下跌，首先出现了成交量阶段地量，地量出现后股价继续下跌，但成交量开始呈放大趋势，随着一根长下影大阴线的急速杀跌，股价出现企稳的态势，而成交量继续放大，

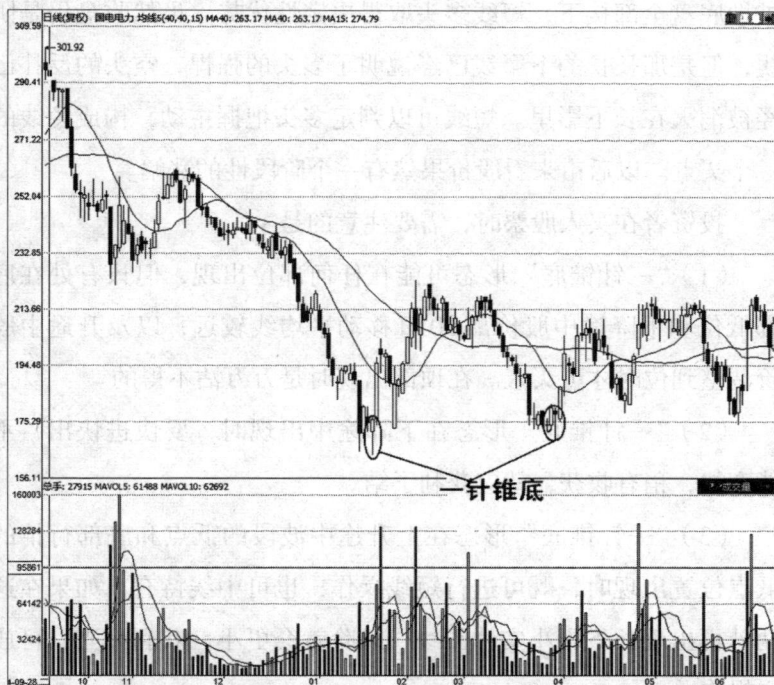

图 5-2 国电电力（600795）走势

说明抄底盘持续进场，第一根探底针的出现，预示着阶段性底部出现，多头能量大于空头，这就是短线的第一个买点。次日成交量急剧放大，短线抄底和跟风盘蜂拥入场，收出一根短上下影大阳线，表明短线行情处于强势，应继续持有。第三日量能继续大幅放大，但是股价出现滞涨，表明空头再次占据上风，获利盘出逃，短线应止赢出局。对于第二根一针锥底来说也应该先看成交量，在底部区域出现阶段地量，阳线当日成交开始显著放大，一针锥底信号出现成交量继续放大，说明前日的获利盘和空头抛盘被抄底盘全部接下，短线多头取得决定性优势。虽然收盘仍是阴线，但是那长长的下影线已经说明了多头的强悍，空头的反扑已经被消灭在长下影里。短线可以判定多头把握主动，构成短线的一个买点。以后市来看股价果然有一个阶段性的涨幅。

投资者在买入股票时，需要注意的是：

（1）"一针锥底"形态可能在任何部位出现，但只有处在底部低位和下降途中股价离30日移动平均线较远，以及升途中股价调整到位时才可买入。在顶部出现时是万万沾不得的。

（2）"一针锥底"形态在下降途中出现时，要快进快出，不能恋战，稍有收获，就应获利了结。

（3）"一针锥底"形态在上升途中波段的低点和底部行情的低点位置出现时，既可进行短线操作，也可中线持有，如果在这两处再出现长下影小实体图线，风险就会更小，获利稳当，可放心操作。

双管齐下，买进不怕

"双管齐下"，是由两条并列的长下影小实体图线组成的图形。股价下跌到低位后，如果连续出现两条长下影小实体，且下影线的最低点较为接近，就称为"双管齐下"。它像两条长钢管扎向地下，使地基坚实可靠。该形态的出现，表明股价已进入底部，或者离底部已经不远，中长线投资者可开始建仓，短线也可介入，后市获利一般较为可靠。

如图5-3所示："双管齐下"，是下档承接有力的迹象，股价跌到某一低点后，就能迅速被多头托起，说明做多的力量强大，同时也表明，在这一价位，抛压不重，后市能轻松地脱离底部，形成上升趋势，在"双管齐下"时买进，获利机会较大。"双管齐下"形态出现在不同的行情有不同的操作手法。

在顶部行情中出现时，显示的是卖出信号。在下降途中出现时，多为卖出信号，极个别情况出现反弹走势，但多数是昙花一现，很难做出差价，最好不要介入。在底部行情出现时，显示的是买入信号，可放心操作。

以航天长峰（600855）为例，图5-4为其走势图。从图中可以看出该股走出了一个典型的"双管齐下"的形态。在股价经过一个阶段性的下降之后，出现了"双管齐下"的形态，这表明空方的力量已经开始变弱，股价已经有了上升的动能，从后市的发展来看股价也是一路攀升形成一个上升通道后到达10.68元的新

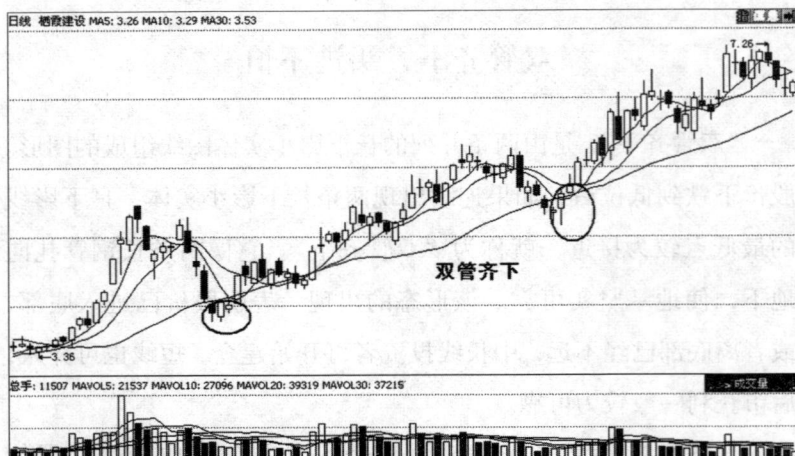

图 5-3 双管齐下形态

高。"双管齐下"出现后的股价涨幅达 70%。

遇到"双管齐下"形态时，需要注意：

1. "双管齐下"形态的有效性要根据两条 K 线的下影长度来判断

一般要达到该 K 线实体部分的 1 倍以上，少于这一比例，有效性会降低。对该图形两个低点之间的距离也有一定要求，一般来说，两者间的差距不能超过 1%，而且越接近越好，过大的差距，会影响判断的准确性。

2. 对"双管齐下"形态的判断要适当放宽条件

个别股票，在底部或在下降途中，有时连续出现多条长下影小实体的图线，其低点也十分接近。这种情况，也可按"双管齐下"

图 5-4 航天长峰（600855）走势

进行操作，只是取其下影低点最为接近的两条图线作为"双管齐下"的对象就行。

3. 遇到例外情况，股价出现不涨反跌时要耐心守候

"双管齐下"形态出现后，股价有时会出现不涨反跌的走势，千万不要割肉出逃，应耐心守候。股价经过短暂的调整后，会反转向上，恢复正常走势，最终仍能获利。如果买进时的心态不够稳定，一遇到下跌走势就卖出股票，取胜的概率就不高。

三金叉见底，买入没商量

三金叉见底，简而言之就是均线、均量线与 MACD 的黄金交叉点同时出现。股价在长期下跌后开始企稳筑底，而后股价缓慢上升，这时往往会出现 5 日与 10 日均线、5 日与 10 日均量线以及 MACD 的黄金交叉点，这往往是股价见底回升的重要信号，此时买入股票，一般收益大于风险。

股价在经历了长期下跌后人气涣散，当跌无可跌时开始进入底部震荡，随着主力的逐渐建仓，股价终于开始回升。刚开始的股价上涨可能是极其缓慢的，也有可能会潜龙出水、厚积薄发，但不管怎样，最终都会造成股价底部的抬高与上攻行情。当成交量继续放大推动股价上行时，5 日与 10 日均线、5 日与 10 日均量线以及 MACD 自然而然地发生黄金交叉，这是强烈的底部信号。随着股价的推高，底部买入的投资者开始有赢利，而这种强烈的赚钱示范效应将会吸引更多的场外资金介入，从而全面爆发一轮气势磅礴的多头行情。

以上海梅林（600073）（图 5-5）为例，在见底 6.69 元之后的翻云覆雨走势，来说明三金叉见底的实战运用技巧。

1. 第一个买点为三金叉发生时

所谓的 5 日、10 日均线、均量线以及 MACD 三金叉，并非绝对要求同时或同一天发生金叉，这仅是一种简单的描述。事实上，均线、均量线及 MACD 三金叉只要在几个交易日之内发生，

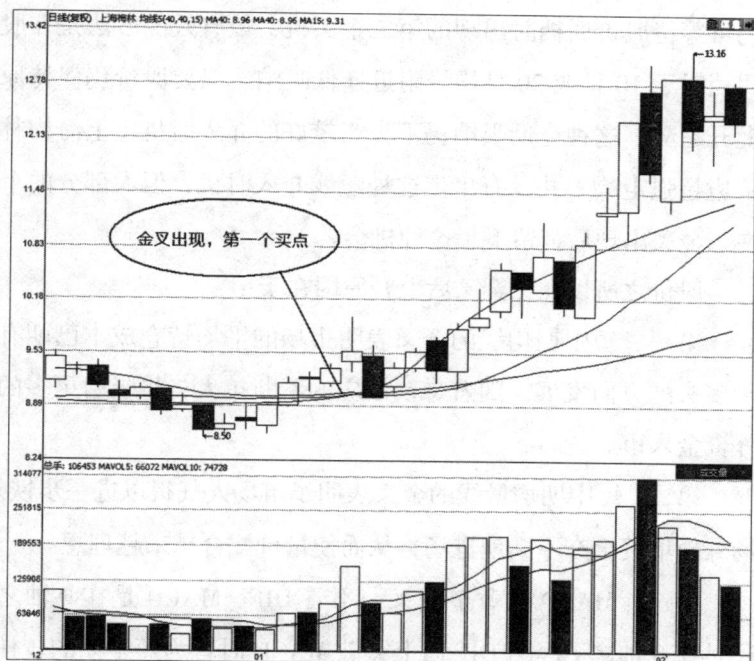

图 5-5　上海梅林（600073）走势

都可视同于"三金叉"。由于探底之前往往有一个放量的过程，均量线的金叉往往是第一个出现，三者当中最后一项发生金叉时就是短中线的买入信号。上海梅林在见底 6.69 元之后，均线、均量线、MACD 先后都已发生金叉，因此些后出现的阴十字星的强势震荡为较好的买点。

2. 第二个买点为三金叉发生后上攻途中出现回档时

三金叉见底发生时，投资者当时有可能没有注意到这种极好的短线介入点，其实在错过三金叉见底的买入信号之后，投资者仍可等待股价回档时出现的第二个买机，最有效的方法是在股价回档时于 10 日或 20 日均线附近逢低吸纳。只要股价仍保持原始上升趋势，这种逢低吸纳仍不失为较好的介入时机。上海梅林在单边超强走势中并没有出现这种短线介入时机，但大部分的个股在三金叉出现后都留下了这种机会。

股价之所以在三金叉后上升原因在于：

第一，短中期均线的金叉表明市场的平均持仓成本已朝有利于多头的方向发展，随着赚钱效应的不断扩大，将吸引更多的场外资金入市。

第二，短中期均量线的金叉表明了市场人气得以进一步恢复，场外新增资金在不断地进场，从而使量价配合越来越理想。

第三，MACD 的黄金交叉，不管 DIF、MACD 是在 0 轴之上还是在 0 轴之下，当 DIF 向上突破 MACD 时皆为短中期的较佳买点，只不过前者为较好的中期买点，而后者仅为空头暂时回补的反弹。总而言之，随着三金叉的出现，在技术分析"价、量、时、空"四大要素中有三个发出买入信号，将极大地提高研判准确性的概率，因此三金叉为强烈的见底买入信号。

在三金叉见底过程中，往往会伴随出现买入的 K 线组合或其他研判方法，而两阳夹一阴、阳后两阴阳、三阳开泰等买进信号的出现，也从侧面进一步证明了三金叉见底的有效性。更多指标发出买入信号，将极大地提高研判准确性的概率。

看盘方法与**技巧**

希望之星，见底标志

希望之星出现在下跌行情的末期，是一种具有反转意义的 K 线组合。它由三根 K 线组成，其中第一根是大阴线，延续跌势，第二根是跳低开盘的小实体（可阴可阳），第三根是大阳线，表明多方已经站稳脚，价格止跌回升。中间实体短小的 K 线，在左右两根较长的 K 线的衬托之下，就像一颗星星，故得此名。希望之星代表后市可期，是见底标志。

"希望之星"的图谱表现形式如图 5-6 所示：

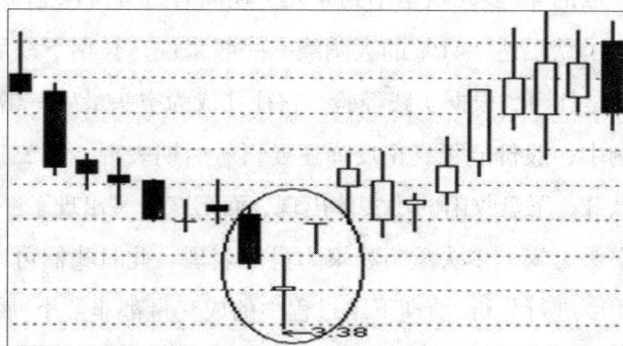

图 5-6 希望之星形态

"希望之星"的形态特点是：

前期处于长期的跌势中。

第一根 K 线是大中型阳线或阴线。

第二根 K 线是跳空低开的小实体（阴阳均可）。

第三根 K 线是与之前趋势相反的大中型阴线或阳线。

如上图所示，希望之星在出现之前，市场上的下跌氛围浓厚，因此中间的一根 K 线在开盘时仍然延续了下跌的势头，呈现出跳空低开的开盘格局。但经过一个交易日的多空之战，收盘价往上回升，形成了实体短小的一根 K 线，这就是价格被多方托住，下跌之势收缓的表现。当然，价格能否真正得到有力的支持，还要配合第三天的 K 线。图中所示的第三天 K 线收阳，表示价格的触底得到了更多投资者的确认，股价止跌。

下面结合实际 K 线图，分析一下"希望之星"的操作手法：

中粮地产（000031）（如图 5-7）伴随大势，一路震荡下行，从最高点的 40 多元跌至不到 4 元（期间有过分红派息）。此后某日走出了跌幅达 7.41% 的大阴线。一般来说，长期下跌后的大跌不一定是坏事，根据实践经验，它往往成为空头最后一击的表现。但此例中，股价能否真正反弹还要再看后期表现。第二日，股价跳空低开、尾盘收阳的小实体出现，而第三日又出现了一个涨停，正是空头力竭，多头重新积聚力量的表现。此时我们可以再从成交量角度进行分析，前期下跌过程中的成交量都非常小，属"地量"水平——跌无可跌，这也是股价见底的一个信号。

由于出现了明显的"希望之星"K 线形态，因此短期内应该有一段上扬产生，激进型投资者可选择当即买进，进行短线操作。保守型的投资者也可以选择试探性买入，逐渐增仓，或是在成交量出现明显放大、趋势更加明朗后进场。

运用"希望之星"时请注意以下几点：

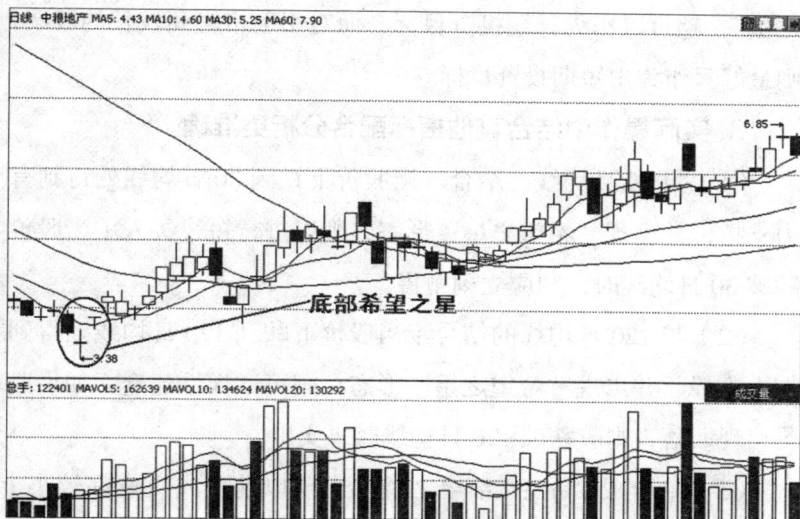

图 5-7 中粮地产（000031）"希望之星" K 线形态

1. 应用条件

（1）前期处于长期的跌势，一般要求近期跌幅至少达到50%，"希望之星"的出现才是见底标志。

（2）若跌幅没有达到上述要求，"希望之星"的出现只是反弹标志而非见底标志。

2. "希望之星"出现后的操作方法

（1）在满足上述条件底部出现"希望之星"时，可试探性建仓，如果股价没有跌破"希望之星"的最低点，就可继续持股；出现明显跌破时，则应立刻出手，继续等待底部。

（2）对于上市时间长短不同的股票，在底部出现"希望之星"时的操作也是不同的。上市时间越短的股票，在底部出现"希望之星"，越可以作为长期投资目标，而对于上市时间较长的股票，则最好只作为中短期投资目标。

3. 实际操作中结合其他指标配合分析更准确

（1）与 30 日均线的结合：当股价下跌到 30 日均线处得到有力支撑，并出现"希望之星"形态，则可进行短线买入；当股价跌破 30 日均线时，则应立刻抛售。

（2）与 120 日均线的结合：当股价下跌到 120 日均线处得到有力支撑，并出现"希望之星"形态，则可试探性建仓；如果股价出现回落，则应跌破 120 日均线时再卖出。

（3）结合成交量："希望之星"出现以前，成交量都较小；出现以后，成交量有明显放大。

黄昏之星，卖出为先

黄昏之星是标志着价格反转的三根 K 线组合形态。由于第二根 K 线的开盘价和前一日收盘价之间存在着缺口，像是挂在天空的星星，故得此名。黄昏之星预示着黄昏的到来，是见顶标志。

"黄昏之星"的图谱表现形式如图 5-8 所示。

"黄昏之星"由三根 K 线组成，它的形态特点是：

前期处于明显的涨势中。

第一根 K 线是大阳线或中阳线。

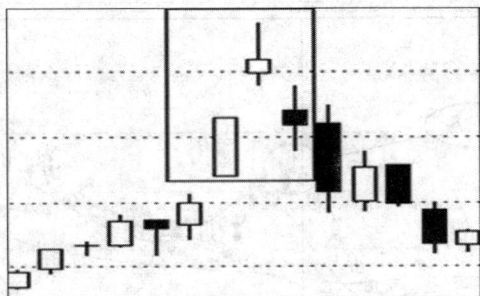

图 5-8 黄昏之星形态图

第二根 K 线是跳空高开的小实体（阴阳均可）。

第三根 K 线是跳空低开的阴线，与前一日 K 线存在缺口。

上图所示是一个典型的"黄昏之星"形态，第一根大阳线延续了上升趋势，但实体过长时也常常成为多方的最后一轮攻击，且有人在高价处由多转空；第二根 K 线是跳空高开的小实体（可阴可阳），表示上升的趋势明显受到了抑制；第三根 K 线通常是有着较长实体的阴线，表明此时的大势已转向空方这一边，价格将开始下跌。在本图中，第三根 K 线的实体并不很长，但上下影线很长，开始展现出空方强大的打压力量。就本图来说，第四根 K 线收成了大阴线，也可看作对于第三根 K 线的补充，反转意味十分明显。

以 *ST 盛润（000030）为例，此股走出了"黄昏之星"形态，下面具体分析一下如何运用"黄昏之星"的技巧进行实战操作。

如图 5-9 所示，虽然该股是一只带有"*"的 ST 类股票，在普涨浪潮中受到追捧，从开始启动，上涨迅猛，几乎呈现出直线

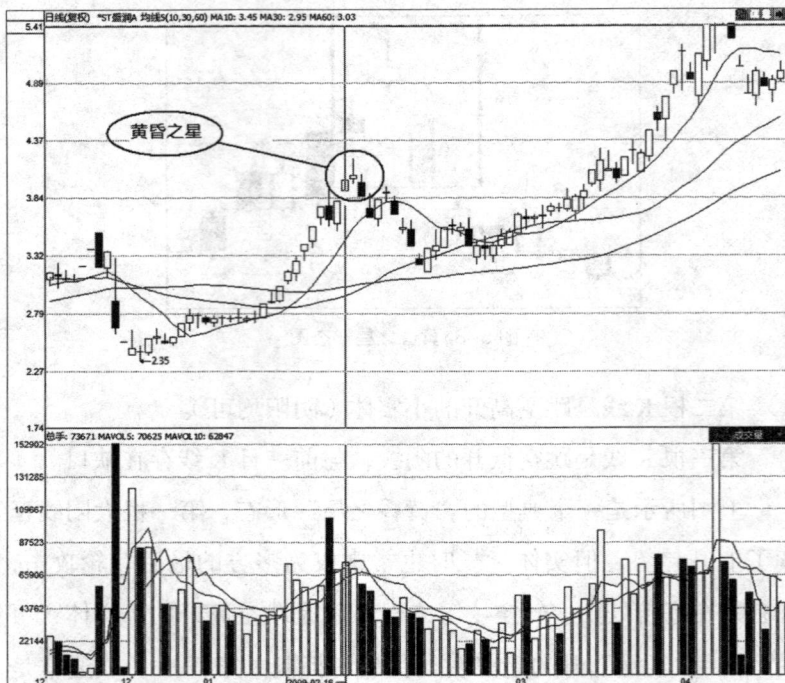

图 5-9 *ST 盛润（000030）"黄昏之星"形态

型，至图中画圈出上涨已超过 67%。在图中画圈处前一日收为阳线，但其长长的下影线告诉我们，当天一定存在着一场空头奋力拼杀的战争，但最终多头仍然占据了上风，尾盘收阳。第二日出现了跳空高开的小实体，表示多空的实力差距逐渐缩小。而第三日的大阴线则表现出空头反败为胜，即将就此拉开一段向下调整的行情。

在连续上涨的行情后，出现了"黄昏之星"，下跌的可能性很大，投资者果断卖出，等待下一个低点再次建仓。我们看到该股的此轮调整花费了一个半月的时间，可见如果能在"黄昏之星"出现时便进行换股操作，投资收益率可以大大提高。

运用"黄昏之星"进行操作时请注意以下几点：

1. 应用条件

（1）前期处于上涨行情，股价在近期应上涨至少50%。

（2）若涨幅没有达到上述要求，"黄昏之星"的出现只是阶段性的回落信号。

2. 根据个股的不同涨幅，操作也不同

（1）在涨幅很大的股票上，若出现了"黄昏之星"，则应立即卖出。

（2）若涨幅不算很大，则可视当时情况选择继续持股或逐渐减仓。

3. 配合其他指标进行综合分析

（1）结合缺口：当"黄昏之星"中的第二根K线和第三根K线之间存在缺口时，则转势的意味更重。

（2）第三根阴线深入到第一根阳线的实体越深，则转势的意味越重。

（3）结合成交量："黄昏之星"若伴随着巨大的成交量，则见顶信号十分强烈。

（4）如果近期出现了其他的见顶信号，则效果增强。

乌云盖顶，跌势即将开始

"乌云盖顶"又称乌云线形态，属于K线组合中的一种。它是由两根处于图表顶部的阴阳线组成，第一天为上升趋势中的大阳线，第二天是跳空高开的大阴线，即其开市价高于第一天的最高价，而收盘价却低于第一天阳线实体的中部位置。

乌云盖顶通常在一个上升趋势后出现，属于一种见顶回落的转向形态。本来处于上升趋势的某股，某日突然出现一根大阳线，第二天市场跳空高开，然而市场并没有继续上冲，市场收市价接近于当日最低价，并深深扎入前一天实体内部。这意味着市场价格上升动力耗尽，买方的最后一番上攻失利，卖方掌握大势，形成下跌。

"乌云盖顶"由两根K线组成，它的形态特点是：

个股处于上升的趋势。

第一根K线为大阳线或中阳线。

第二根K线为大阴线或中阴线，其开盘价高于第一根K线的收盘价，但收盘位置却深入第一根K线实体的一半以上。

图5-10所示是一个典型的"乌云盖顶"形态。在图中，先出现了一根上升趋势中的大阳线，仍是上升之势的延续，接着出现一根大阴线，且阴线的实体深深地切入阳线实体中，空方的打压力度非常强大，这两根阴阳组合线构成了价格反转信号，后市看跌。

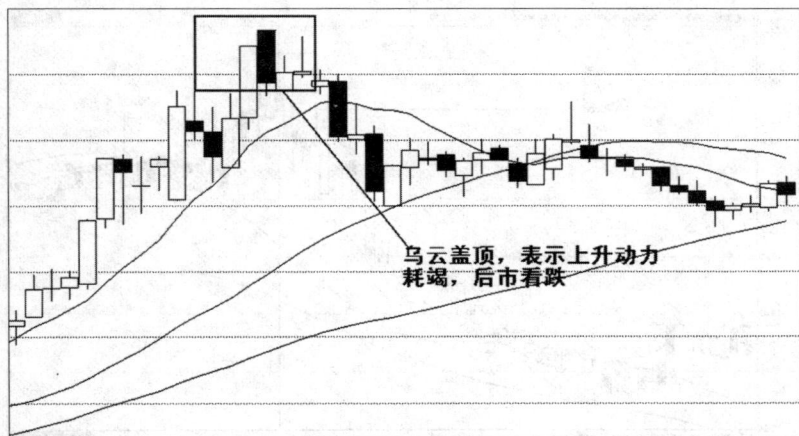

图 5-10 乌云盖顶形态

以光电股份（600184）为例，该股走出了一个典型的"乌云盖顶"图形（图 5-11），下面具体分析一下如何运用"乌云盖顶"的技巧进行实战操作。

随着市场的普遍上涨，光电股份这只股票也走出了一条明显的上升通道。该股在图中画圈处涨停，次日则以 26.34 的价格跳空高开，却收于 24.63，阴线收盘点位低于阳线的中间位置，形成了明显的"乌云盖顶"形态，而该股在这之后就开始逆转，走入跌势当中。

运用"乌云见顶"时请注意以下几点：

1. 应用条件

（1）前期处于上涨行情，股价上涨的幅度应至少达到 50%，如果是超级牛市，则定位为 100% 以上。

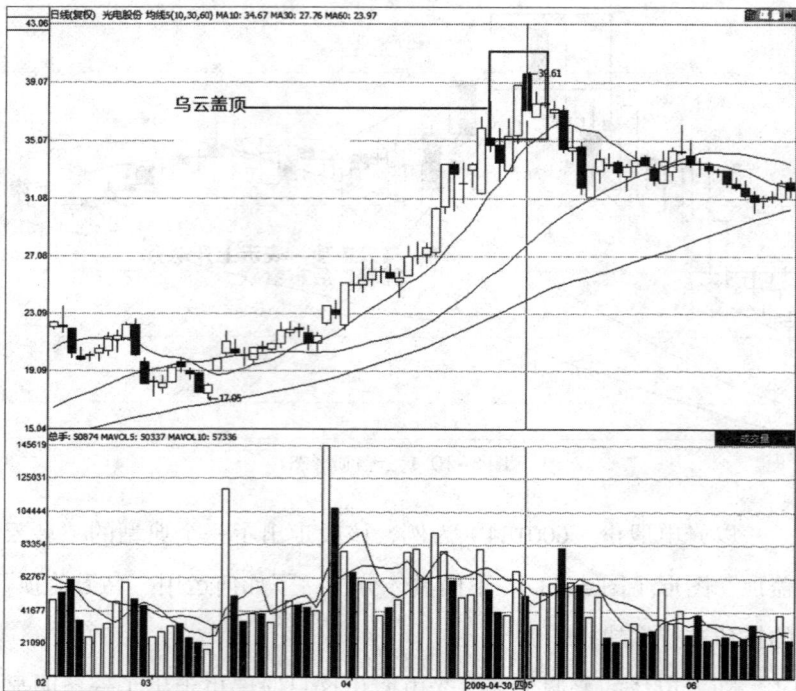

图 5-11 光电股份（600184）K 线形态

（2）若涨幅没有达到上述要求，"乌云盖顶"的出现可能只是阶段性的回落信号。

2. 操作建议

（1）在涨幅很大的股票上，若出现了"乌云盖顶"，应立即卖出。

（2）若涨幅不算很大，则可视当时情况选择继续持股或逐渐减仓。

3. 其他要点

（1）第二根 K 线实体深入第一根 K 线实体中越多，股价见顶回落的可能性越大。

（2）结合成交量：第二根 K 线往往伴随着放量，成交量越大，市场转向的可能性也就越大。

（3）如果近期出现了其他的见顶信号，则效果增强。

三峰顶天，卖出抢先

股价上升到高位后，相继出现了高度大体处在同一水平线上的三个顶部，这三个顶部，就称为"三峰顶天"。该形态的卖出原理较好理解，从该形态的走势就可以看出，第一个山峰出现时，表明投资者对这一高点已有戒备，做多较为谨慎，股价不能继续上涨，只好向下寻求出路，于是形成了第一个山峰。第二个山峰出现时，因有前一山峰作比较，部分投资者会在第一个山峰的高点附近卖出，迫使股价下跌。第三个山峰出现时，是卖出股票刻不容缓的时刻，错过这一卖出机会，损失会相当大。

图 5-12 为钱江生化（600796）的走势。

该股走出了一个典型的"三峰顶天"的形态，三峰形成在股价高位区，它形成三个高价，并且成交量也随着放大。该股三峰高度相当，都接近 25.59 元，在第一峰顶形成时，成交量也放出巨量，表明在此处投资者已高度戒备，上涨动能下降，股价回落。第三个峰顶出现时股价已难突破前期高点，量能减弱，是提示卖

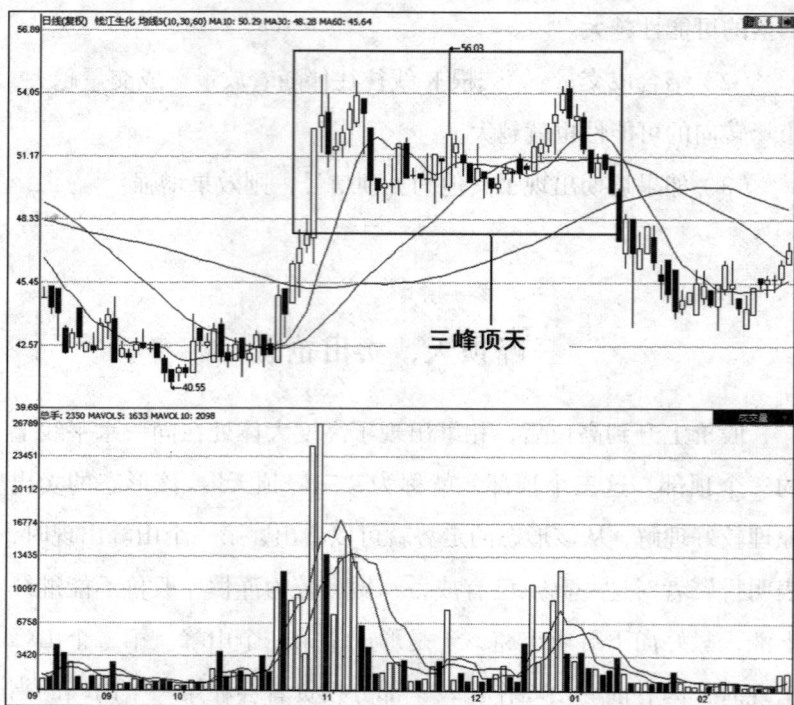

图5-12 钱江生化（600796）走势

出的强信号，应及时出货。

图5-13为格力电器（000651）的日线走势。从图中可以看出，该股走出了一个处在天顶高位的"三峰顶天"形态。在某日，该股出现了第一峰，显示峰顶高点的图线是一条高位乌云线（开盘价19.19元，最高价19.27元，最低价18.10元，收盘价18.38元），峰顶高点为19.27元。此后出现了第二个峰顶，显示峰顶高点的图线是一条反弹小阳线（开盘价18.15元，最高价18.75元，最

低价 17.86 元，收盘价 18.70 元），峰顶高点为 18.15 元。在 2007
年 2 月 16 日出现了第三个峰顶，显示峰顶高点的图线是一条长
上影小阳线（开盘价 18.20 元，最高价 19.08 元，最低价 18.00 元，
收盘价 18.36 元），峰顶高点为 18.20 元。由此构成"三峰顶天"
形态，这时已经是相当可信的见顶信号，投资者应该在此处卖出
股票。从图中可以看出，该股的后市走势印证了这一判断，当第
三个峰顶出现后，该股随即急跌了一周，股价由第三个峰顶高点

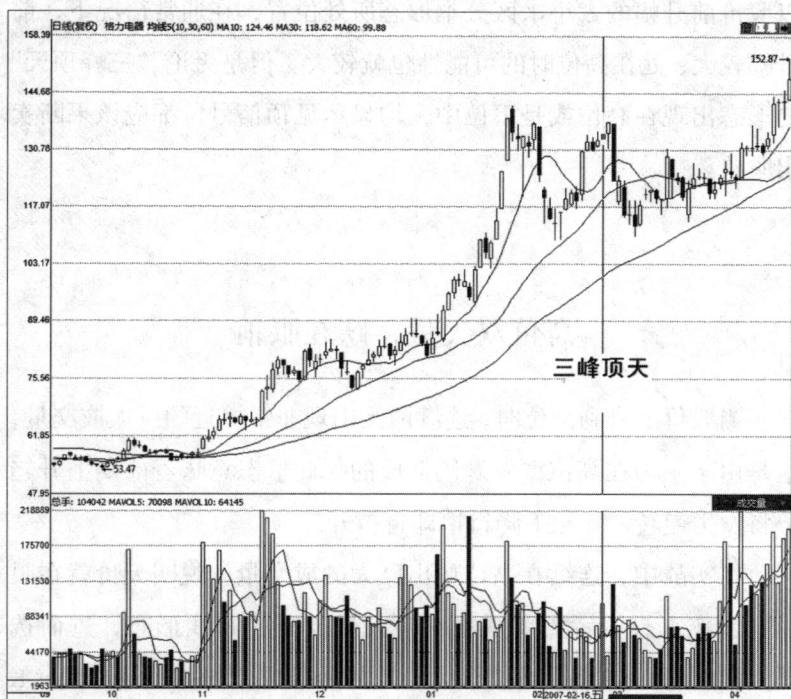

图 5-13　格力电器（000651）走势

出现的 18.36 元，下跌到 15.10 元，下跌了 17.75%。

（1）三个峰顶出现的时间间隔有长有短，长的达数周甚至数月，短的只有三五日，不论相隔时间长短，均是强烈卖出信号，卖出时机在第三峰顶出现时。

（2）在天顶高位出现时，卖出后还要远离；在下降行情中出现时，卖出后可在第一个峰顶和第三个峰顶之间高抛低吸做差价。

（3）区分"三峰顶天"形态所处的位置是十分重要的。通常以股价前升幅的大小来区分本形态所处位置，在通常情况下，前升幅较大，处在高位时的可能性也就较大。但是无论"三峰顶天"的形态出现在高位或是下位中，均显示见顶信号，都应该果断卖出股票。

高位双大量，跌在眼前

当股价上升到高位时，连续两天出现非常接近的巨大成交量，这是由于主力在高位派发筹码造成的，此形态意味着前期上升趋势将发生逆转，一轮下降行情即将拉开。

在实战中，连续在高位放出巨大的成交量，说明天价就在眼前。操作上投资者需要观察对应天量成交的 K 线形态，进而选择卖出时机。如果"高位双大量"的两条成交量柱线为红色（K线为阳线），一般应选择第二天卖出，反之应在当天收盘前卖出，因为天量如对应着长阴或"长箭射天"等星形 K 线，代表多头已经后续乏力，第二天跌势会更为凶猛。此外，该形态出现后也有可能产生股价小幅上涨（实际是主力制造的多头陷阱），或者处于长期的横向整理走势，致使股票较长一段时间缺少交易机会。而无论哪种形态都是极强的转势信号，因此在高位连续异常放量时应果断卖出手中的股票。

景兴纸业（002067）（图 5-14）连续出现高位双大量的走势后股价直线下杀，短期跌幅达 27%。

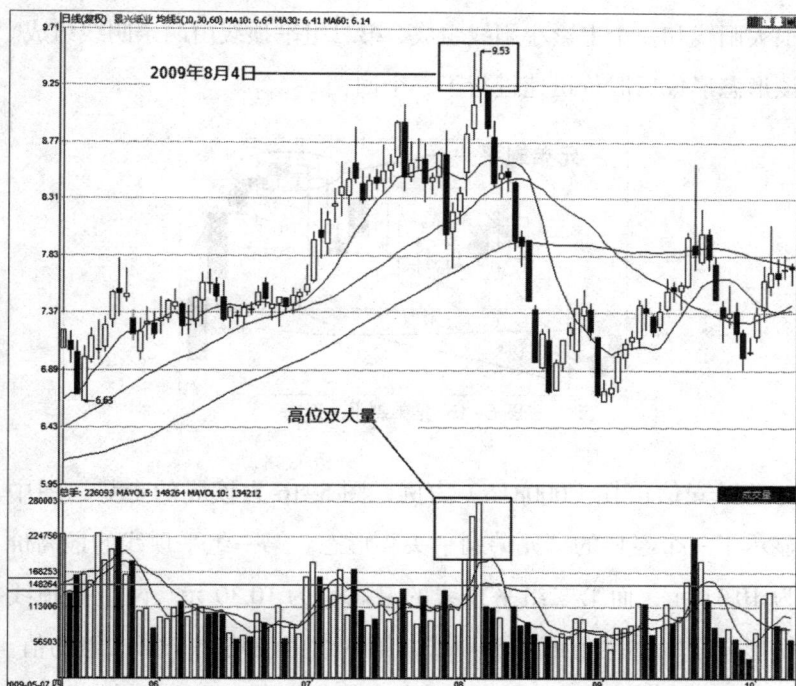

图 5-14 景兴纸业（002067）连续出现高位双大量后的走势

兄弟剃平头，股票不能留

"兄弟剃平头"指股价到高位后，先后相继出现两对平顶 K 线。该形态是由两组平顶线组合起来的图线，所以卖出信号更为强烈。该形态一旦出现，表明投资者对当时的股价产生了疑虑，做多谨慎，所以股价出现了两次平顶走势。后市只有通过回档整理才有可能重拾升势，回档的幅度，一般与前期升幅的大小有关。

图 5-15 为典型的"兄弟剃平头"形态，第一组平顶线由一根大阳线和一个上影小阳线组成，第二组平顶线由两条阴线组成。该形态形成后股价迅速进行了一个回档。

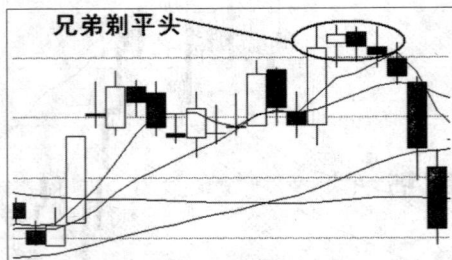

图 5-15 兄弟剃平头形态

以安信信托（600816）为例，图 5-16 为该股的走势，图中显示了一个经典的"兄弟剃平头"形态。第一组平顶线的最高价为 10.31 元，而第二组平顶线的最高价为 10.30 元。两组平顶线都形成了大体同值的平头顶线，第一组的值略高于第二组的值。此形态形成后，显示出该股已经上升乏力，应择机卖出。后市的走势验证了我们的判断，连续几天阴跌，股价跌到了 8.40 元，跌幅达到了 16.25%。

观察"兄弟剃平头"形态时，需要注意：

（1）"兄弟剃平头"形态，要求"兄"比"弟"高，即第一组平顶线应高于第二组平顶线，否则就不能作为后市走势的判断依据。

（2）"兄弟剃平头"形态，多出现在顶部，该形态出现后，股价或多或少会有一跌，遇上此形态，卖出要果断，最好清仓离场，不留尾巴。

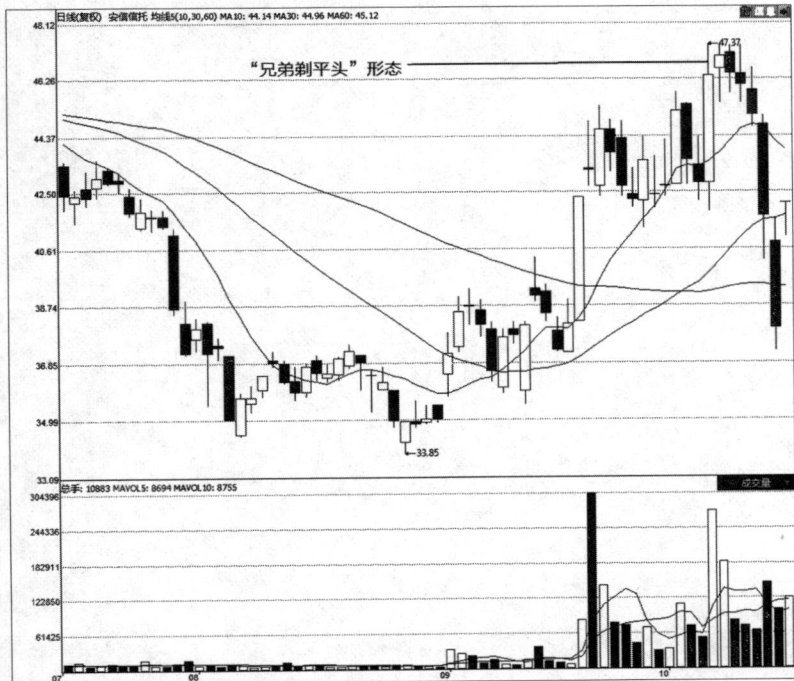

图 5-16 安信信托（600816）走势

（3）"兄弟剃平头"形态,有时也出现在下降行情的下降途中,其卖出信号与顶部的卖出信号一样强烈,不要认为股价已下跌了一段就完事大吉,放松了警惕。

第六章

看懂主力，擒住大牛

如何寻找主力的踪迹

主力永远是市场上最神秘的一群人（或机构），让普通投资者又爱又恨。没有主力进驻的股票往往股性不活跃，投资者难以通过股价上升获利；而有主力进驻的股票虽然在价格上可能会大幅上扬，但散户投资者却常常成为最后的埋单者。尽管如此，出于对利润的追逐，投资者还是更愿意有主力介入，甚至最好是实力强劲的主力股票进行投资操作。

然而在目前深沪两市上千只股票中，去哪里寻找主力呢？而且主力介入的程度不同，对于短线操作的意义也不同。如果介入的程度浅，或仍然在吸货阶段，主力的动作一般都比较隐蔽，散户不容易发现，即使发现也没必要在此时跟进，因为你不知道主力什么时候拉升。主力吸完筹并不等于很快就要拉升，它也必须等待大盘的时机。对致力于短线跟庄操作的股民来说，操作方针应该是先选股，再选时，即首先寻找已经有主力深度介入的股票，然后再重点关注主力的提升信号，随时准备介入，

寻找主力深度介入的股票可以从以下 4 个方面入手：

1. 从股价走势寻找主力

股市有一个规律：当大盘下跌时，没有庄的股票下跌得快，反弹无力，下跌的幅度一般大于大盘下跌幅度；而有庄护盘的股

看盘方法与**技巧**

票的下跌幅度则小于大盘，其反弹力度强，下跌慢。由于大量的筹码都被主力收走了，浮筹极少，下跌时期的抛量很小，呈无量空跌，护盘也相对容易。因此，如果大盘下调时某只股票拒绝下跌，或跌幅明显小于大盘，出现"当跌不跌"的情况，说明这只股票的主力已经深度介入，投资者在大盘企稳之后可以大胆介入。

2. 从日成交量的快速放大寻找主力

成交量是反映市场中各种力量的主要信号。主力的活动都可以从成交量上找出蛛丝马迹来。在正常情况下，如果某一只平时成交量不大的股票突然放量，日成交量比平时放大数倍以上，就可以肯定有主力在活动。放量的原因是多方面的，既有可能是该股在基本面有突发性利好，造成新庄入驻，还有可能是原来的主力借消息顺势拉起，也有可能是换庄。但不管是哪种情况，突然放大的成交量是主力存在的最好证据，因为这绝不可能是散户们的统一行动。对于这样的情况，首先必须观察该股票在高位是否有明显的出货迹象。如果有出货迹象，就可能是短庄，短线意义就不大了。只有那些不打算在近期出货的庄股才有短线意义，而且这种股在拉高之后一般都有一个顺势调整的过程，最佳的介入点是在调整过程的最低点，或调整的末期。因此，遇到这类股票，投资者可不立即介入，但要密切关注其未来走势，并赶紧研究个股资料和历史走势，以便对突然放量的原因作出合理解释。

3. 从周成交量明显放大寻找主力

有时候，日成交量虽然只有小量放大，但持续时间长，这只有在周 K 线中才可以明显看出。此时量放得比较稳,股价只有轻微上涨,或震荡幅度增大,这可能是主力在吸筹所致。

4. 从每日公开交易信息中寻找主力

深圳和上海的证券交易所在每日收盘后都有当日交易信息的公告发布,内容主要是当日涨幅或跌幅超过 7% 的个股的前 5 名交易商或席位的名称和交易情况。我们可以利用这些信息来寻找主力的足迹。下面的昌九股份就是一例。

从某日上海证券交易所每日交易信息公布的跌幅超过 7% 的前五种证券中,投资者可以得到如下信息:

证券代码	证券简称	跌幅 %	成交量	成交金额（万元）
600167	黎明股份	−10.00%	6434933	7,383.63
600228	*ST 昌九	−10.01%	4960920	6,915.37
600231	凌钢股份	−7.25%	12677245	15,851.34

其中参与买卖昌九股份的营业所基本情况如下:

证券代码:600228　　　　　　　　　证券简称:*ST 昌九

营业部名称:　　　　　　　　　　　买卖合计金额（元）:

营业部名称	买卖合计金额（元）
新疆金新信托投资股份公司武汉证券营业部	40,088,224
国信证券有限公司深圳市三部	26,412,453
南方证券有限公司武汉营业部	7,536,808
石家庄信托投资有限公司栗康证券交易营业	2,766,863
华夏证券有限公司南京淮海路证券营业部	2,594,836

从中可以看出，仅新疆金新信托投资股份公司武汉证券营业部参与买卖的金额就达 4,008.82 万元，而全部交易额为 7,383.64万元。因此即使按最保守估计，去掉可能的最大重复计算因素，该营业部也造成了 2,005 万元的实际交易量，占当日全部交易总量的近三成。因此可以断定该股主力已深度介入了，因为散户是不可能行动如此一致的（图 6-1）。

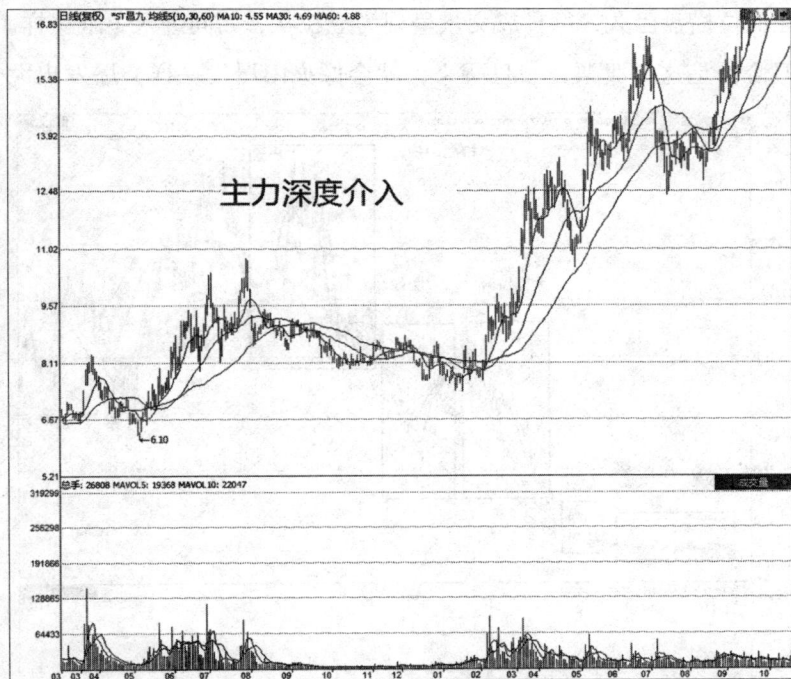

图 6-1 *ST 昌九 K 线图及成交情况

主力操盘分几个阶段

在股市大盘向上的过程中，个股轮炒是一种常见的现象，如果把握得当，散户可以把一个牛市当成两个牛市来做，获利会非常丰厚。对于散户来说，发现主力大牛股其实并不是一件困难的事情。一般来讲，被主力看中的股票通常是散户不太注意的股票，在低位横盘已久，每日成交量呈现为豆粒状，如同进入冬眠一样。但恰恰是这类股票，一旦醒来，就会像火山爆发一样，爆发出大

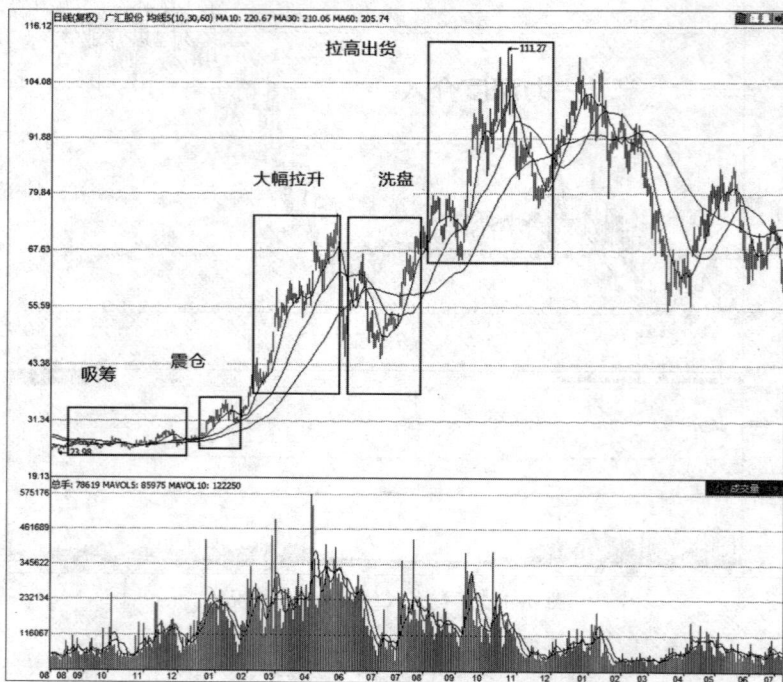

图 6-2 主力操盘的阶段性

幅飙升行情。如图 6-2 所示。

1. 目标价位以下低吸筹码阶段

所谓的目标价位也就是说散户在买入股票时，已经给这一只股票定好了一个盈利目标价位，一旦股票的价格达到这一目标价位,散户便抛出股票。主力坐庄必须吸筹，只有控制了足够的筹码，仓位达到了一定比例，通常为 10%~30%，主力才能够操纵股价，才能有"货"用来洗盘。在这一阶段，主力往往极耐心地、不动声色地收集低价位筹码，这部分筹码是主力的仓底货，是主力未来产生利润的源泉，一般情况下主力不会轻易抛出。这一阶段的每日成交量极少且变化不大，分布均匀。在吸筹阶段末期，成交量虽有所放大，但并不是很明显，股价呈现为不跌，或即使下跌也会很快被拉回的状态，但上涨行情并不会立刻到来。因此，此阶段散户应观望为好，不要轻易杀入，以免资金冻结。

2. 试盘吸货与震仓打压并举阶段

主力在低位吸足了筹码之后，在大幅拉升之前，不会轻举妄动，主力一般先要派出小股侦察部队试盘一番，将股价小幅拉升数日，看看市场跟风盘多不多、持股者心态如何。在各种条件都具备的市场环境中，主力想要对某一只股票进行吸货操作时，一般会先试盘。主力试盘的目的是了解该股筹码的分布情况，以及市场对该股的关注程度（也就是所谓股性），看看该股是否已经有别的主力潜伏在内，同时还可以吸进筹码，用于日后正式吸货时打压股价。

震仓是为了吓出意志不够坚决的跟风盘，主力用少量的筹码打压股价，为日后的拉升降低成本。因此，打压洗盘不可避免。在主力打压洗盘的末期，散户的黄金建仓机会到来了。此时，成交量呈递减状况且比前几日急剧萎缩，表明持股者心态稳定，看好后市，普遍有惜售心理。因此，在打压洗盘末期，散户可趁 K 线为阴线、跌势最凶猛时进货，通常可买在下影线部分。

3. 大幅拉升阶段

主力为了吸引散户追涨以减少拉升成本，一方面会利用传闻或舆论大力散布朦胧的利多消息，引起散户关注；另一方面会通过操纵股票价格，弄出良好的技术形态，以吸引技术派人士跟进，同时通过"对敲"的方法自买自卖造成放量向上突破态势。主力的拉升加上散户的追涨，造成尾市抢盘，股价节节升高，步入主升期。一般拉升会分为以下几个阶段。

（1）初级拉高

这一阶段初期的典型特征是成交量稳步放大，股价稳步攀升，K 线平均线系统处于多头排列状态，或即将处于多头排列状态，阳线出现次数多于阴线出现次数。如果是大牛股则股价的收盘价一般在 5 日平均线之上，平均线托着股价以流线型向上延伸。

（2）中期拉高

这一阶段的典型特征是，伴随着一系列的洗盘之后，股价上涨幅度越来越大，上升角度越来越陡，成交量越放越大。若成交量呈递减状态，那么，主力要么在高位横盘一个月左右慢慢出货，要么利用除权使股价绝对值下降，再拉高或横盘出货。

（3）末期拉高

当个股的交易温度炽热，成交量大得惊人之时，大幅拉升阶段也就快结束了，因为买盘的后续资金一旦用完，卖压就会倾泻而下。因此，散户在此阶段后期的交易策略是坚决不买进，如果持筹在手，则应时刻伺机出货。

4. 洗盘阶段

主力为了减轻在后继拉高中的抛盘压力，要对盘面的获利盘、套牢盘、止损盘进行清洗，同时抬高其他短线介入资金的成本，使抛盘压力降到最低程度，以便达到顺利拉升的目的。洗盘阶段伴随着大幅拉升阶段同步进行，每当股价上一个台阶之后，主力一般都会洗一洗盘，一则可以使前期持筹者下车，将筹码换手，提高平均持仓成本，防止前期持筹者获利太多，中途抛货砸盘，使主力付出太多的拉升成本；二则提高平均持仓成本对主力在高位抛货离场也相当有利，不至于主力刚一出现抛货迹象，就把散户吓跑。

洗盘时成交量是逐渐萎缩的，这说明市场中并没有大量的筹码暗中出逃，股价的波动幅度会越来越小，这表明主力不愿意提供差价给短线跟风盘去赚取利润，一般在洗盘过程中，30 日移动平均线会呈上涨趋势。

5. 抛货离场阶段

此阶段 K 线图上阴线出现次数增多，股价正在构筑头部，买盘虽仍旺盛，但已露疲弱之态，成交量连日放大，显示主力已在派发离场。因此，此时果断出仓，就成为散户离场的最佳时机，而此阶段跟进者则将冒九死一生的风险，实属不智之举。

通过成交量寻找主力

股市里经常流行的一句话就是，"成交量无法骗人"。这句话有一定道理。成交量是主力无法藏身的盘口数据，主力可以利用股价走势对技术指标进行精心"绘制"，但由于主力的进出量大，如以散户通常的每笔成交量操作，其进出周期过长将延误战机，导致坐庄失败。所以，如果平均每笔成交量突然放大，肯定是主力所为。

主力在吸筹、拉高、出货等阶段，可以用多种技术指标蒙骗股民，但千蒙万蒙，成交量是无法蒙骗人的。因为股价要涨，必须有主动性的买盘积极介入，即买的人多了，股价自然上升；反之，大家都争先恐后地不惜赔本卖，股价就会下跌。这在成交量上能反映得比较清楚。

所以，股价一上升，必定有成交量配合，说明主力在大量购入股票，散户此时应紧紧跟上。

（1）当股价呈现底部状态时，若"每笔成交"出现大幅上升，则表明该股开始有大资金关注；若"每笔成交"连续数日在一较高水平波动而股价并未出现较明显的上升，更说明大资金正在默默吸纳该股。在这段时间里成交量倒未必出现大幅增加的现象。当我们发现了这种在价位底部的"每笔成交"和股价及成交量出现明显"背驰"的个股时，应予以特别关注。一般而言，当个股"每笔成交"超过大市平均水平50%以上时，我们可以认为该股已有主力入驻。

（2）机构主力入庄某股后，不获利一般是不会出局的。入庄后，无论股价是继续横盘还是呈现"慢牛"式的爬升，其间该股的"每笔成交"较主力吸纳时是有所减少还是持平，也无论成交量有所增加还是萎缩，只要股价未见大幅放量拉升，都说明主力仍在盘中。特别是在清淡市道中，主力为引起散户注意，还往往用"对敲"来制造一定的成交假象，甚至有时还不惜用"对敲"来打压洗盘，若如此，"每笔成交"应仍维持在一相对较高的水平。此时用其来判断主力是否还在场内，十分灵验。

（3）若股价放量大阳拉升，但"每笔成交"并未创新高时，应特别提高警惕，因为这说明主力可能要派发离场了。而当股价及成交量创下新高但"每笔成交"出现明显萎缩，也就是出现"背驰"时，跟庄者切不可恋战，要坚决清仓离场，哪怕股价再升一程。

因此，我们可以得出一个简单的投资总结：当"每笔成交"与其他价量指标出现明显"背驰"时，应特别引起我们的注意。同时，我们应注意"每笔成交金额"（股价 × 每笔成交量），因为10元/股的每笔成交显然比5元/股的主力实力强劲。

武钢股份（图6-3）某年6月以来，成交量非常小，一直维持在4000—6000手，价格大体在4元。当年10月21日，成交量突然放大到8800手，第二天再放大到3万手，第三天放大到7万手。显然主力利用武钢股份的整体上市概念开始行动，是有备而来的，此后，成交量每天都逐级放大，股价开始上升，此时散户应该建仓了。到第二年2月，该股价涨到8元左右，比4元上升了100％。

图6-3 武钢股份主力的建仓与拉升

所以，股民一旦发现长期横盘中有放量的个股，可考虑跟上，与庄共舞。但要提醒股民的是：股市有涨有跌，主力迟早出货也是必然的，庄舞不可能总跳个没完没了，我们需要提前撤出舞池，把那首舞会中常用的最后一曲《友谊地久天长》的美妙旋律留给主力。

看盘方法与技巧

把握时机介入强庄股

有主力主持大局的股票一旦爆发起来，一定会给及时介入的投资者带来丰厚的利润。因此投资者一定要把握获利机会，及时介入强庄股。

图 6-4 是某只股票的 K 线图，从图中可以看出，这只股票在走出了独立于大盘外的逆势上扬行情。因为这只股票是一只流通盘，只有 4406 万股的小盘股，所以主力控盘能力很强，主力牢牢地控制着该股的开盘价与收盘价，同时盘中经常出现大幅打压的迹象，在日 K 线上表现为长长的下影线。从某年 9 月中旬到 11 月初，该股在日 K 线上除 6 根阴线外，其他的都是阳线，这表现出主力控盘能力的强大。

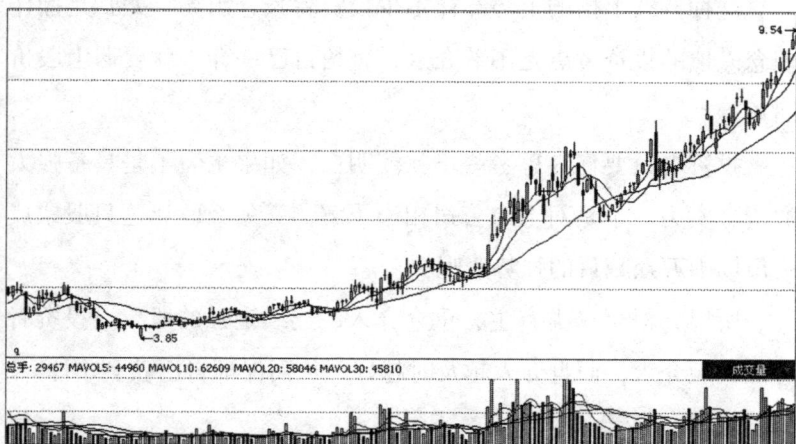

图 6-4 某只股票 K 线

如果投资者在这时介入该股并且耐心持有，那么它在第二年 1 月爆发出的大幅上扬行情就会让投资者获得巨大收益（图 6-5）。

图 6-6 是某股的走势。

该股连续拉出 21 根阳线，而且都是沿着 5 日移动平均线稳步上扬的，股价也随着从 3.53 元启动后翻了一番。在该股上涨期间，上市公司几次刊登澄清公告，表示"本公司的重组工作市场传言较多，对此项工作本公司正处于第二个认证阶段，至今尚未签署任何有关资产重组的协议，敬请公司股东及未来投资者在买卖本公司股票之时，务必谨慎行事，注意投资风险"。

但该股却并不因澄清公告的刊登而上涨缓慢，反而屡屡冲击涨停板，这说明主力操作手法的强悍。

这种持续上扬的走势却让不少投资者减仓出场，尤其是操作理念谨慎的投资者更是不敢介入，害怕自己一介入就要遇上股价回落。

投资者只要仔细思考一下就能明白，如果主力不是具备强大的资金实力，不是对上市公司相当了解，又怎么敢让这只股票成为市场中万众瞩目的强势股呢？

所以，对于这类有主力重仓介入、连续走强的股票，投资者可以大胆介入，而且介入越及时越好，从而保证自己获利丰厚。

图 6-5 某股爆发出大幅上扬行情

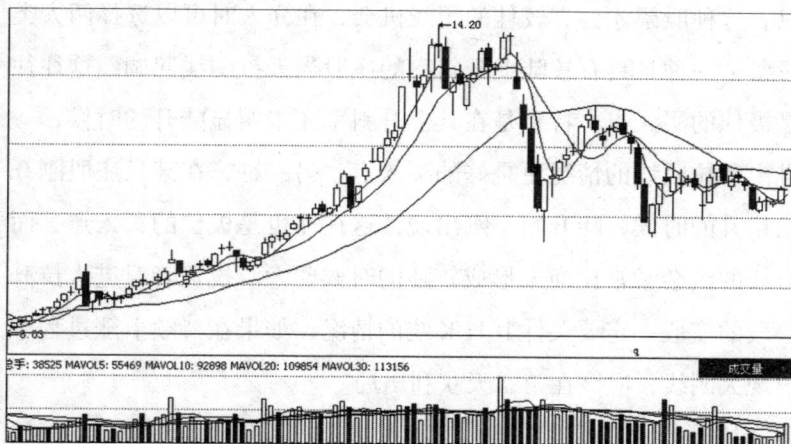

图 6-6 某股走势

如何在拉升的庄股中获取利益

对于短线投资者来说，最理想的获利方式是从正在拉升的庄股中获取短线的收益。而且只要投资者能看懂技术图形，就能轻易地从庄股中赚取短线的收益。拉升的庄股是指一些经过较长时间盘整的庄股开始逐步上涨，并且形成一定的上升斜率。这类股票出现后，投资者只要能跟住主力就很容易获得收益。这主要是因为主力为了将股价升至远离其成本区域，常会利用朦胧的题材进入拉升。但面对这类股票，众多的中小投资者一般不敢轻易跟进，认为这类股票上涨幅度较大，害怕介入后被套牢无法出场。

其实，投资者在实战中一定要介入有上升斜率的庄股，因为只有这种股票才会有较佳的短线机会，在介入时可以选择两大类股票：一种是具有较陡上升斜率的庄股当天拉阴线回调，这往往是极佳的买入点。特别是在其上升斜率还未明显陡升的时候，一旦出现拉阴线的情况更是好的买入点。另一种，在某只庄股刚开始拉升的时候，陡升斜率刚出现，这往往也是极佳的买入点，而短线的机会常常比尚未形成较陡的时候要大。投资者对进入拉升阶段的庄股一定要关注其日 K 线的情况，如果在持续上涨过程中出现大阴线，应该在第二天获利出局。

从以上内容可以看出，庄股在拉升或者其他场合常会给短线投资者带来较大的获利机会，但对庄股的介入一定要注意控制风险，否则，如果在高位被套牢，那么在主力出局后投资者就很难有解套的机会。

下跌中的庄股如何进行短线操作

下跌中的庄股可分为以下几种情况：

1. 超跌庄股

除少部分庄股会在技术形态上表现出具有较强的抗跌性以外，大部分庄股都会选择与大盘共进退，有所不同的是，强庄股往往会在大盘暴跌时，跌幅超过大盘，当大盘止跌企稳后，这类股票又往往会走出凶悍的上攻走势。这类主力往往会充分利用大盘下跌的过程对浮筹进行震荡清洗，从而较轻松地拓展自己上升的空间。

因此，对超跌的庄股应该结合两方面情况进行短线操作。其一是观察其杀跌的凶悍程度与拉升的力度，一旦发现前期曾经持续下跌的庄股形成上升通道以后，应迅速介入，从中获取短线利润。其二是观察其下跌过程中成交量的情况，不少强庄股在暴跌过程中成交量却不会减少，这类超跌庄股只要不缩量，短线机会就会增加。

2. 连续阴跌庄股

有时某些庄股会连续收出 5 根以上的阴线。如果不是因为大盘的连续多日阴跌而出现这种走势，那么该股一定存在短线机会。

特别是那些收多根阴线，但股价基本上没有下跌或下跌幅度非常小的个股，要么是主力在画图骗线，要么是主力为了显示实力以引起市场的关注。

对于这种股票，首先投资者可以认定有庄，而且是大庄；其次，筹码高度锁定，主力已经到了可以随意画线、作图的地步；第三，后市一旦拉升，行情会较凶悍，涨幅会非常可观。对于这类股票，可在放量创出新高时短线介入，通常短线收益会较大。

3. 收光头阴线庄股

在股市中，有些股票在开盘时往往放量高开5%以上，但在开盘后，股价很快又回落至上一个交易日收盘价附近。有的个股竟然能够在较短的时间内不断重复这种走势。

出现这种走势，可能是以下几种原因造成的。

其一是主力画图。收出一根光头的阴线，把前期走势较好的图形完全破坏，把那些当天没有看盘、仅仅参考日K线组合做出决策的投资者以及部分不坚定的投资者赶出局，从而减轻拉升时的抛压。

其二是一些在前一天收市后得知有关利空消息的人，不计代价地在出货。

其三是利好出尽成利空，成为某些人的出货良机。

对于这种个股，首先应分析出现这种走势的原因。如果是因为当天公布利好消息，就应根据量价关系进行分析。如股价处于相对高位，且在收阴线的当天，股价逐步盘跌，成交量为前期的

2 倍以上，则主力出货的可能性较大。

投资者对处于高位的庄股应坚决卖出，而对处于低位的庄股则可持股待涨。

跟庄如何把握买卖点

散户跟庄有三部曲：在主力拉升时买进，在主力洗盘时守仓，在主力出货前卖出。在这三部曲中，最基本的是第一部，介入时机的选择；最关键的是第三部，卖出时机的选择。散户跟庄买入需要把握以下几点：

（1）不要指望买在最低点，也不要在行情发动前买入。不要指望能买在最低点，主要原因是你没法判断这个底部是不是真的底部，很多主力在吸筹阶段盘出一个底来，还可以再盘下去，再探一个底。很多机构就是通过这样的盘底方式来完成建仓，然后拉高，最后再突破。所以，跟庄的原则是能够确认主力开始上拉之后再介入，而此时股价一般都有 10% — 20% 的涨幅。如果是长期做一只股票，波段性操作的时候，能够判断出股票的底部，那就可以选择合适的时机在底部买进。

（2）不要一次性重仓买进。任何时候、任何股票都不要一次性地重仓介入。如果资金量较大，比如在 20 万元以上，应该先少量试探一下，先买 2 万元试一试，待证明判断正确之后再逐渐增加。少量试探是做股票的一个原则，它可以防止你由于思路跟不上，盲目地陷进去。另外，分批介入还因为大部分的短线操作都不可能一下子买到最低价，许多股票在大幅度上涨前会有"二次下探"过程。如果投资者是从少量试探到重仓介入，就可以避免"二次下探"造成的被动局面。

（3）不要害怕股票的价高。投资者在买股时常常认为涨幅大的庄股风险也大，不适宜参与；而涨幅小涨得慢的个股后劲足，安全性高。这实际上是一种误区。股票涨幅大并不意味着风险就一定大，有的股能一涨再涨，原先自己不敢买的"顶部"最后被证明是"腰部"，而自认为是安全的股价却始终原地踏步甚至下跌。判断某只股票值不值得参与，关键是看在目前价位主力有无出局的迹象，看在目前价位股票还有无上涨可能，而不是看它涨了多少。如果一只股票出现缩量涨升，很难说它已经没有上涨空间了。

而散户跟庄卖出需要把握以下几点：

（1）持股要短中结合。所谓的短中结合是指有些品种具备中线潜力的时候就要大胆做中线，同时应该有一小部分仓位不断地做短线，以试探这只股票的活性如何，也验证自己对这只股票的市场感觉。

（2）不要按照猜测的主力拉升目标操作。你可以猜测主力拉升的目标价位，但没有必要严格按照这个目标位操作。主力的拉升目标是坐庄的最高机密，外人无法得知。虽然我们可以从许多方面推测主力的最低拉升目标，但这仅仅是猜测而已。且不说主力会不会完全按照我们推测的标准来制订目标，即使制订了也有可能根据具体情况而修改，因为主力也要见风使舵。因此，跟庄卖出的关键是自己要有一个赢利标准，如果到了这个标准，你必须卖出，而不管这只股还能不能够继续上涨。因为坐庄的是别人，投资者不可能知道主力到底要把股价拉到什么点位。

许多股民总是幻想着如何在最低价买进，如何在最高价卖出，如果做不到，即使赚了钱也高兴不起来，好像吃了多大的亏。这表面上看是在追求完美，实际上是人的贪婪本性在干扰自己。最高点和最低点都是可遇不可求的，事后才知道。而且试图在最高点卖出是十分危险的，因为在拉高到目标位后，主力随时可能出货。而且，主力一般都选在散户最麻痹的时候出货。

成功的主力都是在人们认为他最不可能出货的时候出货。如果股民过分相信主力的拉升目标，选择的抛售点位过高，就会错过抛售良机。因此，跟庄的一大忌讳就是"一跟到底"。

赶在主力出局前逃跑

主力出局与建仓一样，是在一定的价格区间内进行的，将股票在最高价位出局是理想境界，实际操作中能成功是运气，能够在主力派发时的高位区域适时退出就应该心满意足了。要想寻找到合适的卖点，就要把握"主力走，我也走"的原则。如果将主力当作敌人的话，这一点与游击战术的要求是相悖的。游击战讲究"敌退我进"，而跟庄到了高位时，散户投资者必须是"敌退我退"。而主力派发与建仓一样，伴随有大的成交量出现，盘口也会有迹可寻。在具体操作中，采用以下办法可以将股价出在相对高价位。

1. 适可而止

估算主力可能拉升的目标位，到达目标位附近（±10%）时结合盘面变化，一旦发现主力的筹码出现松动迹象，就坚决出局，一去不回头，不管日后还能升多少，也不再贪恋。赚到手的是钱，有资金可以再去寻找下一只目标股。最终保留胜利果实，同时也保留了一颗平常心。

2. 分批减仓

这一点与建仓是一样的，稳健的投资者可采用这种方法。当跟进的庄股已经有一大段升幅后，你随时都可以减少仓位，把账面利润转化为实际投资回报。

3. 设止赢点持有

就像有些短线投资者设止损点一样，中线跟庄的投资者在主力拉升后已有获利时，可以通过设定止赢点来确定卖点，当然止赢点不是随便设的。主力洗盘的极限位一般是成本区，拉升的第一目标位是脱离成本区30%—50%，散户投资者可以将第一止赢点设在其成本区20%上方。日后，伴随股价的拉升，可以不断地调整止赢点的位置，比如上升通道下轨线、30日均线，或根据庄股的个性灵活掌握。

第七章

规避看盘的误区和坏习惯

别把眼睛全部放在大盘的短期波动上

大盘每天涨跌都牵动着无数投资者的心，有人为大盘上涨感到欢欣，有人为大盘下跌感到痛苦。但当投资者不再关心大盘每日涨跌时，反而会意识到投资实际上是一件简单而又快乐的事。投资的真正快乐来源于做一个不为大盘左右的坚定价值投资者，来源于寻找内在价值不断增长并值得长期投资的公司。

市场充满各种噪声，一只股票的价格不过是公司内在价值和市场噪声的叠加。与其去研究永远变化的、无规则的市场噪声，还不如静心研究公司的内在价值。当投资者找到一家内在价值不断增长的公司时，就不会再惧怕大盘的暴跌和股价的波动，因为无论大盘涨跌，股价最终会反映公司的内在价值。坚持价值投资并不意味着每一次投资都会成功，我们可能会选错投资的标的，但每次失败的教训都会让我们鉴别价值股的能力更进一步。

这里，先忽略大盘的短期波动，从内在价值的分析角度来看看如何投资。例如，从某年9月底的市场结构特点来看，受 PMI 回升、地产汽车销售环比回升和美国再次刺激经济预期的支持，周期性行业大幅下跌的概率不大；受收入分配改革预期的支持，消费品仍是热点。但另一方面，当时的流动性又不支持上述周期性行业和金融地产大幅上升。因此，不管市场短期内向何方突破，双边波动的市场大格局不会改变。在这样的背景下，从结构方面看，中期判断消费品是最值得持有的品种，也是以不变应万变的方法。

这里还有另外一种情况，上涨趋势中的股票，可继续忽视短期波动。例如：某年 9 月 10 日大盘下跌，第二天，大盘又拉回来了。大盘风险不大，跌也跌不了多少，但是涨也很难涨上去。至 9 月底之前，反复震荡波动。而那些比较滞涨的，正在攻破年线和半年线的上涨趋势中的股票，可以继续忽视短期波动，这些股票最多是跟大盘回落而暂时选择回落，洗掉浮筹而已，一旦大盘稍微稳定，这些股票就会飞快上涨了。所以，很多时候，不要以为自己聪明，比自己更聪明的大有人在。对于随着大盘暂时波动的滞涨股，要能够忍受股价的激烈波动，可以继续修忍辱功夫，继续耐心等待，要上去的终究会上去。

渴望洞悉未来是人类的天性，几乎每一位投资者都把预测、分析、判断大盘走势当作头等重要的大事。巴菲特曾经对他的合伙人说过这样一段话："我所做的不是要预测整个股市或商界的波动变化，如果你觉得我能做到这一点，或是认为这对于一个投资项目是必不可少的，那么你就不该参加到这个合伙企业中来。"要想真正理解巴菲特的话绝非易事。很多投资人总喜欢把投资失败归咎于不能成功逃顶和抄底，并翻遍技术分析书籍，试图找到预测大盘顶底的方法，但其实他们最终会意识到把投资建立在对大盘走势的预测上风险极大。

事实已经证明，没有任何分析方法能够每次都准确无误地预测大盘的顶部和底部，如果其中有某一次判断失误，而投资者又据此下了很大的投资赌注，那么最终的结果必然是损失惨重。

别混淆大盘指数与股价的关系

个股组成板块，板块组成大盘。大盘是由个股和板块组成的，个股和板块的涨跌会影响大盘的涨跌。同样，大盘的涨跌又会反过来作用于个股。因为当大盘涨的时候，投资者入市的积极性比较高，市场的资金供应就比较充裕，使得个股的资金供应也相对充裕，从而推动个股上涨。当大盘跌的时候，则反之。特别是在大盘见底或见顶，突然变盘的时候，大盘的涨跌对个股的影响更显著：当大盘见底的时候，绝大部分个股都会见底上涨；当大盘见顶的时候，绝大部分个股都会见顶下跌。在大盘下跌的时候买股票，亏钱的概率极大；在大盘上涨的时候买股票，赚钱就容易很多了。

有的股民认为来到市场中是为了赚钱的，不是为了猜每天指数涨跌的，不用管大盘怎么样，做好个股就行了。你要知道大盘是大环境，多数个股受制于大盘的变化，况且综合指数是由个股组成的，它能代表大多数个股的走势。虽然指数被几个权重股影响，有失真的现象，但是 98% 的个股的波动会依附于大盘的波动，当大盘变弱或者说走坏时，大部分个股都是要受到影响的。如果离开大盘谈个股，把个股游离于大盘之外，会有"只见树木，不见森林"之感，那样会使你一叶障目，不见泰山。

"轻大盘，重个股"不是说不管大盘的涨跌，而是相对个股来讲别把大盘看得太重，如果你理解成不管大盘，只去做个股，就违背了辩证法中事物是相互联系的观点。任何事物都不会孤立地存在，个股怎么能独立于大盘之外，不受大盘的影响呢？只重个股就有点片面了，你走向了一个极端。

选时重要，选股更重要，就是说大盘的走势重要，选好个股更重要，因为牛市中有熊股，熊市中有牛股，所以散户想：如果能够在跌势中赚点钱，岂不更好？可是你再想一想，升势中你赚钱都不容易，想在跌势赢利是很难的，一般散户很难在逆市中选到好股，即使选到了也很难操作好。有句话说得好："牛市套牢是暂时的，熊市中赚钱是暂时的。"在一波行情中，有时你选错了股票，赚了指数没赚钱，就简单地认为大盘不重要，那是一个误区。很多人可能遇到过，在升势中刚把迟迟不涨的股票卖了，它就一飞冲天。不涨有不涨的原因，关键是你要分析好，判断准确，操作正确，个股与大盘的背离是有一定原因的，你要弄明白。

升势中上涨是主旋律，回调多是洗盘，还要继续涨，从趋势形成到转折，是有一定周期的，在这个过程中你可以不管大盘，因为上涨是主流，你可以放心地去操作个股。超级主力营造好的环境，个股主力岂能错过这个好机会，不借机大赚一把？它没涨是时机还不成熟，其表现可能与大盘的上涨背离，那是陷阱，升势中的个股十个下跌九个假，95% 的个股都要上涨，你精选个股就行，不用理会其与大盘的背离，其实个股拉高出货是几天的事情，你多数时间是耐心等待，没有大涨是时机未到，时机一到会涨的，主力会对大势作出比较正确的判断，大盘不到顶部区域，主力是不会出货的，要与主力比耐心。在跌势中情况就不一样了，有句话说"覆巢之下，焉得完卵"，你想大盘下跌，能有多少个股逃脱下跌的命运，你不能抱着侥幸的心理，一般散户还是别碰这个运气的好。在大盘跌势中，下跌是主旋律，上涨只是反弹，反弹结束下跌得更厉害，跌势中的股票十个突破九个是假，就是为了套牢你。许多散户经不住上涨的诱惑，控制不住自己想赚钱的欲望，买入后遭到套牢。跌势中 98% 的个股随大盘下跌，多数主力是不会逆市而动的，只有极个别高明的主力，借特别的题材逆市而动，你买的股很难说就一定在这 2% 之中。所谓的强势股也不一定持续强，有些强势股也可能借大盘的跌势顺势洗盘，有些强势股的下跌比较突然，从图形和指标看走得很好，在你无防备时突然下跌，让你难以出逃；有的还要进行补跌，你也不知道什么时候补跌，很难把握好。一般散户在跌势中尽量不要操作，能在跌势中赚钱的高手不过万分之几，不要去羡慕那些人。

如果在跌势中你要坚持这个观点，不断地操作是赔多赚少，所以千万不能盲目地在什么情况下都坚持。虽然还是个股让你赚钱，但千万不要忽视大盘对个股的影响，对一般散户来讲，最好是既看重大盘指数，又看重个股，二者兼顾，不可偏废。

别把大盘走势认同为个股走势

大盘与个股的走势，有的关联度高，几乎达到亦步亦趋的地步；有的关联度低，两者甚至是背道而驰。"走势关联度"直接反映了主力资金的流向和个股的强弱，成为我们选股时的重要依据。

（1）与大盘走势基本一致的个股，走势关联度高，涨跌空间与大盘不会偏离太大。把大盘与个股的走势图一对照，就会发现多数个股与大盘的走势是吻合的，大盘大涨，个股也大涨；大盘大跌，个股也难以独善其身。大盘与个股的关系，是"大河有水小河满，大河没水小河干"。这类个股缺乏集中性资金关照，走势只能随大流。在调整市道里，持股就比较被动，因为它难以抵抗大盘的系统性风险，而在上涨行情里，涨幅也无法超越大盘。因此，它并非最佳的投资选择。但若对大盘点位判断准确，在大盘跌至低位区时介入，要谋取市场平均利润并不难。

（2）走独立行情的个股，走势关联度低，往往有主力资金独立运作。这类个股大盘大涨时并未一哄而起，大盘跌时更是稳坐钓鱼台。走势图上，大盘如太阳下山走下坡路，这类个股却似行走在平坦的草原上，甚至不理会大盘的险恶环境，独立走上升通道。此类个股一般都有实力资金运作，走出类似于庄股的走势，在大盘跌时抗跌，在大盘涨时升势可能更持久，持股收益能够超越大盘，并能回避大盘下跌的系统性风险。参与此类个股，可无须看大盘的脸色，只要一路持股，往往能有意外的惊喜。如2010年下半年，大盘基本上以跌为主，但蓝筹股却走出独立行情，特别是以宝钢股份、南方航空、海螺水泥等为首的群体，逆市走出一波上升行情，显示主流资金大批集中在该板块。

（3）率先见底的板块，有望成为下轮行情的领涨者。在一轮中级调整市里，那些率先见底的板块或个股，无疑是市场中先知先觉的群体。不过，只有在大盘走出底部之后才能确认底部。此时不妨回过头来看看，哪些个股在大盘阴跌绵绵时就开始构筑上升通道，便可把其作为重要的备选品种。根据历史经验，在大盘见底前后第一个涨停的个股，更是行情的"启明星"，往往是领涨的龙头股。

（4）跌幅超越大盘的板块或个股，是被市场抛弃的群体。这类个股主要集中在ST股、小盘股及庄股上。对此类个股，投资者无疑应采取回避的策略。不过弱极会变强，在一轮调整市中跌幅最大的群体，一旦反弹起来也是极迅速的。不过参与时宜持短线思维。

大盘走势是所有个股走势的综合体现，代表了大部分个股。很多投资者会参考大盘的走势来决定如何操纵自己的个股，所以大盘走势影响个股走势。控盘的个股多数也会跟大盘一起走，原因有二，可以利用大盘好好地洗洗盘，为进一步上涨作好准备；

大盘下跌时卖的人多，主力如果这时拉高：①抛盘重，②也会引起市场的注意，对自己将来进一步拉高不利。

大盘表示有代表性的股票的走势，这些股票所代表的是股市中的主要力量，意义重大。

其实个股走势和大盘没有多大关系，但是没有主力的个股，大盘不好时根本走不上去，卖的人太多了，有庄的个股如果没有什么特别的用心，也会顺市。股市的调整是正常的，没有只涨或者只跌的。个股如果一直涨也不可能，独立上涨的个股要不就是送股，要不就是业绩大增，要不就是有题材之类的。

别把大盘当作判断个股买卖的指标

大盘和个股的关系是错综复杂的，不能简单地一概而论，要根据具体情况具体分析。总的来说，大概是这样的：大盘变盘大幅上涨或大幅下跌的时候对于股票的涨跌影响很大，但是，我们也必须注意到，当大盘没有变盘，处于横盘状态的时候，大盘的作用就不怎么明显，也不怎么重要了。此外，大盘与个股的关系并非一一对应，因此我们不能将大盘当作判断个股买卖的指标。

影响股票涨跌的因素有很多，例如，政策的利空利多、大盘环境的好坏、主力资金的进出、个股基本面的重大变化、个股的历史走势的涨跌情况、个股所属板块整体的涨跌情况等，都是一般原因（间接原因），都要通过价值和供求关系这两个根本的法则来起作用。当然，股市的涨跌还有其他的原因，但是所有的原因都必将是通过价值法则和供求关系法则来影响股市的涨跌的。

个股基本面的重大变化：个股基本面的好坏在相当大的程度上决定了这只股票的价值。因此，个股的基本面是通过价值法则来影响股价的。当个股基本面出现重大的利空的时候，股价一般都会下跌；当个股基本面出现重大的利好的时候，股价一般都会上涨。当然，这都是一般的情况，特殊的情况还有，在高位的时候，主力发出利好配合出货，那样股价就会下跌了。那个时候，起主要作用的就是主力资金的流出，从而导致股价的下跌。因此，个股基本面的变化或者说个股的消息面对股价的具体影响，还必须结合技术面上个股处于的高低位置来仔细分析，以免上假消息的当。高位出利好，要小心；高位出利空，也要小心。低位出利好，可谨慎乐观；低位出利空，也不一定是利空。

个股买卖指标主要判断原则有以下几点：

（1）根据近期的入选涨跌第一榜的个股特征，来发现短线的市场机会与风险所在的板块，特别是一定要防止提示的风险。

（2）根据近期股票换手率的特征，来发现市场是否有新主力入场。一般情况下，原来的不活跃股与基本面好的个股成交量放大，说明主力进场积极；原来的活跃股与超跌股的成交量放大，说明是老主力在折腾。

（3）根据盘中成交买卖记录以及组合性的指标来发现新的潜

看盘方法与**技巧**

力股，以及跟踪原有潜力股的动态变化进行潜力分析。

（4）每阶段需要跟踪一些具有明显机会的个股，对于这些个股的机会一定不能放过。明显机会主要体现于题材、量能、趋势之中。

别把技术分析方法神化

片面强求指标成功率、短线追涨停指标，也许成功率会很高，但它不总是实用。技术分析是大多数投资者，尤其是趋势投资者经常使用的，作为买卖决策最重要参考依据的分析方法。介绍各种技术分析方法的书籍多如牛毛，各种技术指标成百上千，令人眼花缭乱。但绝大多数指标只是换了一个不同的名称，原理大同小异。大体主要可分为：大势型、超买超卖型、趋势型、能量型、成交量型、均线型、图表型、路径型等几大类，当然还有种类繁多的特色指标。在运用过程中，容易出现以下几种常见的主要错误：

（1）着眼点较浅较短。即过于注意短期的走势，而忽略较大趋势的主导性和稳定性的问题，只是就当天的分时走势分析，最多仅仅看到近几天的K线组合情况，经常频繁做出趋势改变的判断，体现在实际操作的指导中，就会经常给人无所适从的感觉，不具备太大的实际指导意义。正确的分析方法应该是首先判断较长一段时间（一般在 10 天至 2 个月的范围内）的大趋势究竟是向上、向下，还是区间震荡，随后再分析较短期的走势。如，若判断 1 个月内的趋势是向上的，而最近几天却有较大跌幅，且离预期目标位还较远。那么，只要较大级别的趋势没有遭到破坏，就不应判断为止损离场，而应该是逢低买入才对。目光过于短浅，必然会频繁发出前后矛盾的趋势判断，因为此种分析法就是仅仅以最短期的走势作为分析对象的，而过于短期的市场走势具有极大的不确定性和方向改变的频繁性，判断的准确程度和指导作用自然就难以令人满意了。

（2）分析方法或指标选用不当。由于各种分析法和指标太多，除了极少数情况下，几乎同一周期参数的绝大部分指标及分析法的买卖信号或指向会一致外，大部分情况下，只要你选择的不同分析法或不同类指标的数量达到一定程度，各种指标之间往往会彼此不同步，甚至完全相反。因此，分析方法和技术指标也应该有优先主次顺序的明确原则，这个原则主要是应尽量多用绝对值类，少用相对值类的分析法和指标。即优先采用如移动平均线、趋势线、速度线、黄金分割线、斐波那契数列周期、江恩角度线及时间周期、K 线形态分析、量能分析、资金流向等，而尽可能少地运用那些多种多样的技术指标。在选择技术指标时不宜种类过多，而应是趋势型、超买超卖型、均线型、路径型大体均配，以保持较全面的分析。在现实中，大部分人却过分依赖相对值类的各种技术指标和分析方法。

（3）运用时过于僵化。每种技术分析法都有它的不足之处，均有不同的使用条件和环境，股市的走势又波动频繁，变化无穷，若在特定的情况下，选择的分析方法或选取的指标参数不适合，由此推断出的结论的准确性自然也就大打折扣了。比如，一般股票书籍上大多对突破重要阻力位和支撑位的有效性，设立了两个判定条件，即突破3天和超越幅度在3%以上。但要根据具体情况，灵活应用才对，不能简单地生搬硬套。出现这种生搬硬套问题的原因主要是没有深刻理解突破重要阻力位和支撑位这一句中的"重要"二字的含义，这是针对较大的中长期趋势而论的，自然不能套用到目前较小的日常波动的走势预测分析中来了。

忽略基本面分析，而只进行单纯的技术分析。技术分析往往只有短期的效果，而基本面分析发掘的是上市公司内在的潜质，中长期阶段性的指导意义。避免用单一技术指标进行分析，每一个技术指标都有自己的优缺点。在进行技术分析的时候，要考虑多项技术指标的走势，同时结合具体走势进行分析理解。高水平的技术分析还要结合波浪理论、江恩循环论、经济周期等作为指导性分析工具。留意技术指标有较大的人为性。强庄股往往有反技术操作的特点，目的是将技术派人士尽数洗出或套住。成交量有重大意义，要密切关注。主力的每一个市场行为均与成交量有关，拉高建仓抢货，短线阶段性派发，阶段性反弹，打压吸筹，规模派发等主力行为都与成交量有直接联系。如果出现高位放量，往往是市场发生转变，应果断离场，而在低部放量抢货就应果断介入。

不做看盘前的必备功课

投资知识的盲点也是造成看盘失误的原因。这几年随着人们理财意识的提高，人们对于投资知识的需求也越来越旺盛。然而，很多人往往是知其然，而不知其所以然，对于很多理念、知识、技巧的理解停留在表面，这种片面的理解会带来很大的负面作用。

举个例子来说，投资者都听说过"不要把鸡蛋放在同一个篮子里"这句话。可是究竟如何来理解"鸡蛋"和"篮子"？一些人的做法是分别买了几只不同的股票，看上去也实现了不同"篮子"的配置，可是从根本上说，大部分资产完全集中在单一市场的单一产品上，所承受的系统性风险是完全一样的，因此，并不能从根本上起到分散风险的作用，也就丧失了资产配置的功能。有的人则把资产分进了众多的"篮子"里，这个买一点，那个买一点，风险的确被分散了，但由于缺乏因市场而动的部署和配置，投资组合的整体收益率也受到了影响，其实这也并没有达成资产配置的真正目的。

"眷恋过去"也是一个常见的盲区，尽管历史总是惊人的相似，但是金融投资最有意思的一点，并不在于投资者们能普遍捕捉到似曾相识的走势，恰恰在于每一次的意外与变化。因此，在股票、期货等投资上，投资者不能陷在以往的经验或数据里不能自拔。如果仅仅把历史业绩作为选择产品的依据，其实并不科学。投资界有句名言，"你无法从后视镜当中看见未来"，所针砭的就是这种情况。"眷恋过去"的另外一种表现是过于沉浸在过去的失败中，像 2008 年发生股灾，很多人在投资上出现了较大的损失，如果只把目光停留在过去，不仅对实际投资没有帮助，还会影响到投资的心态。

对主力的操盘方法没有一个系统的认识，炒股就像盲人摸象，毫无章法，运气好时也能赢两把，运气不好了就一败涂地。只有做好看盘前的必备工作，有一个良好的开始，才是走向胜利关键的一步。

在看盘的时候考虑问题过于简单

很多投资者在看盘的时候考虑问题过于简单，他们的所有努力都放在了关注已成事实的黑马或者可能成为黑马的个股分析上面，对同样重要的后续操作却不是非常重视。比如说，万一自己对市场的分析出现偏差怎么办？市场背景出现你没有预计到的变化怎么办？那么，看盘高手是如何应对这些突然变化的呢？

1. 大盘利空因素的应变

（1）大盘在高位突发利空因素。大盘在一个获利盘较多的高位突发利空往往预示着一轮行情的结束，并且这个下跌往往是非常凌厉的，途中反弹的力度也相当弱。

（2）大盘在低位突发利空因素。大盘在一个全线被套的长线低位突发利空往往会先出现一轮短线急跌，然后极易引发一轮中级行情，领头的股票容易是最近上市的低价次新股。

（3）大盘在上升途中突发利空因素。大盘在一轮价量配合的初期出现突发利空因素，往往使得前期主力无法出局，又为踏空主力带来机会，往往会延续行情，特别是逆市上扬的低位股票容易成为黑马股，这种利空往往是一种理想的利空。

（4）大盘在下降途中突发利空因素。大盘在下降途中突发利空急易引起暴跌，这种下跌是全线股票方式的，但是下跌过后容易引起超跌股的短线反弹。

2. 大盘利多因素的应变

（1）大盘在高位突发利多因素。大盘在一个获利盘较多的长线高位突发利好往往会先出现一轮短线高开，然后极易引发一轮中级下跌行情，领跌的股票容易是利好针对的题材股。

（2）大盘在低位突发利多因素。大盘在一个长线的低位突发利好往往会引发一轮低位轧空的上涨行情，并且领涨的股票往往是低价大盘指标股与前期的活跃板块。

（3）大盘在上升途中突发利多因素。大盘在上升途中突发利好极易引起暴涨，这种上涨是全线股票方式的，但是上涨过后容易引起涨幅过大的股票出现出货举动。

（4）大盘在下跌途中突发利多因素。大盘在一轮没有低成交量阴跌的初期出现突发利好因素，往往为前期被套的主力带来出局机会，并延续下跌行情，特别是引发前期抗跌控盘庄股出现跳水，这种利好往往是一种诱骗性的利好，行情只能持续一两天。

3. 个股突发因素的应变

（1）主力低位控盘的股票不论是遇到利空还是利多影响，都容易引发一轮上涨行情。根据利好的程度决定上涨的力度，这种上涨往往是跳空性质的。而利空也容易引发这类股票短线震荡后上涨，如果这种利空是主力人为制造的洗盘消息，往往是中线较大的盘升行情。但注意，如果是重大利空则应该谨慎，因为有些即将退市的股票在诱骗性地挣扎。

（2）主力高位控盘的股票不论是遇到利空还是利多影响，都容易引发一轮下跌行情。根据利空的程度决定下跌的力度，这种下跌往往是跳空性质的。而利好也容易引发这类股票短线震荡后下跌，如果这种利好是主力人为制造的出货消息，往往是中线较大的急跌行情。

（3）对利好立刻反应的股票是好股票，对利好不反应的股票是坏股票。对利空立刻反应的股票是坏股票，对利空不反应的股票是好股票。板块联动中，率先领头的是好股票，后续跟风且力度不够的是坏股票。

（4）与大盘相比，在大盘上涨的时候，带量上涨的强势股是好股票，无量滞涨的股票是坏股票。在大盘调整的时候，逆势上涨的低位股是好股票，跌幅大于大盘的是坏股票。

（5）新增股票上市时，如配股、增发股、内部职工股、战略配售股上市时，表现强劲的股票是好股票，表现弱势的股票是坏股票。

图书在版编目 (CIP) 数据

股票获利实战大全 . 3, 看盘方法与技巧 / 华投编
. –– 北京 : 中国华侨出版社 , 2021.1
　　ISBN 978-7-5113-8360-0

　　Ⅰ . ①股… Ⅱ . ①华… Ⅲ . ①股票投资—基本知识
Ⅳ . ① F830.91

　　中国版本图书馆 CIP 数据核字 (2020) 第 214591 号

股票获利实战大全 . 3, 看盘方法与技巧

编　　者：华　投
责任编辑：江　冰
封面设计：冬　凡
文字编辑：胡宝林
美术编辑：刘欣梅
经　　销：新华书店
开　　本：880mm×1230mm　1/32　印张：24　字数：560 千字
印　　刷：三河市新新艺印刷有限公司
版　　次：2021 年 1 月第 1 版　　2022 年 2 月第 4 次印刷
书　　号：ISBN 978-7-5113-8360-0
定　　价：138.00 元（全 4 册）

中国华侨出版社　北京市朝阳区西坝河东里 77 号楼底商 5 号　邮编：100028
发 行 部：（010）88893001　　传　　真：（010）62707370
网　　址：www.oveaschin.com　　E－m a i l：oveaschin@sina.com

如果发现印装质量问题，影响阅读，请与印刷厂联系调换。

股票获利实战大全.2

新手炒股
快速入门

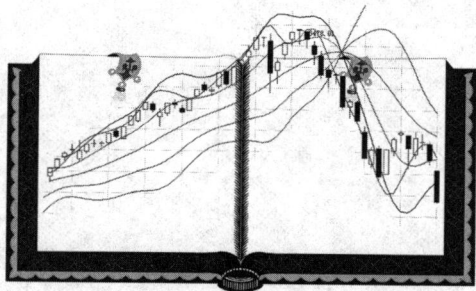

林沅 / 编

中国华侨出版社
北京

前言

PREFACE

　　股市是一个充满风险的场所，股票操作也是一项非常复杂的工作，对于新手来说，当务之急是学会客观冷静地看待股市，认真、细致地分析股市，准确、合理地把握股市。当你用自己辛勤劳动挣来的钱去炒股的时候，千万要对自己的投资行为负责，切不可盲目入市，随意买卖股票。为了帮助广大新股民切实提高自身的炒股能力，我们特编写了这本《新手炒股快速入门》。本书从实用性与可操作性入手，全面系统地介绍了炒股必备的基础知识，包括股民的入市准备、股票交易的基本流程，全程教会新股民如何操盘，如何选股，如何把握最佳股票买卖点，如何看透庄家，巧妙跟庄、猎庄，如何规避风险，如何控制仓位，如何成功解套……为新股民提供了一份全方位的炒股指南。如果你对股市与股票不甚了解，不妨阅读本书，掌握基本的股市分析方法与操作技巧，以此减少投资的盲目性，提高成功率。

1

本书最大的特色在于将理论与实践相结合，让读者在学中练、在练中学，真正兼顾了学习、运用的双重用途，使读者能精通技术分析，读懂市场语言，是新股民学习股市操作技巧和提高操作水平的实用工具书。书中针对中国股民的现状，总结了初入股市时经常遇到的各种问题，挖掘了在炒股过程中最实用的操作技法，这些方法以实用为最根本原则，力求用通俗的语言来进行讲解，让新股民一看便懂，一用便会。为了避免一般股票书籍所具有的枯燥感，书中使用大量的案例，使分析变得简单、易学、易用，便于模仿操作。

　　需要说明的是，我们对日新月异的各类情况不可能一览无余，本书中所述的知识点也不一定会是一成不变的。所以，股民在学习应用的时候，一定要灵活，提高自己的应变能力，结合这些知识和方法最终总结出适合自己的炒股方法。本书就像是一张股市的财富导航图，只要你认真学习，灵活掌握，就一定会在风云变幻的股市中获得理想的收益。

目录

CONTENTS

第一章 股票投资基础知识

第二章 掌握选股的要点和技巧

第三章 识别最佳买卖时机和位置

第六章　新手跟庄实战技法

第八章　如何利用解套反败为胜

第一章

股票投资基础知识

什么是股票

要想对股票有个大致的了解，我们首先要了解一下股票的起源。股票是社会化大生产的产物，迄今已有 400 余年的历史，它是伴随着股份制公司的出现而出现的。

1602 年，荷兰联合东印度公司成立，荷兰人把所有类似于莎士比亚经典作品《威尼斯商人》中的安东尼奥那样的商人联合起来，成立股份制公司，目的是共同承担航海风险。为了募集更多的资金，荷兰联合东印度公司还向全社会融资。任何人只要出了钱，都可以去东印度公司，在小本子上登记，公司则承诺有收益就按比例给大家分红。农夫、小作坊工人、渔民……几乎每一个荷兰人都去购买这家公司的股票。

由于缺乏流通性，大家就想出进行股票买卖的交易方法，于是成立了最初的股票交易所。荷兰东印度公司是世界上第一家公开发行股票的公司，而"安东尼奥"们，甚至包括市长的女佣就是最初的股东，也就是股民的雏形。

明末清初，股票在中国出现。当时，一些大富商采用了"集资联营、合股经营"的策略，中国最早的股票由此诞生。1916 年，孙中山和虞洽卿共同建议成立上海交易所股份有限公司，并拟定具体规章制度，这标志着股票在中国的发展。1920 年 7 月 1 日，上海证券物品交易所开业，证券交易标的分为有价证券、棉花等7类。这就是近代中国最早的股票交易。1990年12月19日，上海证券交易所正式开业；1991年7月3日，深圳证券交易所正式开业。这两家交易所的成立标志着中华人民共和国证券市场的形成，并在以后的发展中日臻完善。

随着改革开放的深入，我国股票市场也在不断地发展与完善，参与股票投资的投资者日益增多，股票投资已逐渐成为一种被人们接受的理财手段，而股票自然而然也成了人人关心的热门话题。

那么股票明确的含义是什么呢？

为了让投资者更好地理解股票的含义，我们先打个简单的比方：如果你做生意缺钱，你找朋友借钱，就可以向他承诺，生意做成后与他分红。你打个借条给他，这个"借条"就是一种变相"股票"，也可以说是一种资金证明。

如果将个人扩大至一个企业，股票就是股份有限公司在筹集资金时，向出资人发行的一种有价证券，其代表着持有者（即股东）对股份公司的所有权。这种所有权是一种综合权利，如参加股东大会、投票表决、参与公司的重大决策、收取股息或分享红利等。同一类别的每一份股票所代表的公司所有权是相等的。每个股东所拥有的公司所有权份额的大小，取决于其持有股票的数量占公司总股本的比例。股票一般可以通过转让收回其投资，但不能要求公司返还其出资。股东与公司之间的关系不是债权债务关系。股东是公司的所有者，按其出资份额对公司承担有限责任，承担风险，分享收益。

股票的特征

几百年来，数以亿万计的人参与了股票投资，演绎了无数悲欢离合的故事。股票之所以拥有那么大的魅力，是因为它拥有一些其他投资方式所没有的优势、特点，具体体现在以下几点。

1. 收益性

对于持有股票的股东来说，他所买入的其实并不是股票，而是股票直接指代的企业。这样，通过股票的方式，股东与企业之间建立起了利益共存的基础。好的企业可以创造高额的利润，作为对投资人的回报，企业或是通过送股的方式，或是通过派发红利的方式，将这些利润回报给股东。通过买入股票从而分享企业所创造的利润，这是投资者买入股票的最初目的。但是，通过企业的分红或送股来获取收益显然已不是投资者当前买股票的根本原因，投资者买股票的根本原因在于股票价格可以不断上涨。

通常来讲，促使股票价格上涨的因素主要有两种：一是随着企业的赢利能力不断增强、规模不断扩大，原有的每股股票的价值及价格自然也会水涨船高。例如，某一企业最初的资产只有100元，它发行了100股，则每股只值1元。随后，由于企业不断成长、不断赢利，成功地将原有的100元总资产升值到1000元，那么，此时每股就值 10 元了。二是由于股票具有流通性，可以在二级市场转手买卖，这使得股票的价格可以被人为地"炒"高。正是由于这两点，股票的预期收益率往往极为诱人，从而吸引大量的投资者参与到股票交易中。

2. 流通性

股票的流通性是指股票在不同投资者之间的可交易性。流通性通常以可流通的股票数量、股票成交量以及股价对交易量的敏感程度来衡量。可流通股数越多，成交量越大，价格对成交量越不敏感（价格不会随着成交量一同变化），股票的流通性就越好，反之就越差。股票的流通，使投资者可以在市场上卖出所持有的股票，取得现金。通过股票的流通和股价的变动，可以看出人们对于相关行业和上市公司的发展前景和赢利潜力的判断。那些在流通市场上吸引大量投资者、股价不断上涨的行业和公司，可以通过增发股票，不断吸收资本进入生产经营活动，优化资源配置。

3. 价格波动性和风险性

股票在市场上作为交易对象，同商品一样，有自己的市场行情和市场价格。由于股票价格要受到诸如公司经营状况、供求关系、银行利率、大众心理等多种因素的影响，所以有很大的不确定性。正是这种不确定性，有可能使股票投资者遭受损失。价格波动的不确定性越大，投资风险也越大。因此，股票是一种高风险的金融产品。例如，称雄于世界计算机产业的国际商用机器公司，当其业绩不凡时，每股价格曾高达 170 美元，但在其地位遭到挑战，出现经营失策而导致亏损时，股价竟下跌到 40 美元。如果不合时机地在高价位买进该股票，就会遭受严重损失。

4. 不可偿还性

股票是一种无偿还期限的有价证券，投资者认购了股票后，就不能要求退股，只能到二级市场卖给第三者。股票的转让只意味着公司股东的改变，并不减少公司资本。从期限上看，只要公司存在，它所发行的股票就存在，股票的期限等于公司存续的期限。

5. 参与性

股东有权出席股东大会，选举公司董事会，参与公司重大决策。股票持有者的投资意愿和享有的经济利益，通常是通过行使股东参与权来实现的。股东参与公司决策的权利大小，取决于其所持有股份的多少。从实践中看，只要股东持有的股票数量达到左右决策结果所需的实际多数时，就能掌握公司的决策控制权。

股票的价值与价格

股票本身没有价值，只是虚拟资本的一种形式，从本质上讲，股票仅是一个人拥有某一种所有权的凭证。股票之所以能够有价，是因为股票的持有人，即股东，不但可以参加股东大会，对股份公司的经营决策施加影响，还享有参与分红与派息的权利，获得相应的经济利益。同理，凭借某一单位数量的股票，其持有人所能获得的经济收益越大，股票的价格也就越高。

股票的价值可分为面值、净值、清算价格、发行价及市价等5种。

1. 面值

股票的面值，是股份公司在所发行的股票票面上标明的票面金额，它以"元/股"为单位，其作用是表明每一张股票所包含的资本数额。在我国上海和深圳证券交易所流通的股票的面值均为壹元，即每股一元。

股票面值的第一个作用是表明股票的认购者在股份公司的投资中所占的比例，作为确定股东权利的依据。如某上市公司的总股本为 1,000,000 元，则持有一股股票就表示在该公司占有的股份为 1/1000000。第二个作用就是在首次发行股票时，将股票的面值作为发行定价的一个依据。一般说来，股票的发行价格都会高于其面值。当股票进入流通市场后，股票的面值就与股票的价格没有什么关系了。股民将股价炒到多高，它就有多高。

2. 净值

股票的净值又称为账面价值，也称为每股净资产，是用会计统计的方法计算出来的每股股票所包含的资产净值。其计算方法是用公司的净资产（包括注册资金、各种公积金、累积盈余等，不包括债务）除以总股本，得到的就是每股的净值。股份公司的账面价值越高，则股东实际拥有的资产就越多。由于账面价值是财务统计、计算的结果，数据较精确，而且可信度很高，所以它是股票投资者评估和分析上市公司实力的重要依据之一。股民应注意上市公司的这一数据。

3. 清算价格

股票的清算价格是指一旦股份公司破产或倒闭，进行清算时，每股股票所代表的实际价值。从理论上讲，股票的每股清算价格应与股票的账面价值一致，但企业在破产清算时，其财产价值是以实际的销售价格来计算的，而在进行财产处置时，其售价一般都会低于实际价值，所以股票的清算价格就会与股票的净值不一致。股票的清算价格只有在股份公司因破产或其他原因丧失法人资格而进行清算时，才被作为确定股票价格的依据，在股票的发行和流通过程中没有意义。

4. 发行价

当股票上市发行时，上市公司从公司自身利益以及确保股票上市成功等角度出发，对上市的股票不按面值发行，而制订一个较为合理的价格来发行，这个价格就称为股票的发行价。

5. 市价

股票的市价，是指股票在交易过程中交易双方达成的成交价，通常所说的股票价格就是指市价。股票的市价直接反映着股票市场的行情，是股民购买股票的依据。由于受众多因素的影响，股票的市价处于经常性的变化之中。股票价格是股票市场价值的集中体现，因此这一价格又称为股票行市。

普通股和优先股

按股东权利分类，股票可分为普通股和优先股。

1.普通股

普通股是指在公司的经营管理和赢利及财产的分配上享有普通权利的股份，代表满足所有债权偿付要求及优先股东的收益权与求偿权要求后，对企业赢利和剩余财产的索取权，它构成公司资本的基础，是股票的一种基本形式，也是发行量最大、最为重要的股票。目前在上海和深圳证券交易所中交易的股票，都是普通股。

通常来说，普通股股东拥有的基本权利如图 1-1 所示。

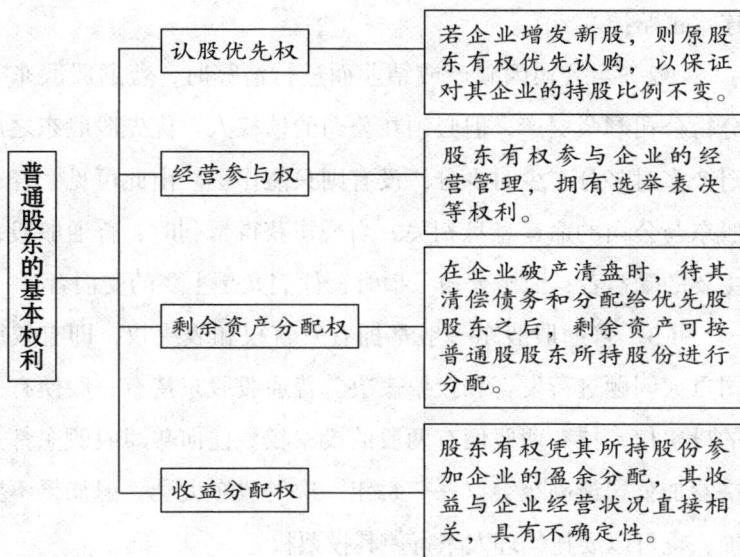

普通股股东的基本权利	认股优先权	若企业增发新股，则原股东有权优先认购，以保证对其企业的持股比例不变。
	经营参与权	股东有权参与企业的经营管理，拥有选举表决等权利。
	剩余资产分配权	在企业破产清盘时，待其清偿债务和分配给优先股股东之后，剩余资产可按普通股股东所持股份进行分配。
	收益分配权	股东有权凭其所持股份参加企业的盈余分配，其收益与企业经营状况直接相关，具有不确定性。

图 1-1 普通股股东的基本权利

普通股的基本特点是：其投资收益（股息和分红）不是在购买时约定，而是事后根据股票发行公司的经营业绩来确定。公司的经营业绩好，普通股的收益就高；反之，普通股的收益就低。

普通股是股份公司资本构成中最重要、最基本的股份，亦是风险最大的一种股份，但又是股票中最基本、最常见的一种。一般可把普通股的特点概括为如下4点：

（1）持有普通股的股东有权获得股利，但必须是在公司支付了债息和优先股的股息之后。普通股的股利是不固定的，一般视公司净利润的多少而定。当公司经营有方，利润不断递增时，普通股能够比优先股多分得股利，股利率甚至可以超过50%；但赶上公司经营不善的年头，也可能连一分钱都得不到，甚至可能连本也赔掉。

（2）当公司因破产或结业而进行清算时，普通股股东有权分得公司剩余资产，但必须在公司的债权人、优先股股东之后，财产多时多分，少时少分，没有则只能作罢。由此可见，普通股股东与公司的命运息息相关。当公司获得暴利时，普通股股东是主要的受益者；而当公司亏损时，他们又是主要的受损者。

（3）普通股股东一般都拥有发言权和表决权，即有权就公司重大问题进行发言和投票表决。普通股股东持有一股便有一股的投票权，持有两股便有两股的投票权。任何普通股股东都有资格参加公司最高级会议——每年一次的股东大会，但如果不愿参加，也可以委托代理人来行使其投票权。

（4）普通股股东一般具有优先认股权，即当公司增发新普通股时，现有股东有权优先（可能还以低价）购买新发行的股票，以保持其所拥有的企业所有权的原百分比不变，从而维持其在公司中的权益。

综上所述，由普通股的前两个特点不难看出，普通股的股利和剩余资产分配可能大起大落，因此，普通股股东所担的风险最大。既然如此，普通股股东当然更关心公司的经营状况和发展前景，而普通股的后两个特性恰恰使这一愿望变成现实——即提供和保证了普通股股东关心公司经营状况与发展前景的权利的手段。

值得注意的是，在投资股和优先股向一般投资者公开发行时，公司应使投资者感到普通股比优先股能获得较高的股利，否则，普通股既在投资上冒风险，又不能在股利上比优先股多得，那么还有谁愿意购买普通股呢？一般公司发行优先股，主要是以"保险安全"型投资者为发行对象，对于那些比较富有冒险精神的投资者，普通股才更具魅力。总之，发行这两种不同性质的股票，目的在于更多地吸引具有不同兴趣的投资者。

2. 优先股

优先股是"普通股"的对称。是股份公司发行的在分配红利和剩余财产时比普通股具有优先权的股份。优先股也是一种没有期限的有权凭证，优先股股东一般不能中途向公司要求退股（少数可赎回的优先股例外）。通常情况下，优先股具有如图 1-2 所示的特征。

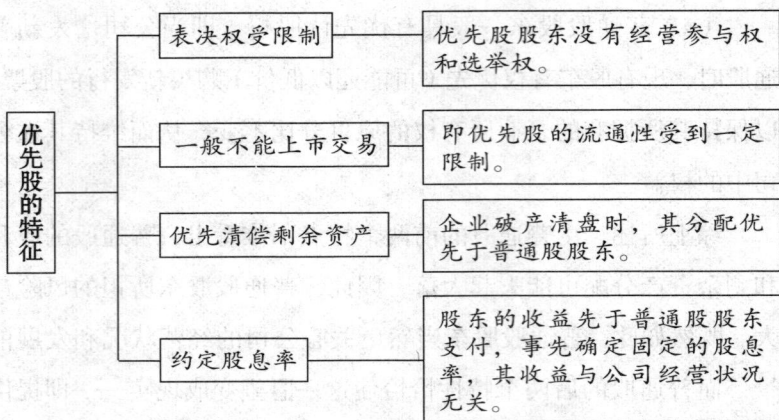

图 1-2　优先股的特征

优先股的种类很多，为了适应一些专门谋取某些优先好处的投资者的需要，优先股有各种各样的分类方式。主要分以下几种：

（1）可转换优先股与不可转换优先股。可转换的优先股是指允许优先股持有人在特定条件下把优先股转换为一定数额的普通股。否则，就是不可转换优先股。可转换优先股是近年来日益流行的一种优先股。

（2）可收回优先股与不可收回优先股。可收回优先股是指允许发行该类股票的公司，按原来的价格再加上若干补偿金将已发行的优先股收回。当该公司认为能够以较低股利的股票来代替已发行的优先股时，就往往行使这种权利。反之，就是不可收回的优先股。

（3）参与优先股与非参与优先股。当企业利润增大，除享受既定比率的利息外，还可以跟普通股共同参与利润分配的优先股，称为"参与优先股"。除既定股息外，不再参与利润分配的优先股，称为"非参与优先股"。一般来讲，参与优先股较非参与优先股对投资者更为有利。

（4）累积优先股和非累积优先股。累积优先股是指在某个营业年度内，如果公司所获的赢利不足以分派规定的股利，日后优先股的股东对往年来付给的股息，有权要求如数补给。对于非累积的优先股，虽然对于公司当年所获得的利润有优先于普通股获得分派股息的权利，但如该年公司所获得的赢利不足以按规定的股利分配时，非累积优先股的股东不能要求公司在以后年度中予以补发。一般来讲，对投资者来说，累积优先股比非累积优先股具有更大的优越性。

国有股、法人股、社会公众股、外资股

股票根据投资主体的不同还可以分为国有股、法人股、社会公众股和外资股4种。

1. 国有股

国有股指有权代表国家投资的部门或机构，以国有资产向企业投资形成的股份，包括以企业现有国有资产折算成的股份。由于我国大部分股份制企业都是由原国有大中型企业改制而来的，因此，国有股在企业股本中占有较大的比重。国有股股利收入由国有资产管理部门监督收缴，依法纳入国有资产经营预算收入管理。

国有股权可以转让，但必须明确的是，转让应符合国家的相关规定。为了维护国有股的权益，国有资产管理部门应考核、监督国有股持股单位有无正确行使权力和履行义务。

2.法人股

法人股指企业法人或具有法人资格的事业单位和社会团体，以其依法可经营的资产向企业非上市流通股权部分投资所形成的股份。目前，在我国上市公司的股权结构中，法人股平均占20%左右。根据法人股认购的对象，可将法人股进一步分为境内发起法人股、外资法人股和募集法人股3个部分。

市场要良性运作，必须遵循相应的规定。法人股转让时必须遵循的限制性规定如下：

（1）股份公司发起人持有本公司股份自公司成立之日起一年内不得转让。

（2）《公司法》及其他法律法规规定不得从事营利性的主体，不得受让公司股份，如商业银行不得向非银行金融机构和企业投资。

（3）法人股只能在法人之间转让，不能转让给自然人或者其他非法人组织。

（4）上市公司收购中，收购方持有的上市公司股票，在收购行为完成后 6 个月内不得转让。

（5）除为核减公司资本或与持有本公司股票的其他单位合并，公司不得收购本公司股票。

（6）中国公民个人不能作为中外合资（合作）有限公司的股东。

（7）属于国家禁止或者限制设立外资企业的行业的公司股权，禁止或者限制向外商转让。

3. 社会公众股

社会公众股是指我国境内个人和机构，以其合法财产向公司可上市流通股权部分投资所形成的股份。

我国国有股和法人股目前还不能上市交易。国家股股东和法人股股东要转让股权，可以在法律许可的范围内，经证券主管部门批准，与合格的机构投资者签订转让协议，一次性完成大宗股权的转移。由于国有股和法人股占总股本的比例超过 70%，在大多数情况下，要取得一家上市公司的控制股权，收购方需要从原国有股东和法人股东手中协议受让大宗股权。除少量公司职工股、内部职工股及转配股上市流通受一定限制外，绝大部分的社会公众股都可以上市流通交易。

4. 外资股

外资股是指股份公司向外国和我国香港、澳门、台湾地区投资者发行的股票。外资股按上市地域可以分为境内上市外资股和境外上市外资股。境内上市外资股是指股份有限公司向境外投资者募集并在我国境内上市的股份，投资者限于外国和我国香港、澳门、台湾地区的投资者。这类股票称为 B 股，B 股以人民币标明股票面值，以外币认购、买卖。境外上市外资股是指股份有限公司向境外投资者募集并在境外上市的股份。它也采取记名股票形式，以人民币标明面值，以外币认购。

在境外上市时，可以采取境外存股证形式或者股票的其他派生形式。在境外上市的外资股除应符合我国的有关法规外，还须符合上市所在地国家或者地区证券交易所制定的上市条件。我国境外上市外资股主要采取美国存托凭证 ADRs、全球存托凭证 GDRs 和通过中国香港上市的 H 股等形式。

A 股、B 股、H 股、N 股、S 股、T 股

我国上市公司的股票有 A 股、B 股、H 股、N 股、S 股和 T 股等的区分。这一区分主要依据股票的上市地点和所面对的投资者而定。

A 股的正式名称是人民币普通股票。它是由我国境内的公司发行，供境内机构、组织或个人（不含台、港、澳投资者）以人民币认购和交易的普通股股票。我国 A 股股票市场经过多年快速发展，已经初具规模。

B 股的正式名称是人民币特种股票。它是以人民币标明面值，

以外币认购和买卖,在境内(上海、深圳)证券交易所上市交易的。它的投资人限于:外国的自然人、法人和其他组织,中国香港、澳门、台湾地区的自然人、法人和其他组织,定居在国外的中国公民,中国证监会规定的其他投资人。现阶段 B 股的投资人,主要是上述几类中的机构投资者。B 股公司的注册地和上市地都在境内,只不过投资者在境外或在中国香港、澳门及台湾地区。自 1991 年底第一只 B 股——上海电真空 B 股发行上市以来,经过 20 多年的发展,中国的 B 股市场已由地方性市场发展到由中国证监会统一管理的全国性市场。

H 股,即注册地在内地、上市地在中国香港的外资股。香港的英文是 Hong Kong,取其首字母,在港上市外资股就叫作 H 股。以此类推,纽约的第一个英文字母是 N,新加坡的第一个英文字母是 S,东京的第一个英文字母是 T,纽约、新加坡和东京上市的股票就分别叫作 N 股、S 股、T 股。

股票类型	上市地点		说明
	中文	英文	
A 股	中国	China	1.A 股正式名称为人民币普通股票。 2. 以人民币计价。 3. 在我国境内发行、只许本国投资者以人民币认购。 4.A 股不是实物股票,记账方式为"无纸化电子记账"。 5. 实行"T+1"交割制度。 6. 涨跌幅限制为 10%。 7. 参与投资者为中国内地机构或个人。

股票类型	上市地点		说明
	中文	英文	
B 股	中国	China	1. B 股也称人民币特种股票。 2. 以人民币标明面值。 3. 沪市挂牌 B 股以美元计价，而深市 B 股以港元计价。 4. 2001 年 2 月 19 日前仅限外国投资者买卖，之后对国内投资者开放。
H 股	香港	Hong Kong	1. H 股也称国企股。 2. 以港元计价。 3. 境内企业在香港上市的股票。 4. H 股为实物股票，实行"T+0"交割制度，无涨跌幅限制。
N 股	纽约	New York	在中国内地注册，在纽约上市的外资股。
S 股	新加坡	Singapore	在中国内地注册，在新加坡上市的外资股。
T 股	东京	Tokyo	在中国内地注册，在东京上市的外资股。

ST 股票和 *ST 股票

ST 股票，ST 是英文 Special Treatment 的缩写，意即"特别处理"。1998 年 4 月 22 日，沪深交易所宣布，将对财务状况或其他状况出现异常的上市公司的股票交易进行特别处理（Special treatment），在简称前冠以"ST"，因此这类股票称为 ST 股。

如果公司出现如下 6 种异常财务状况之一，则其股票就要被带上 ST 的帽子。

状况一，最近两个会计年度的审计结果显示的净利润为负值，也就是说，如果一家上市公司连续两年亏损或每股净资产低于股票面值，就要予以特别处理。

状况二，最近一份经审计的财务报告对上年度利润进行调整，导致连续两个会计年度亏损。

状况三，注册会计师对最近一个会计年度的财产报告出具无法表示意见或否定意见的审计报告。

状况四，最近一个会计年度的审计结果显示其股东权益低于注册资本。

状况五，最近一个会计年度经审计的股东权益扣除注册会计师、有关部门不予确认的部分，低于注册资本。

状况六，经交易所或中国证监会认定为财务状况异常的。

在上市公司的股票交易被特别处理期间，其股票交易应该遵循以下几大原则：

原则一，股票报价日涨跌幅限制为5%。

原则二，股票名称改为原股票名前加"ST"。

原则三，上市公司的中期报告必须经过审计。

原则四，在显示行情时，不得将特别处理股票的每日行情与其他股票的每日行情混合刊登，要在报刊上另设专栏刊登。

*ST股票，*ST是指由证券交易所对存在股票终止上市风险的公司股票交易实行"警示存在终止上市风险的特别处理"，是在原有"特别处理"基础上增加的一种类别的特别处理，其主要措施为在其股票简称前冠以"*ST"字样，以区别于其他股票。

具体来说，存在如下 6 种情况之一者，为存在股票终止上市风险的公司。

　　状况一，财务会计报告因存在重大会计差错或虚假记载，公司主动改正或被中国证监会责令改正，对以前年度财务会计报告进行追溯调整，导致最近两年连续亏损的。

　　状况二，最近两年连续亏损的。

　　状况三，财务会计报告因存在重大会计差错或者虚假记载，中国证监会责令其改正，在规定期限内未对虚假财务会计报告进行改正的。

　　状况四，在法定期限内没有依法披露年度报告或者半年度报告的。

　　状况五，处于股票恢复上市交易日至其恢复上市后第一个年度报告披露日期间的公司。

　　状况六，交易所认定的其他情形。

股票的其他分类

股票的类型有很多，总结起来，主要有以下几种。

1. 蓝筹股

　　股票市场上，投资者把那些在其所属行业内占有重要支配性地位、业绩优良、成交活跃、红利优厚的大公司股票称为蓝筹股。

"蓝筹"一词源于西方赌场。在西方赌场中，有三种颜色的筹码，其中蓝色筹码最为值钱，红色筹码次之，白色筹码最差。投资者把这些行话套用到股票上就有了这一称谓。

2. 红筹股

红筹股这一概念诞生于20世纪90年代初期的香港股票市场。中国香港和国际投资者把在境外注册、在香港上市的那些带有中国内地概念的股票称为红筹股。

3. 成长股

成长股是由那些发行股票时公司的规模并不大，但业务蒸蒸日上，管理良好，利润丰厚，产品在市场上有较强竞争力的上市公司发行的。

优秀的成长型企业一般具有如下特征：成长股公司的利润应在每个经济周期的高涨期间都达到新的高峰，而且一次比一次高；产品开发与市场开发的能力强；在行业内始终处于领先地位，具有很强的综合、核心竞争力；拥有优秀的管理班子。成长型公司的资金，多用于建造厂房、添置设备、增加雇员、加强科研，将经营利润投资于公司的未来发展，因此往往派发很少的股息。成长股的投资者应将目光放得长远一些，尽可能长时间持有，以期从股价的上升中获得丰厚的利润。

4. 受益股

受益股也称收入股、高息股，能够支付较高收益的股票，生意稳定，扩展机会不大，所以其净利润转化为较高的收益发放股利。受益股的特点是稳定性较好，受股价暴涨暴跌的影响相对于低息股而言要小，此外，尽管其市场价格较高，但上涨的幅度及潜力仍然较大。这类股票适于中长期投资者。

5. 周期性股

周期性股票是数量最多的股票类型，是指支付股息非常高（当然股价也相对高），并随着经济周期的盛衰而涨落的股票。这类股票多为投机性的股票。该类股票诸如汽车制造公司或房地产公司的股票，当整体经济上升时，这些股票的价格也迅速上升；当整体经济走下坡路时，这些股票的价格也下跌。与之对应的是非周期性股票。

6. 防守性股

这种股票与周期性股正好相反，它们在面临不确定性和商业衰退时的收益和红利具有相对的稳定性。公用事业公司发行的普通股是防守性股的典型代表，因为即使在商业条件普遍恶化与经济萧条时期，人们对公用事业也还有稳定的要求。

7. 投机性股

所谓投机性股，是指那些价格很不稳定或公司前景很不确定的普通股。这主要是那些雄心很大、具有开发性或冒险性的公司的股票，热门的新发行股以及一些面值较低的石油与矿业公司发行的普通股票。这些普通股的价格，有时会在几天或几周内上涨2—3倍，也可能在几天或几周内下跌2—3倍，故其收益与风险均超过一般的普通股。

第二章

掌握选股的要点和技巧

选股要遵循的 4 大原则

股票投资是一种集远见卓识、渊博的专业知识、智慧和实战经验于一体的风险投资。选择股票尤为重要，投资者必须仔细分析，独立研判。

投资者在选股时要遵循一定的原则，具体如下。

1. 利益原则

利益原则是选择股票的首要原则。投资股票就是为了获得某只股票给自己投入的资金带来的长期回报或者短期价差收益。投资者必须从这一目标出发，克服个人的地域观念和性格偏好，进行投资品种的选择。无论这只股票属于什么板块、什么行业，凡是能够带来丰厚收益的股票就是最佳的投资品种。

2. 现实原则

股票市场变幻莫测，上市公司的情况每年都在发生各种变化，热门股和冷门股的概念也可以因为各种情况出现转换。因此，选择股票时应主要看投资品种的现实表现，上市公司过去的历史、经营业绩和市场表现只能作为投资参考，而不能作为选择的标准。投资者没有必要抱定一种观念，完全选择自己过去喜爱的投资品种。

3. 短期收益和长期收益兼顾的原则

从取得收益的方式来看，股票上的投资收益有两种：第一种是价格变动为投资者带来的短期价差收益，另一种是上市公司和股票市场发展带来的长期投资收益。完全进行短期投机牟取价差收益，有可能错过一些具有长期投资价值的品种；相反，如果全部从长期收益角度进行投资，则有可能错过市场上非常有利的投资机会。因此，投资者选股的时候，应该兼顾这两种投资方式，以便最大限度地增加自己的投资收益。

4. 相对安全原则

股票市场所有的股票都有一定的风险，要想寻求绝对安全的股票是不现实的。但是，投资者还是可以通过精心选择，来回避那些风险太大的投资品种。对广大中小投资者来说，在没有确切消息的情况下，一般不要参与问题股的炒作，应该选择相对安全的股票作为投资对象，避开有严重问题的上市公司。比如：

（1）有严重诉讼事件纠纷，公司财产被法院查封的上市公司。

（2）连续几年出现严重亏损，债务缠身、资不抵债，即将破产的上市公司。

（3）弄虚作假、编造虚假业绩骗取上市资格、配股、增发的上市公司。

（4）编造虚假中报和年报误导投资者的上市公司。

（5）有严重违规行为，被管理层通报批评的上市公司。

（6）被中国证监会列入摘牌行列的特别转让（PT）公司。

上述公司和一般被特别处理（ST）的上市公司不同，它们不完全是经济效益差，往往有严重的经营和管理方面的问题，投资这些股票有可能受牵连而蒙受经济上的重大损失。

参与炒作 PT 股票的投资者，在这些上市公司通过资产重组获得生机之后，有可能获得较好的收益。但是，如果这些上市公司在这方面的尝试失败，最终就会被中国证监会摘牌，停止交易，投资者所投入的资金也面临着血本无归的局面。总体上看，这些股票的投资风险太大，广大中小投资者对此要有清醒的认识。

选股的 3 种思维方式

选股的思维方式主要有 3 种：前瞻性、实证性、风险性。

前瞻性思考注重政经大环境的变化，从政经大环境的变化和社会转型中，看出新板块崛起的机会。实证性思考注重个股的实地调研，反复推敲，最后得出一个稳定获利的答案时正式投入资金。风险性思考注重如何避开风险与利用风险。以上 3 种思考都能获大利，不过因为时机的不同，而各有独特之处。

在空头市场，前瞻性思考派不上用场，因为当时前瞻性思考所得的结论，也许要等到多头市场来临时才能大放异彩。也许有人认为，空头市场也可以利用前瞻性思考看出空头市场的下一个演变，不过这种思考要有衍生性工具配合，才能在空头市场赚大钱。例如，利用股指期货去空头市场做空，照样可以赚钱，不过因为股指期货属于高风险、高利润的操作模式，一般人不敢大量介入，所以在空头市场想透过衍生性工具利用前瞻性思考赚大钱相对困难。

如果空头市场的杀伤力不是很急促且很强烈的话，20%的个股仍会逆势走多，不过这些个股都是经得起实证性考察的个股。换句话说，能逆势走多的个股往往是获利很稳定的个股，但因为空头市场时间太久了，许多个股已跌到合理价位之下，只要其获利性很稳定，或者成长性较高，都会出现逆势上涨的现象。不过这种情况很少出现在空头市场的前半段，大部分出现在后半段。如果空头时间不够长，逆势上涨的机会就相对较少。因此，实证性思考在长期熊市的后半段往往可以发现许多逆势上涨的个股，因而照样可以在熊市中获利。

风险性思考是虚拟经济的最大特征。一般的风险性思考是讨论如何避开风险的，但是有的风险性思考是讨论如何利用风险，二者都是风险性思考的范围。避开风险主要是透过止损或止盈来达成，不过真正的止损是以条件止损为主，价位止损为辅，在上涨条件不变的情况下，急跌之后往往会快速拉上来，只有上涨条件改变时，价位止损才变得比较重要，比较具有迫切性。至于利用风险来赚大钱属于另一种境界。

利用风险来赚大钱属于比较特殊的状况，它不是利用时间而是利用时机来赚大钱。时机具有相当的隐秘性，但一旦启动它的投机效应，涨起来既快又猛，涨幅又大。如果不是大的时机，想利用风险来赚大钱比较困难。

选股就要选明星股

投身风云变幻的股市遇到的首要问题，就是如何选择股票。真正选中一只好的股票，并在合适的时机买入，无疑将获得丰厚的利润。

那么，什么样的股票才是好股票，什么样的股票才能带来丰厚的利润呢？现在的明星股和具有明星股潜力的黑马股、成长股等，都是首要选择。

美国著名投资大师巴菲特将其选股策略概括为寻找超级明星股。他说："我们始终在寻找那些业务清晰易懂、业绩持续优异、由能力非凡并且为股东着想的管理层来经营的大公司。这种目标公司并不能充分保证我们投资赢利（我们不仅要在合理的价格上买入，而且我们买入的公司的未来业绩还要与我们的估计相符），但是这种投资方法——寻找超级明星股——给我们提供了走向真正成功的唯一机会。"

具体而言，巴菲特认为符合 10 个选股准则的股票，才是他心目中十全十美的超级明星股。

1. 超级长期稳定业务

经验表明，赢利能力最好的企业，经常是那些现在的经营方式与 5 年前甚至 10 年前几乎完全相同的企业。

2. 超级经济特许权

"一座城堡似的、坚不可摧的经济特许权，正是企业持续取得超额利润的关键所在。"一项经济特许权的形成，来自具有以下特征的产品或服务：

（1）它是顾客需要或者希望得到的。

（2）被顾客认定为找不到类似的替代品。

（3）不受价格上的管制。

以上 3 个特点的存在，将会体现为一个公司能够对所提供的产品与服务进行主动提价，从而赚取更高的资本报酬率。

3. 超级持续竞争优势

对于投资者来说，关键不是确定某个产业对社会的影响力有多大，或者这个产业将会增长多少，而是要确定所选择企业的竞争优势，更重要的是这种优势的持续性。只有那些提供的产品或服务具有很强竞争优势的企业，才能为投资者带来满意的回报。

4. 超级明星经理人

投资人会持续受惠于这些所持股公司的超凡出众的经理人。他们品德高尚、能力出众，始终为股东着想，投资这些公司所取得的非凡投资回报，恰恰反映了这些经理人非凡的个人品质。

5. 超级资本配置能力

投资人不需关注什么公司战略规划，而要关注且深入分析公司资本配置决策的历史记录。一旦成为 CEO，他们需要承担新的责任，必须进行资本配置决策，这是一项至关重要的工作。

6. 超级产品赢利能力

真正能够让人投资赚大钱的公司，大部分都有相对偏高的利润率，通常它们在业内有最高的利润率。

7. 超级权益资本赢利能力

对公司经营管理业绩的最佳衡量标准是，能否取得较高的权益资本收益率，而不是每股收益的增加。

8. 超级留存收益赢利能力

在这个巨大的股票市场中，投资者应选择的是具有如下经济特性的企业：每 1 美元的留存收益，最终能够转化为至少 1 美元的市场价值。

9. 超级内在价值

内在价值尽管模糊难辨却至关重要，它是评估投资和企业的相对吸引力的唯一合理标准。内在价值可以简单地定义为：它是一家企业在其存续期间可以产生的现金流量的贴现值。

10. 超级安全边际

在买入价格上要坚持留有一个安全边际。如果计算出一只普通股的价值仅仅略高于它的价格，那么不会有人对买入产生兴趣。这种安全边际准则——本·格雷厄姆尤其强调这一点——是投资成功的基石。

黑马股、成长股等股票虽然现在不被人看好、不被人推崇，但是将来会成为众人关注的明星股，因此投资这种后来者居上的股票无疑是明智之举。其实，选股的过程就是投资价值发现的过程，一个好的选股者就是一个好的投资价值发现者。发现超级明星股既需要正确的方法和工具，也需要耐心和等待。一旦找到了心仪许久的珍宝，就要果断地拥有它，因为它来之不易。

选股的 8 大依据

市场上有千万种股票，面对各种股票，任何一个投资者即使有雄厚的资金，也不可能同时购买市场上的所有股票。如何选择风险小、收益大的股票进行投资，实在是一件难事。对于资金数量不多的小额投资者而言，在眼花缭乱的大量股票中选择好投资对象，就更为不易。正因为如此，便有"选股如选美"的感叹。但是，选股并非毫无策略可言，下述方法可谓选股之真谛。

1. 根据公司业绩选股

公司业绩是股票价格变动的根本力量。公司业绩优良，其股票价格必将稳步持续上升，反之则会下降。因此，长线投资者应主要根据公司业绩进行选股。衡量公司业绩的最主要指标是每股赢利及其增长率。根据我国公司的现状，一般认为每股税后赢利

0.8元以上且年增长率在25%以上者，具有长期投资价值。

2. 根据经济周期选股

不同行业的公司股票在经济周期的不同阶段，其市场表现大不一样。有的公司对经济周期变动的影响极为敏感，经济繁荣时，公司业务发展很快，赢利也极为丰厚；反之，经济衰退时，其业绩也明显下降。另一类公司则受经济繁荣或衰退的影响不大，繁荣时期，其赢利不会大幅上升，衰退时期亦无明显减少，甚至还可能更好。因此，在经济繁荣时期，投资者最好选择前一类股票；而在经济不景气或衰退时，最好选择后一类股票。

3. 根据每股净资产值选股

每股净资产值即股票的"含金量"，它是股票的内在价值，是公司资产中真正属于股东且有实物或现金形式存在的权益，是股票价格变动的内在支配力量。通常情况下，每股净资产值必须高于每股票面值，但低于股票市价，因为市价总是包含了投资者的预期。在市价一定的情况下，每股净资产值越高的股票越具有投资价值。因此，投资者应选择每股净资产值高的股票进行投资。如果市价低于每股净资产值，其投资价值极高。当然，净资产值低而市价也低的股票，也可适当选择，但无论如何最好不要选择净资产值低于股票面值的股票。

4. 根据股票市盈率选股

市盈率是一个综合性指标，长线投资者可以从中看出股票投资的翻本期，短线投资者则可从中观察到股票价格的高低。一般地说，应选择市盈率较低的股票。但市盈率长期偏低的股票未必值得选择，因为它可能是不活跃、不被大多数投资者看好的股票，而市场永远是由大众行为决定的，因此，其价格也很难攀升。至于究竟市盈率在何种水平的股票值得选择，并无绝对标准。

5. 根据股票的市场表现选股

股票的净资产是股票市场表现的基础，但两者并非完全对应，即净资产值高的股票，其市价不一定都有良好的表现，净资产值相同或相近的股票，其市价可能有较大差异。因此，对短线投资者而言，市场价格如何变动，即其波动幅度大不大，上升空间广不广，亦是选股的重要依据。一般地说，短线操作者最好选择那些短期内有较大上升空间或市价波动幅度大的股票，这些股票提供的短期获利机会较大。

6. 根据个人情况选股

大多数投资者常对某些股票有所偏好，这可能是因为对这类股票的公司业务较熟悉，或是对这类股票的个性较易驾驭，或是操作起来得心应手，等等。根据个人情况选股时，要全面考虑自己的资金、风险、心理、时间、知识等方面的承受能力。比如有的股票经常大起大落，变动无常，就不适于在上述方面承受能力不强的投资者选择。

7. 根据股价涨幅超前与否选股

通常同一行业中最好的两三只股票会有强劲的走势，而其他的股票则步履维艰。前者被称为"领导股"，后者便是所谓的"同情股"。"领导股"也是涨幅超前股，是投资者应选择的对象。如何发现这些"领导股"呢？一个简易的方法是股票相对价格强度测定法。所谓相对价格强度，是指某种股票在一定时期内，涨价幅度与同期的股价指数或其他股票的涨价幅度的比值。通常认为，相对价格强度在 80 以上的股票极具选择价值。

8. 根据多头市场的 4 段行情选股

多头市场的行情走势通常可分为 4 段行情。第一段行情为股价急升行情，整个市场的升幅极大，通常占整个多头行情的 50%。在这段行情内，大多数股票从空头市场过度压抑下反弹，几乎所有的股票都会上涨，在这期间可以试进高风险股票。当空头市场转向，这类股票的升幅将有优良的表现。

第二段行情也是相当有利的，股价指数的升幅超出整个多头行情的 25%。通常，在这段行情中，成长股开始有好的表现。投资者普遍看出经济发展的未来美景，并且寻找参与成长的方式。在这种投资气氛里，成长股会更快地升高价位，此时的绩优成长股走势也相当好，其涨幅可能比股价指数还要高。因此，在这一段行情内，最好选择成长股的绩优股。

第三段行情的涨幅显著较小，一般少于整个多头行情的 25%，而且只有极有限的股票继续上升。对这段行情的可行策略是，慢慢卖出次等成长股，转移部分资金用于具有在多头市场里维持价位能力的绩优成长股，以及购进那些能在未来经济困境中特别获益的顺应大势的股票。总之，此段行情内必须开始对空头市场作准备。

第四段行情是多头市场即将完结的行情，此时该涨的股票都已涨得差不多，只有绩优成长股以及可以在经济困境中获利的少数股票，能继续上升。因此，这段行情的选股是最困难的，通常这时应是准备撤离市场的时候。但空头市场究竟何时来临很难确定，故此时全部清盘未必明智，最佳的办法是继续持有某些绩优成长股，而不要空仓。

多做分析，少跑现场

为了少受外界各种消息以及传言的干扰，投资者在寻找好股时应遵循一个很重要的原则：多做分析，少去现场。

股市是一种"群众性的运动"，它的气氛效应很难抗拒。在股市活跃之时，市场上几乎人人都在买进，互相讨论的也是什么样的股票和什么价买进才保证追得上行情，人人都怕买不到，再加上几个起哄看热闹的，投资人经常会因热血沸腾而做出非理智的投资。在股市低迷之时则正相反，市场上冷冷清清，手中都是抛单，人人害怕还要跌，互相议论的都是还会跌多少，这种冷清的场面自然会使人万念俱灰，陷入不能自拔的失望心境。

试想，在一种狂热的气氛中，即使你理智地感觉到要调整，但在行动之时身旁股友的半句话被你听到了："看来还会涨几天。""嗯，至少明天没问题。"这时你就会想："再看一看。"看了一会儿，隔壁大户室过来一个人神秘地说一句："听说是上面有个什么会议，有一些利好消息要出来。"这时你又会想："多亏我等了这一会儿，还有这个好消息呢，不卖了。"结果第二天直线暴跌。就因几句"耳边风"的影响，一次赚钱机会演变成了"割肉放血"。这种现象在股市中比比皆是，没有一点虚构和夸张的成分，纯粹是股市中常见现象的"录像片段"。

从大量事例中不难看出：交易现场的气氛影响太大了，足以打乱投资者原本的计划和决心，使人盲目、不由自主地跟着作出错误的选择和决定。所以，要"少去现场"。

少去现场并不是让你忘了投资股票这件事，而是必须私下仔细分析学习，苦练硬功。把感兴趣的股票和大势的资料拿来认真分析，也要买几本股票知识方面的书仔细研读，学习理论，增加对股市规律性的认识。总之，需要你做的事情很多，要把分析工作放在私下，对交易场所要像对商店一样，不想买东西时尽量少去，这就是"运筹帷幄之中，决胜千里之外"的道理。

先看股性后选股

股性也就是股票的个性，市场上通常用一定时期内一只股票股价的波动特性，来衡量该股股性是否活跃。股性一般取决于企业经营状况、分红派息方式、股本结构、题材是否丰富、二级市场供求程度以及地域特性等方面的因素。

（1）从企业的经营状况看，可分为强势股和弱势股。所谓强势股，即气势超过一般的股票。在一段时期经营业绩优良的个股必然是强势股。当大势处于跌势时，强势股往往跌幅甚微，甚至持稳不坠；当大势处于盘整阶段时，强势股能保持坚挺；当大盘处于升势时，强势股上涨冲击力总是最强的。而弱势股则恰恰相反。可见，选股要选强势股。

（2）从分红派息方式看，如果一个公司既有较强的股本扩张能力，赢利又能跟上股本扩张的速度，则投资者不仅可以获得股价波动的利润，而且能获得稳定的投资收益。一般来说，从资本公积金、税后利润等财务指标能判断股票的送配潜力。但每个公司在分红派息上有不同的方式：有些公司虽有赢利，却吝于派息，或派息但不愿送红股；有些公司虽少赢利，却大肆分红，分光吃光；有些公司比较稳健，分红派息适中，以保证公司长期的成长性。分红派息特性对一个公司股价的影响非常重要，因此，在选股时，要分析公司分红派息的特性。

（3）从股本结构看，流通盘的大小对股性的影响非常大。一般来说，小盘股有利于庄家控盘，筹码收集时间也相对短一些。在多头市场下，小盘绩优股尤其受到庄家青睐，在这种情况下，庄家进出也比较容易。而对于大盘股来说，如果业绩不佳，长期无庄家资金光顾，则可能造成股性呆滞，即使偶尔有较好的表现，也不过是庄家调控大盘指数的工具，不宜做中长期投资。

另外，在中国股市中，上市公司的地域性非常明显。川股、上海本地股、京股等都是股市中投资者熟悉的地域概念。西藏、新疆等边远地区的股票股性一般也比较活跃。有些股票经常在跌市中最先见底，升市中最先见顶，有些股票则仅在大盘涨升末段稍有表现，这就是股票的股性。投资者如果能够捉摸到每一种股票的不同特征，那么，在选股中获胜的把握就会高一些。

当然，一只股票的股性并非一成不变。一只股性很活的股票，有可能因为庄家重仓持有而长期居高不下，股性因庄家无法出局而变得呆滞，对于这类股票，投资者应敬而远之。

准确地抓住市场的热点

古时有个渔夫，好高骛远，总想把海里值钱的鱼都捕入自家网里。某年他听说市面上墨鱼价格大涨，出海便一心只捕捞墨鱼。但他网住的全是螃蟹，只得扔进海里空手而归。岂料一回到岸上，他才得知市面上螃蟹价格最高，不由得捶胸顿足后悔不已，发誓下次出海一定只捕螃蟹。第二次出海，他把注意力放在螃蟹上，对发现的刀鱼群视而不见。结果回到岸上，又是出乎他所料，刀鱼卖得极好。于是渔夫决定：下次出海，无论是遇到螃蟹还是墨鱼、刀鱼，他都要捕捞。第三次出海，他既没见墨鱼，也没见螃蟹和刀鱼，只见到一大群马哈鱼。于是，渔夫再一次失望而归。

这个故事形象地说明了盲目追逐热点的后果。看见某只股涨起来了，就紧追不放，心无旁骛，很可能一追就被套住，乱追热点成了重复犯错误，左右挨耳光，最后只落得个渔夫的下场。

可见，"热点"从形成至发展到高级阶段能迅速致富一批人，但其代价正是在高位盲目追涨热点的人的"输出"，可以认为热点正是财富再分配的契机。那么怎样才能准确地抓住市场热点呢？以下操作策略可供参考。

1. 关注热点的资金凝聚力

同样是热点股，但对市场资金的吸引力是不同的。股价的运动最终需要依赖资金的推动，有较大资金凝聚力的热点更有上涨潜力。

2. 关注热点的市场号召力

以金融股和玻璃股为例，这两个板块中的股票数量都不多，而且都比较活跃。但是，它们对整个市场的影响力是完全不同的。玻璃股形成热点时往往只能自拉自唱，不能在市场中形成合力作用。而金融股一旦活跃起来后，对整个市场将产生较大影响力，有时甚至能够带动起一轮行情。因此投资者在选择热点股时，绝对不能轻视类似金融股这样有强大市场号召力的板块。

3. 选择热点股时要考虑自身的特点

热点有多种类型：有持续时间仅仅几天的短线热点，这类热点适合于短线高手参与。擅长于短线操作的投资者，可以在建立完善的风险控制机制和经过周密的准备的前提下，选择该类热点股。还有持续时间更短的盘中热点，这类股票由于受意外消息影响，股价在盘中一度能迅速拔高上涨，但昙花一现后随即在盘中回落。此类热点股只适合那些已经持有该股的投资者卖出，而不适宜买进。

还有伴随着一轮波段行情的兴起而兴起，衰落而消失，具有很强的阶段性特征的热点，这类阶段性热点比较适合于擅长中线波段操作的投资者选择。

4. 要选"龙头型"热点，回避"蛇尾型"热点

所谓"龙头型"热点是指那些先于大盘企稳、先于大盘放量、先于大盘启动、涨幅较大、引领市场行情的热点股，选择这类热点股往往有较多的投资机会和丰厚的获利空间；而"蛇尾型"热点是指那些后于大盘放量、后于大盘启动的补涨股，它们启动之时往往是一轮行情见顶之日。所以，投资者不宜选择后者。

选股贵在"精"

很多股民在自行寻找好股票时，常常没有主见，盲目听取他人意见，于是，跟着其他朋友抢进和追涨，会不自觉或不经意地买了一大堆股票，内容涵盖各项产业，琳琅满目好像在开杂货店。往往在看盘或注意自己持股的价格波动时，不免要看左又看右，

瞻前又顾后。其中有几只幸运赚到钱，又有几只打平不赚不赔，还有些赔钱货，等到全部结算下来，搞不好没啥输赢。自己内心却忽喜忽悲，因为有的个股上涨，有的下跌，搞得自己很疲惫。

老严是一个投资散户，一次同时买进了十多只股票。一段时间后，老严发现大盘走势不妙，而且，断定第二天还有继续深跌的可能，于是决定在当日收盘前，将手中的股票全部清仓。决心下了，卖股票时却遇到了麻烦。因手中股票太多，顾了这只，顾不了那只，搞得手忙脚乱、顾此失彼。这一乱不要紧，老严竟然忙中出错，将一只股票的卖单在电脑上敲成了买单，只好第二天割肉出局，赔了很多。

从上面老严的教训中，我们知道：买股票时，不在"多"而在"精"。

当然，若真的又看上了另一只股票时，就得强迫自己有所取舍，而不是没有限制一直买下去。这样的好处是借此随时检视自己的持股内容和目前的盈亏，对于个股价量表现，以及基本面的变化也照顾得来。再者，也会因此做出汰弱留强的动作，这样持股内容会比较灵活，也具有基金经理人布局的概念。只要有这种观念，基本上，已踏出成功的第一步了。

在汰弱留强的过程中要注意，股票看重的是成长性，所以有时重质不重价。公司由很烂变成普通坏，或是普通好，这种转机股股价会有所反应，但原则上最好手上的股票都是积极成长型，因为转机股的股价表现，会有一定的反应幅度，但较难倍数成长。

总之，选股无须太多，也不要单恋一枝花。另外，公司的经营状况和未来发展的潜力会比价格的高低来得更为重要。所以一只股票 100 元不一定算贵，15 元也不一定算便宜，分析基本面的良莠、获利好坏和未来前景，才是研判个别股价孰高孰低的最佳利器。

买回自己卖出去的股票

在选股的时候，投资者应该对上市公司的经营状况和赢利能力予以必要的了解。但这种了解并不能完全取代投资这些股票的实际操作。很多投资者都会遇到这种情况，自己所选择的股票，本来各方面都把握得很好，但就是赚不了钱。这些问题一直困扰着投资者，其实，这是因为，一个上市公司的基本面和其股票的市场表面之间会出现一定的脱节现象。这在国际和国内股票市场屡见不鲜。要避免这种情况，最简单的方法就是选择自己熟悉的股票进行买卖。

如何选择自己熟悉的股票进行买卖呢？其中最简单、最实用的投资方法就是：把自己卖出的股票再买回来。具体操作方法是：投资者如果在某种股票上获得了较好的收益，在相对高价卖出股票之后，然后把资金进行一段时间的冻结，等待这只股票的价格再次下跌，当其价格下跌到卖出价的 30% — 50% 之后或者下跌不动时，再把这只股票买回来。然后再等待价格上涨，如此反复操作，一年下来，即使只操作 1 — 2 次，至少也有 30% — 50% 左右的收入。这种收益相当可观，投资者完全可以不管其他股票表现得如何精彩，只对那些经常给自己带来收益的"老朋友"进行投资。

这种方法真真正正地使很多投资者受益。在股票市场上有一些收入稳定的投资者，他们很少去购买那些热得发烫的股票，常常就是终年只操作一两只股票，这种投资方法非常适合那些不能较好地掌握投机技巧，又不能花费大量时间研究上市公司情况的投资者。

此种投资方法有以下几种好处：

（1）避免购入自己不熟悉的股票，尤其是那些表面上条件较好，但因为种种原因在市场上总是表现欠佳的股票。

（2）由于把资金集中在这些股票上进行反复高卖低买，可以较好地掌握股价变动的节奏，可以减少股价变动带来的不利影响。

（3）这些股票前期的市场表现已经证明其投资价值和市场炒作规律，长期进行操作会加深对其价格变动规律的认识。操作时间越久，越是得心应手，投资收益自然会不断增加。

但要注意的是，就像世界上没有绝对性的东西一样，股票市场是一个不断变化的资本市场，投资者不能把任何一条投资经验当成教条奉行，任何过分的迷信都可能导致投资失败，遭受巨大损失。

根据题材、概念炒股的注意事项

在选股时，还有一个重要的选股标准供投资者参考，那就是根据题材、概念选股。虽然各种题材层出不穷、转换较快，但仍具有相对的稳定性和一定的规律性，只要把握得当，定会有丰厚回报。近年股市炒作的题材像走马灯似的变换，但概括地说，我国股市中的炒作题材大致可分为以下几类：

（1）业绩大幅增长的绩优股。业绩是市场永恒的题材，近年，这类题材逐渐被冷落，近期又有抬头趋势。有时，对业绩增长的预期比业绩真正的增长对股价更有影响力。

（2）国家政策扶持的行业或板块。这类题材往往使个股受惠于国家产业政策，使公司基本面开始转好。同时许多个股会受益于地域因素，如国家政策重点扶持的地区。

（3）合资题材。上市公司与海外著名机构合资办厂或合作生产配件产品，对个股的价格有较大的提升作用。

（4）股权转让题材，就是所谓的借壳上市。这类题材自1998年开始盛行，在2007年达到鼎盛。

（5）转配上市或内部职工股上市。对于这类题材要观察转配股筹码或内部职工股筹码在一级市场中是否已经集中在庄家手中。若筹码集中，则对庄家股构成利多支持；反之，股价下跌的概率较大。

（6）整体上市题材。股份公司想要上市必须达到一些硬性的会计指标，为了达到这个目的，股东一般会把一个大型的企业分拆为股份公司和母公司两部分，并把优质的资产放在股份公司，而把一些和主业无关、质量不好的资产放在母公司，这就是分拆上市，股份公司成功上市后再用得到的资金收购自己的母公司，称为整体上市。

（7）借壳题材。买壳上市，是指一些非上市公司通过收购一些业绩较差、筹资能力弱化的上市公司，剥离被购公司资产，注入自己的资产，从而实现间接上市的目的。例如，西南证券借壳长运股份（600369），广发证券借壳延边公路（000776）等。

（8）高新技术行业。这类题材近年在市场中有极大的号召力，形成了高科技、网络、生物制药、新能源、新材料等诸多概念，并造就了很多黑马。

（9）送配题材。这类题材长盛不衰，尤其是大比例送配股，但这类题材在牛市中是利多，在熊市中则风险较大，应以回避为主。

投资者在选择题材股时，要注意以下要点：

（1）注意题材的时效性。每一种题材都不是永恒的，只能在一段时期内独领风骚，因此，这类题材在市场中如果热炒太久，则应谨慎介入，当此类题材开始在市场中失去号召力时，则应以观望为主。如2010年年初区域经济题材风行，众多个股涨幅惊人，时间一长，此类个股开始退潮，因此，对后来的个股则应谨慎介入。

（2）庄家运作题材的时间越长，成本也就越高。题材一旦兑现，庄家势必大幅拉升，使股价迅速脱离成本区，向目标位挺进，投资者要沉住气持股待涨，没有大利不要轻易出局。

（3）类似题材个股在股价上有可比性。相同题材个股股价应相近，因此，投资者在确定手中个股的目标时，可参照同类题材个股股价来确定目标。

第三章

识别最佳买卖时机和位置

耐心等待时机

投资是一门艺术，每个人都有自己的发财门道，但不管走哪一条道，都要有耐心。炒股也是一样，非常需要投资者的耐心，特别是在牛市，耐心就是赚钱的本钱，没有它，就像在茫茫的人海中失去了指南针。

中国有句老话："千年的王八，万年的龟。"大家都知道，兔子跑得非常快，不过它只能活3年，乌龟虽然比它爬得慢了很多，但是它可以活一千年。它遇到风险头就缩回来，没有风险再爬下去。说句老实话，长期投资最难的实际上是投资者会遇到一些意想不到的事情。例如碰到大的自然灾难的时候或者说大的动荡的时候，怎么办？投资者能坚持自己的投资原则吗？通常这个时候是非常难的。

有很多投资者都有这样的经验，刚一出手股价就上涨了。是的，这些人的确很不幸，但仔细想想：就是因为他们缺少炒股最基本的要求——耐心。既然确信现在是牛市，既然选了手中的股票，就应该有信心、有耐心，不达目标，坚决不走。诚然，耐心不是万能的，但在牛市中，没有耐心是万万不能的。没有耐心的人，在股市里永远听不到他们的好消息，只能听到他们的叹息声和谩骂声。

其实，沪深股市说到底还是一个资金炒作市场，股票之间的轮炒是这个市场最大的特点之一，如果投资者手持的股票长期未被炒作，那么这只股票早晚会被市场主力挖掘出来炒作一番。只要有耐心，那么对于投资者来说，赚钱只是一个时间早晚的问题。相反，如果投资者在不同股票之间跑来跑去，且不说由割肉所带来的亏损，单是这不低的交易成本也够投资者承受了。作为散户投资者，如果没有耐心，要想在股市中赚钱，是一件很困难的事情。

耐心是一种纪律，更是一种境界。当前的中国股市缺少有投资价值的股票，频繁的短线操作只是火中取栗。潮落自有潮涨，唯有等待机会，速战速决，方能赢得市场，赢得未来。在现阶段，我国只存在成熟的投机家，根本不存在真正意义上的投资家，因此，"耐心"对于股市中人就有了更多的实际指导意义。

抓住支撑位、阻力位的买卖时机

支撑位也叫作抵抗位。当股指、股价跌到某一点位附近时，股指、股价停止下跌，甚至还可能回升，这是多方在此价位买入造成的。支撑位起阻止股指、股价继续下跌的作用。

阻力位也叫压力位。当股价上涨到某一价位附近时，股指、股价会停止上涨甚至回落，这是空方在此价位抛售造成的。压力位起阻止股指、股价继续上升的作用。

在下跌行情中压力线对股价的反弹起反压作用，在上升行情中支撑线对股价的回档起依托作用。由于在下跌行情中人们关注的是会跌到什么价位，所以关注支撑线多一些；在上升行情中人们更关注能涨到什么价位，所以关注压力线就多一些。

股指、股价的运动有其自身趋势，要维持这种趋势，保持原来的运动方向，就必须不断冲破阻力线或抵抗线。如维持下跌，必须突破支撑线的阻力，创出新低；要维持上升，必须突破上升压力线的阻力，创出新高。由此可见，支撑线和压力线都有被突破的可能，不可能长久地使股指、股价保持在一定的水平之上或之下，只不过是使它暂时保持稳定而已。

支撑位和压力位之所以能起支撑和压力作用，很大程度是由市场心理因素所致，两者的相互易位转换也是如此，这就是支撑线和压力线发挥作用的原因。

股市里不外乎两种人，即多头和空头。如果股指、股价在一个区间停留一段时间后开始向上运动。那么在此点位买入股票的多头肯定认为自己的判断和操作是对的，并因自己没有多买人而感到后悔。在该点位卖出股票的空头也认为自己错了，他们希望能在股指、股价再跌回原先卖出的价位时，将原先卖出的股票再买回来。总之，不论是多头或空头，此时都有买入股票成为多头的愿望。支撑位的支持表明大盘或个股的走势将会向上运行。

正是由于多头和空头都决定要在这个价位买入，所以股指、股价稍一回落就受到关注，多空双方或早或迟都会进入股市介入该股，使价格还未下降到原来的位置又被推上去，使该价位成为支撑区。众多股票的实际走势表明，除非庄家恶意操纵，一般情况下在支撑位成交越多，表明越多的股票投资者在这个支撑位有切身利益，这个支撑区就越重要。

在巨量大阴线下跌时不卖反买

低位下跌途中的大阴线指的是在阴跌不止的下跌行情中，因为股价突然开始放量大幅急跌，成交量急剧放大，而在当日K线收出的大阴线。当股指经过较长时间的下跌后，股价在已跌得一塌糊涂时仍然阴跌不止，大多数技术指标也开始显示出不同底部特征，成交量不断呈现萎缩之势到了无可再萎缩的地步，这个时候就很容易产生巨量大阴线下跌的情况。

一般的投资者受大盘空头气氛和盘中股价大幅急跌影响，容易产生恐慌情绪而割肉杀跌。对于在低位下跌途中的大阴线，由于当日下跌时，股价跌得又急又快，且成交量巨大，盘中会不时有4位数的大单向下砸盘。其实这种大阴线出现在低位，一般都是庄家所为。庄家为了在低位区域吸到大量筹码，只有利用恐慌性气氛，进行刻意打压。豫能控股（001896）就曾经因为主力在刻意洗盘，让它走出巨量大阴线形态，成交创该股历史天量。庄家放出恐怖大阴线的目的，大多是为了吓出惊慌失措的持股散户的低位筹码。

从表面来看，在股价缩量阴跌后，出现一根突然放巨量下跌的大阴线确实非常吓人，然而这正是庄家打压吸货的一种常用手法。在一般情况下，这种低位下跌中的巨量大阴线出现后，都会有一波较大的上升行情。因此，投资者在以后的实战中遇到类似的情况，要心中有数。

在股价持续大幅下跌后，再次看到急挫的大阴线时，一般来说，股价离底部不远或者就是底部或阶段性底部。此时投资者在操作上，就不应卖出，而应待其走稳后，主动出击，进场捡便宜。

值得投资者注意的是，巨量大阴线出现后，通常要第二天或第三天才能见底回升，所以最好在第二天或第三天介入。介入时最好配合其他技术分析方法，如果其他分析方法也发出买入信号，则胜算更大。

在操作时投资者应注意的是，低位巨量大阴线出现时，有的是直接见底，有的只是见底信号，并不能表明股价会立刻反弹。这种放量大阴线出现后，股价还有可能下跌，或者在底部持续横盘后，跌破止损位，面对这种情况应即时止损。

大型股票与中小型股票的买卖时机

资本额在 12 亿元以上的大公司所发行的股票被称为大型股

票。这种股票的特性是，盈余收入大多呈稳步而缓慢的增长趋势。由于炒作这类股票需要较为雄厚的资金，因此，一般炒家都不轻易介入这类股票的炒买炒卖。大型股票的短期价格涨跌，与利率的走向成反向变化，利率升高时，其股价降低；利率降低时，则股价升高。而这类股票的长期价格走向则与公司的盈余密切相关。这种大型股票的买卖时机是：

（1）当预测短期内利率将升高时，应大量抛出股票，等待利率升高后，再予以补进；反之，当预测短期内利率将降低时，应大量买进，等到利率真的降低后，再予以卖出。

（2）可在景气不振的低价圈里买进股票，而在业绩明显好转、股价大幅升高时予以卖出。同时，由于炒作该种股票所需的资金庞大，故较少有主力大户介入拉升，因此，可选择在经济景气时期入市投资。

（3）大型股票在过去的最高价位和最低价位上，具有较强的支撑阻力作用，因此，其过去的高价价位是投资者现实投资的重要参考依据。

中型股票主要是指市价总值在 7 — 12 亿元的公司股票。市价总值在 7 亿元以下的则往往称为小型股票。

中小型股票由于炒作资金比大型股票要少，较易吸引主力大户介入，因而股价的涨跌幅度较大，其受利多或利空消息影响股价涨跌的程度，也较大型股票敏感得多，所以经常成为多头或空头主力大户之间互打消息战的争执目标。

中小型股票的买卖时机不多，需要投资者耐心等待股价走出低谷，开始转为上涨趋势，且环境展望好转时予以买进；其卖出时机可根据环境因素和业绩情况，在过去的高价圈附近获利了结。一般来讲，中小型股票在 1 — 2 年内，大多有几次涨跌循环出现，只要能够有效把握行情和方法得当，投资中小型股票，获利大都较为可观。

进场可选年底和股市暴跌时

在年底和股市暴跌时，投资者可以以较低的价格买到绩优的股票，在股市下跌期间购买股票比在股市上涨期间购买股票要有利得多。

每次股市受挫，"买跌"理念比任何其他可以想到的策略都更优越。另外，通过对股市历史走势的规律进行分析，发现岁末年初也有意想不到的宝藏。年底买入的股票，大多在来年一二月时都能高价卖出。对于牛市信念坚定的投资者来说，在年底和牛市调整的暴跌时进场是一个非常好的逢低买入优质资产的机会。

下跌的根本原因是，股指在达到一个相对较高的水平后，投资者的心态变得非常脆弱，市场中一旦出现风吹草动，多杀多的局面很容易出现。所以，波幅较大的暴涨暴跌总是会有，大牛市走得越远，市场的波动和震荡就会越大。投资者应做好足够的心理准备，保持冷静的心态，切忌追涨杀跌，在暴跌时不要慌张，而在暴涨时也不应急于追进，尤其是对于那些估值比较高的品种。要通过合适的持股组合回避波动风险，而更重要的还是应遵循价值投资理念，在长期看好而短期大幅波动的市场中，选择抗跌性良好的品种作为投资配置对象。

年底是过节时期，各家各户都不会将大量资金储入银行或购买股票，另外，每个人都担心年终市场会出现意想不到的事情，所以对公司的未来往往信心不足，这都会使股票下跌，而此时买股票是最划算的。每逢年底，股市中最热闹的当属围绕减亏、扭亏、摘帽、保牌而展开的重组概念股的炒作，因为一些 ST 上市公司连续出现亏损，面临退市。各方因为这一紧迫因素而降低了要价，从而使得年底之前上市公司重组速度明显加快，并因此给投资者带来一定的短线投资机会。与此同时，一些业绩预增股也会因为良好的基本面而受到欢迎，股价也会出现强势上涨，年报预增行情也将由此展开。这两类个股在岁末年初阶段适宜重点关注。

从个股机会分析，每年的岁末年初时期都会诞生一批跨年度黑马，这种情况即使在前几年的弱市行情中也相当普遍。因此，在操作中，重要的不是鉴别大盘的强弱，而是要选择能够走强的个股。

除此之外，还要从盘面走势特征分析，关注异动股。由于处于岁末年初，恰恰是市场相对有活力的阶段，在价值的引导下，"对号入座"的个股会逐渐多起来。分析这类个股异动的原因，将有助于投资者更好地把握投资机会。

研判市场，尤其是分析个股的机会，从技术到基本面乃至软件、模型等工具，时下有多种方式，但投资者在实际操作过程中往往有"只缘身在此山中"的感觉。其实，就实战而言，可以把握住一些重点个股波动中的异常轨迹，去伪存真，持续跟踪，只要选择好操作点，往往会有不错的收获。

成长股的买卖时机

所谓成长股是指迅速发展中的企业所发行的具有报酬成长率的股票。成长率越大，股价上扬的可能性也就越大。

由于成长股的价格往往会因公司经营状况的变化发生涨落，所以其涨幅度较之其他股票更大。在熊市阶段，成长股的价格跌幅较大，因此，可采取在经济衰退、股价跌幅较大时购进成长股；而在经济繁荣、股价预示快达到顶点时卖出。而在牛市阶段，投资成长股的策略应是：在牛市的第一阶段投资热门股票，在中期阶段购买较小的成长股，而当股市狂热蔓延时，则应不失时机地卖掉持有的股票。由于成长股在熊市时跌幅较大，而在牛市时股价较高，相对成长股的投资，一般较适合积极的投资人。

成长股的选择，一是要注意选择属于成长型的行业；二是要选择资本额较小的股票，资本额较小的公司，其成长的期望也就较大。因为较大的公司要维持一个迅速扩张的速度会越来越困难，一个资本额由 5000 万元变为 1 亿元的企业就要比一个由 5 亿元变为 10 亿元的企业容易得多；三是要注意选择过去一两年成长率较高的股票，成长股的赢利增长速度要大大快于其他大多数股票，一般为其他股票的 15 倍以上。

从上下影线中捕捉战机

影线分上影线、下影线两种，上影线长的个股，并不一定有多大抛压，而下影线长的个股，并不一定有多大支撑，投资者不应守死教条，见到个股拉出长上影线，就抛股并不一定正确。遇上影线，投资者不要惊慌，怕"见顶"。

一般来讲，上影线长表示阻力大，下影线长表示支撑强烈，但是由于市场内大的资金可以调控个股价位，因此影线经常被庄家用来骗线。

1. 试盘型的上影线

有些主力拉升股票时，操作谨慎，在欲创新高，或股价行进前一高点时，均要试盘，用上影线试探上方抛压，也称"探路"。

如果认为上影线长有大的抛压而卖出，事后就会被证明是个错误的决策。上影线长，但成交量未放大，股价始终在一个区域内收带上影线的 K 线，是主力在试盘。如果在试盘后该股放量上扬，则可安心持股；如果转入下跌，则证明庄家试出上方确有抛压，此时可跟庄抛股，一般在更低位可以接回。注意，如果一只股票大涨之后拉出长上影线，最好马上退出。

2. 震仓型上影线

这种上影线经常出现在一些刚刚启动不久的个股身上，有些主力为了洗盘、震仓，往往用上影线吓出不坚定持仓者，吓退欲跟庄者。

投资者操作要看 K 线组合，而不要太关注单日的 K 线。需要指出的是，大资金机构可以调控个股的涨跌，但在市值不断增大的市场内，没有什么可以调控大盘的机构，所以说大盘在阶段性高位或低位出现了长上影线或下影线指导意义较强。此外，在强势市场中，有些机构资金实力不是很强，它们往往在其炒作的股票中制造一个或几个单日的长下影线，方法为某只股票在盘中突然出现一笔莫名其妙、价位极低、手数较大的成交，而后恢复平静，长下影线由此产生，这是主力在向广大投资者发出"支撑力强"的信号。一般这种股票由于庄家实力不是很强，表现不会太突出。注意：真正有大主力的个股不会在底部显山露水，让人察觉出"支撑力强"。

在运用上影线寻找股票时，只要仔细从中寻找规律，就可以从长长的上下影线中捕捉战机。

1. 遇高位下影线宜快进快出

一些庄股在经过一段时间的持续拉升后，使市场失去了追涨的激情，庄家靠拉高出货行不通了，只好打低出货。由于庄家持有的筹码比例相当大，几个交易日也难出完货，因此会出现反复拉高打低。这种股票只能短线参与。

参与高位下影线个股炒作，必须选择主力控盘比例相当大的庄股。对于大盘股、绩优股、科技股等，如果出现下跌往往是持续下跌的信号，没有人护盘，就不可能收出长长的下影线，只有控盘的庄股才会在低位出货后再次拉高出货，这个反复的过程就是中小投资者短线的机会。

2. 遇低位下影线宜果断跟进

股价长时间在低位运行，突然出现巨量打低，特别是瞬间下跌，一般很快会收复失地，投资者可快速吃进盘面的卖单，甚至还可以追高。这种低位出现的长长下影线是庄家所为，一是为了吸引市场关注；二是为了让一些"关系户"在低位吃货，相当于送礼；三是操盘人员把公家的筹码压低给自己。

如果总升幅在几倍以后回调，虽然从日 K 线图上看是低位，但周 K 线、月 K 线在半空中，这种急跌的股票应谨防庄家出货。

需要注意的是，较长的上影线，尤其是伴随着大成交量的上影线，往往表明上档压力沉重，短线需要回调。因此一般投资者遇上影线应选择回避。

但有一种上影线，K 线表现与普通上影线无异，股价冲高后快速回落，量增价滞，甚至表现为高开低走的巨量阴线，给人的感觉是股价马上就要大幅回调，但次日股价反而高开高走，从此展开一段凌厉的升势。原来上影线只是主力用来拉高回落、强势震仓的工具。

股价越过前一头部后，一般需要回调，以震出一部分套牢筹码，利于进一步上扬。少数凶悍的主力不屑于通过下跌的方式洗盘，而是拉高回落震仓。由于即时图形表现为抛压沉重，反弹无力，下档承接力不强，因此多数人会望风而逃。

当然，在上影线中，属于强势震仓的毕竟是少数。有的意在减仓，有的 K 线形态尚未走好，需要蓄势修复。根据经验，股价冲高回落的次日走势大致有：

（1）低开低走，随后大幅下跌，此时持股者应当在破止损位时卖出。

（2）高开或者平开后强势整理，走势需要进一步观察。

（3）高开高走，强势上扬。这种形态正是短线高手孜孜以求的经典攻击图形，前日的大幅震仓，为今日的大幅上涨提供了安全保障。当然在选择时，必须是即时图形标准突破，否则再次冲高回落的可能性也大。

对影线的判断，投资者一定要谨慎、辩证地看，庄家用影线做文章的个股不是个别的。投资者如果仔细从长长的上下影线中找到规律，就可以从中捕捉战机，获取投资回报。

卖出股票的 4 大原则

股票市场中有一句名言："股票投资成功，关键并不在于你什么时候买，买什么股票，而是在于你什么时候抛出。"确实，任何一种成功的投资策略中，都要有一个明确的对"抛出时机"的把握，一个合适的抛出时机往往会给整个投资过程的收益造成很大的影响。

无法把握卖股票的时机，主要是人性的弱点在作怪。要么就是过分贪婪，涨了还想涨，一直不肯抛，结果常常是偷鸡不成蚀把米，眼看着到手的利润又变成了亏损；要么就是过度恐惧，不敢继续持有，结果是错过了赚取巨大利润的时机。

可要知道什么时候应该贪婪，什么时候应该恐惧，确实不是一件容易的事。尽管没有一套适合每一个人、每一种情况的卖出策略，但有一些基本的原则，投资者可以掌握，从而形成自己有效的卖出策略。

根据研究显示，大多数人在作投资决策时，往往是受情绪的影响，而不是理智地分析判断，在卖出股票时更是如此。在大多数情况下，人们在准备买入股票时，还能够比较谨慎小心，希望作好充分的准备，以决定最后是否买入。但是，一旦持有了股票，情绪就紧张起来，无法把握良好的卖出时机，这主要就是人性中的贪婪与恐惧在作怪。根据"行为金融学"的理论，这两种特性可以归纳为恐惧自己不及时卖出会亏钱，或是害怕卖得太早会后悔。因此，对大多数投资者来说，与其希望寻找一套能逃顶的策略，不如给自己确定一些基本的卖出原则，以使自己摆脱情绪对投资决策的干扰。

具体来说，可以总结出以下 4 条原则，作为投资者理性地作出卖出决策时的考虑因素：

1. 在公司宣布重大的重组或新投资项目时抛出

从股市的角度讲，这些消息往往会被当作出货的借口。公司重组、新的投资项目，往往意味着公司将要产生新的效益，创造新的局面，似乎是一个很好的买入时机。但实际上，一个需要进行重大重组或上马新的投资项目的公司，往往就表示该公司当前的经营状况不佳。企业重组后也许能够重新获得高速成长的机会，但根据经验显示，多数公司重组后的效果并不是很理想，有的公司甚至是年年重组，年年亏损，简直就成了为配合股价炒作而无中生有的"题材"！

2. 在发现更好的投资机会时抛出

对于每一名投资者来说，能够准确地判断价格走势的底部和顶部，可以说是梦寐以求的，但现实的情况是：没有一个人能够做到这一点。甚至人们的判断往往与实际情况正好相反。因此，相对较好的策略不是去判断哪里是顶部，哪里是底部，而是一直持有股票。只有当发现了更好的投资机会时，才把原来的股票抛出，买入新的股票。

3. 在需要重新分配投资组合比例时抛出

成熟的、成功的股票投资最主要不在于投资者购买了哪只股票，而是取决于如何分配自己的资金比例进行投资组合。也就是说，采用组合投资的方法是一种比较好的方法。投资者可能把1/3 的资金投入金融地产股中，1/3 投入低市盈率股中，还有 1/3 投入小盘股中。当投资者需要对组合进行调整时，比如几个月后，由于金融地产股市值上升，已占到总比例的 1/2，这时，投资者就可能要减持，把资金补充到其他的板块中去。

4. 在股价超过预定目标价位时抛出

如果投资者一开始就没有定目标价位，那就不需要参考这一原则。但如果定下了目标价位后，一旦真的达到这一价位时，就应该果断抛出。因为当初在确定目标价位时，投资者总有一定的理由，一般是比较理智的，但当股价继续上涨时，多数人会开始头脑发热，忘乎所以。因此，为了避免犯错，最好还是及时抛掉。即使之后股价继续上升，也不必为此烦恼，因为这一部分利润已经超出了你的判断，也就是说它原本就不属于你。

遵守以上 4 条卖出原则并不能保证散户能够在最高价上把股票抛掉（事实上没有任何一种策略能做到这一点），但是，它们能帮助投资者减少非理智因素的影响，使自己的投资行为更成熟。

用价值投资跑赢市场

市场的上涨源于企业价值的提升、市场价值的发现，并分歧于价值。后市无论大盘是否会继续调整，都不会改变这个发展中市场向上的趋势，回归价值投资的牛市行情将会继续发展。经过一轮的强制性调整，投机的风气将会得到遏制，投资的理念将会成为主流。在大盘登上历史高位并且机构重新成为市场的主导力量以后，价值投资的牛市行情将成为未来市场发展的客观趋势。

谁都知道应该进行价值投资，可是价值投资贵在"坚持"二字，只有坚持才能在股市中当长跑冠军。

价值投资的一条基本原则就是，透过市场价格看出实际价值。当投资者购买股票时，不是只买了一只股票，而是买下了一个企业的一部分。一个企业的内在价值往往与经常波动的股票市场所显示的股票价格有极大的差距。如果购买股票的价格明显高于它的内在价值，投资者就会遭受损失；相反，如果低于它的内在价值，交易过程中赚钱的机会就比较大，资金被长期套住的风险就比较小。基本赌注就是市场价值最终和内在价值相吻合。

作为价值投资者，锁定目标个股介入之后，要做的操作就是坚定持有，在目标值未达到的情况下，坚定持有，而不是三心二意。来到这个市场上，大家都是为了资金增值，假如有明确的公司价值的评估，而且公司业务持续向好，不断发展，那么投资者要做的就是在安全边际买入，坚定持有，策略就是这么简单，但是在这个世界上简单的反而才是真理。

股市中有许多投资者，热衷于追逐热点，频繁换股。可短线套利炒股不是一般人能把握的，毕竟股市千变万化，当投资者频繁换股时，若落后热点一拍，落入热点陷阱，就会跌得鼻青脸肿。其实，在牛市中频繁换股是大忌，牛市表示行情已经进入了一个上升阶段，虽然在上升的过程中会频频出现一些盘中跳水的动作，但可将其当作是一种盘中压缩上涨速度的倾向，应该坚定持股信心，等待上扬，而不能频繁换股。

申银万国首席经济学家杨成长认为，投资者要将长期投资与投资热点区分开。股民在购入股票时，应该分析该股是价值投资还是热点投资。如果是价值投资，就要长期持有，切忌频繁换股；如果是热点个股，一定要密切关注大盘和个股走势，不要接最后一棒。对于散户来说，若没有专业知识和判断局势的能力，最好坚持长期投资，频繁换热点股容易被套。

大量的股票市场实证研究表明，虽然股市短期内会剧烈波动，但长期会向价值回归。知名研究员希格尔、威娜等的实证研究都支持这一结论：股票收益在短期内如一周或一月，可能存在正相关关系，但对于较长的时期比如两年或更长的时间来说，股票收益则显示出负的序列相关性。也就是说经过两年或更长的时间后，原来上涨的股票会反转而下跌，而原来下跌的股票会上涨。

以下引用两项著名的关于美国股市 200 年和 100 年波动的研究结果来进行说明：

希格尔的研究表明，1802—1997年的近200年间，股票投资收益率在很多时候都会偏离长期平均水平，但是长期股票实际平均年投资收益率非常稳定，约为7%。

巴菲特以100年详细的历史数据解释说明了为什么1899—1998年的100年间美国股市走势经常与GNP走势完全背离。他认为美国股市20年整体平均实际投资收益率约为6%—7%，但短期投资收益率会在利率、预测投资报酬率、心理因素的综合作用下不断波动。

既然投身股市，就不要浪费时间和精力去研究每日股票的涨跌，因为花的时间越多，就越容易陷入思想的混乱并难以自拔。记住：战胜股市的秘诀是忽视短期的波动，购买未来。

如果投资者决定采取价值投资策略，就必须切实遵守以下原则：

（1）在没有确定是否将投资股票当作经营企业之前不要轻言投资。

（2）靠自己的勤奋努力分析标的公司的基本面状况，同时也分析自己不喜欢的公司的基本面，使自己成为对该公司或产业最清楚的人。

（3）如果没有做好持有股票超过5年以上的准备，就不要轻言采取价值投资策略。对讲究投资安全的人来说，持股时间越长，其安全保障越大。

（4）作为价值投资人，最重要的目标是努力去了解自己的投资目标。

如果投资者愿意比一般投资人付出更多的精力来分析目标公司，就会掌握更大的竞争优势。巴菲特表示，其实价值投资策略并没有超出任何投资人的理解范围。我们非常同意他的这一说法，因为投资者甚至不需要有什么财务专业硕士级的评估能力，就能轻易靠价值投资策略赚钱。但是有一条是必须再次强调的，就是花时间和精力来研究所投资的标的公司的经营过程。然而遗憾的是，许多投资人宁愿花时间无聊地追逐当下市场状况，也不愿意花时间去研读公司的年度报告。但是，请记住，一味想用股票市场上那些东拼西凑的小道消息或惯于用一些旁门左道作为投资策略，是绝对比不上花几十分钟阅读投资目标公司的最新运营和财务报告来得更加实用、有效。

我国证券市场已经步入全流通时代，随着股指期货、融资融券等金融创新品种的出台，优质企业上市带来的整体投资价值提升，我国证券市场将发生根本性的变革。因此，积极跟随市场转型，学习成熟资本市场的价值投资理念，是应该长期提倡的。只有坚持价值投资理念，舍弃盲目的非理性炒作，牛市才能更加长久，资本市场才能获得持续健康的发展。

事实证明，无论是在低迷的市场还是泡沫横飞的市场，价值投资都是一个市场持续发展的根本。投机可以促进一个市场的活跃性，却无法维持一个市场的持续、健康、稳定发展。

一条均线，一个指标，一个绝招

一条均线：30 日均线；一个指标：MACD；一个绝招：周线二次金叉捕捉大牛股，是聪明人炒股的绝招。其操作技巧如下：

1. 买"小"卖"小"是运用 MACD 捕捉最佳买卖点的一种简易方法

这里的"大"和"小"是指 MACD 中的大绿柱、小绿柱和大红柱、小红柱。而在操作时图中的 DIF 和 MACD 两条白色和黄色的曲线，我们一般是视而不见的，只注重红绿柱的变化。

《曹刿论战》中有一句话，叫作"一鼓作气，再而衰，三而竭"。在股市中，任何一次头部和底部的形成，市场都会提供两次或两次以上的机会给投资者（入市或出场）。"大红"之后是"小红"，"大绿"之后是"小绿"。

当股价经历一波气势汹汹的下跌，或一波气势如虹的上涨时，投资者首先应避其锐气，保持观望。也就是说，当经历一波下跌后，股票处于最低价时（此时 MACD 上显现的是一波"大绿柱"），应不考虑进场，而应等其第一波反弹过后（出现红柱），第二次再探底，在 MACD 中出现了"小绿柱"（绿柱明显比前面的大绿柱要小），且当小绿柱走平或收缩时（这就意味着下跌力度衰竭），再买入，此时为最佳买点，这就是所谓的买小（即买在小绿柱上）。

显现上涨也同样。当第一波拉升起来时（MACD 上显现为大红柱），不应考虑出货，而应等其第一波回调过后，第二次再冲高，当MACD上显现出"小红柱"时（红柱比前面的大红柱明显要小，此时意味着上涨动力不足），再考虑离场出货，这就是所谓的卖小。

也就是说，当市场"一鼓作气"时，无论是上涨还是下跌，都应保持观望；当市场"再而衰"时，方考虑进场或减仓；当"三而竭"时，应重仓追涨，或者杀跌出货。当然也可将此方法用在分时系统里进行买卖。

综上所述，此方法的口诀即为：买小卖小（买在小绿柱，卖在小红柱），前大后小（即前面是大绿柱或大红柱，后面往往为小绿柱或小红柱）。

2."周线二次金叉"捕捉大牛股

由于实战操作的最高境界是"大道至简"，所以在实战操作中各个周期只设一条均线：30日均线。只用这一条30日均线来进行大盘或个股的分析和买卖。

当股价（周线图）经历了一段下跌后反弹起来突破30周线位时，称为"周线一次金叉"，这只不过是庄家在建仓而已，投资者不应参与，而应保持观望；当股价（周线图）再次突破30周线时，称为"周线二次金叉"，这意味着庄家洗盘结束，即将进入拉升期，后市将有较大的升幅，投资者应密切注意该股的动向，一旦其日线系统或者分时系统（60分钟，30分钟）发出买信号（如MACD的小绿柱买点），就应该毫不犹豫地进场买入该股。另外，也可以延伸出"月线二次金叉"产生大牛股的条件，可以说90%的大牛股都具备这一条件。

在实战中，股票的买卖必须建立在尽可能客观、定量化的基础之上。投资者只赚取属于自己的，可以稳定获得市场机会的利润，追求的应是一种必然的成功而绝非偶然的运气。同时，实战买卖操作信号定量化、客观化也是评价和衡量操作质量好坏最为重要的标准。每个投资者都必须牢牢记住，自己是市场的追踪者，其一切实战操作行为的展开，都必须是以市场发出的客观信号为准，绝对不能以自己的预测为准。这是确定投资者是否专业的关键。

第四章

从零开始学操盘

决定操盘成功的 4 大关键要素

有很多投资者在业绩不佳的时候往往归咎于运气："为什么我的运气这么差，一买股票就下跌！"而真正的投资大师，从来就不承认运气对投资有影响。很多投资者眼看着别人赚钱忍不住扑进市场，然而缺少信息和技能往往使得他们放弃自己的独立判断，转而任由市场摆布，将自己的资金交托给"运气"，结果在市场里亏了钱。成功含有运气的成分，但不是主要的。投资成功靠的是以下几方面：

1. 理性

在市场面前，投资者要保持理性的决策是一件非常困难的事情，而人之所以会被命运戏弄，很多时候都是因为他被人性中贪婪、恐惧或愚蠢的想法左右。中国的投资者很少有人能容忍自己的年收益率不到 30%，恨不得股票明天便翻番，殊不知世界投资业绩最好的投资大师巴菲特年均复合收益率也不过区区 23%。在不合理的预期下，投资人必然一步步走入陷阱。而大师们给人们的第一个经验便是：战胜市场之前必须要战胜自己，克服人性的弱点。

2. 研究

彼得·林奇说："不做研究就投资，跟不看牌就玩纸牌游戏一样危险。"有届世界杯，德国队守门员教练科普克为了战胜阿根廷队，在赛前分析了所掌握的阿根廷队的所有信息，还配备了几名助手专门负责搜集阿根廷球员的情报，他们为此整理了阿根廷球员射点球的数据库。做足了这些准备，也难怪德国队守门员在扑点球时如有神助。同德国队一样，投资大师们不断地研究市场和上市公司，学习相关的财务、金融、行业专业知识，阅读大量的公司年报、相关报道分析，对上市公司作精确的价值分析和判断，这才是他们在市场上战无不胜的基础。

3. 方法

成功的投资者总是分析和总结市场的规律，从而找到战胜市场的方法。格雷厄姆的资产价值评估方法、费雪和彼得·林奇的市盈率价值评估方法、巴菲特的现金流量价值评估方法都是在市场上行之有效的投资方法，这些方法和理念是成功投资者从长期的实践中获得的，是成功投资者战胜市场的经验总结。投资者完全可以在总结前人经验的基础之上，摸索总结出适合自己的投资方法，让这些方法引导自己走向胜利的彼岸。

4. 坚持

让时间来战胜市场几乎是每一个投资大师的不二选择，没有哪个大师会指望第二天便获利。巴菲特在网络股盛行的20世纪90年代是孤独的，但网络泡沫的破灭成就了他"一代股王"的美誉。股票价格短期内会经常偏离证券的内在价值，但长期内会逐渐向价值回归。股票市场从短期来看是一部投票机，但从长期来看是一台称重机。坚持正确的理念、深入的研究和正确的方法，时间一定会给你加倍的回报。

判断操盘高手的标准

如何能证明操盘高手已经征服市场？判断和界定操盘高手的标准是什么？是操作业绩。只有战绩辉煌者，才是名副其实的专业操盘高手。实战操作业绩是判断专业操盘高手的硬指标。

1. 成功率

让我们看看做一名操盘高手的标准究竟有多高。投资者在市场中追逐操盘机会的时候，他们往往像蜜蜂采花一样频繁进出，不辞辛苦，却总是陷入亏损不能自拔。仔细思考其中的原因，我们不难发现，如果我们投入 10 万元进行短线操作，并将止盈位和止损位都设定为 10%，在经过各 5 次的赢利和亏损之后，我们会看到，此时自己的账户上就只剩下不到 9 万元了。这意味着什么？意味着我们在操作中的成功率如果是 50%，我们仍然会亏损！事实上，哪怕成功率提高到 60%，盈亏也仅仅对等而已，只有将自己的成功率提高到 70% 以上，才能稍有赢利。现在我们明白操盘高手不是那么好当的了吧，因为操作必须保证相当的成功率！

真正有把握的投资机会不是每一天都会出现的，操盘高手们在强调果断出击的同时，也非常注重出手的风险概率，在把握不高的时候会以观望为主。

2. 收益率

与同期明星个股涨幅相比，收益率在 50% 以下的投资者都算不上操盘高手，而跑赢同期大盘，则是对操盘高手的最基本要求。另外，在一日或一周的交易时间段内，收益率具有极高的不稳定性，很难真正判断专业操盘高手的水准。月收益率时间相对较长，能成功过滤短周期的不稳定性。证券市场中总会有明星个股不甘寂寞登台表演，这给操盘高手提供了获利的机会。真正的操盘高手在一个月内的收益常常能达到同期明星个股涨幅的 70%。

3. 风险 / 赢利比率

单纯从成功率来判断和要求操盘高手是不全面的、有失偏颇的。实际上，在长时间的操作中，想要保持 70% 以上的成功率是很困难的。那么操盘高手是如何生存下来的呢？他们会努力提高操作的风险 / 赢利比率，即努力提高每次成功操作的收益率，而把每次失误操作的损失控制在最低程度。以操作成功率为 35% 的投资者为例，通常这种操盘高手的止损位都设置在 4%—5% 左右，风险高于这一亏损比例时一般不进场。于是投资者每一次成功的操作都肩负着至少收益 8% 的责任。而想要拥有长期赢利能力，最少要有 20% 以上的获利空间才可以考虑进场，小于这一收益率绝不考虑进场，因为进场意味着交易的最终亏损。对自己的判断力正确评估，是灵活运用风险 / 赢利比率的保证。必须正确判断，不能自视过高或过低。

操盘必备的 6 大兵器

股市里的操盘高手，各有各的独特技法。要想在股市上胜人一筹，成为少数的顶级操盘手，自然就得投入更多。他们普遍有以下 6 大兵器：

1. 功能强大的分析软件

没有分析软件，就无法详细地看盘，观察交易实况里的细节，也就很难把握其他投资者，包括庄家的想法。

2. 全面真实的资讯

股票投资实质就是信息战，不必企求能提前获得独家的重大内幕消息，但最起码应该搜集到尽可能多的公开的相关资讯，尤其是那些最新的消息。消息越新，越有价值。

3. 虚心接受各种经典的投资理财图书的指导

学会站在投资高手、投资大师们的肩膀上获利，这些智慧可以让你不犯错误，少损失金钱。多阅读投资理财图书，深入思考，然后同自己过往的实战成功体验与失败教训相比较，取长补短，便可以在极短时间内提升自己的操盘水平和赚钱能力。

4. 设置投资禁区

根据自己曾经遭遇过的惨痛损失，为了防止悲剧重演，一定要设定一些投资禁区，无论市场出现怎样的变化，都不能冒险闯入投资禁区，坚持以"自我为中心"。

5. 只捕捉自己有把握的机会

只买卖自己熟悉的股票，只使用自己最拿手的操盘手法，有足够耐心等待绝佳时机的出现，宁可错失千万次机会，也不误入一次陷阱。

6. 确保本金不损失

谁也无法保证自己一定能赚钱。股市大赢家和大输家之间唯一的区别就是，大赢家能够不大亏，不会伤到自己的元气。他们识时务，会暂时认输，承认已经损失，会明智地选择套现，保存实力。而大输家却很固执，绝不肯抛售股票，接受实实在在的损失，总想守住这棵树等待翻本，结果越套越深。

成功操盘手应具备的素质

综合西方一些成功投资大师的经验、风险市场发展的历史经验，以及市场的实践发现，要想成为一个成功的职业操盘手，应该具备以下几种素质：

1. 良好的悟性

市场走势变幻莫测，没有人会给你提供一套有效的分析方法，一切都只能靠自己摸索总结。没有良好的悟性，很难对市场的内在规律有一个较为客观全面的认识，又何谈总结一套独特的行之有效的分析方法呢？

2. 熟悉各种理论实战运用的专业素质

对各种投资理论的理解与运用虽然属于技术面的范畴，但对于形成立体型的操作系统是必不可少的，因熟而巧，因巧至简，因艺高才能胆大，是达到操盘"快、准、狠"目的的前提。

3. 稳定、健康的心理素质

操盘手所有的思想感情都会充分地在股市中表现出来。如果操盘手心理上带着各种各样的包袱和没解开的疙瘩，早晚会在操盘中反映出来，并往往带来灾难性的后果。一个能够体验生活幸福和快乐的人，往往在学习、工作中也能有积极的表现；而一个内心充满矛盾、烦恼的人，其工作势必会受到影响。操盘工作原本就要面对很多心理压力，因此心理素质的稳定对操盘手来说高于一切。

4. 严格自律

严格自律是协调自己与市场的纽带。风险市场时时刻刻充满着各种各样的诱惑，人性也有各种各样的弱点，只有具备严格的自律精神，才能抵挡市场的诱惑，克服人性的弱点。有句话说得好："计划你的交易，交易你的计划。"很多投资者交易失败的重要原因不是分析的错误，而是交易没有计划，或者有计划但没能自始至终地严格执行。

5. 真正喜欢从事充满挑战和竞争的操盘工作

不管在哪一行，一个人只有做自己真心喜爱的事情，才会有足够的动力并真正做好。这一点在操盘中体现得似乎更明显。职业操盘手往往会得到较高的报酬，但同时也需要付出很大的努力来面对较大的压力和竞争。如果不喜欢这份工作而只是为了金钱去勉强自己，那将是一件很痛苦的事情，并且最终会影响到操盘业绩。

6. 一定的数学基础

中国人似乎天生就有对数字的敏感性，希望这一优点能在股市操作中充分发挥出来。有一定的统计学、概率论基础，会对操盘工作有很大帮助。另外，不管做什么工作，数学训练对一个人的逻辑思维能力都是很有益处的。

7. 持之以恒、百折不挠的工作态度

培养一个职业操盘手一般要一两年的时间，对那些指望一夜暴富的人来说，最好的办法是去买彩票。操盘和其他工作一样，都需要相当长的学习阶段，而要想成为一个真正高水平的操盘手，更是要付出多年的勤奋努力。

一直以来，外界总有一种误解：成功的职业操盘手都是那些拥有高学历的名牌大学高才生，交易者必须绞尽脑汁才能获利。其实，职业操盘绝不是学术研究。风险市场100多年的历史中，很多的事实证明：正式教育实际会妨碍我们的交易能力。因为金融市场并不存在诸如物理与数学之类的真理，交易的艺术成分远远超过科学成分。当职业操盘手拟定一项决策时，他绝不可能完全了解该项决策背后的每项立论根据。市场自有其内在的客观规律，正式的学校教育灌输给我们太多的抽象理论及人类行为的固定模式，又怎能理解市场的混沌行为呢？因此，只要具有以上7点重要素质，坚持对实战进行科学的学习总结，就能成长为一名

非常成功的职业操盘手，而与学历高低没有直接关系。

　　说来容易，要真正做到以上 7 点却很难，每一点都必须在市场中经过千锤百炼才能有所获。从客观的条件来看，西方的投资大师入门期一般都要 7 — 10 年，也就是说，任何人都必须以交易者的身份亲自体验一轮大级别的牛熊交替周期，才能成长为一名成功的交易者！

从小规模的操盘开始做起

　　开始学习操盘时不要急于求成，许多人容易犯的一个错误是，初学的时候初始交易的数量太大。有些人如果在刚开始做股票的时候，有一个月连续很多天都保持赚钱的业绩，就容易沾沾自喜，觉得自己应该乘胜追击扩大交易额，赚取更多的金钱。于是，从每笔交易做 300 股、500 股一下子跳到每笔交易做 1000 股、2000 股。事实证明，这样的决定是非常幼稚的，交易业绩也会随时间的增长而下降。

　　每个操盘手的交易水平都不可能永远稳定在一个水准上，有的时候会好一些，有的时候会差一些，而正处于初学阶段的操盘手的水平波动会更大。如果一下子加大了交易量，给自己又增加了额外的心理负担，栽跟头就在所难免。

　　有个操盘新手，一天买进了数千股方正科技的股票。那段时间高科技股是波动最厉害、风险也最大的一类股票，于是在他刚买进不到半小时，账上已显示出数千元的损失。对于一个新手来说，以这么快的速度损失四五千元是不常发生的情况。结果那天到收盘时，他损失了5000多元。

没想到第二天他再一次犯下类似的错误。他丝毫没有汲取前一天的教训，几乎和上一次一样，又是大量买进另一只高科技股，又赔了5000元。

钱少，可以少买几份，从几十块开始赚，一年到头，也是一笔十分可观的收入，而且还可以积累经验，降低风险。但有一点是最重要的：不要把股市当成摇钱树，因为昏了头的人只会盲目地去赌博，最后输的人不是你又会是谁。记住：股市有风险，当你不知道为什么的时候，宁愿少赚点，也不要去赌。看似最有把握的，往往是最容易输的。

华尔街的操盘高手，都是从小开始做大的。如操盘高手欧尼尔的股市交易生涯始于1958年。他当时担任海登·史东公司的证券经纪商，而他日后的投资策略就是在这个时期成型的。欧尼尔刚开始交易的时候是5000美元，一年之后（从1962年到1963年），他以多空交替的操作手法，将5000美元的资本增长到20万美元。

对于一个新手来说，由于经验不足，技能也没完全掌握，出差错的概率比较高，因此一般来说一下子做大笔交易不是个好主意。几乎所有的操盘手开始学习操盘时都害怕做不好会赔一大笔进去，而选择从小做起。如果一开始就选择做大笔交易，风险就成倍地增加了。所以，操盘还是从小规模开始做起比较好。

形成自己的投资标准

众所周知，找到一只优秀的股票对操盘的成功至关重要，但要筛选出这种股票并非易事，它需要依靠投资者的投资标准，正如股神巴菲特所说："我的成功得益于我的标准，它让我知道我在做什么。"

每一位操盘高手都有他独一无二的投资哲学，同样，每一位操盘高手也都有其独一无二的操盘标准。他的标准告诉他应该寻求哪类投资，应该购买什么类型的投资对象，这种对象的特定内涵是什么，应该什么时候买入，什么时候卖出；他的操盘标准还指明了他应该如何去寻找"符合"这些标准的投资对象。

股神巴菲特有他自己的投资标准，譬如在选股领域，他的投资标准为：

（1）必须是消费垄断型企业。

（2）产品简单、易了解、前景看好。

（3）有稳定的经营史。

（4）经营者理性、忠诚，始终以股东利益为先。

（5）财务稳健。

（6）经营效率高、收益好。

（7）资本支出少、自由现金流量充裕。

（8）价格合理。

另一位投资大师索罗斯也有自己的投资标准。他的目标是从市场的情绪波动中获利，所以会先提出一个假设，再投资验证，因此可以将他的标准概括为：是否符合他的假设条件。

除了巴菲特、索罗斯，其他每一位成功的投资者也都有自己的投资标准，因此我们要想在股市投资获利，必须形成自己的投资标准以指导自己的投资。

需要注意的是，我们在形成了自己的投资标准后，并不意味着就可以高枕无忧了，还需要坚持自己的投资标准。

都知道且接受的一个事实是，如果坚持自己的投资标准，就会有找不到任何投资对象的时候甚至是时期。在这种时候，我们要做的是，坚持自己的投资标准，耐心等待，正如巴菲特所说："如果无事可做，那就什么也不做。"

在伯克希尔公司 1998 年年会上，巴菲特对股东们说："我们已经有好几个月没找到值得一提的股票了。我们要等多久？我们要无限期地等。我们不会为了投资而投资，我们只有在发现了诱人的对象时才会投资……我们没有时间框架。如果我们的钱堆成山了，那就让它堆成山吧。一旦我们发现了某些有意义的东西，我们会非常快地采取非常大的行动，但我们不会理会任何不合格的东西。"

对巴菲特来说，没有行动的时期并不令人沮丧。事实上，他反倒认为这样的时期是至关重要的，"为了成功，你需要休闲，需要自由支配的时间"。为什么？为了获得思考时间。"我坚持在采取行动之前将问题解释清楚，"他说，"但是为我觉察到的一种市场趋势寻找理论基础是需要时间的。"

有些人操盘却不是这样，他们并不懂得坚持自己的投资标准，在没有符合自己标准的投资对象时，仍然在行动。索罗斯的一个朋友——摩根公司的美国投资战略家拜伦就是这样。索罗斯对他说过这么一段话："拜伦，你的问题在于你每天都上班，而且每天都认为你应该做些事情。我不是这样……我只会在上班有意义的那些日子上班……而且我确定会在那些日子做些事情。你每天都上班，每天都做事，但你不知道哪一天是特殊的。"

国内的股市也不乏这样的例子：老孔是 1996 年进入股市的老股民，最早投入资金 200 多万元，到 2006 年股票市值仅存 60 多万元，他账户的股票大部分是粤宏远、四川长虹、新大洲等，买进时每股都是二三十元，而到 2006 年都跌至 3－5 元，甚至 2 元。为何老孔会亏损得如此厉害呢？其中最关键的一点就是他没有一套自己进出场的标准，只是一味地追涨杀跌。看到哪只股票最近大涨，也不看其基本面如何，成长势头如何，便盲目买进；而手中持股一旦下跌，又怕被套牢，立即抛出。长期在这种无标准状态下操作，哪能不亏呢？

做到进出点位的最优化

操盘高手总是对所有细节都很重视，因为每一个细节都决定着收益！把握好股票的进出点位尤其如此。有时候，即使我们已经看好某一只股票，并且相信这种把握甚至超过平时的成功率，但在具体操作中却有些美中不足，因为介入价位偏高。而这样一旦出现失误的话，止损点位到买进点位往往会超过 5%，再加上手续费的话，就会远远超出可以承受的损失范围。

因此操盘高手在实盘操作中，必须在技术系统买卖信号出现后立即展开动作，绝对不能有一丝一毫的迟缓。买卖动作展开迟缓是实战操作者心态控制成熟度低下的标志，也是实战操作者意志力脆弱的表现，而这正是妨碍投资者朝高手晋级的最大障碍。如果操盘手在投资实战中不能成功战胜自己人性的软弱，那么投资能够长久、稳定、持续成功，就是一句空话。

在市场机会出现时要像饥饿已久的猎豹，以闪电般的速度捕捉到。在实盘中，短线操作对于买卖点位的把握要求特别高。获利和亏损往往就在一瞬间，因此对职业操盘高手的下单速度要求也特别高，一般要求从下单到成交要在几秒钟内完成。

虽然市场中即时波动高低点位的出现具有较大的随机性，但是操盘高手通常能够根据丰富的经验和操盘能力，准确地把握住实战中理想的进出点位。操盘高手往往能将自己操作的高低点位和目标股票的实际走势情况的差别控制在 2% 以内。

研判大盘大势，顺势而为

在《华尔街操盘高手》一书中，作者问理查德·丹尼斯："你在操作中，最重要的避险策略是什么？"丹尼斯简洁地回答："顺势而为。"丹尼斯是世界闻名的操盘手。他出身低微，却在股市中大展宏图，不仅完美地避开各种风险，而且实现巨大的赢利。用 1600 美元，在 10 年的时间里赚了 100 亿美元，成绩甚至超过现在人们公认的股王巴菲特，而他的秘诀就在于顺势而为。

只有顺应大势操作才能够赚到钱。牛市不言顶，熊市不言底。股票价格以趋势的方式演变，当股价进入上升趋势时，表现股价的指数所形成的趋势也是上升的，如果顺应上升趋势去买进，则日后必有收获；当股价呈下降趋势时，表现股价的指数所形成的趋势也在下降，这时，投资者应将手中的股票抛出，以保住既得利益或停止损失。

要想在股市中投资获利，首先要看清大势，而后顺势而为。尽管没有一只个股是与大盘指数完全一致的，但多数股票的走势是与大势一致的。在多头市场中，股市走势固然不免有时回挡，但从总体来看，仍然是上升的。换言之，一般股价总是涨多跌少。投资者在这种市场中，纵使一时遭到套牢，仍不愁没有解套之时。当然，如果盲目买进完全不具有实质支撑的垃圾股，则另当别论。但是，如果股市已经由多头转入空头，情况便不相同。市场走势中固然也偶有反弹，但大都只是昙花一现，总的来看，一般股价跌多涨少。在这种市场中，买进股票只有看跌，很难看涨，除非你是短线高手，善于抓住机会放空，否则根本就不能获利。据新浪网调查，在2005年的熊市里，82.97%的投资者出现亏损，6.34%的投资者持平，真正赢利的只有10.69%。而在2006年的大牛市里，赢利的高达70%，亏损的只有10%，其余的持平。由此说明，许多股民赔钱，赔在看错大势上。市场已经发出了转弱的信号，他却还在盲目买进；市场开始转强了，他又麻木不仁，视而不见。结果不是高位套牢，就是坐失良机。这样在看错大势的前提下炒股，自然会亏多赢少。

总结那些炒股高手赚钱的经验，就会发现，他们总是能抢在别人之前行动，也就是说，在别人都决定买之前先买，在别人都决定卖之前先卖。而要做到这一点，关键就在于要学会看大势，也就是要学会看整个股市的发展情况，看国家的宏观经济形势，看政府的政策导向，看市场的总体走势。当大势有启动迹象时大胆买进股票，在大势有顶部征兆时坚决卖出股票。能够看清大势并顺势而为的股民注定会成为股市的赢家，而那些屡屡看错大势、踩错节拍的股民，则无疑是股市的败将。在大势向好、人气旺盛的时候，大部分的股票都在往上涨，下跌的只是极少数。这样，投资者赚钱的机会就会非常大，可供选择的牛股也非常多。相反，在熊市中，人心涣散，争相出逃，再好的股票也没有人敢炒作，这样要选择好股票就非常难。

顺势而为，这个被许多西方投资者奉为经典的投资秘诀，在中国股市却受到令人痛心的忽视。大多数股民不注意对大势的分析与研究，而是把所有精力都放在了竖起耳朵打探消息、钻山打洞搜寻庄家上，一心想有个什么内部消息让他们碰上天天涨停的黑马股。但事与愿违，虽然这些股民整天忙忙碌碌，"呕心沥血"，却往往劳而无功，大多数人还因此亏损。究其原因，最为关键的是他们都忽视了一点，那就是看清大势。

因此，投资者操作股票，首要的就是要进行股市大势的判断，并据此顺势而为。正如股谚所云：看大势赚大钱，看小势赚小钱，看错势倒赔钱！

多头氛围中看空，空头氛围中看多

在股市中，投资者经常会遇到以下几种情形：

（1）股指技术形态看好。

（2）大盘的成交量持续放大。

（3）股评一致看好。

（4）股票的技术图线和指标向好。

（5）上市公司不断传出利好消息。

（6）股价涨势喜人，个个都赚得笑翻天。

于是一般的投资者很容易成为死多头。这是因为当人们看好某只股票时，便丧失了应有的危机意识，很少有逆向思维；当股市向好时，很少关注不利因素的变化。

事实上，面对股价的暴涨，在狂喜之余要保持一定的空头思维。要有意识地维持多头和空头的平衡，时刻关注有利和不利两方面的因素，及时察觉多头气氛中可能存在的阴谋，避免成为死多头。尽管热烈的多头气氛很易诱导人，但一定要保持冷静、理性，不妨看空一下。

同样，在空头气氛中，出现以下情况时，也不要过分恐惧，要保持冷静，一定要留意空头气氛里是否存在庄家的刻意打压洗盘行为，小心上当。

（1）不断传来不利传闻。

（2）场面人气极为悲观。

（3）股评家一致看空。

（4）技术分析全部显示空头。

（5）公司发展前景一片暗淡。

（6）行业整体性陷入低谷。

在这个时候，大家往往会染上以下低级的操盘陋习：

（1）备受空头气氛的干扰，无法冷静地做出分析和判断。

（2）不会鉴别技术空头里可能存在的陷阱。

（3）经常忘记基本趋势中可能存在的反转行情。

（4）没有能力识破当前空头走势里可能存在的庄家的故意诱空。

面对这种情况，顶级操盘手一般都是既瞻前又顾后，但更多的是看未来，他们会相当重视当前对股价形成压制的不利因素，把收割的日子推迟到半年、一年、两年之后，而绝非近几天或几周。他们会重视当前空方强大的力量，暂时回避空方的威力，抛空筹码或停止入货，避免受到伤害。尽管形势极为不妙，但顶级操盘手依然尝试从中看到希望，寻找可能存在的机会，密切关注那些处在困局当中的上市公司何时以及能不能重返正常公司行列。当股价或股指极度低迷了相当长的时间后，他们就会密切关注并随时准备捕捉大反转的到来。当不适合买入的时候，他们不会停止分析和搜集资料的工作。

第五章

做好资金布局与仓位控制

什么是仓位控制

股市走势难以预测，投资者基本上处于被动接受的地位。不过不能预测和被动接受是两回事，被动之中也有可以主动的余地，仓位控制就是投资者主动应对变幻莫测的股市的法宝之一。

所谓仓位控制，是指投资者决定做多某个投资对象时，决定如何分批入场，又如何止损或者止盈离场的技术。对于投资者而言，仓位控制是投资成功的一个关键点，值得投资者予以重视。

仓位控制是投资者资金管理中最重要的一环，也是要严格遵守的纪律。特别是在弱市中，投资者只有重视和提高自己的仓位控制水平，才能有效控制风险，防止亏损的进一步扩大，并且把握时机反败为胜。

仓位控制得好坏将会直接影响到投资者的几个重要方面：

（1）仓位会影响投资者对市场的态度，从而使其分析判断容易出现偏差。

（2）仓位控制将影响到投资者的风险控制能力。

（3）仓位控制的好坏决定了投资者能否从股市中长期稳定地获利。

（4）仓位的轻重还会影响到投资者的心态，较重的仓位会使人忧虑焦躁。

仓位控制如此重要，可是很多投资者，特别是中小投资者往往在这一方面出现问题。简单来说，投资者在仓位控制方面容易出现以下 3 个问题：

（1）部分投资者也知道留一部分现金很灵活，但是在操作过程中不断补仓，越补越套，最后变成了满仓。其原因在于，没有一个良好的资金管理计划。在不同市道中，如果事先已经确定好了现金与股票的比例，就应当严格按照计划执行。

（2）部分投资者能够做到现金与股票的合理配置，但往往在品种搭配上出现一些问题。例如过于集中在某一个板块，从而增加投资风险。

（3）很多投资者在选好股票后，往往一口气满仓杀入。这种做法其实带有很大的赌博性，一旦出现始料不及的状况其损失是不言而喻的。

为了提高自己成功投资的可能性，投资者一定要做好仓位控制工作，避免在仓位控制上走入误区。

仓位控制的 3 个标准

对投资者来说，要想仓位控制得有效果，就要有针对性，根据不同的标准采取不同的控制措施。

具体来说，可以根据以下几个标准。

标准一：依据股票价位控制仓位。

具体而言，对看好的股票，在基本面未有任何改变的前提下，应该采取高位轻仓、低位重仓、越涨越卖、越跌越买的策略，而不是随波逐流，人云亦云，频繁地追涨杀跌。

标准二：依据资金分配控制仓位。

一般而言，此方法又可以分为以下两种：等份分配法和金字塔分配法。所谓等份分配法，是将资金分为若干等份，买入一等份的股票，假如股票在买入后下跌到一定程度，再买入与上次相同数量的股票，依此类推以摊薄成本。而买入后假如上涨到一定程度则卖出一部分股票，再涨则再卖出一部分，直到等待下一次操作的机会来临。所谓金字塔分配法，也是将资金分为若干份，假如股票在买入后下跌到一定程度再买入比上次数量多的股票，依此类推；假如上涨也是先卖出一部分，假如继续涨，则卖出更多的股票。这两种方法共同的特点是越跌越买，越涨越抛。对于投资者来说，应该采取哪一种操作方法，则需要结合自己的实际情况进行分析。

总而言之，投资参与的资金不能过重，建议仓位控制在 20% 以内，并且持股最多不超过 3 只。因为投资者永远不知道股票的底在哪儿，留着多余的资金用来补仓以降低持股成本，以便及时解套出局。事实上，投资股票控制风险比重视收益更重要，实践证明保守的投资者生存得更久。在跌市中，要尽可能高估下跌的深度，要尽量持币等待，不要频繁地买卖股票，也不要试着去抄底，严格控制仓位在三成以下，甚至空仓。

标准三：依据不同行情控制仓位。

如果在牛市里，投资者的仓位可以保持在 60% 以上，俗称底仓，剩余资金可以做短线，随机调整仓位；如果是在熊市，则应以持币为主。当市场出现超跌，并预计将出现反弹时，可以在大盘和品种均超跌后，以不超过 20% 的小仓位试探性介入，如果继续下跌，则应严格执行止损，切不可继续加大仓位。市场的底部不是一日就形成的，不用担心买不到股票，但如果这里不是底部，采取分批买入的方法加大仓位无异于扩大亏损。记住，熊市的杀伤力会超过所有人的预期。如果投资者无法判断市场的行情，此时满仓操作是不可取的。同时，投资者绝对空仓的操作行为更是不对的。

需要强调的是，投资者在实战中必须把预测、防范系统风险作为进行投资决策、仓位控制的前提。根据投资学的定义，市场风险即系统风险，将赢利目标、仓位控制和系统风险的大小结合起来。系统风险小时，适合投资，赢利期望值大，加大仓位，现金资产变为股票；系统风险大时，赢利期望值小，减少投资，降低仓位，将股票变成现金，保全资产的安全。

仓位控制不可忽视的 3 个方面

通常而言，在牛市中，因为大势上涨，只要买到差不多的股票都会赚钱，仓位控制比较简单。而在熊市中，市况比较复杂，仓位控制的技巧就显得尤为重要。

具体来说，在熊市中，投资者要密切关注以下 3 个方面：

1. 掌握好分仓程度

虽然熊市行情疲软，大盘和个股常常会表演"低台跳水"，但是，前期曾经顺利逃顶和止损的空仓投资者不应被股市这种令人恐慌的外表吓倒，而应依据当前的股市行情，主动逢低买入。但是要把握好仓位控制中的分仓技巧。

（1）根据资金实力的大小，资金多的可以适当分散投资，资金少的可采用集中投资操作，如果只有少量资金而分散操作，容易因为固定交易成本的因素造成交易费率成本的提高。

（2）当大盘在熊市末期，大盘止跌企稳，并出现趋势转好迹象时，对于战略性补仓或铲底型的买入操作，可以适当分散投资，分别在若干个未来最有可能演化成热点的板块中选股买入。

（3）根据选股的思路，如果是从投资价值方面选股，属于长期的战略性建仓的买入，可以运用分散投资策略。如果仅是从投机角度选股，用于短线的波段操作或用于针对被套牢个股的盘中"T+0"的超短线操作，不能采用分散投资策略，必须采用集中兵力、各个击破的策略，且每次波段操作，仅认真做好一只股票。

2. 配置好仓位结构

熊市中非理性的连续性破位暴跌恰是调整仓位结构、留强去弱的有利时机，可以将一些股性不活跃、盘子较大、缺乏题材和想象空间的个股逢高抛出，选择一些主力建仓，对未来有可能演化成主流的板块和领头羊的个股逢低吸纳。千万不要忽视这种操作方式，它将是决定投资者未来能否反败为胜或跑赢大势的关键因素。

3. 把握好持仓比例

在熊市中要对持仓的比例做适当降价，特别是一些仓位较重甚至是满仓的投资者，要把握住大盘下跌途中的短暂反弹机会，将一些浅套的个股适当清仓卖出。因为，在大盘连续性的破位下跌中，仓位过重的投资者，其资产净值损失必将大于仓位较轻的投资者。股市的非理性暴跌也会对满仓的投资者构成强大的心理压力，进而影响到其实际的操作。而且熊市中不确定因素比较多，在大盘发展趋势未明显转好前也不适宜满仓或重仓操作。所以，对于部分浅套而且后市上升空间不大的个股，要果断斩仓，不要犹豫。只有保持充足的后备资金，才能在熊市中应变自如，而且当牛市来临时才能赚大钱。

炒股仅仅依靠选股和研判大势远远不够，还要重视仓位的控制技巧。仓位既影响投资心态，也决定投资效果，是实际操作中关键的一环。所以，投资者一定不要忽视仓位控制的作用。

仓位控制要点：永不踏空，永不满仓

永不踏空和永不满仓是投资股市的硬道理。踏空永远没有赚钱的机会。不满仓是为了降低风险，等待最佳进入时机。

踏空永无赚钱的机会，手中没有股票如何赚钱？或者说，即便有投资但投入资金太少，也一样赚不到钱。特别是当股市出现大幅上升时，由于手中股票太少而使得市值增加量根本体现不出来，或者增加的量相对于其资金的比例太小。更重要的是，股市一旦上涨，低位吸货就会来不及，这时很容易迷失方向而胡乱买一些股票，也很容易失去理智，更不敢冒昧全仓杀入。因此，即便行情来了，对于踏空的人来说，也赚不到钱，甚至容易因为胡乱买股票而导致亏损。

不踏空是投资股市的硬道理，它告诉人们，投资股票时一定要选好时、选好股并好好握住它。但是，一般投资者的投资方式往往是与之相反的，即手中总是留有大量现金，他们投资买股票总是买很少，甚至几百股几百股的买，买股票所占的资金比例还不到总资金的10%，这样的投资即便是每股赚几块钱，所获得的收益也不多。这种投资似乎与踏空没有什么两样。因此，踏不踏空，应视手中资金与买股票所用资金之间的比例而定。

不满仓的炒股硬道理是：控制好风险，抓住机会适时调整资金仓位，遇上不涨的股票要换上具有上升潜力的股票。

不满仓对于一般的投资者来说比较容易做到，因为他们自从炒股的第一天开始就一天都不敢满仓，因为被套怕了，不敢轻易买股票，哪怕是股票行情大涨，也只凭自己的那一点点感觉去买股票，感觉好时就多买几百股，感觉不好时就少买几百股。当然，单凭感觉买股票，是行不通的。

不满仓意在尽量降低风险，与其说是降低风险，不如说是等待时机。所以，没买股票的那部分资金一遇到机会不是要按兵不动，而是要"立即冲动"。如果遇到调整行情时，则作为补仓之用。这样，既控制了风险，也不失时机赚了钱。"不满仓的炒股硬道理"还告诉人们，手中握的股票如果是垃圾股——不涨的股票，就应该换成具有升涨潜力的股票。

在投资炒股时，应该有选择地把握好每一波行情的动态，同时，"该出手时就出手"，牢牢把握时机，握住股票等待上升。请记住：踏空不是股市的脚步声。

建仓要诀：分次买入

实际生活中，很多投资者都有这样的经历：亏小钱时割点肉容易，亏大钱时割肉就十分困难，这是人性的自然反应。在一项投资上亏太多的话，自信心会受到极大的打击。这就要求投资者在股票交易中，如果没有确切的把握，不要一次买进，也不要满仓操作，最好是分次买入。

这实际上是一种试探性的买入活动。国外有一位著名的股市投资专家，几十年积累的经验之一，就是每次只买入很少量的股票。这样做的好处很多：如果买入的股票大幅上涨，对投资者来说肯定会增加一笔收入；如果买入的股票下跌得很厉害，由于买进的股票数量有限，不会蒙受巨大的损失；必要的时候，还可以用其他的资金在更低的价位上进行数额比较大的补偿性买入，摊低购入股票的实际成本。交易时多进行几次试探性的买卖，虽然麻烦一点，但能有效地化解风险。

一般来说，在股市实战操作中，分次买入的好处主要体现在下面几点：

1. 分次买入，为的是集中有限的资金和精力，打好有准备之战，提高操作的针对性和有效性

分次买入并不是绝对地走上形而上学的教条主义的歧路。相对于机会大与机会小的比对与选择而言，"分次买入，第一次只买一点"的操作策略只是针对那些机会少、利润小的短线操作而言的，如在熊市中抢反弹，或者是在牛市末期去赶顶，都只是快进快出的小打小闹，而绝不能将其视作大机会来处置。这也就是"要把有限的精力与资金放在最能够使自己创造更多收益的主升浪中"的真谛所在。

2. 分次买入，为的是在操作中能灵活机动，随机组合，以趋利避害

在上升趋势和主升通道不是很清晰、很明朗的背景下，满仓操作、轻举妄动，实属操作中的大忌。在无趋势的整理过程中，随意进行满仓操作，一旦发现情况有变，就会像背负着全部辎重的队伍那样，很难急速掉头回撤。因为操作心态同仓位的轻重也有着十分密切的关系，仓位轻，发现情况有变，就能马上理智地进行止损纠错；而如果仓位重，止损就非常困难。

3. 分次买入，为的是防止轻易满仓致损之后，产生强烈的失望情绪

满仓的理由，无非是投资者看好股票的走势形态，或者是冲着某种美好的展望和预期，但归根到底，还是因为其期望很大，决心孤注一掷。人说"希望越大，失望越大"，不是没有道理的。为防止失落情绪的滋生，即使是相当看好大盘或个股的后市，也应当记住分次买入的警讯，少买一点，留有余地，以防不测。就算是在确认自己的良性预期和估算的有效性之后，再加码买进也为时未晚；虽然成本可能相应地有所加大，但操作的有效性和胜算概率及保险系数却得到了有效的提升。

建仓的技巧和方法

建仓是一个比较专业的问题，通常有两种方式：

1. 根据自己的交易原则来调配仓位

即先明确资金投入额度，再考虑最大亏损承受额度。例如，

投资者将 9 万元资金三等分，计划买 3 只股票，在购买第一只股票时，无论如何看好该股行情，都只会投入 3 万元；开始购买股票时，按照小单试场，顺势加仓，势明满仓的原则，将 3 万元资金全部投入；在资金分批投入的时候，再根据技术上止损的方法，设置止损点并随股价的上涨而抬高止损点位；止损点可以是现今股价的 –5%，也可以是 –10%，或根据个股股性和技术形态来设置止损点。

2. 先确立止损额度，后考虑资金投入

第二种建仓方式是一种先确立止损额度，后考虑资金投入的方法。假设投资者有 10 万元资金，单次交易能承受的最大亏损额为 3%，即 3000 元，如果股价为 100 元，则投资者考虑止损点位是 90 元，那么可购买的股数是 3000 元 ÷（100–90）=300 股，能投入的资金为 100 元 × 300 股 =3 万元，这样投资者可以一次性将这 3 万元投入该股中，也可以分批买入。但当股份下跌到 90 元时，投资者要以亏损 3000 元清仓离场。

一般来说，第一种方法适用于有资金管理经验的人，而后一种方法适用于按计划执行交易或没有资金管理经验的人，两者最终要达到的结果都是一样的。

什么是补仓

所谓补仓，就是因为股价下跌被套，为了摊低该股票的成本而进行的买入行为。补仓作为投资者在实战过程中的补救措施，有利于股票在未来的行情中顺利解套。所谓"牛市赚钱，熊市赚股"，补仓也为投资者带来了熊市赚股的机遇，有利于投资者在将来的牛市行情中反败为胜。

投资者在买进一只股票之前，往往会对这只股票进行方方面面的分析和研究，有了足够的理由，才会采取行动。但是一旦这只股票出现暴跌，有的人就会乱了方寸，马上把当时想好的理由忘得一干二净，只恨自己没来得及抛掉。对于暴跌之后没有来得及卖掉的股票，这时候到底是应该第二天赶紧处理，还是补仓摊低成本，这跟这家上市公司的基本面大有关系。如果当初购买它的理由并没有发生改变，这次突然急跌没有在第一时间做出资金复位、卖出后买入的处理，如果还有充裕的资金，补仓往往是更好的办法。

股市中，谁也不能保证自己百战百胜，失败是成功之母，被套是每一位投资者迈向成熟所必须跨过的门槛。面对被套，投资者需要以冷静的心态，及时采取适当的应变策略，才能将损失降到最低限度。

解套策略可以分为主动性解套策略和被动性解套策略两大类，补仓属于被动性解套策略之一。因为，补仓通常是在股票已经被深度套牢后，所持有的个股又具有投资价值和投机价值，并且股价严重背离价值时所采取的应变策略。

补仓的作用是以更低的价格购买该股票，使单位成本价格下降，以期望在补仓之后反弹抛出，用补仓买回来的股票所赚取的利润弥补高价位股票的损失。当然，最重要的是为了保障安全。

原先高价买入的股票，由于跌得太深，难于回到原来价位，通过补仓，股票价格无须上升到原来的高价位，就可实现平本离场。

补仓前必须要考虑的 5 个问题

补仓是一种被套后的被动应对策略，它本身不是一个解套的好方法，但在某些特定情况下它是最合适的方法。股市中没有最好的方法，只有最合适的方法。只要运用得法，它将是反败为胜的利器；如果运用不得法，它也会成为作茧自缚的温床。因此，在决定是否补仓的时候，投资者一定要认真思考，密切注意以下几个问题：

1. 补仓不补弱势股

特别是那些大盘涨它不涨，大盘跌它跟着跌的无庄股。因为，补仓的目的是希望用后来补仓的股票的赢利弥补前面被套股的损失，所以投资者大可不必限制自己一定要补原来被套的品种。补仓补什么品种不关键，关键是补仓的品种要取得最大的赢利，这才是要重点考虑的。所以，补仓要补就补强势股，不能补弱势股。

2. 补仓时机要把握

千万不能分段补仓、逐级补仓。首先，普通投资者的资金有限，无法承受多次摊平操作。其次，补仓是对前一次错误买入行为的弥补，它本身就不应该成为第二次错误的交易。所谓逐级补仓是在为不谨慎的买入行为做辩护，多次补仓，越买越套的结果必将使自己陷入无法自拔的境地。

3. 大盘未企稳不补仓

大盘处于下跌通道中或中继反弹时都不能补仓，因为，股指进一步下跌时会拖累大多数个股一起走下坡路，只有极少数逆市走强的个股可以例外。补仓的最佳时机是在指数位于相对低位或刚刚向上反转时。这时上涨的潜力巨大，下跌的可能最小，补仓较为安全。

4. 熊市初期不补仓

这道理炒股的人都懂，但有些投资者无法区分牛熊转折点怎么办？有一个很简单的办法：股价跌得不深坚决不补仓。如果股票现价比买入价低 5% 就不用补仓，因为随便一次盘中震荡都可能解套。要是现价比买入价低 20%－30% 以上，甚至有的股价被腰斩时，就可以考虑补仓，后市进一步下跌的空间已经相对有限。

5. 前期暴涨过的超级黑马不补

历史上曾经有许多独领风骚的龙头，在发出短暂耀眼的光芒后，步入漫漫长夜的黑暗中。如：四川长虹、深发展、中国嘉陵、青岛海尔等，它们下跌周期长，往往深跌后还能深跌，探底后还有更深的底部。投资者想摊平这类股，只会越补越套，而且越套越深，最终将身陷泥潭。

何时是补仓的最佳时机

对套牢的投资者来说，急需掌握补仓的技巧，但补仓是一把双刃剑，善于补仓者可达到摊低成本的目的，股价稍一回升便可解套甚至获利；不善于补仓的投资者犹如把钱塞给一个无底洞，成本未摊低，倒使亏损不断扩大，最后在亏损的泥潭中不能自拔。那么股票被套后何时可以补仓？

首先，掌握补仓的时机。总的说来，短线反弹不宜轻易补仓，因为反弹之后仍将续跌，只有在大盘真正见底之后才适宜。底部的构筑是一个长期的过程，在均线系统仍呈空头排列、股价跌幅不深时，想当然地认为大盘"往下空间不大"而匆忙补仓，只能是"老套"未解，"新套"又来。只有那些前期已出现一大截跌幅，在大盘创新低时不再创新低的个股方可补仓。

其次，补仓时需注意把握股价走势，看看其处于哪个阶段，有些个股能够加码买进，有些个股则宜认赔出局。

股价走势有 3 大类型，分别是上升势、下跌势与盘整。上升势的特点是一浪高过一浪，股价的底部与顶部都不断抬高；下跌势则与之相反，底部与顶部不断下挫，走势一浪低过一浪；盘整走势则意味着股价运动区间保持在一个范围，高点与低点基本不变。

要补仓的话，应该选择在股价处于上升趋势或盘整态势时进行，这样获利方有一定把握。未完成拉升阶段的个股可适当补仓。上市后整体升幅有限、未完成一轮炒作的次新股补仓的安全性较高。而一些前期被疯狂炒作的个股，底部深不可测，此时补仓犹如被别人打了左脸，你还将右脸再伸过去。认赔出局比盲目扩大亏损更明智。

在调整至强支撑区时可及时补仓。有些个股屡次探至相近的价位时都受到支撑而止跌回升，投资者可多观察，多作总结，掌握个股的支撑位即等于掌握了补仓安全区。

如果选择股价呈下跌势时补仓，只会越补越套。如果在牛市末期买了价格过高的股票，在其一路下跌过程中去补仓的话，结果会是很惨的。大家可以看看亿阳信通（600289）和长江通信（600345）从上市之初一路下来的走势，也可以看看很多绩差股从高位以来的跌势，对于这样的股票，去补仓无异于"用手接飞落的刀子"，险状不言而喻。

有的投资者或许会认为，这样的股票也会有波段性的反弹，做一个小反弹也是不错的选择。这种想法理论上固然可行，但在实际操作中便会遇到如何确定其相对低位（也就是补仓点）的问题。以长江通信为例，它的每次反弹都是在创出新低之后进行的，而反弹又很难越过上次的高点，故操作难度非常大。当然，如何判断这3种运动方式也需要一定的经验积累。

特别需要强调的是：股价的这3大运动形式是交替进行的，每种运动方式不会一直持续下去，趋势总有改变的时候。另外，从牛市到熊市，再从熊市到牛市，都意味着股价运动方式的彻底改变。现在有很多投资者还在继续拥有跌后过几年必升的习惯性思维，一路补仓焉能不错？

经验与教训：首先确定股价运动的形式，再考虑操作策略。

补仓的两种战略

补仓可以分为战略性补仓策略和战术性补仓策略，两者的区别在于：

（1）战略性补仓主要应用于解套方面，战术性补仓不以解套作为主要目的，它的重点目标是通过滚动式波段操作来降低持仓成本，为将来的解套提供便利条件。

（2）战略性补仓属于长线操作方式，战术性补仓用于短线操作方式，有时，甚至是做盘中"T+0"的超短线操作方式。

战略性补仓的条件有三：

（1）投资者手中被套的股票具有投资价值和投机价值，并且股价已经严重背离其价值。

（2）投资者手中被套的股票已经被深度套牢，凭借该股的自然走势，短期内解套无望。

（3）投资者手中被套的股票已经严重超跌，后市下行空间不大。

战术性补仓相对而言没有过多的条件限制，因为战术性补仓属于短线操作，所以，它无须过多关注个股的基本面或该股是否超跌，也不需要关注该股现在是深套还是浅套，即使是赢利的个股，如果认为后市仍有上涨趋势，也可以补仓操作。因此，战术性补仓又可以分为两种：

（1）现在的市场价高于买价时，为了扩大战果采取的加码跟进的赢利型战术性补仓。

（2）现在的市场价低于买价时采取的类似于抢反弹的被套型战术性补仓。

之所以要将补仓区分为战略性补仓和战术性补仓两类，是因为两者在适用范围、选用策略、实施方法和操作技巧上都不相同。投资者必须根据个人的不同情况采取不同的补仓方式，选择不同的应用策略。大多数情况下，补仓是买进自己已经持有的股票，由于对该股的股性已经较为熟悉，获利的概率自然很大。但是，投资者在补仓的时候也需要跳出惯性思维的限制：自己没有持有的股票也可以补仓。有的投资者眼光狭窄，认定在哪个股票上输钱，非要在那个股票上补回来。其实，甲股输了在乙股中赚回来效果完全一样。因为，投资者补仓的最终目的是希望降低总体持仓成本。所以，补仓时是否选择自己以前买进的股票并不是问题的关键所在，关键是要尽量摊薄成本。为此，投资者大可不必限制自己选择股票的范围。

第六章

新手跟庄实战技法

庄家定义及其类型

说起庄家，其实辞典中并未给它一个明确的定义，在投资业界通常是指控制证券市场流通筹码或控制某只股票流通筹码，且有能力操纵股价运行的个人或者机构。庄家通常占有 50% 以上的发行量，有时庄家控量不一定达到 50%，看各品种而定，一般 10% — 30% 即可控盘。

庄家需要具备两个条件：其一是有能力控制一段时间内的股价走势，其二是有意识地进行与目的相反方向的操作。

具体来说，庄家一般具有如下特点：

（1）庄家也是股东。

（2）庄家通常是指持有大量流通股的股东。

（3）庄家坐庄某股票，可以影响甚至控制它在二级市场的股价。

（4）庄家和散户是一个相对概念。

市场中有各种形形色色的庄家，他们的背景、规模、运作目标都不尽相同，投资者在选择介入某只股票的时候，应该仔细地"审核"一番庄家，并结合大盘的走势做出自己的判断，看看该庄家目前处于何种状态，其操作策略、风格如何等。唯有这样，投资者在"与庄共舞"时才能做到心中有数。具体来说，庄家有以下几个类型：

1. 短庄和长庄

市场上短线庄家数量众多，首先是因为短庄需要的资金不多，筹码能占流通盘的 5% — 10% 即可，因此许多机构和大户都可以坐庄。其次，短线庄家的坐庄机会很多，短庄因为快进快出，快的两三周，慢的一两个月就能坐完庄，因此在大盘反弹、盘局甚至盘跌中都能做，是游击战术。另外，短线庄家不需要多么复杂的操盘技术，也不像长线庄家那样需要调研、公关、宣传、资金调度，不必有一整套班子，三五个有些经验的人即可。当然，短线庄股的涨幅一般不会太高，若没有大盘上涨、人气活跃的配合，很难超过 30%。

短线庄家，由于要速战速决，收集的筹码又比较少，所以常采用拉高吸货的方法，边拉边吸。同时又由于手中筹码不多，控盘能力不强，短庄常常是借势拉高，有一定涨幅后借势派发出货。所谓借势，是指借大盘上升之势、借大盘反弹之势、借利好消息之势等。

中长线庄家的操盘过程常常在 3 个月到半年，有时更长，这类庄家动用的资金量比较大，拉升的幅度也非常可观。他们在操盘时，股票走势有明显的收集、拉高、洗盘和震仓，以及派发出货的过程。当然，具体到某一只股票上又会千差万别，但是仍旧有一定规律可循。投资者若分析正确，操作得当，常常会有 50%以上，甚至翻一番的收获。

2. 新庄、旧庄、被套庄

新庄是指新近入市的庄家，这种庄家收集、拉高和派发的操作过程比较清晰和完整，容易分析和跟庄。新庄由于在选股、选时、资金、题材等方面都准备充分，信心十足，常常会制造出一匹惊人的黑马。

旧庄是指已经完成了收集和拉高的庄家，因为后续资金不到位或者大盘行情不好，或者计划的利好消息未出台等，庄家暂无法出货，只好任由散户去玩。

由于旧庄已经获得了丰厚的"纸上"利润，落袋为安的倾向特别严重，若有利好消息配合，常常会在散户哄抬股价时借机派发。只有在承接盘无力时，才会主动拉高股价培养买气。

被套庄就是被套牢的庄家，在大盘暴跌时，很多中小机构庄家无力护盘，股价会做自由落体运动，甚至跌到庄家的持仓成本区域。被套庄分为轻度被套与深度被套两种。轻度被套庄主要通过反复震荡来达到解套目的。深度被套庄会借助大盘的起跌反弹做大幅升涨。由于被套庄大多已经完成了筹码收集，因此拉升速度快，拉升空间大，并且常常边拉高边出货，就是所谓"神龙见首不见尾"。对于被套庄，在股价已经有了大幅回落，而成交量萎缩到不能再少时，要大胆跟进。

3. 换庄、撤庄和抢庄

换庄是指一个庄家运作某只股票一段时间后，由于种种原因而把手中掌握的筹码卖给另一个庄家，由另一个庄家继续坐庄。

换庄有盘内换庄和盘外换庄两种。盘内换庄是指原庄家通过盘内对敲将筹码卖给新庄家。盘面上会出现极大的买单和卖单，两三日内的成交量巨大，换手率达到甚至超过 100%，而股价却没有太大的波动。

盘外换庄较为隐蔽，是指两个庄家通过协商，原庄家把自己手中筹码的账户加价 20% — 30% 交给新庄家。很多中小机构收集筹码后，没有力量继续做下去，通常会用这种办法。盘外换庄不仅隐蔽，不易被市场技术分析人员察觉，而且能节省一笔数额庞大的交易佣金，便于后来的庄家操作。

撤庄的情况在股市中也时有发生。俗话说"计划赶不上变化"，股票市场错综复杂、瞬息万变。庄家在坐庄之前，虽然都会做周密计划和准备，但是遇到天灾人祸、大盘暴跌、上市公司基本面有重大变更等情况，为了顺应大势，只有果断撤庄。

抢庄的事例在沪深市场也屡见不鲜，由于市场人士普遍看好中国股市未来走向，场外资金机构常常会因为同时看好一只股票而导致抢庄行情的发生。

抢庄行情常常发生在新股上市的第一天，新股中没有老庄，也没有套牢盘，加上新股上市初期一般业绩尚可，题材丰富，新股上市的第一天又便于机构的大资金进出，因此成为资金机构抢庄的首选。

这些庄家面目各不相同，却为着股市的巨大利益，都卖力地在舞台上表演，投资者在与之共舞时，万万不可麻痹大意。

庄家有哪些优势和劣势

散户在市场中之所以是弱势群体，就是对应庄家的长处和优势来说的。庄家坐庄资金多，能在一定程度上控制股价走势，散户只能"见招拆招""顺势而为"，因此庄家胜面大，控制力强。但散户投资者在股市中就没有一点胜算了吗？非也。庄家也有他的软肋，也有忌讳。下面就来分析一下庄家的优势与劣势，正所谓"知己知彼，百战不殆"，散户投资者如果能深入地了解对手，也许胜利离自己就不远了。

庄家的优势主要有：

1. 资金雄厚

庄家之所以叫作"家"，而不是"户"，正因为他有着雄厚的资金优势。巨大的资金至少能够操纵股票的价格，有时甚至能够带动整个板块随庄家意愿联动。这种在市场中呼风唤雨的能力，没有相当的资金支持是不可想象的。当然，庄家的资金并不一定都来自自有资金，有许多是属于拆借、信贷等短期资金。但无论如何，各路庄家能够在股市中坐庄，其调动资金的能力是一般散户投资者望尘莫及的。

2. 水平专业

大部分散户投资者都通过在证券营业部的散户大厅看大屏幕了解股票信息，条件好一点则在"大户室"有独立的电脑设备，至多也就是如此了。而股市中的庄家又更上一层楼，他们有"红马甲"直接进入交易场所内下单交易，因而能捕捉到详细的交易信息。另外，庄家通常都有一套自己的分析软件，专业的运作团队——也就是操盘手。这些操盘手不但熟悉各种股票理论，而且经验丰富，操纵股价技巧娴熟。

3. 管理高效

大机构坐庄，会高度重视坐庄的风险性，对整个运作过程有详细的计划，并对外严格保密。同时，通过建立完善的决策和风险控制机制，庄家在投入了巨大的人力物力之后，通常都能保证资金安全和赢利。

4. 信息灵通

股市的高风险，要求庄家高度重视信息的获取和分析，例如国家重大产业政策和金融政策的调整、上市公司重要信息等消息，庄家通常都能够先知先觉，提前做好计划部署。

但庄家也不是不可战胜的，随着投资者的逐渐成熟，庄家想要坐庄赚钱也越来越难。庄家的劣势正一步步被市场发现和利用。

1. 资金风险大

庄家是财大气粗，但是他的"财"很多都不是自己的，而是从银行借来的，要支付不菲的利息。而且坐庄需要承担许多散户投资者不需要承担的成本费用，例如聘请高水平的操盘手，与上市公司、各路媒体搞好关系等。而且，并不是每一次坐庄都能获利，一旦遇到市场不好或者突发性事件，导致资金受损，则可能会面临巨大的社会、法律风险。

2.技术双刃剑

毋庸置疑，庄家的操盘控盘水平是非常专业的，但散户中卧虎藏龙者亦不在少数，散户与庄家之间唯一能够平等共享的就是技术。而一只股票要被人为运作，就一定会留下人为运作的痕迹，只要细心，散户投资者就能够发现。而庄家的意图一旦被识破的话，想要全身而退就非常困难了。

3.危机四伏

庄家除了要和散户周旋，还得时刻提防其他庄家的捣乱，倘若遇上实力强劲的对手，甚至会永无翻身之日。如果因为操作失误重仓被套，庄家既无力维护股价，又不能像散户一样割肉出局，就必须去市场中寻找新的庄家来"解放"自己，而这又是需要付出很大代价的。

庄家操盘 5 部曲

在股市大盘向上的过程中，个股轮炒是一种常见的现象，如果把握得当，散户可以把一个牛市当成两个牛市来做，获利会非常丰厚。对于散户来说，发现庄家大牛股其实并不是一件困难的事情。一般来讲，被庄家看中的股票通常是散户不太注意的股票，如在低位横盘已久，每日成交量呈现为豆粒状，如同进入冬眠一样的股票。但恰恰是这类股票，一旦醒来，就会像火山爆发一样，爆发出大幅飙升行情。

1. 目标价位以下低吸筹码阶段

所谓的目标价位也就是说散户在买入股票时，已经给这一只股票定好了一个赢利目标价位，一旦股票的价格达到这一目标价位，散户便抛出股票。庄家坐庄必须吸筹，只有控制了足够的筹码，仓位达到了一定比例，通常为10% — 30%，庄家才能够操纵股价，才能有"货"用来洗盘、震仓。在这一阶段，庄家往往极耐心地、不动声色地收集低价位筹码，这部分筹码是庄家的仓底货，是庄家未来产生利润的源泉，一般情况下庄家不会轻易抛出。这一阶段的每日成交量极少且变化不大，分布均匀。在吸筹阶段末期，成交量虽有所放大，但并不很明显，股价呈现为不跌，或即使下跌也会很快被拉回，但上涨行情并不会立刻到来。因此，此阶段散户应观望为好，不要轻易杀入，以免资金冻结。

2. 试盘吸货与震仓打压并举阶段

庄家在低位吸足了筹码之后，在大幅拉升之前，不会轻举妄动。他一般先要派出小股侦察部队试盘一番，将股价小幅拉升数日，看看市场跟风盘多不多、持股者心态如何。在各种条件都具备的市场环境中，庄家想要对某一只股票进行吸货操作时，一般会先试盘。庄家试盘的目的是了解该股筹码的分布情况，以及市场对该股的关注程度（也就是所谓股性），看看该股是否已经有别的庄家潜伏在内，同时还可以吸进筹码，用于日后正式吸货时打压股价。

洗盘是为了排除意志不够坚决的跟风盘，庄家用少量的筹码打压股价，为日后的拉升降低成本，因此，打压洗盘不可避免。在庄家打压洗盘的末期，散户的黄金建仓机会到来了。此时，成交量呈递减状况且比前几日急剧萎缩，这表明持股者心态稳定，看好后市，普遍有惜售心理。因此，在打压洗盘末期，散户可趁K线为阴线、跌势最凶猛时进货，通常可买在下影线部分。

3. 大幅控盘阶段

庄家为了吸引散户追涨以减少拉升成本，一方面会利用传闻或舆论大力散布蒙眬的利多消息，引起散户关注；另一方面会通过操纵股票价格，弄出良好的技术形态，以吸引技术派人士跟进，同时通过"对敲"的方法自买自卖造成放量向上突破态势。庄家的拉台加上散户的追涨，造成尾市抢盘，股价节节升高，步入主升期。一般拉升会分为以下几个阶段：

（1）初级拉高。这一阶段初期的典型特征是成交量稳步放大，股价稳步攀升，K线平均线系统处于多头排列状态，或即将处于多头排列状态，阳线出现次数多于阴线出现次数。如果是大牛股，则股价的收盘价一般在5日平均线之上，平均线托着股价以流线型向上延伸。

（2）中期拉高。这一阶段的典型特征是，伴随着一系列的洗盘之后，股价上涨幅度越来越大，上升角度越来越陡，成交量越放越大。若成交量呈递减状态，那么，庄家要么在高位横盘一个月左右慢慢出货，要么利用除权使股价绝对值下降，再拉高或横盘出货。

（3）末期拉高。当个股的交易温度炽热，成交量大得惊人之时，大幅拉升阶段也就快结束了，因为买盘的后续资金一旦用完，卖压就会倾泻而下。因此，散户在此阶段后期的交易策略是坚决不买进，如果持筹在手，则应伺机出货。

4. 洗盘阶段

庄家为了减轻在后继拉高中的抛盘压力，要对盘面的获利盘、套牢盘、止损盘进行清洗，同时抬高其他短线介入资金的成本，使抛盘压力降到最低程度，以便达到顺利拉升的目的。洗盘阶段伴随着大幅拉升阶段同步进行，每当股价上一个台阶之后，庄家一般都会洗一洗盘，一则可以使前期持筹者下车，将筹码换手，提高平均持仓成本，防止前期持筹者获利太多，中途抛货砸盘，使庄家付出太多的拉升成本；二则提高平均持仓成本对庄家在高位抛货离场也相当有利，不至于庄家刚一出现抛货迹象，就把散户吓跑。

洗盘时成交量是逐渐萎缩的，这说明市场中并没有大量的筹码暗中出逃，股价的波动幅度会越来越小，这表明庄家不愿意提供差价给短线跟风盘去赚取利润，一般在洗盘过程中，30日移动平均线会呈上涨趋势。

5. 抛货离场阶段

此阶段 K 线图上阴线出现次数增多，股价正在构筑头部，买盘虽仍旺盛，但已露疲弱之态，成交量连日放大，显示庄家已在派发离场。因此，此时就成为散户果断出货离场的最佳时机，而此阶段跟进者将冒九死一生的风险，实属不智之举。

如何判断庄家进场

股票中，庄家的地位相当重要。作为中小投资者，必须关注庄家的动向，随庄而动，才能不错过绝佳机会。如何判断股票有庄家进场？有以下现象可以判断。

（1）委托卖出笔数大于成交笔数，大于委托买进笔数，且价格在上涨。

（2）股价大幅下跌后，进入横向整理的同时，股价间断性地出现宽幅震荡。当股价处于低位区域时，如果多次出现大手笔买单，而股价并未出现明显上涨。

（3）虽然近阶段股价既冲不过箱顶，又跌不破箱底，但是在分时走势图上经常出现忽上忽下的宽幅震荡，委买、委卖价格差距非常大，给人一种飘忽不定的感觉。

（4）近期每笔成交数已经达到或超过市场平均每笔成交股数的1倍以上。例如，市场上个股平均每笔成交为600股左右，而该股近期每笔成交股数超过了1200股。

（5）小盘股中，经常出现100手以上买盘；中盘股中，经常出现300手以上买盘；大盘股中，经常出现500手以上买盘；

超大盘股中，经常出现 1000 手以上买盘。

（6）在 3 — 5 个月内，换手率累计超过 200%。近期的"换手率"高于前一阶段"换手率"80% 以上，且这种"换手率"呈增加趋势。

（7）在原先成交极度萎缩的情况下，从某天起，成交量出现"量中平"或"量大平"的现象。股价在低位整理时出现"逐渐放量"。

（8）股价尾盘跳水，但第二天出现低开高走。股价在低位盘整时，经常出现小"十字线"或类似小十字线的 K 线。

（9）在 5 分钟走势图下经常出现一连串小阳线。日 K 线走势形成缩量上升走势。

（10）虽遇利空打击，但股价不跌反涨，或虽有小幅无量回调，但第二天便收出大阳线。

（11）大盘急跌它盘跌，大盘下跌它横盘，大盘横盘它微升。在大盘反弹时，该股的反弹力度明显超过大盘，且成交量出现明显增加。

（12）当大盘创新高，出现价量背离情况时，该股却没有出现价量背离。股价比同类股的价格要坚挺。

（13）大盘二、三次探底，一个底比一个底低，该股却一个底比一个底高。股价每次回落的幅度明显小于大盘。

以上信号如果同时出现 5 个，说明该股有庄家进驻的可能性达六成；如果同时出现 8 个，说明该股有庄家进驻的可能性达七成；如果同时出现 11 个，说明该股有庄家进驻的可能性达八成。

投资者可在实践中加以验证。

盯住庄家，适时跟进

一只股票能否上涨，能涨到多高，很大程度上受庄家（市场庄家）介入深浅的影响，以及他们是否取得了大量的低廉筹码。所以作为散户，投资者要盯住庄家的行踪，密切跟踪，与庄同在，在庄家启动行情时也跟着进场买进股票。

1. 与庄同时进场

这种情况要求跟进的投资者有非常好的耐心，好处是在第一时间发现庄家之后，买入的成本与庄家的仓底成本一致。心态可以比较平静，稳健的投资者还可以用三分法或二分法跟进。

这种跟进办法的变形是用零星资金跟进100股、1，000股或10，000股，视自己的资金量具体而定，作为关注对象，将目标股锁定在自选股之中，坚持每日看盘分析，适时选择加仓时机。

2. 庄家洗盘时的低点跟进

庄家建仓后一般都会有洗盘的过程。如果前期一直都在跟踪，此时是绝佳的跟进时机，洗盘的低点一般会接近或达到庄家的仓底平均成本，此时介入不仅有成本优势，而且很快会享受到庄家拉升的快乐。

所以，能够判断出庄家洗盘的低点，适时跟进，无疑是成为大赢家的关键。

3. 拉升初期跟进

除上述两个时机之外，还可以在庄家的拉升初期介入。此时介入几乎无须等待，马上就会有账面利润，这时跟进需要胆识，因为股价已脱离底部区域，并上升了一大截。建议跟进时的价位以不超过庄家成本的 30% 为宜，较强的庄家，可以调高至 50%。注意，这里指的是庄家的成本，而非股价在本轮的最低价位。

此时跟进有一个难点，就是不能准确判断究竟是拉升还是洗盘的继续。有时候，有的庄家实力不济，反复在 50% 的空间内做波段。此时，若误中"奸计"，没准会买到一个波段顶点。所以在拉升期跟进时不宜过分追高。

4. 拉升后期及派发期的跟进

这是一个处在浪尖上，风险性极大的阶段。所谓"穷寇莫追"，一旦介入，来不及退出，会立即"享受"套牢，不缺胳膊断腿很难离场，因此一般不推荐使用这种方法。如果有人确信自己属于短线高手类型，也不要忘记设止损来保护自己。另外，短线讲究快进快出，要做到心快、眼快和手快，该出手时就出手，这不仅要求技术好，还要求心态佳。不能达到这些条件的人，就不要大胆一搏。

以上是投资者跟进庄家的 4 个策略，请铭记！

估算庄家的持仓量

股票价格的涨跌在一定程度上是受供求关系的影响进行波动的，也就是说，它是由该股筹码的分布状况以及介入资金量的大小决定的。动用的资金量越大、筹码越集中，走势便越稳定，不易受大盘左右；动用的资金量越小、筹码分散在大多数散户手中，股价走势难涨易跌，难有大的作为。如果散户投资者能够估算出某只股票庄家仓位的话，那操作起来一定是胸有成竹、轻车熟路的。如何估算庄家仓位轻重呢？如何判断筹码是集中还是分散？经过长期的实践总结验证，以下方法推荐给诸位投资者：

1. 依据底部周期的长短判断

对底部周期明显的个股，投资者可以将底部周期内每天的成交量乘以底部运行时间，即可大致估算出庄家的持仓量。

庄家持仓量＝底部周期 × 主动性买入量(忽略散户的买入量)

底部周期越长，庄家持仓量越大；主动性买入量越大，庄家吸货越多。因此，若投资者看到底部长期横盘整理的个股，通常为资金默默吸纳。庄家为了降低进货成本所以高抛低吸并且不断清洗短线客，但仍有一小部分长线资金介入。因此，这段时期庄家吸到的货，至多也只达到总成交量的 1/3 — 1/2 左右。所以忽略散户买入量的主动性买入量可以结算为总成交量乘以 1/3 或总成交量乘以 1/2。

例如，有一个 5,000 万的小盘股，在长期下跌后进入横盘整理。

最近一段时期出现成交活跃的现象，经过走势图分析，确定前期最低价为庄家吸筹的起始日，并从这个起始日起至 250 日均线附近已经有 90 个交易日，累计成交量 5,500 万股，主动性买入量为 1,700 万或 2,700 万股左右，那么就可以估出这段时期庄家吸筹的数量为 1,700 — 2,700 万股，但分析时最好以低持仓作为基点，以免受其误导。

2. 依据阶段换手率大小判断

在低位出现成交活跃、换手率较高而股价涨幅不大（设定标准为阶段涨幅小于 50%，最好为小于 30%）的个股，通常为庄家吸货。此间换手率越大，庄家吸筹越充分，投资者越可以重点关注这些"价"暂时落后于"量"的个股。换手率以 50% 为基数，每经过倍数阶段如 2、3、4 等，股价走势就进入新的阶段，也预示着庄家持仓发生变化。利用换手率计算庄家持仓的公式：

个股流通盘 ×（个股某段时期换手率 – 同期大盘换手率），计算结果除以 3，就是庄家的实际持仓量了。

此公式的实战意义是庄家资金以超越大盘换手率的买入量（即平均买入量）的数额通常为先知先觉资金的介入，一般适用于长期下跌的冷门股。因此，庄家一旦对冷门股持续吸纳，投资者就能相对容易地测算出庄家手中的持仓量。所取时间一般以 60 — 120 个交易日为宜。因为一个波段庄家的建仓周期通常在 55 天左右。

3. 依据大盘整理期该股的表现来分析

有些个股吸货期不明显，或是盘中老庄卷土重来，或是庄家边拉边吸，或在下跌过程中不断吸货，难以明确划分吸货期。这些个股庄家持仓量可通过其在整理期的表现来判断。例如某个股逐波下行，吸货期不明显，5—6月份的震荡明显属于庄家行为，7—9月份大盘调整，而该股持续调整，成交量萎缩较为明显，庄家介入程度深，明显被套；后来大盘继续调整，该股却强势上扬，鉴于该股22,800万的流通盘，投资者从庄家控制股价的自如度上可以看出，庄家的持筹量相当可观。

4. 依据分时走势和单笔成交来判断

若分时走势极不连贯、单笔成交量小，通常庄家持仓量较大、筹码集中度较高。分时走势上上下下，波动不连续，成交量稀少，成交时间间隔长，有时数分钟过去才成交一两笔，这是典型的筹码被庄家通吃（持仓在60%）的局面，涨跌完全取决于庄家意愿，大盘走势对其影响甚微。

5. 依据价量背离程度来判断

若股价上升过程中成交量并未放大，保持均衡状态，甚至出现价量背离的情况，筹码通常已集中在庄家手中。随着股价不断上涨，成交量却在不断萎缩，甚至股价创出历史新高时，量能亦未明显放大，分时走势上只要放出小量即可把股价推高，筹码锁定性良好，庄家持仓为稳步推高，不存在吸筹期，持仓通常为60%以上。

掌握了这 5 种办法，投资者估算庄家的持仓量应该就不难了。

计算庄家的利润率

在跟庄的过程中，投资者应该密切关注庄家的利润率，这样有助于成功跟庄。

那么在实践中，投资者如何判断庄家的利润呢？一只股票要拉升到什么幅度，庄家才有获利的空间呢？

坐庄的主要目的是为了获利，庄家在坐庄过程中所付出的全部费用就是他的成本。庄家在操作股票的过程中，有一个庄家的最低利润预估和行业的平均利润率。考虑中国股市的实际情况，基本上是以股价翻倍的位置作为卖出目标。

庄家在坐庄的过程中，不管使用何种手段，都必须是从低价买入，到高价卖出，这是股票操作的规律。庄家要获利，就必须要把股价从低价位推到高价位。股价涨升的幅度，主要依庄家的实力、大盘的情况而有所不同。但是，要获得坐庄这个行业的平均利润，都必须要有一个最低的拉升幅度，即从低位到高位间要有 100% 的上涨幅度。

一般来说，一只股票上涨 100%（这里的 100% 是指股价从一段行情的最低价到最高价的幅度），庄家的利润率应该维持在 30% — 40%。如果 40% 为净利润，毛利润大约在 50%，其中包括了 10% 的资金成本，这是庄家的正常收益。例如，某只股票的最低价为 10 元，庄家吸货一般要消耗 20% 左右的空间，即股价在 12 元附近为庄家的吸货成本，拆借资金年利息一般在 10% 左右。中线庄家坐庄时间一般要经历半年以上甚至一年的时间，利息成本要消耗 5% — 10%。坐庄过程中所经历的吸筹、洗盘、震仓、拉升、出货等环节都要耗去大量资金，这一过程的成本一般在 10% — 20%，并且庄家不可能完全在高位派发完手中的筹码。例如，股价从 10 元上涨到 20 元，高位派发空间需要 20% — 30%，即股价在 17 — 20 元都是庄家的派发空间，这样又耗去升幅的 20% — 30%。各种成本累计高达 60% — 70%，这就是庄家坐庄的"行业平均成本"，即目标个股上升 100% 的幅度，庄家实际只能获利 30% — 40%。

当然，这个比例会有出入，如果庄家融资能力强，操盘手的水平较高，庄家的公关策略和消息发布比较到位，所获利润可以增加 5% — 10%，毛利润可达 60%。如果这个庄家实力较差，融资能力弱，市场环境差，则利润率将下降 5% — 10%，但毛利润绝不低于 30%。30% — 40% 的利润区域是庄家坐庄的行业平均利润，如果低于这个利润，则很多庄家将会退出这个高风险行业。

抱紧庄家不松手

很多跟庄的股民会有这样的经验，抓到了黑马，但是没守住，不是在庄家的震仓洗盘中割肉出局，就是在小有获利时出局，最终与黑马失之交臂。

出现这种情况的原因因人而异，如果是由于心态上的原因，只好自己多多修炼，直至具备好心态为止；如果出于技术上的原因，完全能通过努力去解决这个难题。以下是黏住庄家的分析方法：

1. 弄清庄家的成本区

对于新股，很多庄家选择在上市首日就大量介入，一般可将上市首日的均价或上市第二周的均价作为庄家的成本区。对于老股，在出现明显的大底部区域放量时，可作为庄家建仓的成本区，具体计算办法可用每日均价（可以收盘价代替）与当日成交量之积进行加权平均，直到统计到换手率达到100%为止。有时候庄家的成本区距本轮最低点的价差有相当大的差距。

2. 估测庄家的仓位

庄家的仓位轻，难以控盘，往往会以做波段为目标；庄家的仓位重，控盘程度高，日后拉升的幅度会比较高。准确判断庄家的仓位难度极大，但是据统计，凡是庄家派发充分、筹码全部转移到散户手中后，一般单户持有流通股都在1000股左右。这样，在年报或中报时，根据上市公司披露的股东总户数，散户投资者可以通过计算得到目标公司的单户持有流通股数。单户持有流通股凡是在2,000股左右的，说明已有庄家在场，但持仓比例不超过 50%，难以控盘；凡是单户持有流通股超过 3,000 股的，说明庄家的持仓已有可能达到 70%，应予以重点关注，日后拉升幅度一般都在 100% 以上。

3. 估算庄家的拉升高度

庄家介入某一股票，其预期的净利润至少达 30%。散户投资者通过计算庄家的成本，加上 30% 的净利润，再加上融资成本、公关成本、交易成本、拉升成本、洗盘成本等因素，最后没有 50% 的空间，庄家是出不了局的。有了这个起码的目标作为参考，散户投资者就不会过早地被庄家震出局去了。

跟庄时，散户投资者再结合庄家的仓位估测其未来的拉升高度，控盘庄拉升一倍以上都是正常的，在没有发现庄家有明确的出逃迹象时，散户投资者一定要牢牢地黏住庄家，让它将散户投资者资金账户上的阳线拉得更长一些，要敢赢！

有心的散户跟庄时在既定方针下黏住庄家，想尽办法，把"黏"的功夫用到家，庄家也没有办法。其实庄家对那些最终选择长期持股的人一点招儿都没有！

适时退出，甩掉庄家

很多时候买到黑马不难，难的是如何在高位将黑马卖出。那么有没有办法寻求到合适的卖点呢？有，但不能要求绝对精确。

庄家出局与建仓一样，是在一定的价格区间内进行的，将股票在最高价位出局那是理想境界，实际操作中能成功是运气，能够在庄家派发时的高位区域出局就应该心满意足了。要想寻找到合适的卖点，就要把握"庄家走我也走"的原则。如果将庄家当作敌人的话，这一点与游击战术是相反的。游击战讲究"敌退我进"，而跟庄到了高位时，散户投资者必须是"敌退我退"。而庄家派发与建仓一样，伴随有大的成交量出现，盘口也会有迹可寻。

在具体操作中，采用以下办法可以帮助散户投资者将股价出在相对高的价位。

1. 适可而止

即采用上一节的测算方法，估算庄家可能拉升的目标位，到达目标位附近（±10%）时结合盘面变化，一旦发现庄家的筹码出现松动迹象，就坚决出局，一去不回头，不管日后还能升多少，也不再贪恋。赚到手的钱才是自己的，可以用这些资金再去寻找下一只目标股。最终保留胜利果实，同时保留了一颗平常心。

2. 分批减仓

这一点与建仓是一样的，稳健的投资者可采用这种方法。当跟进的庄股已经有一大段升幅后，投资者随时都可以减仓卖出。

3. 设止盈点持有

就像有些短线客设止损点一样，中线跟庄的投资者在庄家拉升后已有获利时，可以通过设定止盈点卖出。当然，止盈点不是随便设的。庄家洗盘的极限位一般是成本区，拉升的第一目标位是脱离成本区 30% — 50%，散户投资者可以将第一止盈点设在其成本区 20% 上方。日后，伴随股价的拉升，可以不断地调整止盈点的位置，比如上升通道下轨线、30 日均线，或根据庄股的个性灵活掌握。

当然，通过设止盈点来跟庄的散户是不可能将股票出到最高价的，但是采用这种方法跟庄的，最终都能赚到比庄家更高的利润率。炒股能到这种地步，就是最大的赢家。

跟着庄家一起"逃命"

散户必须了解，跟庄只是手段不是目的。而股民随庄家逃命，甚至提前逃命，才是检验胜利果实的最后一招。许多散户跟庄不错，但最终没能逃掉，成为庄家的盘中餐，很是可惜。2001 年散户在 2245 点左右也不同程度地赚过钱，但最终未能识破庄家逃跑的前兆，因此遗憾地被套牢。通过这次被套牢的教训，可总结庄家逃跑的 4 大征兆：

1. 屡创新高已麻木

从 1999 年 5.19 行情开始，股指屡创新高。刚刚冲过 1500 点时，众人非常兴奋。后来又冲到 1800 点、1900 点、2000 点时，众人更是兴高采烈，纷纷再盼新高。但在 2001 年股指创 2100 点、2200 点时，人们似乎已经麻木，这说明大家对股市的新高不再关心，更关心自己的个股。而庄家正是利用众人麻木的状态，悄悄出货。

2. 上升滞涨

即大盘创新高，但成交量、成交额都不如中期上升的巨大资金支持量，比如 2000 年 2 月 17 日，资金曾出现 930 亿元的大量，而以后再未出现。2001 年创 2100 点、2200 点时，成交额仅有二三百亿元，这种又上升又停滞的"滞涨"现象，说明庄家已无力再拉股市。那么，庄家逃跑的征兆也就显现了。

3. 利好题材用尽，利空题材袭来

从 1999 年 5 月到 2000 年，管理层先后出台了"国企三类企业可以入市、券商进入银行间债券市场"等利好。同时还有新世纪来临、沪深二所成立 10 周年大庆等历史性利好题材。但随着 2001 年的到来，利好题材的效应越来越弱，基本用尽。反过来，国有股减持、创业板拟设、9·11 事件、上市公司犯规等利空出台。这是庄家借利空出货的征兆。

4. 股评配合再次看高一线

每当庄家要逃跑时，几乎没有一个股评看跌，而是配合大宣特宣。2001 年初，许多人都看到 2500 点，甚至 3000 点。当 6 月 14 日股指创 2245 点新高，国有股减持消息也出来时，许多股评人却还是看好下半年，而庄家正是在这些股评黑嘴的"鼓评"掩护下，开始出货逃跑。所以今后当股评在高位大肆鼓吹前景一片大好时，一定要意识到，这可能是庄家准备出逃的信号。

抓住了庄家要逃跑的信号，有助于投资者及时地跟进，不至于错失"逃命"良机。

理解跟庄到底的真正含义

对于好不容易才跟上的庄股，大多数股民当然想一跟到底了。但投资者需要明白的是：任何人都没有本事跟庄到底而且也没必要跟庄到底，如果能挣到20%甚至更高一些就可以收手了，太贪反而易被套。在实践中没有人能从低点跟庄，高点出庄，如果投资者能在1/3处跟进，在80%—90%处走人，就是胜利，甚至50%处走人都是胜利。因为散户投资者既然无法在最高点出局，那么在次高点走人，见好就收，避开高处不胜寒的环境就是最好的选择。

在卖股票的那一刻，散户投资者无法知道股票会上涨到哪个价位，其实也没必要知道。散户投资者只要了解自己已经赚了90%的"暴利"，就应该感到庆幸。

当然，散户投资者可以分析庄家的招法，尽量判断股价可能升到哪个最高点，但这是一项极其复杂的超高级技术，要有超人的勇气，冒极大的风险，一般人很难把握。而且散户们都是普通大众，是一群小麻雀，随时都有被"超人庄家"吃掉的可能，所以普通股民还是慎重点好。

第七章

低风险投资是如何实现的

股市都有哪些风险

所谓风险，是指遭受损失或损害的可能性。股市的风险就是投资者的收益和本金遭受损失的可能性。股市的风险主要有两种：一种是投资者的收益和本金的可能性损失，另一种是投资者的收益和本金的购买力的可能性损失。

在多种情况下，投资者的收益和本金都有可能遭受损失。对于股票持有者来说，上市公司因经营管理不善而出现亏损，或者没有取得预期的投资效果时，持有该公司股票的投资者，其分派收益就会减少，有时甚至无利润可分，投资者根本就得不到任何股息；投资者在购买了某一公司的股票以后，由于某种政治或经济因素的影响，大多数投资者对该公司的未来前景持悲观态度，此时，会有大批量的抛售，该公司的股票价格直线下跌，投资者也不得不在低价位上脱手，这样，投资者高价买进，低价卖出，本金就会遭受损失。

投资者的收益和本金的购买力损失，主要来自通货膨胀。在物价大幅度上涨、出现通货膨胀时，尽管投资者的名义收益和本金不变，或者有所上升，但是只要收益的增长幅度小于物价的上升幅度，投资者的收益和本金的购买力就会下降，通货膨胀侵蚀了投资者的实际收益。

从风险产生的根源来看，证券投资风险可以区分为企业风险、货币市场风险、市场价格风险和购买力风险。

从风险与收益的关系来看，证券投资风险可分为市场风险和非市场风险两种。

1. 市场风险

是指与整个市场波动相联系的风险，它是由影响所有同类证券价格的因素所导致的证券收益的变化。经济、政治、利率、通货膨胀等都是导致市场风险的原因。市场风险包括购买力风险、市场价格风险和货币市场风险等。

2. 非市场风险

是指与整个市场波动无关的风险，它是某一企业或某一个行业特有的那部分风险。例如，管理能力、劳工问题、消费者偏好变化等对于证券收益的影响。非市场风险包括企业风险等。

具有较高市场风险的行业，如基础行业、原材料行业等，它们的销售、利润和证券价格与经济活动和证券市场情况相联系。具有较高非市场风险的行业，是生产非耐用消费品的行业，如公用事业、通信行业和食品行业等。

由于市场风险与整个市场的波动相联系，因此，无论投资者如何分散投资资金都无法消除和避免这一部分风险；非市场风险与整个市场的波动无关，投资者可以通过投资分散化来消除这部分风险。

在西方现代金融资产组合理论中，市场风险和非市场风险的划分方法得到了相当广泛的采用。为了更清楚地识别这两种风险的差异，下表列出了市场风险和非市场风险的定义、特征和包含的风险种类。

市场风险和非市场风险的比较

	市场风险	非市场风险
定义	与整个市场波动相联系的风险	与整个市场波动无关的风险
特征	（1）由共同因素引起	（1）由特殊因素引起
	（2）影响所有证券的收益	（2）影响某种证券的收益
	（3）无法通过分散投资来化解	（3）可以通过分散投资来化解
	（4）与证券投资收益相关	（4）与证券投资收益不相关
包含的风险种类	（1）购买力风险	企业风险等
	（2）货币市场风险	
	（3）市场价格风险	

牛市中的风险防范

风险一般是熊市中讲得最多的字眼，在牛市中，很多过于乐观的人几乎忘记了还有风险的存在。尤其是有些刚入市的股民，不知道股市风险有多大。

2007 年 5 月 30 日，熟睡的股民一夜醒来，好梦犹在，突然得知夜里财政部决定调整证券（股票）交易印花税税率，由 1‰ 调整为 3‰。当日，上证指数暴跌了近 300 点，两市近 800 只股票跌停，刷新了中国股市几项之最，也给全国股民上了一场血与泪写就的风险课，让人们充分地认识到，事实上，牛市也依然存在着风险。

那么，牛市中会存在着哪些风险呢？

1. 业绩风险

上市公司的业绩，永远是股市中的试金石。在牛市消灭低价股的口号声中，一大批亏损股、微利股已不再低价，草鸡被美化成了凤凰。牛市中不问青红皂白地炒题材，一不小心就会踩上业绩"地雷"，风险也就不请自来。

2. 扩容风险

新股发行和再融资，H 股回归 A 股，大小非解禁，市场大扩容也会闪一下牛市的"腰"。

3. 流言风险

相信中国股民很长一段时间都难忘 2007 年 2 月 27 日那天，上证指数盘中几乎跌停，给股民上了一堂生动的风险教育课。那场暴跌的"导火绳"却是一则股市要征收资本利得税的谣言，而股市经常是传闻不绝于耳。不论投资者信还是不信，都只能像抛硬币一样撞大运，风险不言而喻。

4. 监管风险

当市场转暖，各路资金都逐利涌进股市，一些违规资金也趁机而入，必然引来监管的重拳。随着监管部门对上市公司违规违纪行为的查处和操纵股价联手坐庄打击力度的加大，个股的风险也随之加大。

5. 道德风险

牛市并不能一俊遮百丑，道德风险没有因股改而减少，还需随时随地提防。

6. 交易故障风险

股市火爆，成交量数倍放大，不断暴露出券商硬件设备老化的弊端。交易中堵单、电话委托占线、网上交易故障、银证转账不畅等成了投资者投诉最多的烦心事，特别是在股市暴涨暴跌时，交易会因故障给投资者带来巨大损失。

股市中有句俗语：新股民胆大骑龙骑虎，老股民胆小骑鸡屁股。这就是风险意识的区别。面对上述风险，广大投资者应把阶段性风险放在首位，如果不理风险，风险可随时降临到你头上。

熊市中如何把风险降到最小

有人说，熊市的风险是被套，牛市的风险是踏空，其实是有一定道理的。熊市的特点是一波更比一波低。虽然每个低点出现之后，大盘均有反弹，甚至是强烈的反弹，但反弹之后是更低的低点。这时投资者要警惕被套。如果抢熊市反弹，那一定不能高买，而且反弹到一定程度后要快卖，否则就会被套，且会越套越深。被套会给广大投资者带来很大的伤害。

那么投资者在熊市中应该怎样保护自己，把风险降低到最小呢？以下是多名成功者在熊市中的经验总结。

（1）熊市中，遭遇利空的个股，应该第一时间逢高出局，以免深度套牢。

（2）出现中长线利空的行业，应逢高只出不进。

（3）熊市的脾气就是"不断创新低"。因此，熊市中阳线是假的，应该逢阳线卖；阴线是真的，应该逢阴回避。

（4）熊市中，弱势股轻易不可碰，往往其基本面有"地雷"，所以才阴跌。

（5）卖出的时机问题上，股指反弹一天半到两天就卖。

（6）盘中只要继续出现急跌股、跌停板，不管技术指标是否超卖，仍不看好。

（7）熊市中，短线指标金叉的时候卖出是较好时机，因为熊市中金叉是假的。

（8）熊市中出现利好，也是逢高卖出的较好时机。

（9）熊市中阻力位上放量的时候，是较好的逢高卖出的时机。原因在于：熊市里市场本来钱就少，稍微一放量，市场的存量资金就用完了。

（10）熊市中地量不是底，而是下跌中继。

（11）牛市里，利好未尽继续涨；熊市里，利空未尽继续跌。

（12）熊市下跌途中只要出现十字星，往往就是反弹终结信号。

（13）熊市下跌途中，领先上涨的股票，往往没有板块效应，属于超跌反弹。

（14）熊市中20、30天线是中线下跌的压力线，个股反弹到此，往往是逢高派发的时机。

（15）熊市中，不要以为某只股票有庄家就好，庄家机构同样可能被套。

在熊市中，怎样把风险降到最低是很重要的。投资者一定要充分考虑以上几方面的因素，坚持理性的投资策略。

长线投资的防风险策略

长线投资者投资某只股票主要看中的是该公司的价值。公司在经营过程中总存在着很多风险，同样，投资者投资公司的股票也存在着风险。那么，投资者怎样防范这些风险，尽量减少投资带来的损失呢？

1. 如何防范 *ST 和 ST 公司股票风险

在公司股票简称前冠以"*ST"字样，意味着该公司股票被实行警示，存在终止上市风险的特别处理；在公司股票简称前冠以"ST"字样，意味着该公司股票被实行其他特别处理。

上市公司股票被实行特别处理最常见的原因就是公司财务状况出现异常，这在一定程度上说明了此类公司财务状况不理想，资产质量较差，持续经营能力存在较大不确定性。而公司一旦在规定期限内没有消除上述情形，则将暂停上市。在公司股票暂停上市期间，投资者将无法买卖该公司股票。若最终出现终止上市情形，公司股票将进入代办股份转让系统，股票价格有可能大幅下跌。

*ST 和 ST 股票的投资风险比正常股票要高，可为什么市场上仍有众多投资者热衷于投资此类股票呢？实际上由于 *ST 和 ST 股票价格较低，市场传闻较多，不少投资者抱着一种捡便宜的投机心态，缺乏应有的风险意识，轻信传闻，跟风炒作，使得 *ST 和 ST 股票价格扶摇直上，反而成为市场上人们热炒的对象。*ST 和 ST 股票之所以能成为市场疯狂炒作的对象，其原因就是层出不穷的各式"题材"——资产重组、借壳上市、大股东变更等。尽管少数 *ST 和 ST 公司资产重组成功，公司发生了实质性变化，但不少 *ST 和 ST 公司因经营不善，最终仍未能逃脱退市的厄运。因此，建议投资者在选择 *ST 和 ST 股票前重点关注以下几点：

（1）公司股票被实行特别处理的原因。

（2）市场传闻的真实性，公司是否就市场传闻发布过澄清公告。

（3）如市场传闻确属实，对公司赢利能力和持续发展能力能否产生重大影响，这种影响需要多长时间体现，不确定性有多大。

2. 如何看待上市公司违规受罚的影响

上市公司违规行为主要包括：

（1）信息披露违规，包括未及时、公平地履行信息披露义务，以及信息披露内容尤其是财务信息存在虚假记载、误导性陈述或重大遗漏。

（2）决策审批程序违规，对重大对外投资、收购或出售资产、关联交易、对外担保、募集资金使用等重大事项未按规定履行审批程序，侵害投资者利益。

（3）内幕交易和操纵市场。

对于违规受处罚的上市公司，投资者需重点防范以下几方面的风险：

（1）诚信风险。规范运作水平和诚信建设质量，是上市公司能否健康持续发展的重要决定因素。上市公司作为公众公司，信用缺失可能会导致投资者直接"用脚投票"，因为对于受到过处罚的上市公司，投资者需承担额外的诚信风险。在判断公司经营业绩是否真实，大股东和管理层是否侵害上市公司和中小投资者的利益时，投资者需尤为谨慎。

（2）退市风险。中小企业板上市公司如在24个月内受到证券交易所公开谴责两次，将实施退市风险警示；如果在其后12

个月内再次受到证券交易所公开谴责，暂停上市；其后 12 个月内再次受到该所公开谴责，终止上市。需要提醒投资者注意的是，目前仅中小企业板上市公司受到证券交易所公开谴责将面临退市风险，主板公司没有此类规定。

（3）再融资受限。根据有关规定，上市公司现任董事、监事和高级管理人员如果在一定时间内受到过中国证监会的行政处罚或证券交易所的公开谴责，会影响该公司的融资计划。

3. 如何分析业绩大幅波动公司的风险

每年市场上都会出现部分上市公司业绩大幅波动的情况，随着经营业绩的大幅波动，公司股票价格也大幅变化。对于这类公司，投资者难免会产生疑问：为什么公司的业绩会一夜之间变化这么大，上市公司的赢利能力发生了根本性的改变吗？

投资者需重点关注公司业绩大幅波动的具体原因，分析公司业绩的大幅增长或下降能否持续改变公司的赢利能力，判断公司股价的上涨或下跌是否合理反映了公司经营业绩和赢利能力的变化，而不是被公司业绩和股价的短期走势所迷惑，盲目作出投资决策。投资者一定要理性看待公司业绩大幅增长，认真分析其原因和影响，避免盲目追涨，造成不必要的损失。

总之，长线投资者在投资公司股票时一定要关注公司的变化，分析变化产生的原因，避免因不理性投资而造成不必要的损失。

利用"安全边际"避险

任何一个投资者都无法避免因股市周期处于低谷时带来的亏损，充分利用安全边际却可以让投资者将亏损降到最低点。只要能使亏损最小化，投资者就能获得跑赢大盘的报酬率。

所谓的安全边际，就是指为自己可能要犯的投资错误预留足够的空间。"安全边际"描述了投资者所要买的股票价格低于估价的程度。一般来说，投资者可以通过公司内在价值的估算，比较其内在价值与公司股票价格之间的差价，当两者之间的差价达到某一程度时（即安全边际）就可选择该公司股票进行投资。

在投资中，应用安全边际原则来避险必须要有足够的耐心等待机会的来临。那么什么时候应用安全边际原则进行投资才能将风险降至最低呢？

（1）在优秀的公司被暂时的巨大问题所困而导致其股票被市场过度低估时。

（2）在市场过度下跌而导致许多公司的股票被过度低估时。

由此可见，足够的安全边际往往出现在具有持续竞争优势的企业出现暂时性的重大问题时。尽管这些问题非常严重，但属于暂时性质，对公司长期的竞争优势和赢利能力没有根本性的影响。如果市场在企业出现问题后，发生恐慌，大量抛售股票导致股价大幅下跌，使公司股票被严重低估，那么将为价值投资人带来足够的安全边际和巨大的赢利机会。随着企业解决问题后恢复正常经营，市场重新认识到其长期赢利能力丝毫无损，股价将大幅回升。企业稳定的持续竞争优势和长期赢利能力是保障投资本金安全性和赢利性的根本原因所在。

这里需要注意的是：投资被低估的大公司相对于同样被低估的小公司会有更大的投资收益。因为当小公司被过度低估时，在许多情况下，即使以后它们的收益和股价增长，它们也会有最终丧失赢利能力的风险，以及不管收益是否好转都有被市场长期忽略的风险。这就需要投资者能够慎思明辨，分清何者为真，何者只是表面上看起来为真。

什么是止损

在股市中，谁也不能保证每次都能胜利。由于种种原因，任何一个投资者不可能总是正确。一旦市场的运动与人们的预期相反，收益由盈转平，再由平转亏，就要承认失败，及时止损，切忌一味持股等待解套。

所谓止损是指当某一投资出现的亏损达到预定数额时，及时斩仓出局，以避免造成更大的亏损。其目的就在于，投资失误时把损失限定在较小的范围内，以避免被深度套牢。股票投资与赌博的一个重要区别就在于，前者可通过止损把损失限制在一定的范围之内，同时又能够最大限度地获取成功的报酬。换言之，止损使以较小代价博取较大利益成为可能。股市中无数血的事实表明，一次意外的投资错误足以致命，但止损能帮助投资者化险为夷。

然而，大多数股民刚入市时，都没有止损意识，买进的股票跌了就只怪自己运气不好，捂住不卖。他们认为等好运来临不仅会解套还会赚钱，下跌一定幅度后还急忙加码买入以摊平成本。谁想到越套越深、越赔越多，把剩余的资金全填进去，但股价就是不肯停止下跌的步伐。眼看着自己的血汗钱一天天地缩水，心里越来越焦急，市场上的利空传闻也越来越令人信心崩溃，绝望之中度日如年，想着干脆斩掉这痛苦之源，让自己的心情平静下来。投资者很可能在跌得最急的一天，在自己无法忍受之时将持有的股票快刀斩乱麻砍了个精光，心想这下该清静了吧。但是，这行情偏要跟人过不去，等投资者刚杀出重围，股票就像注射了兴奋剂似的反转向上。这时投资者只能安慰自己说这不过是下跌途中的一个小反弹罢了。接下来的走势好像是一个上升浪的开始，你天天都在承受涨势的折磨。终于在行情突破某个阻力位的时候，实在抵抗不了入场的诱惑而不顾一切地扑了进去，悲剧再次发生，投资者不幸追到了一个顶点。于是股价开始了新的下跌浪。有了上次的教训，投资者决定以后被套后绝不止损出场，最终结局呢？血本无归！因此，作为一个中小股民，在被套以后，绝不可因心存侥幸而严防死守，一定要有止损的意识。

什么情况下应当止损

一般说来，在出现以下几种情况时，意味着该止损出局了。

（1）当初买入的基本理由已变。一般买入某只股票，都有几条基本理由，可是买入之后，却发现有的基本理由已改变，例如，某股原预告有高送配，后来大股东作梗，改为少送配，甚至不送配；又如某股原预告有重组题材，后重组不成功等。购买的理由变了，预期的上升空间没有了，就要赶快止损，否则将面临更大的损失。

（2）当初买入错误的股票。包括三种情形：判断错误，本以为大市已经企稳转暖，结果买入股票之后，大市继续走低，所买的股票亦随大市继续回调；误听人言，股友或传媒传闻某某股有利好题材，将会有较大升幅，信以为真，追涨杀入，结果一路走跌，证明是讹传；买入股价过高，上升空间小，下跌空间大，形势恶化后不如先斩仓出局。

（3）股票的价格跌破了重要的支撑位。买入一只股票，每一个人都是预计它会升才买入，可是常常事与愿违，买入股票后，不升反跌，或者升后下跌。若是做短线的，应该先行斩仓出局，否则可能会越跌越深，直至被套牢；做中长线的，如果选股没有错，买入的理由没有变，介入的时机也不错，可以不计较其一时的升跌。但如果跌破重要的支撑位，则应考虑及时止损出局。

设立止损点

止损点的设置是止损计划的关键，一般根据有关技术位和投资者的资金状况来确定。但在不同的止损依据下，设置止损位考虑的重点也有所区别。如对个股止损，一般根据个股的技术位和投资者对亏损的承受能力来设置，美国著名投资大师威廉·欧奈尔规定亏损7%为止损位；对股指止损，则根据大盘的技术位和投资者对亏损的承受能力来设置；对资金止损，则主要根据投资者对亏损的承受能力来设置。不论哪种止损，需要考虑的莫过于亏损承受力和技术因素，前者是因人而异的，也无客观的标准而言，可以是欧奈尔的7%，也可以是投资者的10%；但技术因素则涉及技巧和经验。常见的方法是结合技术位来设置止损位，比如，某个股因利好传闻而创出近期新高10.80元（假设原高点是10元），投资者在技术性回调过程中以10.20元买入，一般可考虑在股价跌破原高点10元时止损。但基于破位有效性的考虑，可确定低于原高点一定幅度（如3%或5%）的价格为止损位（如9.70元或9.50元），这个幅度的大小取决于投资者自身的经验和对该股的把握程度。

此外，止损位的设置还应该根据该股运行的趋势来确定。总的原则是：某股下跌空间较大时应该止损，下跌空间很小时可不止损；庄家虚晃一枪时（指庄家未出货）不需止损，庄家已走时坚决止损。

比如，一只股票运行具有明显向上的趋势，中途出急跌，甚至于跌停板，而这种无量急跌的过程很可能会超过前期的5%或10%，而且个别时候会破重要的均线，莫名其妙地出现一根大阴线，所有的无线都失守，再看看前两个月的趋势，庄家运作痕迹明显，就基本上可以认定为庄家震仓，无须止损。

如果某股在高位放量出货或放量下跌，而投资者恰好买入，买入次日发现跌势不止，就应当果断出局。

总之，止损是股票交易中保护自己的重要手段，它犹如汽车中的刹车装置，遇到突发情况善于"刹车"，才能确保安全。止损的最终目的是保存实力，提高资金利用率和效率，避免小错铸成大错，甚至导致全军覆没。止损不能规避风险，但可以避免遭到更大的意外风险。

平衡点止损法

平衡点止损是较为有效的止损技术之一，同时由于它使用简单，所以更适合普通投资者和新手。因此，投资者要盯牢自己的止损单。一般而言，平衡点止损通常用于中线炒股交易。

平衡点止损的方法如下：

（1）在建仓后，投资者根据市场的活跃性、资金损失承受能力或价格的阻力／支持位情况，设立原始止损位。

（2）原始止损位离开建仓价格，根据情况不同可能会有5% — 8% 或 1 个价格点位的差别。

（3）当价格向期望的方向移动后，投资者应尽快将止损位移至建仓价格，这是投资者的盈亏平衡点位置，即平衡点止损位。

（4）在这个时候，投资者有效地建立了一个"零风险"的情况，或一个"免费交易"。投资者可以在任何时候套现部分赢利或全部赢利；当止损出场时，投资者没有损失，最多在交易佣金和价格滑动方面有些微小损失。

平衡点止损建立好以后，下一个目的是套现平仓。套现平仓时需注意：

（1）如何套现平仓具有很强的技术性，而且每个人根据自身情况和市场情况不同会采用不同的平仓方法。

（2）不管采用什么样的平仓技术，随着股票价格的上升，投资者都必须相应地调节止损位置，以适应价格的变化。比如说，投资者在 10 元的地方买入一只代码为 ××× 的股票，你的原始止损位设立在 9.20 元。这时股票价格可能会发生几种变化。股票价格自买入后从来没有上扬，一路下跌，于是投资者在 9.20 元止损出场；股票价格上扬至 10.60 元，于是将止损位改变为平衡点，止损在 10.10 或 10.00 元，股票随后下跌，跌破止损位，投资者在平衡点清仓出场。

（3）在买入一只股票后，即使这个交易后来被证明是错误的交易，投资者也通常仍然有很多机会将止损位移至平衡点。

（4）如果投资者做了一个正确的交易，股票开始朝投资者期望的方向越走越远。这时，投资者不要急于套现清仓（恐惧利润的损失），也不要贪婪，而必须要以平常心态看待市场的波动，并适时地调整止损位。

一根 K 线止损法

股市的第一课不是买进而是止损。没有止损的观念是没有资格进入股市的。不知道止损等于没有学好技术分析，不会执行止损等于还不会操作。

避免套牢的唯一法宝就是割肉止损。一根 K 线止损法就是避免套牢的法宝。

股市的法则是，赢家不到 10%，而这 10% 的赢家赢的秘诀就是知道错了要跑，而且跑得比任何人都快。快到何种程度？快到只要损失一根 K 线就立刻止损。也就是说，进场 K 线的低点就是止损点。

这根 K 线可能是盘中的 5 分钟线或是 30 分钟线，最长的就是日线的 K 线点。

也就是说，当投资者买进某只股票之后它只能立刻脱离成本上扬，连回档都不可以。如果买进后跌破这根 K 线，那表示投资者的进场点有问题，应该快速离开，再等待下一次进场的机会。

刚开始执行这种操作时，你一定会一直下单止损，不过在不断的下单中就会突破一些观念并领悟到一些诀窍。

慢慢地，投资者会很慎重地选择进场点。除非有八九成的把握，否则不会轻易出手，练习到这样的程度，投资者就成功了。投资者会减少很多不必要的进场点，也不会乱挂单，这种抓住进场时机的诀窍一旦成为习惯，进场点往往都是起涨点。这时反而不容易再出现止损的动作，只剩下止盈的问题。

不适合止损的几种情况

对特定情形来说，止损是十分必要的。但投资者需要注意的是，止损是一把双刃剑，有好处也有坏处，切不可盲目使用。

下面是笔者总结的不适宜进行止损的几种情况，希望能够给广大投资者一些帮助：

（1）熊市末期缩量下跌时，不要止损。成交量萎缩，显示了下跌动能枯竭，此时止损出局无疑是不明智的。

（2）对于庄家洗盘的股票，不要止损。庄家临拉升股价前，为了减少未来拉抬阻力并抬高市场平均成本，常常会制造股价震荡，试图将意志不坚定的投资者赶出市场，投资者此时要保持信心，不能随意止损。

（3）投资者因深度套牢而亏损过于巨大的，不要止损。因为这时止损为时已晚，不仅不能挽回多少损失，反而会严重打击投资心态。

（4）当股价严重低于价值时，不要止损。熊市中常会出现非理性暴跌，一些具有投资价值的个股会跌到很低的价位，这时投资者要有耐心，切忌不分青红皂白地止损。

（5）当个股跌到某一位置企稳后，受到市场主流资金的关注，并且有增量资金不断积极介入，在量能上表现出有效放大时，不要止损。

（6）个股股价的下跌空间有限时，不要止损。当股价经过长期的下跌后，股价被压缩到极低的位置，再度下行的空间有限时，投资者不仅不能止损卖出，还要考虑积极吸纳。

（7）上升趋势中的正常技术性回调整理时，不要止损。只要市场整体趋势没有走弱，就可以坚持中线持股为主，短线高抛低吸的操作策略。

（8）有恐慌盘出现时，不要止损。恐慌性抛盘的出现往往是股价达到阶段性底部的重要特征，投资者切忌盲目加入恐慌性抛售行列中。

（9）股价接近历史重要支撑位时，不要止损。这时应以观望为宜，不要急于抄底抢反弹，需要等待趋势最终明朗后，再采取进一步动作。

（10）股价临近重要底部区域时，不要止损。股价在底部区域时，通常情况下已经不具有下跌动能，但有时仍会有最后的成交量极小的空跌，投资者要坚定持股信心。

什么是止盈

止盈是停止盈利的意思，止盈的目的是为了保住利润，在赢利的情况下，在一定的高度卖出就叫止盈。在股市中，聪明的投资者总是能及时设定止盈点，锁定到手的利润。

在股市中，当股价上涨时，很多投资者总想着等涨一涨再卖，而当股价下跌时，又想着股价还能涨回去。前者是希望把全部利润赚到手，把股票卖一个最高价。后者则属于心存侥幸，不懂得少输当赢、少赔不赚的道理。这两种心态都是不对的，都是一个"贪"字在作祟，最后导致投资者由赚变亏，由小亏变成巨亏。

如何在尽量多赚钱的情况下卖出股票以保障账面利润，自然也成为投资者操作中的一个难题，而合理设置止盈出货点将使这一难题迎刃而解。既然设置止盈点出货如此重要，那么，投资者在实际操作中应如何掌握要领呢？

设置止盈点出货的原则是：设定目标位而不是跟着行情走，即当选对上涨股时在预定目标位果断获利了结，落袋为安，不受盘面趋势左右。

以上原则在操作中必须同时结合运用，并且主要是针对短线操作，投资者可根据自身特点和当时市场的实际情况对目标位加以修正。

　　一般说来，赢利超过 20%，必须止盈卖出，以下特殊情况例外：重大利好题材持续燃烧，明显持续向好的；市场特别强势，个股明显向好的。在牛市中，不要太贪婪，要学会止盈，锁定利润，落袋为安。

常见的止盈方法与技巧

　　止盈的方法有很多种，但最主要的有两种，即动态止盈和静态止盈。

　　首先谈动态止盈。动态止盈是指当投资的股票已经有赢利时，由于股价上升形态完好或题材未尽等原因，投资者认为还有上涨动力而继续持股，一直等到股价出现回落，当达到某一标准时，投资者再采取获利卖出的操作。动态止盈位的设置标准有以下几种：

　　（1）价格回落幅度。股价与最高价相比，如果减少 5%－10% 时止盈卖出。这只是一个参考数据，如果投资者发现股价确已见顶，即使没有跌到 5% 的标准，也要坚决卖出。

　　（2）均线破位止盈。在上升行情中，均线是尾随股价上升的，一旦股价掉头击穿均线，将意味着趋势转弱，投资者要立即止盈，保住胜利的果实。

（3）技术形态止盈。当股价上升到一定阶段出现滞涨，并且构筑各种头部形态时，要坚决止盈。

所谓静态止盈，是指设立具体的赢利目标位，一旦达到赢利目标位坚决止盈，这是克服贪心的重要手段。许多投资者总是担心，如果卖出后可能会失去后市行情中更高的卖出价格。这种情况是客观存在的，在实际操作中有99%以上的概率会出现卖出后还有更高卖出价的情况。但是，如果投资者贪心地试图赚取每一分利润，这是不切实际的，而且风险很大。

静态止盈位就是所谓的心理目标位，其设置的方法主要依赖于投资者对大势的理解和对个股长期的观察，所确定的止盈位基本上是静止不变的，当股价涨到该价位时，立即获利了结。

静态止盈方法适合于中长线投资者，投资风格稳健的投资者以及进入股市时间不长、对行情研判能力较弱的投资新手，通常投资新手要适当降低止盈位的标准，提高操作的安全性。

第八章

如何利用解套反败为胜

什么是被套

任何一个股民进入股市都希望赚钱，获取高收益。可是，当买进一只股票后，价格不仅不涨，反而一跌再跌，使投资者大亏本钱，就是股市中常常说的——被套。

从定义的层次上讲，所谓被套，通常是指预测股票要上涨而在买进之后价格又下跌了，处于亏损状态的情形。能否正确处理好被套牢的股票，是鉴别投资者技能水平的最重要标志。

持有股票时，账面通常处于两种状态，一是赢利，二是亏损，而不亏不赚则是非常短暂的状态，基本上可以不予考虑。赢利不涉及被套问题，只有账面处于亏损时，才能谈得上被套。但是股票账户处于浮动亏损还不等同于股票被套，因为浮动亏损如果是较小的，在交易计划之内，则谈不上被套；但是，如果浮动亏损较大，而且超出了投资者设定的实际停损位置或者心理停损位置，就是被套。

实际上，被套只是大家看到的结果，在实际被套发生之前，操作者的一个观念和行为就已经使得投资者不断滑向被套的陷阱中。股票投资结果层面的被套还是小事，投资者一些根深蒂固的观念才是被套的关键所在。观念被套使得投资者无法执行正确的交易过程，不断重复错误和不恰当的操作步骤，一步步走向了自己设下的圈套，恶性循环不断加速，最终得到的结果就是交易破产。

一切具体股票投资被套都始于观念上的问题。错误的股票投资理念使得操作者的投资态度出现问题，而投资态度出现问题则使得投资决策出现偏差，具有偏差的决策就使得投资行为不合时宜，持续交易的结果必然不尽如人意。仅仅知道股票被套的含义并不足以解决问题，要真正地摆脱股票被套甚至套牢的顽疾，只能从投资观念和心态入手。

被套的几种常见类型

通常，根据不同的区分标准，股票被套会被分为不同的类型。

1.深度套牢、中度套牢和小幅套牢

根据股票被套的程度可分为深度套牢、中度套牢和小幅套牢。具体来说，小幅套牢是指股票被套程度比较轻，股票现价低于买入价的幅度在10%左右。小幅套牢的情形一般发生在股价刚刚下跌之时，此时，用于解套的方法非常多，一般无须过分担心。

中度套牢指股票现价低于买入价的幅度在10%—30%。如果股价是从高位回落后出现的套牢，也称为中位套牢。中度套牢往往是由于股民在小幅套牢阶段处置不当导致的。

深度套牢指股票现价低于买入价的幅度在30%以上。如果股价是从高位回落后出现的套牢，也称为高位套牢。面对深度套牢的股票，股民往往惊慌失措，忍痛割肉。其实，既然已经到这步田地，还不如坚守仓位，等待时机。

2.轻仓被套、半仓被套和重仓被套

所谓套牢仓位是指被套牢股票占用的资金量在股民总资金量中的比例。根据被套仓位的不同，一般可分为轻仓被套、半仓被套和重仓被套3种情况。

轻仓被套：股民1/3以下的资金被套，如果是1/10以下的资金被套叫轻微被套。

半仓被套：以股民1/2仓位为核心，从1/3到2/3仓位资金的被套。整体来看，半仓被套的股民的比重远远超过其他两种情况。

重仓被套：股民2/3以上的资金被套的情况。其中90%以上的仓位被套时可称满仓被套，这是被套仓位最重的情况。

从股民被套仓位的情况可以看出股民对风险的认知程度，重仓被套者反映了他们规避风险的能力非常弱，同时，资金分配也存在问题。

3.价格套牢和价值套牢

股票套牢可分为价格套牢和价值套牢两种情形。价格套牢是指投资者买入股票后出现价格下跌，使其不能无亏损地将股票抛出，也就是股票的市价总是低于买入价。

价值套牢则是指买入股票后，股票的投资价值要低于同期的银行存款利率。

这两者大不相同。价格套牢中，股民买入的股票具有投资价值，且购买时成交价格与其内在价值相符或低于其内在价值，只是因为一些突发因素、外在因素的影响，使其目前的市价低于购入价格，只是一种暂时的账面亏损状况。以后随着突发因素、外在因素对股市影响的消除，股票价格会逐步回升并最终超过购买价格。

所以，价格套牢损失的仅仅是一点时间，最终会得到相应的回报。而价值套牢中，投资者买入的股票本身不具备投资价值，购买时的成交价远高于其内在价值，而且随着股市的涨跌起伏，目前的市价已低于购买价，是真实的价值亏损状态，它损失的不仅是时间，更要面临相当时间内股价很难高于购买价的可能性。

4. 多头套牢和空头套牢

根据股票被套的方式不同，套牢又可分为多头套牢和空头套牢两种情形。

多头套牢指投资者原来预期股票价格上扬，但买进该股后股价却下跌，若卖出则必然赔本，而投资者又不甘心，指望股价回升，因此就只好持着股票等待。

而空头套牢在形式上恰好是相反的，投资者原来预期股票价格下跌，但卖出股票后，股价非但没有下跌，反而大幅度上扬，结果该赚的钱没有赚到手，形成相对亏损的局面，这也形成一种套牢现象。

分辨自己是哪一种套牢

在投资被套后，投资者首先想到的是止损出局，止损是防范风险，也是股票投资中的关键性措施。然而它毕竟只是一种防守型技术，不能用来替代行情分析和其他投资技巧。止损的目的是避害，而股市投资的最终目的是趋利，只有高质量的大势判研、选时、选股等技巧才能实现赢利的目的。

对于中小股民来说，如果在买进股票后被套，是不是都要一味止损出局？不能一概而论。其实，股民被套后，除了止损，还可以通过一定的方法进行解套，但是解套之前投资者一定要弄清楚一件事情：自己是哪一种套牢？

股票的套牢可分为价格套牢和价值套牢两种，股票是否发生价值套牢，与股票的买入价及上市公司的经营业绩有关，而与目前的市场价无关。如某股民在一年前以每股 5 元的价格买入 G 股票，该股票的每股税后利润为 0.7 元，则该股票的股价收益率为 14%，远远高于同期居民储蓄利率，不管其后股价如何变化，股票是否套牢，其价值并没有套牢。若购入 G 股票的价格为 14 元，其市盈率为 20 倍，则股价收益率只有 5%，比一年期的定期储蓄利率要低，即发生了价值套牢。

在股票投资中，发生价格套牢和价值套牢共有 4 种情况：

1. 价值套牢时价格也套牢

发生这种套牢时，股民一般都处于两难境地，做长期投资不划算，但抛出又会遭受损失。在高位购买股票，就只能做短线，稍有不慎，就会发生价格、价值双重套牢，股民既不能无损失地将股票抛出，做长期投资又不合算，其回报也就相当于活期储蓄利率。

2. 价值套牢时价格不套牢

在这种情况下，虽然购买的股票没有投资价值，但由于股市上的资金充足，投机气氛较浓厚，股价居高不下，其价格就不被套牢，随时卖出都能收回本金，甚至还能取得相当的价差收入。如在 10 元的价格购买某只税后利润只有 0.2 元的股票，其后两三年该股票的价格总是在 10 元以上的范围内波动，虽然其股价收益率远远低于同期银行存款利率，却可以不低于买入价卖出，随时收回本金。只要股民有耐心，还能取得较大的价差收益。

3. 价值不套牢时价格套牢

当股民在投资价值区内购入股票后，其股价继续下跌，这就是价值不套牢时发生价格套牢。如 1996 年 1 月初深圳股市的综合指数，在 110 点左右经过约半个月的徘徊后下穿 110 点，在此点买入股票的股民全部被套，但由于该点位以下是投资价值区，股民的股价虽被套牢，但其投资回报将不低于银行存款利率，所以这种套牢对长期投资者来说并不可怕。而对于短期投资者来说，价格的解套也只是时间问题。

4. 价值不套牢时价格也不套牢

这种情况就是当股市的底部出现在投资价值区时，此时购买股票不但有投资价值，且价格一般也不被套牢，不但股价收益率高，且获取高价差的机会大。

解套应遵循哪些原则

做任何事情，都应该遵循一定的规律和原则，炒股中的解套行为也不例外。现实炒股实践中，很多投资者之所以深陷"被套"中，久久抽不出身，就是因为没有遵循一定的解套原则。

具体来说，解套原则有以下几种：

1. 杜绝侥幸心理

对于解套而言，心态也是一个需要解决的问题。很多人之所以被套，由浅套变成深套，最为关键的原因是存在侥幸心理。为了应付危局，保持心态平衡，人类在漫长的进化中产生了一种心理机制，这就是精神麻醉法，无论是阿Q精神，还是"吃不到葡萄说葡萄酸"都是人类心理保护机制的集中体现。侥幸心理使投资者可以暂时避免面对亏损的痛苦，却将困难累积得越来越大了。

2. 防止被套

正所谓：上医之道在于防病。未病先防，比起已病再治的成本要小很多，而且效果也要好不少。不少投资者都错误地认为在没有被套之前去谈解套是毫无意义的，预防被套没有解套那么急迫。很多投资者都缺乏远见，总是被动地对环境和行情作出短视的反应，往往是拆了东墙补西墙。他们认为被套是偶然的，只是市场的错、庄家的错，不是自己的问题，他们从来都将亏损被套归结于外部。只有在毫无办法的时候才会想到如何去解套。其实，要解套最好的办法就是不被套。百战百胜，非善之善者也，不战而屈人之兵，才是兵家应该追求的境界。在股票投资中也是同样的道理，如果每次都被动地去应付被套的局面，则必然存在很多问题，只有积极主动地去防止被套才是上上策。

3. 看到资金的机会成本

有些股票投资者一旦进入深度被套的状态，就使出一个"等"字诀，他们心里想的是只要等的时间足够长，股票价格就会回到以前的高点。即使股价真的这样运动，也需要考虑这样一个事实，那就是如果这笔钱用于其他投资则还能产生不小的收益。这些股票投资者忽视了资金的机会成本，名义价值恢复只是一个表象，真正重要的是错过了多少增值的机会。只是看到本金，而没有看到利息的损失，这是散户的一个心理特点。要解套就要看到被套后资金的机会成本。

4. 预先设定停损位置

很多股票投资者喜欢短线投机交易，但是绝大多数投机客都不得其门而入，所以绝大多数投机客都是按照错误的方式在进行操作，最为明显的错误就是他们从来都不会预先设定明确的停损位置。如果预先设定了停损位置，则根本不会出现深套的现象。当亏损扩大时，之所以久拖不决，关键的原因是投资者没有一个明确的退出位置，在与内在情绪争斗的时候往往处于下风。

解套有哪些误区

股民一旦被套，当然会千方百计地寻求解套办法，然而由于他们在解套操作中存在一些认识上的误区，最后往往解套不成，反而是越套越深。

股民在解套操作中主要存在以下误区：

1. 被套不怕，不卖就不赔

我国的投资政策是禁止卖空的，即建仓行为不像期货一样有建多仓或者建空仓之分，只要介入股票市场，就是买入做多，清仓即是全部卖出，盈亏在先买后卖中得到结果。于是不少股民认为：我买了之后不卖，不就看不到亏损的结果了吗？其实这是"鸵鸟政策"：据说当鸵鸟遇到危险时，它会把头埋进沙子里，以为这样就没有危险了。股民在套牢时采取的不是和鸵鸟类似的做法吗？其实，只要买入操作完成，投资者的成本就已经确定，这个确定的成本相对市场现价，盈亏时刻都体现在账面上，这就是浮动盈亏。有些股民之所以采取"鸵鸟政策"，是因为他们认为浮动亏损不是真正的亏损，只要不卖（不兑现）就"不赔"。其实这种理解完全是自欺欺人，盈亏的现实并不因为没有完成先买后卖的完整过程而消失，浮动亏损就是实际亏损，它是一种真实的客观存在，并不因为没有兑现而变成幻觉。

2. 摊平法操作可降低成本

前面已分析过，一旦买进，成本就不变。同样的例子，当股民以 8 元买进某只股票后，在 7 元再买进同样数量，在 6 元再买进同样数量。这时形成的平均买进价为 7 元，当股价回升到 7.8 元时，就形成赢利 0.8 元的情况。这是典型的摊平法操作。表面上，由于平均成本低于第一次买进价，似乎成本下降了并由此获利。其实，如果把三次买进拆成三个独立过程，则为：第一次 8 元买进，7.8 元卖出，亏 0.2 元；第二次 7 元买进，7.8 元卖出，赢利 0.8 元；第三次 6 元买进，7.8 元卖出，赢利 1.8 元。可见，第一次买进造成的亏损并没有因为后面的买进赢利而明显减少，其成本没有丝毫的改变。换句话说，后两次完全可以去买其他涨得好的股票，用后来的赢利去补贴前面的亏损，效果一样。

可见，摊平法操作只是以盈补亏，况且在一只股上如此加码还有"鸡蛋放在一只篮子里"的危险，弄不好会越加越重，越陷越深。

3. 根本没有止损概念

有的人虽然进入了股市，却根本没有止损的概念，岂不知会止跌才不会被套死，才有翻本的机会。

破位就要止损——这是股市中铁的纪律，一个没有纪律的军队是不能打胜仗的。这时的止损是不惜代价的，也准备平静地接受包括"中计"等吃亏上当的代价！这样就不至于总去品尝那种像被人掐住脖子后窒息而死式的套牢滋味了。

如果投资者承认自己弱小，就必须学会逃避，这是股市中的泥鳅法则，也是大自然的生存规律。

解套策略要依时机而变

由于解套策略的特点不同，其适用的时机也各不相同，股市运行的不同阶段，采用不同的解套策略，才能达到最佳的解套效果。

1. 止损策略适用于熊市初期

因为这时股指处于高位，后市的调整时间长，调整幅度深，投资者此时果断止损，可以有效规避熊市的投资风险。

2. 捂股策略适用于熊市末期

此时股价已接近底部区域，盲目做空和止损会带来不必要的风险或损失，这时耐心捂股的结果，必然是收益大于风险。

3. 做空策略适用于熊市中期

中国股市还没有做空机制，但对被套的个股例外，投资者可以在下跌趋势明显的熊市中期把被套股卖出，再等大盘运行到低位时择机买入，这样能够最大限度地减少因套牢造成的损失。

4. 摊平策略适用于底部区域

摊平是一种比较被动的解套策略，如果投资者没有把握好摊平的时机，而过早地在大盘下跌趋势中摊平，那么，不但不会解套，反而会陷入越摊平越套得深的境地。

5. 换股策略适用于牛市初期

在下跌趋势中换股只会加大亏损面，换股策略只适用于上涨趋势中，有选择地将一些股性不活跃、盘子较大、缺乏题材和想象空间的个股适时卖出，选择一些有新庄入驻的股票、未来有可能演化成主流的板块和领头羊的个股逢低吸纳。投资者只有根据市场环境和热点的不断转换，及时地更新投资组合，才能在牛市行情中及早解套并取得超越大盘的收益。

被套的常见原因

股票买入后被套甚至套牢是一件让人非常郁闷的事情。在套牢初期投资者可能还寝食难安，但随着股价的继续下跌，套牢程度大大增长，投资者开始放弃这笔投资，将失败的投机当作投资来处理，短期的价差交易变为无奈的长期持股。套牢始于观念，并透过投资者的决策和行为成为事实。要解套，就必须知道被套的具体原因，有针对性地"下药"才能真正做到药到病除。

（1）以偏概全容易被套。不少投资者都有过感觉非常不错的时候，此时他们往往认为手头的交易策略是最棒的，或者是相反的情况，他们接连几次碰壁，便认为正在使用的方法是最糟糕的，这种以偏概全的思维方式使投资者很容易陷入被套的局面。

（2）盲目迷信经验容易被套。经验是股票投资的老师，但如果将经验绝对化则也会带来极大的损失，因为任何经验都有一定的局限性和片面性，只有承认这一点投资者才能做好股票投资。但是很多投资者忽略了这一点，他们深信经验绝对比纸面上的理论来得重要，来得实在，更能经受考验，其实他们落入了经验狭隘主义的框框。这些拿着过往股票交易经验的投资者往往就是因为固执而被套。为了克服这一情况，股票投资者必须将理论学习与实际经验相结合，以股票操作的理论与实际经验相结合。

（3）妄想一夜暴富容易被套。财富总是让人垂涎的，天下熙熙，皆为利来；天下攘攘，皆为利往。股票投资是一件非常让人头痛的事情，但还是有如此多的投资者深入其中，最为关键的原因就是股市是暴富神话的诞生地。相对于赌博而言，股票投资是睿智的象征，但是很多人是以胡乱下注的方式参与着股票市场上的博弈。股票被套虽然是每个投资者都想逃避的窘境，投资者却又往往是自己主动进入了这个大陷阱。

（4）靠着大户容易被套。不少投资者认为"跟庄战法"非常符合中国内地 A 股市场的情况。不可否认，在以前庄家盛行和股市资金容量较小的时候，这种操作方法确实有一定的生存空间，但随着市场的变化，这种方法渐渐失去了其效用。目前，单只股票的市值已经非常大了，而且大的投资机构数目众多，相互之间并没有太多的协调和默契，这使传统的坐庄和跟庄策略有了完全不同的内容。希望依靠大的资金来带领自己的股票操作存在很大的局限，因为大资金也不可能主导大盘走势，对于个股的影响力也大大下降了，毕竟大的资金也很难撼动市场，自然也逃不了被套的结局。既然大资金都无法挽救自己失败的命运，那么小资金又怎么能幸免呢？所以，跟踪大户和大机构操作并不能避免被套的命运，在庄家时代就有不少大户和庄家坐庄失败而被套。投资者需要记住的是，在股票市场中，没有任何人为的力量能够保证自己不失败。围绕这个中心思想去运作，才能取得股票投资的成功。

（5）将股市当赌场容易被套。绝大部分投资者认为赌场与股市存在很大的区别。这种认识也对也不对，因为股票投资与赌博一样也是一个概率游戏，输家多赢家少是非常正常的事情，但是股票投资中，投资者存在很大的空间来提高自己的胜率和报酬率，而赌场中可提供的空间却极其有限。不过，还是有那么一小撮股票炒家认为股市就是赌场，正是这一偏激的观念导致了被深套。

（6）捡便宜容易被套。被套的投资者有两种。一种是利用技术面进行交易的投资者，他们往往喜欢抓顶抄底，所以那些绝对价格较低的股票往往被他们认为是上好的炒卖对象，但是他们违背了顺势而为的交易原则。第二种是利用基本面进行交易的投资者，他们受到了格雷厄姆和巴菲特的影响，但是他们往往学艺不精，挑选股票时只看市盈率，只看绝对股价高低，往往忽视公司本身的经营状况。他们违背了价值投资的二元思想，那就是不仅股票价格要低廉，而且公司质量也要处于一定的水准之上。上述两种交易者都容易因为捡便宜而被套。

持股观望法

在股市操作中，许多投资者一旦套牢就躺倒等待解放，并自我安慰"这是输时间不输钱"，还将其视作"坚决不割肉"的原则坚持。更有人抬出世界投资大师巴菲特致富的秘诀"坚定长期持有看好的股票"来为被套后等待的行为辩解。如果把时间拉长到10年、20年，甚至更长，则巴菲特提倡的思路肯定没错，因为按照经济学中著名的凯恩斯理论：社会的财富总量总是随着时间的增加而增长的，那么股指或股价也将随着社会财富总量的增长而不断水涨船高。但等待这么长的一个投资时间，对大多数老百姓而言不太实际。关注一下近几年美国证券市场和中国证券市场的表现，投资者不难发现，成熟市场一般是牛长熊短，不成熟市场中却常常是熊长牛短。

但不可否认，在许多情况下，买进股票被套，以持股观望等待解放甚至等候获利的方法是许多交易者无可奈何的选择。需要强调的是，买股被套而被动持股观望是要有条件的。采取这种办法的前提是，整个市场趋于中长线强势市场中，整个社会政治和经济前景在可以预见的将来依然是光明的，整个市场交易仍然活跃，有众多投资者参加。有这些前提特征的关键，就是市场仍处于强势氛围中，只要市场被确认仍然处于强势，那么买股被套后持股观望是投资者的首选手段。

做空解套法

或许有人认为中国股市没有做空机制，不能做空，这是错的，被套的股就可以做空。当发现已经被深套而无法斩仓，又确认后市大盘或个股仍有进一步深跌的空间时，可以采用被动性做空方式，先把套牢股卖出，等到更低的位置再买回，达到有效降低成本的目的。

做空策略就是在大盘持续下跌过程中，将手中被套的股先卖出，等大盘下跌一段时间后，再逢低买回的一种操作技巧。这种方法可以有效降低被套的损失，为将来的解套打下坚实的基础。做空的最根本前提条件是：对市场整体趋势的研判。只有在大盘呈现出明显的下跌趋势时，才可以应用做空策略。

做空的最佳应用时机：

做空只适用于大盘处于下跌趋势通道时期，其他时期，如大盘处于横向整理阶段或牛市行情阶段都不能采用这种操作技巧。投资者要把握好股价运行的节奏，要趁股价反弹时卖出，趁股价暴跌时买入。在弱市的下跌途中经常会出现短暂的反弹行情和跳水般的暴跌行情，投资者要充分利用这种市场的非理性变动机会，最大限度地利用股价的宽幅震荡所创造的差价机会来获取做空利润。

盘中"T + 0"解套法

按照现有制度是不能做"T + 0"的，但被套的股却有这个先决条件，要充分加以运用。平时对该股的方方面面多加了解，一旦机会来临时就可以实施超短线操作，降低持股成本。

做盘中"T + 0"的方法是：买入与被套股同等数量的股票后，在当天就将原先的被套股卖出，通过不断赚取短线利润，达到降低持仓成本的目的，它类似于 1995 年以前的"T + 0"交易制度。它的应用原则：一是要快，二是要不贪。同时盘中"T + 0"操作对投资者的短线操盘技巧，是否有时间适时看盘及看盘基本功和对盘面中出现突发情况的应变能力等方面都有非常高的要求，不具备条件的投资者切忌轻易模仿使用。

盘中"T + 0"的最佳应用时机：

盘中"T + 0"的应用时机与大盘运行状况无关，主要是选择出现盘中热点行情，并且盘中股价震荡幅度较大时使用。

图书在版编目 (CIP) 数据

股票获利实战大全 . 2,新手炒股快速入门 / 林沅编
. -- 北京：中国华侨出版社，2021.1
ISBN 978-7-5113-8360-0

Ⅰ.①股… Ⅱ.①林… Ⅲ.①股票投资—基本知识
Ⅳ.① F830.91

中国版本图书馆 CIP 数据核字 (2020) 第 217289 号

股票获利实战大全 . 2,新手炒股快速入门

编　　者：林　沅

责任编辑：江　冰

封面设计：冬　凡

文字编辑：胡宝林

美术编辑：刘欣梅

经　　销：新华书店

开　　本：880mm×1230mm　1/32　印张：24　字数：560 千字

印　　刷：三河市新新艺印刷有限公司

版　　次：2021 年 1 月第 1 版　2022 年 2 月第 4 次印刷

书　　号：ISBN 978-7-5113-8360-0

定　　价：138.00 元（全 4 册）

中国华侨出版社　北京市朝阳区西坝河东里 77 号楼底商 5 号　邮编：100028

发 行 部：（010）88893001　　传　真：（010）62707370

网　　址：www.oveaschin.com　　E－m a i l：oveaschin@sina.com

如果发现印装质量问题，影响阅读，请与印刷厂联系调换。